王莉莉 等 著

公办养老机构
转制研究

ANALYSIS ON THE REFORM OF
PUBLIC INSTITUTIONS FOR
THE ELDERLY

社会科学文献出版社

SOCIAL SCIENCES ACADEMIC PRESS (CHINA)

前　言

中国已经进入快速发展的老龄社会。截至 2017 年底，我国 60 岁及以上老年人口 2.41 亿人，占总人口的 17.3%，其中 2017 年新增老年人口首次超过 1000 万。据全国老龄办预测，未来中国老年人口的规模和老龄化的水平将会进一步提升，预计在 2025 年突破 3 亿，2033 年突破 4 亿，2053 年达到峰值 4.87 亿，占总人口的 34.9%。在快速发展的人口老龄化过程中，家庭户规模的不断缩小带来家庭照料资源的日益匮乏。老年人，特别是高龄老年人和失能老年人的照护需求迅速提升。党和国家高度重视老龄事业和老龄产业，特别是老龄服务业的发展。党的十八大明确提出"积极应对人口老龄化，大力推进老龄服务事业和产业发展"，党的十九大则进一步提出"积极应对人口老龄化，构建养老、孝老、敬老政策体系和社会环境，推进医养结合，加快老龄事业和产业发展"。20 世纪 80 年代之后，我国开始大力推进"社会福利社会化"进程，养老服务机构得以迅速发展。根据民政部统计，2017 年底我国共有各类养老服务床位 744.8 万张，每一千名老年人所对应的养老床位数为 30.9 张。我国政府在养老机构的发展过程中，不断发挥多元主体的供给作用，强调市场在养老服务资源配置中的决定性作用，充分发挥政府、企业、社会、家庭和个人的作用，逐渐发展成为：①在养老服务的供给主体上，破除以往政府单一供给的模式，提倡政府、企业、社会、家庭和个人共同承担对老年人的服务责任；②在养老服务的供给形式上，提倡政府、企业、社会、家庭和个人共同参与养老服务的供给与输送，逐渐形成了公办公营、公办民营、公建民营、民办非营利、民办民营等多种运营管理模式；③在养老服务的服务内容上，在以往相对单一的生活照料服务基础上，不断增加新的服务内容，包括了日常生活照料、医疗卫生、康复保健、长期护理、精神慰藉等多层次的全方位服务内容，不仅丰富了养老服务机构的种类，更进一步满足了不同类别的老年人对养老服务的多元化、个性化服务需求。

但是，由于我国老龄服务体系发展较晚，在服务模式的提供上政府依然占据主导地位。据民政部统计，2017年底，我国共有744.8万张不同类别的养老服务床位，其中大部分为各类公办养老机构床位。公办养老机构在硬件设施、养老服务水平、工作人员队伍、价格收费等方面，都具有民办养老机构难以比拟的优势。但随着我国养老服务市场的发展，公办养老机构效率不高、供需失衡、服务群体界定不明，公共养老服务资源使用过多等问题也不断凸显。由于我国养老机构在一定程度上存在职能定位不清的问题，公办养老服务机构与民办养老服务机构在职能、定位上并没有严格区分，在政策扶持、优惠措施和市场竞争中面临不平等待遇，严重制约了养老服务市场的发展。从整体情况来看，我国养老服务资源在供给和需求状况上呈现明显的供需失衡问题，不仅在养老服务床位总量上存在着绝对数量不足的问题，还存在着比较严重的结构性失衡与资源空置、浪费等问题。同时，公办养老机构不断发展的社会福利社会化发展思路与经营管理方式中相对保守、滞后的体制机制之间的矛盾也日趋加剧，迫切需要进行相应的改革。

2013年，公办养老机构的转制改革问题被正式提上议事日程。针对公办养老机构的职能定位与转制要求，国务院以国发〔2013〕35号发布《关于加快发展养老服务业的若干意见》，明确提出要"开展公办养老机构改制试点"，"政府投资兴办的养老床位应逐步通过公建民营等方式管理运营，积极鼓励民间资本通过委托管理等方式，运营公有产权的养老服务设施"。2013年12月，民政部下发了《关于开展公办养老机构改革试点工作的通知》（民函〔2013〕369号），于2014年在全国范围内正式启动了公办养老机构转制试点的工作。在试点工作开展两年之后，2016年12月23日，国务院再次出台了《关于全面放开养老服务市场提升养老服务质量的若干意见》（国办发〔2016〕91号），明确要求"加快公办养老机构改革"，并提出了改革的总体目标，即"到2020年政府运营的养老床位数占当地养老床位总数的比例应不超过50%"。

但就目前情况来看，公办养老机构转制的步伐依然缓慢。一是从发展历程来看，我国养老机构本身的政府色彩就比较浓厚，作为计划经济时代为"三无"、"五保"以及社会困难人群提供福利性养老服务的机构/组织，从一开始就被打上了浓厚的政府福利色彩，转制的基础较差。二是我国的养老服务市场是在2000年之后"社会福利社会化"的背景下逐渐发展的，直到近几年才有了快速的发展，养老服务市场本身还不尽成熟。在这种背景下，公办养老机构如何既能发挥公共服务的职能，又能顺利实现管理方式和运行机制的转变，本身就是一个崭新而复杂的研究课题，不仅需要基础的理论研究，也需要更多的实证研究，不仅具有明显的理论意义，也具有强烈的现实意义。

为此，为了厘清公办养老机构在整个养老服务体系中的职能与定位，分析目前我国公办养老机构转制的发展现状、政策环境、主要经验与突出问题，为政府进一步推进公办养老机构转制，发挥公共养老服务资源在满足老年人养老服务需求中的现实作用，推动养老服务市场的健康繁荣发展，提高老年人养老服务的获得感与满足感，本书著者带领相关研究成员围绕"公办养老机构转制"这一主题进行了专题研究。于2014年设计了"十二城市养老机构调查"问卷，问卷共分为基本情况、入住老人情况、服务及收费情况、基础设施及设备情况、工作人员情况、机构运营状况、社会支持状况和问题及需求情况八部分，在天津、哈尔滨、重庆、南宁、济南、太原、南昌、武汉、长沙、昆明、兰州、福州12个城市进行了养老机构的专题问卷调查与座谈，共获得有效问卷样本257份，并组织养老机构座谈12次。随后于2016年至2017年，分别在东、中、西部，选择公办养老机构转制试点集中的北京、浙江、湖北、四川进行了集中调研。分别在北京、杭州、宁波、武汉、荆州、随州、绵阳、遂宁，共召开了11次专题座谈会，选择了20家公办养老机构试点单位进行典型调查，与30余名民政管理工作人员和试点机构院长进行了个人深度访谈，全面深入地了解了目前各地养老机构发展的基本状况以及公办养老机构转制的具体背景、转制情况、运营现状、前景思路、现存问题及进一步转制趋势等。

从目前来看，我国公办养老机构转制主要是指将原来属于国有资产的养老机构在保留国有资产产权不变或者部分产权合法转移的前提下，着重实现管理体制、运行机制和投资体制的转变，使之成为既能保留公益性养老服务的职能，又能适应市场化发展的养老服务市场主体。其主要转制方式除直接转制为企业，还可以通过承包、租赁、委托、股份制、公私合营等多种方式与社会资本进行合作，来实现公办养老机构管理体制、运行机制与投资体制的转变。从对"十二城市"不同类型养老机构的调查分析来看，目前我国公办养老机构仍然占据主体地位，在发展过程中，特别是与民办养老机构对比，公办养老机构的资源优势依然明显，但改革的呼声也越来越大。公办养老机构的发展趋势呈现以下特点：一是公办养老机构的发展趋势逐渐放缓；二是公办养老机构硬件设施普遍优于其他养老机构；三是公办养老机构供不应求的情况依然普遍；四是公办养老机构的价格优势明显，但工资水平相对较低；五是公办养老机构的运营状况并不乐观；六是公办养老机构改革转制的呼声越来越大。

充分发挥市场在资源配置中的决定性作用，按照市场的要求来规范政府的权力，这是我国供给侧结构性改革的重要内容，也是推进公办养老机构改革的关键。我国自2013年底开始正式启动公办养老机构转制试点，各地开始纷纷出台相关政策，推进公办养老机构转制进程。根据公办养老机构转制进程的推进程度，以及管理体制和运行机制改革的深浅不同，各地公办养老机构的转制类型大致可以分为以下几种：一是公办养老机构引入市场机制进行转制改革。根据引入市场竞争机制程度的不同，又可以划分为政府组建团队、非完全市场化运营型的公办养老机构；政府派人管理、非完全市场化运营型公办养老机构；政府派人管理、完全市场化运营型公办养老机构；兼具计划与市场两种体制的"一院两制"公办养老机构等。二是公办养老机构通过委托式公建民营进行转制改革。包括大型新建公办养老机构的整体委托，中小型公办养老机构改扩建后进行整体委托等。三是公办养老机构通过租赁式公建民营进行转制改革。四是公办养老机构通过混合经营进行转制改革。五是公办养老机构通过公私合营PPP模式进行转制改革。六是公办养老机构通过功能重置与转型进行转制改革等。

在推进公办养老机构转制的过程中，各地结合实际情况，逐渐形成不同的模式，积累了一些经验，包括：明确公办养老机构的职能定位；完善公办养老机构的服务对象分类与评估机制；以"公办/建民营"为主要形式实行多元、渐进式转制；在转制过程中审慎选择社会经营主体；积极探索公办养老机构的价格机制改革；妥善处理国有资产的保值增值与不流失；多种渠道解决公办养老机构的人员分流问题；将转制纳入养老服务体系建设整体布局，统筹推进；在转制过程中突出养老机构的医养结合与护理功能；积极培育和扶持社会力量参与养老服务市场发展等。但就目前而言，由于我国公办养老机构转制改革的时间较短，各地大多还处于边摸索边总结边推进的阶段，无论是在观念意识、政策体系还是在操作层面，都还存在着许多现实问题，包括：对公办养老机构转制的必要性、转制方式、转制方向认识不统一；现行的政策体系难以满足公办养老机构转制需求,甚至阻碍和制约着公办养老机构转制的步伐;转制过程中政府与市场之间的关系定位仍不清晰;公办养老机构公益性养老服务作用发挥仍不平衡;转制过程中涉及的国有资产管理与人员分流问题依然比较突出;公办养老机构转制的专家队伍与人才队伍建设滞后;公办养老机构转制后的服务监管体系仍不完善。此外,与城市地区的公办养老机构相比,农村公办养老机构转制的基础条件明显较差,转制难度较高。

为了进一步推进我国公办养老机构转制,需要进一步明确思路、完善政策、稳步推进。包括:一是公办养老机构转制要稳步推进,分类实施。要分类推进公办养老机构转制。包括兜底保障型公办养老机构、示范引导型公办养老机构、现有运营状况不佳的公办养老机构、新建公办养老机构、经营性公办养老机构、转制基础较差的公办养老机构等。二是要将公办养老机构转制纳入事业单位整体改革中统筹考虑。包括人事分配、收入分配、社会保险、价格制定、国有资产保护等一系列具体事务,都要纳入事业单位整体改革中统筹考虑。三是要积极探索多元化的公办养老机构转制方式。四是要进一步完善公办养老机构公建民营的配套政策体系。包括完善公办养老机构的成本核算与价格形成机制,国有资产的科学评估与使用,专业、科学、规范的招投标机制,精细、严谨的合同制管理机制等。五是要建立主体明确、内容清晰、运转高效的监督管理机制。六是要积极引导社会力量参与,加快发展养老服务市场。七是要有效推广区域性养老服务中心模式,加快农村公办养老机构的转制进程等。

目前,公办养老机构转制在我国还是一个新课题,在政策、实践和学术研究上,都是一个新的领域。随着养老服务市场的进一步发展,政府在养老服务产业中的角色定位更加清晰,以往以政府为主导的公办养老机构开始推进转制进程。这是一个在探索中逐步发展的过程,在这一过程中,我国对于养老机构、养老服务的研究,特别是针对公办养老机构转制这一比较新的课题,在理论研究、实证研究还是政策研究方面都还有很大空间。本书围绕公办养老机构转制这一课题,共有以下内容:第一章绪论,主要介绍本书的研究背景、研究意义、研究的主要目的等;第二章文献回顾和述评。主要介绍相关概念界定,并围绕公办养老机构转制目前的研究现状、相关理论等进行文献的梳理、回顾与评述;第三章,理论架构与研究方法。着重介绍本书的理论架构、研究方法、研究路线等;第四章,概念辨析与界定。重点围绕养老机构、公办养老机构、公办养老机构转制等主要概念进行分别辨析。第五章，我国养老机构发展历程与现状。这是了解我国公办养老机构转制的重要背景内容，着重介绍我国养老机构在不同阶段的发生、发展状况，以及目前我国养老机构在政策制度、发展规模、基础设施等方面的发展现状。第六章，我国公办养老机构发展的对比分析。主要从定量和定性两个角度，分析并总结了目前我国公办养老机构与其他类型养老机构相比，其发展现状及存在问题，剖析了我国公办养老机构转制的重要背景与客观必然性；第七章，公办养老机构转制政策现状与分析。对目前国家及地方层面在公办养老机构转制方面的政策思路、政策导向、具体政策措施进行深入分析，与各地实践分析结合，分析出目前公办养老机构转制过程中的政策不足与缺失；第八章，我国公办养老机构转制发展实践现状。以北京、浙江、湖北、四川为主要典型案例进行深入调研与访谈，分析其在公办养老机构转制过程中的具体做法与实践，分析不同类型公办养老机构的具体转制过程。第九章，现阶段公办养老机构转制经验及问题。重点介绍目前各地在公办养老机构转制过程中的主要经验，包括在公办养老机构的职能定位、转制方式、国有资产管理、人员安置与分流等方面的主要经验，针对我国公办养老机构转制过程中的突出问题进行深入剖析与思考；第十章，推进我国公办养老机构转制的思考与建议。针对目前我国公办养老机构转制的现状与存在的实际问题，提出进一步推进我国公办养老机构转制的意见与建议。第十一章，主要研究结论与未来研究方向。着重总结主要研究结论与观点，并指出下一步深入研究的相关内容。下篇共分四章，分别为北京、浙江、湖北、四川四省推进公办养老机构转制的具体实践报告。希望通过此书的研究，为相关政府部门、地方政府、研究者、具体实践者在推进公办养老机构转制的过程中提供一些基础的研究素材与研究借鉴，进一步推动养老服务资源的公平分配，推动我国老龄服务事业与产业的发展。

目　录

第一章　绪论 …………………………………………………………… 001
　第一节　研究背景 …………………………………………………… 001
　第二节　问题的提出 ………………………………………………… 007
　第三节　研究目的和意义 …………………………………………… 008
　第四节　主要研究内容 ……………………………………………… 011

第二章　文献回顾与述评 ……………………………………………… 012
　第一节　养老机构的概念、性质与类型 …………………………… 012
　第二节　公办养老机构转制的必要性研究 ………………………… 019
　第三节　公办养老机构转制的内容、方式、路径及步骤研究 …… 023
　第四节　公办养老机构转制主要问题研究 ………………………… 031
　第五节　公办养老机构转制的对策研究 …………………………… 032
　第六节　公办养老机构转制的理论基础研究 ……………………… 036
　第七节　对研究文献的总体评价及本研究的立足点 ……………… 043

第三章　理论架构与研究方法 ………………………………………… 046
　第一节　研究构想 …………………………………………………… 046
　第二节　应用理论 …………………………………………………… 047
　第三节　技术路线 …………………………………………………… 049
　第四节　数据和研究方法 …………………………………………… 049
　第五节　主要研究创新 ……………………………………………… 051
　第六节　研究框架 …………………………………………………… 051

第四章　概念辨析与界定 ……………………………………………… 053
　第一节　养老机构的概念 …………………………………………… 053
　第二节　公办养老机构的概念 ……………………………………… 057

第三节　公办养老机构的类型 …………………………………… 062
第四节　公办养老机构转制的概念 ………………………………… 064
第五节　公办养老机构转制的类型 ………………………………… 065

第五章　我国养老机构发展历程与现状 ………………………………… 067
第一节　我国养老机构发展历程 …………………………………… 067
第二节　我国养老机构发展现状 …………………………………… 072
第三节　主要结论与评议 …………………………………………… 085

第六章　我国公办养老机构发展的对比分析 …………………………… 087
第一节　被访养老机构的基本情况 ………………………………… 087
第二节　服务项目及收费情况 ……………………………………… 092
第三节　基础设施及设备情况 ……………………………………… 093
第四节　人员队伍情况 ……………………………………………… 098
第五节　机构运营情况 ……………………………………………… 102
第六节　问题及政策需求情况 ……………………………………… 106
第七节　公办养老机构转制态度情况 ……………………………… 110
第八节　主要结论与评议 …………………………………………… 113

第七章　公办养老机构转制政策现状与分析 …………………………… 116
第一节　公办养老机构转制政策的出台背景 ……………………… 116
第二节　公办养老机构转制政策现状及主要内容 ………………… 118
第三节　公办养老机构转制政策的主要特点 ……………………… 130
第四节　公办养老机构转制政策的主要问题 ……………………… 131
第五节　公办养老机构转制政策的发展方向 ……………………… 133

第八章　我国公办养老机构转制发展实践现状 ………………………… 136
第一节　公办养老机构引入市场机制进行转制改革 ……………… 138
第二节　公办养老机构通过委托式公建民营进行转制改革 ……… 148
第三节　公办养老机构通过租赁式公建民营进行转制改革 ……… 165
第四节　公办养老机构通过混合经营进行转制改革 ……………… 168

第五节　公办养老机构通过公私合营PPP模式进行转制改革 …… 169
第六节　公办养老机构通过功能重置与转型进行转制改革 …… 171
第七节　主要结论与评议 …… 174

第九章　现阶段公办养老机构转制经验及问题 …… 176
第一节　公办养老机构转制经验 …… 176
第二节　现阶段公办养老机构转制存在的主要问题 …… 188

第十章　推进我国公办养老机构转制的思考与建议 …… 202
第一节　公办养老机构转制要稳步推进，分类实施 …… 202
第二节　将公办养老机构转制纳入事业单位整体改革中统筹考虑 …… 206
第三节　积极探索多元化的公办养老机构转制方式 …… 207
第四节　进一步完善公办养老机构公建民营的配套政策体系 …… 209
第五节　建立主体明确、内容清晰、运转高效的监督管理机制 …… 212
第六节　积极引导社会力量参与，加快发展养老服务市场 …… 214
第七节　推广区域性养老服务中心模式，推进农村公办养老机构转制进程 …… 217

第十一章　主要研究结论与未来研究方向 …… 218
第一节　主要研究结论 …… 218
第二节　主要研究创新 …… 227
第三节　研究不足之处 …… 228
第四节　未来研究方向 …… 229

附录一　北京市公办养老机构转制发展现状 …… 230
一　前言 …… 230
二　北京市公办养老机构转制政策情况 …… 231
三　公办养老机构转制主要类型与做法 …… 234
四　北京市公办养老机构转制的主要经验 …… 244
五　北京市公办养老机构转制面临的突出问题 …… 247
六　下一步转制思路与建议 …… 253

附录二 浙江省公办养老机构转制发展现状 ……… 260
 一 前言 ……… 260
 二 浙江省公办养老机构转制政策情况 ……… 261
 三 公办养老机构转制主要类型与做法 ……… 270
 四 主要经验与特点 ……… 283
 五 转制存在的主要问题 ……… 288
 六 下一步推进转制的建议 ……… 294

附录三 湖北省公办养老机构转制发展现状 ……… 300
 一 前言 ……… 300
 二 湖北省公办养老机构转制政策情况 ……… 300
 三 公办养老机构转制主要类型与做法 ……… 303
 四 主要经验与特点 ……… 319
 五 转制存在的主要问题 ……… 323
 六 下一步推进转制的建议 ……… 328

附录四 四川省公办养老机构转制发展现状 ……… 332
 一 前言 ……… 332
 二 四川省公办养老机构转制政策情况 ……… 333
 三 公办养老机构转制主要类型与做法 ……… 335
 四 四川省公办养老机构转制的主要经验 ……… 358
 五 四川省公办养老机构转制存在的问题 ……… 359
 六 下一步推进转制的建议 ……… 361

附录五 "十二城市养老机构调查"问卷 ……… 364

附录六 《公办养老机构转制研究》调研提纲 ……… 376
 一 民政/老龄相关部门领导、工作人员调研提纲 ……… 376
 二 公办养老机构调研提纲 ……… 376
 三 公建民营养老机构调研提纲 ……… 377
 四 民办养老机构调研提纲 ……… 377
 五 公办养老机构公建民营的具体问题 ……… 378

参考文献 ……… 379

后 记 ……… 390

图表目录

图 3-1	研究的技术路线	049
图 5-1	1991~2015年中国养老服务床位数增长状况	077
图 5-2	中国养老机构地区发展情况（2013年第三季度）	079
图 5-3	被调查养老机构的主要服务项目情况	079
图 5-4	被调查养老机构的服务设施情况	080
图 5-5	被调查养老机构的医疗设备情况	081
图 5-6	被调查养老机构的康复设备情况	081
图 5-7	被调查养老机构工作人员收入情况	082
图 6-1	被调查养老机构成立时间	088
图 6-2	被调查养老机构成立时间	088
图 6-3	被调查养老机构床位数量	089
图 6-4	被调查养老机构的主要服务类型	089
图 6-5	被调查养老机构的入住状况	090
图 6-6	被调查养老机构分年龄入住老年人的平均情况	091
图 6-7	被调查养老机构的排队等候人数	091
图 6-8	被调查养老机构的主要服务项目	092
图 6-9	被调查养老机构的服务设施情况	095
图 6-10	被调查养老机构工作人员收入情况	100
图 6-11	被调查养老机构最需要的人员类型	101
图 6-12	养老护理员主要流动原因	102
图 6-13	被调查养老机构的资金来源情况	103
图 6-14	被调查养老机构的预期投资回收期情况	103
图 6-15	被调查养老机构的资金周转情况	104

图 6-16　被调查养老机构的年净利润率 …………………………… 105
图 6-17　被调查养老机构面临的主要问题 …………………………… 106
图 6-18　被调查养老机构的主要政策需求 …………………………… 107
图 6-19　被调查养老机构认为用地方面存在的主要问题 …………… 108
图 6-20　被调查养老机构认为投融资方面存在的主要问题 ………… 108
图 6-21　被调查养老机构认为税收方面存在的主要问题 …………… 109
图 6-22　被调查养老机构认为应放开民非养老机构限制的
　　　　　主要方面 ……………………………………………………… 110
图 6-23　被调查养老机构认为公办与民办养老机构不公平
　　　　　竞争的情况 …………………………………………………… 111
图 6-24　被调查养老机构认为不公平竞争的主要体现方面 ………… 111
图 6-25　被调查养老机构对公办养老机构改革的支持情况 ………… 112
图 6-26　被调查养老机构认为公办养老机构改革面临的突出问题 … 112
图 F1-1　北京市公办养老机构床位分布 ……………………………… 235

表 4-1　代表省市相关政策中养老机构的界定 ……………………… 056
表 4-2　养老机构服务的供给主体 …………………………………… 061
表 5-1　2012 年以来我国养老机构发展主要相关法规政策 ………… 072
表 5-2　养老机构综合责任保险实施情况 …………………………… 075
表 5-3　各地养老服务机构床位建设补贴情况 ……………………… 076
表 5-4　2013 年中国养老机构地区发展情况 ………………………… 078
表 5-5　被调查养老机构的服务设施情况 …………………………… 081
表 5-6　被调查养老机构工作人员的收入情况 ……………………… 083
表 6-1　被调查养老机构的服务项目收费情况 ……………………… 093
表 6-2　被调查养老机构的土地获取方式 …………………………… 094
表 6-3　被调查养老机构的房屋获取方式 …………………………… 095
表 6-4　被调查养老机构的服务设施情况 …………………………… 096
表 6-5　被调查养老机构的内设医疗设施情况 ……………………… 097
表 6-6　被调查养老机构的医疗资质等情况 ………………………… 097
表 6-7　被调查养老机构的无障碍设施情况 ………………………… 098

表6-8	被调查养老机构的工作人员情况	099
表6-9	被调查养老机构工作人员的收入情况	100
表6-10	被调查养老机构工作人员保障情况	100
表6-11	被调查养老机构的预期投资回收期情况	104
表6-12	被调查养老机构的资金周转情况	104
表6-13	被调查养老机构的运营情况	105
表7-1	公办养老机构改革政策一览	119
表8-1	被访试点机构情况	137
表F1-1	北京市公办养老机构转制相关政策文件	231
表F1-2	北京市公办养老机构分类表	232
表F2-1	浙江省调研养老机构基本情况	261
表F2-2	浙江省公办养老机构转制相关政策文件	263
表F4-1	四川省公办养老机构转制相关政策文件	333

第一章 绪论

第一节 研究背景

2000年以来，我国人口老龄化的速度不断加快，在快速发展的人口老龄化过程中，家庭户规模的不断缩小带来家庭照料资源的日益匮乏。老年人，特别是高龄老年人和失能老年人的照护需求迅速提高。国家统计局数据显示，2017年底，我国60岁及以上的老年人口规模已为2.41亿，占全部人口的比例高达17.3%。党和国家高度重视老龄事业和老龄产业，特别是老龄服务业的发展。党的十八大明确提出"积极应对人口老龄化，大力推进老龄服务事业和产业发展"，党的十九大则进一步提出"积极应对人口老龄化，构建养老、孝老、敬老政策体系和社会环境，推进医养结合，加快老龄事业和产业发展"。20世纪80年代之后，我国开始大力推进"社会福利社会化"进程，养老服务机构得以迅速发展。根据民政部统计，2017年底我国已有744.8万张不同类别的养老服务床位，每一千名老年人所对应的养老床位数为30.9张。我国政府在养老机构的发展过程中，不断发挥多元主体的供给作用，强调市场在养老服务资源配置中的决定性作用，充分发挥政府、企业、社会、家庭和个人的作用，逐渐发展成为：①在养老服务的供给主体上，破除以往政府单一供给的模式，提倡政府、企业、社会、家庭和个人共同发挥对老年人的服务责任；②在养老服务的供给形式上，提倡政府、企业、社会、家庭和个人共同参与养老服务的供给与输送，逐渐形成了公办公营、公办民营、公建民营、民办非营利、民办民营等多种运营管理模式；③在养老服务的服务内容上，在以往相对单一的生活照料服务基础上，不断增加新的服务内容，包括了日常生活照料、医疗卫生、康复保健、长期护理、精神慰藉等多层次的全方位服务内容，不仅丰富了养老服务机构的种类，更进一步满足了不同类别的老年人对养老服务的多元化、个性化服务需求。

但是，由于我国老龄服务体系发展较晚，在服务模式的提供上政府依然占据主导地位。据民政部统计，我国现有不同类别的养老服务床位，其中大部分为各类公办养老机构床位。公办养老机构在硬件设施、养老服务水平、工作人员队伍、价格收费等方面，都具有民办养老机构难以比拟的优势。但随着我国养老服务市场的发展，公办养老机构效率不高、供需失衡、服务群体界定不明，公共养老服务资源使用过多等问题也不断凸显。由于我国养老机构在一定程度上存在职能定位不清的问题，公办养老服务机构与民办养老服务机构在职能、定位上并没有严格区分，在政策扶持、优惠措施和市场竞争中面临不平等待遇，严重制约了养老服务市场的发展。从整体情况来看，我国养老服务资源在供给和需求上呈现明显的供需失衡问题，不仅在养老服务床位总量上存在着绝对数量不足的问题，还存在着比较严重的结构性失衡与资源空置、浪费等问题①。2014年，我国养老服务机构的床位空置率高达48%，养老服务资源被很大程度地浪费。同时，公办养老机构不断发展的社会福利社会化发展思路与经营管理方式中相对保守、滞后的体制机制之间的矛盾也日趋加剧，迫切需要进行相应的改革。因此，2013年9月，国务院下发了《关于加快发展养老服务业的若干意见》（国发〔2013〕35号），明确提出了要"开展公办养老机构改制试点"，同年12月，民政部下发了《关于开展公办养老机构改革试点工作的通知》（民函〔2013〕369号），正式开启了我国公办养老机构转制的步伐。

但就目前情况来看，公办养老机构转制的步伐依然缓慢。一方面，从发展历程来看，我国养老机构本身的政府色彩就比较浓厚，作为计划经济时代为"三无"、"五保"以及社会困难人群提供福利性养老服务的机构/组织，从一开始就被打上了浓厚的政府福利色彩，转制的基础较差。二是我国的养老服务市场是在2000年之后"社会福利社会化"的背景下逐渐发展的，直到近几年才有了快速的推进，养老服务市场本身还不尽成熟。在这种背景下，公办养老机构如何既能发挥公共服务的职能，又能顺利实现管理方式和运行机制的转变，本身就是一个崭新而复杂的研究课题，不仅需要基础的理论研究，也需要更多的实证研究，不仅具有明显的理论意义，也具有强烈的现实意义。

---

① 刘红：《中国机构养老需求与供给分析》[J]，《人口与经济》2009年第4期。

一　人口背景

我国在1999年末、2000年初进入了老年型社会。随着我国生育率、死亡率的持续下降，老年人口的规模及老龄化水平不断提高。根据全国老龄办的预测：目前我国正在经历人口老龄化的快速发展阶段，并在此后迎来加速老龄化和重度老龄化。根据预测，2001~2020年为快速老龄化阶段，老年人口年均增加600万左右，平均每年的增长速度约为3.28%；2021~2050年为加速老龄化阶段，老年人口年均增加620万左右，到2050年60岁及以上老年人口的总量将增长到4亿，老龄化的程度进一步提高到30%以上；21世纪后叶进入重度老龄化阶段，我国60岁及以上老年人口的规模将持续稳定在3亿~4亿左右，老龄化的水平将保持在30%左右，平均每3个人中就有一个为老年人[1]。

中国在快速发展的人口老龄化过程中，老龄化的速度快，老年人口的规模大。同时，老年人口高龄化的趋势也日趋明显。据全国老龄办的预测，2050年之后，我国80岁及以上的高龄老年人口的数量将超越1亿大关，高龄化的程度高达23%，高龄老年人口的数量占全球80岁及以上高龄老年人口的25%[2]。尽管随着经济社会的发展，人民生活水平不断提高，医疗卫生事业不断进步，我国人口的平均预期寿命不断增加，已提高到76.34岁。然而老年人的晚年身体健康状况不容乐观。有关专家的研究显示，老年人功能缺损的寿命时间在整个老年人的余寿中的比例不断扩大[3]，即老年残障期的扩张模式，导致老年人对医疗、照料、康复、护理的需求明显提高。尽管也有不同的研究者认为老年残障期不是扩张，而是呈现压缩趋势[4]，但大部分研究者都认为，中国老年人口的老年残障期正

---

[1] 李本公：《中国人口老龄化发展趋势百年预测》[M]，北京：华龄出版社，2007。
[2] 李本公：《中国人口老龄化发展趋势百年预测》[M]，北京：华龄出版社，2007。
[3] Gruenberg EM. 1977. The Failure of Success. Milbank Q, 55: 3-24. Kramer M. 1980. The Rising Pandemic of Mental Disorders and Associated Chronic Diseases and Disabilities. *Acts Psychiatrica Scandinavica*. S285. Vol. 62.
[4] Fries JF. 1980. Aging, Natural Death and the Compression of Morbidity. *The New England Journal of Medicine*, Vol. 303; Fries JF. 1989. Green LW, Levine S. Health Promotion and the Compression of Morbidity. Lancet, Fries JF. 2003. Measuring and Monitoring Success in Compressing Morbidity. *Annals of Internal Medicine*, Vol. 139: 455-459; 曾毅、顾大男、凯·兰德：《健康期望寿命估算方法的拓展及其在中国高龄老人研究中的应用》[J]，《中国人口科学》2007年第6期。

在呈现不断扩张的趋势[①]，老年人口对于医疗、照料、康复和护理的服务需求正在不断提高。

二 社会背景

人口老龄化的快速发展，给我国发展晚、发展慢的社会养老服务体系带来了极大压力。一是老年人口数量不断增多，带来养老服务需求日益提高；二是人口老龄化的快速发展，还有经济社会的快速发展与转型、人们价值观的转变与多元、家庭结构的改变与社会结构的变革，导致养老服务资源中正式照料资源的滞后与非正式照料资源的减少进一步凸显。

一是家庭户规模的不断缩小导致家庭照料等非正式照料资源日益匮乏。家庭养老是中国传统的养老模式，这种植根于中国浓厚的儒家文化和孝文化基础上的养老模式，是最受中国老年人欢迎的养老模式，不仅体现着家庭成员的孝亲敬老文化与养老责任，更包含着浓浓的家庭伦理与亲情。但随着经济社会的发展、生育政策的实行，人们生育意愿与生育水平的下降，我国的家庭户规模不断缩小，已由2000年的3.44人下降为2014年的3.02人。同时，城市化的发展与人口流动的加快，也使得越来越多的家庭照料资源远离父母和大家庭、流入城市，家庭结构的日益缩小，正在不断缩小家庭照料资源的规模。

二是社会养老服务起步较晚，发展较慢，并存在着明显的结构失衡。我国的社会养老服务发展于20世纪50年代，最早主要是针对五保户的供养制度，其中老年服务对象为没有法定扶养义务人、没有劳动能力和没有生活来源的老年人，提供的服务涵盖吃、穿、住、医、葬。随着老年人口数量和老龄化水平的不断提高，我国的社会养老服务体系开始逐渐发展，养老服务机构的数量不断增加，服务内容不断丰富，类型也日益多元。但整体而言，社会养老服务体系在机构数量、服务内容、市场化发展等方面仍然严重滞后于老年人的服务需求，其中比较突出的问题就是公办养老机构效率不足，民办养老机构发展缓慢，养老床位存在区域以及功能方面的

[①] Zimmer Z., Martin L. G., Chang M. C. 2002. Changes in Functional Limitation and Survival among Older Taiwanese, 1993 and 1996. Pop Stud, 56；杜鹏、李强：《1994～2004年中国老年人的生活自理预期寿命及其变化》[J]，《人口研究》2006年第5期；杜鹏、张文娟：《中国老年人健康预期寿命变化的地区差异：扩张还是压缩?》[J]，《人口研究》2009年第5期。

结构失衡。归根到底，这是我国公共养老服务资源分配不均和市场化机制发挥不足所导致的。

三 市场背景

2012年之后，中国的养老服务产业进入了一个新的发展阶段。党的十八届三中全会提出要"加快建立社会养老服务体系和发展老年服务产业"、"使市场在资源配置中起决定性作用"。2013年国务院连续下发了《关于加快发展养老服务业的若干意见》（国发〔2013〕35号）、《关于促进健康服务业发展的若干意见》（国发〔2013〕40号）等重要文件，积极引导和鼓励民间资本投入养老服务市场中来，各种金融资本，包括央企、国企、险资等国内外各种金融资本，都开始关注并纷纷投入养老服务市场。大型综合化的老年公寓、老年社区，小型专业化的康复护理机构，候鸟式的异地养老联盟，医养结合的老年康复机构在近几年如雨后春笋般纷纷出现，中国的养老服务市场进入了一个新的发展阶段。

但从整个养老服务业的发展来看，公办养老服务机构和民办养老服务机构"双轨制"的运行模式还非常突出。一是公办养老服务机构在享受政府各种体制内福利和优惠的基础上，与民办养老服务机构进行不公平竞争。我国大力推进社会福利社会化进程之后，公办养老服务机构在运营管理方式上，还存在着明显的市场化和福利化并存的情况，公办养老服务机构与民办养老服务机构同为市场竞争主体，却享受着政府在政策、土地、资金、房屋、设施以及人员队伍等方面的优势。更为关键的是，二者的定价机制不同：公办养老服务机构服务是政府定价，通常较低；而民办养老服务机构则是根据市场需求定价，相对较高。另外，由于老年人对于有政府背景的公办养老服务机构普遍比较信任，因此与民办养老服务机构相比，公办养老服务机构的优势更加明显。这种不公平的竞争不仅阻碍了民办养老服务机构的健康发展，也不利于养老服务业的长期稳定发展。

四 政策背景

"十二五"期间，我国的养老服务政策进入了一个快速发展阶段。养老服务业的需求明显增加，政府大力发展养老服务业的思路更加明确，民间资本投资养老服务市场的热情和积极性持续高涨，相关扶持政策的出台密度和频度也不断加大，一系列政策文件相继出台，其中，最重要的是

2013年国务院下发的《关于加快养老服务业发展的若干意见》（国发〔2013〕35号），文件明确指出要"充分发挥市场在资源配置中的基础性作用，逐步使社会力量成为发展养老服务业的主体"，并从投融资政策、税收政策、土地政策、补贴政策、人才培养与就业政策等不同方面提出了具体的要求。文件出台后，相关部门相继出台了《关于推进养老服务评估工作的指导意见》（民发〔2013〕127号）、《关于加强养老服务标准化工作的指导意见》（民发〔2014〕17号）、《关于推进养老机构责任保险工作的指导意见》（民发〔2014〕47号）、《关于推进城镇养老服务设施建设工作的通知》（民发〔2014〕116号）、《关于加快推进养老服务业人才培养的意见》（教职成〔2014〕5号）等，其中大部分是针对具体问题的具体政策，极大地促进了养老服务机构的快速发展。

2013年之后，公办养老机构的转制改革问题终于被提上了议事日程。针对公办养老机构的职能定位与转制要求，《关于加快养老服务业发展的若干意见》（国发〔2013〕35号）明确提出要"办好公办保障性养老机构""开展公办养老机构改制试点……政府投资兴办的养老床位应逐步通过公建民营等方式管理运营，积极鼓励民间资本通过委托管理等方式，运营公有产权的养老服务设施"。在这个文件的推动下，民政部正式开始了公办养老机构转制的步伐，2013年12月，下发了《关于开展公办养老机构改革试点工作的通知》（民函〔2013〕369号），并于2014年在全国范围内启动了公办养老机构转制试点的工作。在试点工作开展两年之后，2016年12月23日，国务院出台了《关于全面放开养老服务市场提升养老服务质量的若干意见》（国办发〔2016〕91号），明确要求"加快公办养老机构改革"，并提出了改革的总体目标，即"到2020年政府运营的养老床位数占当地养老床位总数的比例应不超过50%"。

充分发挥市场在资源配置中的决定性作用，按照市场的要求来规范政府的权力，这是我国供给侧结构性改革的核心内容，也是推进公办养老机构改革的关键。但到目前为止，我国的公办养老机构改革还处于刚刚起步的阶段，无论是在政策执行层面，还是在基层实践层面，都还处于摸索阶段。公办养老机构的职能定位是什么，目前公办养老机构转制的实际情况是怎样，转制过程中面临的实际问题是什么，如何进一步推进公办养老机构的转制步伐，这都是亟待研究的问题。

第二节 问题的提出

以往的研究表明,在促进养老服务事业和产业发展的过程中,政府的责任和职能定位非常重要。政府只有完全从所有的福利服务责任中抽离出来才能实现真正的社会福利社会化[①]。但从目前我国的养老服务产业发展中来看,政府主导的色彩依然比较浓厚,公办养老机构转制,是政府开始逐步退出养老服务市场的重要实践与举措,在学术研究、转制实践和相关政策方面,都是一个崭新的课题,公办养老机构的职能定位与服务对象应该如何界定?哪些公办养老机构适合转制?公办养老机构的转制方式与步骤应该是怎样的?这些目前都还鲜少有人深入分析。

一 公办养老机构的职能定位

需求是决定供给的最主要因素。新公共管理理论认为,要提供多样化的服务,必须以市场需求和顾客需要为导向,在公共服务领域打破政府垄断,引入竞争机制,才能根据被服务者的需求提供多元、专业、兼具个性需求的服务。因此,公办养老机构作为政府直接介入养老服务领域的载体,在整个养老服务领域应该发挥什么样的作用,确保这些作用发挥需要保留哪些公办养老机构,这都是影响公办养老机构转制的基本问题。

二 公办养老机构的转制现状

2013年底,民政部下发了《关于开展公办养老机构改革试点工作的通知》(民函〔2013〕369号),开始在全国启动公办养老机构转制试点工作,截至2014年9月上旬,全国共计124家养老机构被作为试点进行公办养老机构改革。这些养老机构包括福利中心、敬老院、老年养护院、托老中心、五保供养中心等,有市级机构,也有区县、乡镇机构,规模大小、服务功能、服务水平、设施设备各不相同。两年间,这些试点机构转制的情况怎样,转制中存在什么样的问题,有什么样的经验和建议,对这些还没有专门的调查与研究。这是我国进行公办养老机构转制的第一批试点,具有很好的代表性和研究价值,是进行公办养老机构转制研究的主要对象。

---

① Kolderie. What do We Mean by Privatization? [J]. Society, 1987, 24 (3).

三 公办养老机构转制的主要问题

公办养老机构是政府投资建设运营的事业单位,其转制过程本身就会涉及多方面的问题,包括:①人的问题,即原有入住老年人的安置与权益保障问题,原有工作人员的身份与待遇问题;②物的问题,即国有资产的保值增值问题;③运营的问题,包括如何选择运营组织,如何确立定价机制;④监管的问题,即作为委托方,政府与被委托方的监管机制如何确立,这都是公办养老机构转制中亟待研究的重要问题。

第三节 研究目的和意义

一 研究目的

主要利用定性研究和定量研究相结合的方式,研究我国养老服务体系中公办养老机构的职能与定位,研究我国公办养老机构的转制现状、转制类型,探讨我国公办养老机构在转制过程中存在的突出问题,提出进一步推进我国公办养老机构转制的政策建议。

二 研究意义

(一) 理论意义

公办养老机构转制研究本身涉及众多理论。一是从其提供的服务产品属性方面来看,涉及的理论包括公共产品理论,大部分研究者认为养老服务产品既有准公共产品的明显特征,又具备私人产品与公共产品的部分特征。二是从服务供给主体的角度来看,公办养老机构转制实质上涉及在养老服务资源配置领域中政府、市场、社会等多个主体的职能角色与分配问题,涉及众多相关理论,包括福利多元主义理论、多中心治理理论、新公共管理理论等,这些理论从不同角度指出在养老服务的供给过程中,政府的职能与角色定位更多地体现在政策制定与监督管理等方面,而不应该过多地充当服务提供者的角色直接为老年人输送相关的服务。在提供养老服务的过程当中,要更多地发挥企业和社会组织等多元主体的作用。三是从公办养老机构转制的必要性来看,政府失灵理论和市场失灵理论都为其提供了一定的理论基础，在养老服务的供给过程当中，完全依靠政府或者完全依靠市场都不是最完美的，原因就在于养老服务本身是一个兼具市场性和福利性的产品，它既要保证部分群体获得基本养老服务的权利，也要保障部分群体根据自己的需求购买合适的养老服务的自由。四是从公办养老机构转制路径来看，涉及民营化理论、委托代理理论等多个理论。

从目前已有的研究来看，将这些理论应用到公办养老机构转制研究中的还非常之少，作为养老服务领域重要的一项改革内容，公办养老机构转制是崭新并且很大的一个议题，蕴含着众多的研究领域和研究内容，是验证、完善和扩充相关理论的重要研究素材，尤其是在中国市场化机制尚不充分完善、政府在公共服务领域中的主体力量作用还比较突出的现实情况下，研究探讨公办养老机构转制的现状、转制进程以及存在的突出现实问题，对相关理论的本土化研究和运用具有明显的理论意义。

(二) 学术意义

公办养老机构转制在我国还是一个新生事物，无论是在政策上、实践上，还是在学术研究上，都是一个崭新的领域。

我国自2000年开始推行社会福利社会化，以往以"三无"、"五保"、困难老年群体为服务对象，为其提供福利性养老服务的公办养老机构，开始逐步向社会公开，社会老人通过交费也可以入住公办养老机构。这个阶段，公办养老机构的服务对象有了扩大，但在运营模式上仍然是政府事业单位的运作模式，只是在服务对象上有了社会化的特点。随着我国老龄化社会进程的不断加快，党和国家对老龄服务事业和产业高度重视，民办养老机构逐渐开始发展，养老服务市场有了进展。一些地方开始出现了公建民营的形式，即由政府出资建设院所，然后通过招标或委托的形式交由社会组织或民办服务机构以市场化的方式进行运营和管理，政府则对其进行监督和管理。随着养老服务市场的持续发展，政府在养老服务市场发展中的职能定位与角色定位更加清晰，以往以政府为主导的公办养老机构开始推进转制进程。截至目前，这一过程大概经过了十五六年，这是一个在探索中逐步发展的过程，在这一过程中，我国对于养老机构、养老服务的研究还停留在一个比较初步的阶段，目前的研究大多主要从养老机构的概念、基本类型、定位、现有实践经验总结、面临的问题和对策等几个方面开展，研究更多地倾向于经验总结，大部分研究仅仅停留在对养老机构本身发展的研究上，从宏观层面来解释我国养老机构的发展以及存在的问题，在公办养老机构转制方面，几乎没有相应的专门研究，无论是理论研究、实证研究还是政策研究都还有很大空间，对目前公办养老机构的转制进程、转制现状、存在的问题等进行研究的也比较少。

因此，在进一步推进公办养老机构转制的过程中，加强对这一新生事物的分析研究，剖析总结其发生发展规律，不仅具有积极的现实意义，也具有极强的学术意义。因为这一事物本身就是一个巨大的研究领域，蕴含着内容丰富的研究题材与研究空间，是今后我国养老服务研究领域中的一项重要内容。

（三）政策意义

我国自2014年初开始正式推进公办养老机构转制，为了加快这一进程，国家出台了一系列政策，包括《关于加快养老服务业发展的若干意见》（国发〔2013〕35号）、《关于全面放开养老服务市场提升养老服务质量的若干意见》（国办发〔2016〕91号）、《关于开展公办养老机构改革试点工作的通知》（民函〔2013〕369号）等，这些政策文件从转制的总体要求、目标进度、转制形式等方面都做了明确要求，北京、天津、山东、浙江相继出台了《关于深化公办养老机构管理体制改革的意见》（京政办发〔2015〕8号）、《关于推进公办养老机构改革的指导意见》（鲁民〔2016〕86号）、《关于推进养老机构公建民营规范化的指导意见》（浙民福〔2016〕26号）等文件，从总体要求、准入和退出机制、运营监管、合同内容等多方面对公办养老机构转制进行了要求，并且在实践上也积累了一定的经验。但从总体情况来看，我国的公办养老机构转制发展还处在一个初始阶段，对许多问题，包括政府的职能定位、市场的准入退出、机构运行的体制机制等都还没有明确，在政策评估、政策需求、政策制定等方面都还存在很大的研究盲点和研究空间。

因此，只有深入总结分析目前我国公办养老机构转制的现状、进展、存在的问题及政策需求，才能进一步了解目前转制过程中政策的盲点和不足，为进一步推进以市场化为导向的转制改革，建成不同主体公平参与、公平竞争的市场环境，提高养老服务资源的配置效率，提供丰富多样、价格适度、方便可得的养老服务产品，满足老年人对养老服务产品的多元化、专业化、个性化需求，促进养老服务市场的长期稳定、健康发展，提供相应的政策依据和建议。

第四节 主要研究内容

一 公办养老机构转制背景研究

主要涉及的内容包括：我国养老机构发展的历史与现状，这是公办养老机构转制的重要背景内容，是公办养老机构产生、发展的土壤，其发展及存在的问题与公办养老机构的转制有着不可分割的联系。

二 公办养老机构的转制现状

主要涉及的内容包括：公办养老机构转制的主要类型有哪些？目前各地在推进公办养老机构转制方面的主要做法有哪些，对转制过程中涉及的社会主体的遴选、老年人的安置、工作人员的分流、国有资产的保值增值、政府对转制后养老机构的监管等问题是如何处理的？

三 公办养老机构转制存在的主要问题

主要涉及的内容包括：在公办养老机构目前的转制过程中存在哪些突出的现实问题？包括各方对于转制的态度、意识观念，转制的具体实现过程，包括登记审批等方面存在的问题；转制后如何确保老年人的养老服务质量，政府能否发挥有效的监督管理作用等。

四 公办养老机构转制的政策分析及建议

主要涉及的内容包括：目前我国关于公办养老机构转制的政策措施有哪些，政策需求与不足有哪些？针对目前公办养老机构转制过程中存在的突出现实问题，提出推进公办养老机构转制的政策思路及建议。

第二章 文献回顾与述评

公办养老机构是我国养老服务体系的重要组成部分,在老年福利领域一直发挥主导作用。近年来,随着我国人口老龄化速度的加快、社会养老服务需求的增加以及政府公共服务职能的转变,政策和实践对公办养老机构转制的呼声越来越高。2013年和2016年,民政部先后下发了两个关于推进公办养老机构转制试点的通知文件,各地纷纷响应,积极推进,积累了丰富的实践经验。为了分析研究我国公办养老机构转制的实践现状与面临的问题,本章对相关研究成果,包括养老机构的定义、类型与性质,公办养老机构转制的必要性、内容与路径等进行了系统梳理,并在总结回顾现有相关研究的基础上,针对目前研究存在的不足,提出了下一步研究的方向。

第一节 养老机构的概念、性质与类型

一 养老机构的概念辨析

在我国,养老机构概念的产生和提出滞后于老年福利实践的发展。早在新中国成立后的很长一段时间里,虽然在当时的城市和农村地区已经有公办的收住老年人的福利机构,但国家政策并没有对养老机构的概念做明确界定,直到20世纪90年代,有关养老机构的名称和定义才陆续出现在中央和地方的政策文件以及学者的学术文章中。目前,比较科学的界定有两个:一是民政部2013年在其颁发的《养老机构设立许可办法》中的界定,即"为老年人提供集中居住和照料服务的机构";二是吴玉韶、王莉莉[1]等学者的界定,他们在分析目前已有文献中关于养老机构的定义的基础上,将养老机构定义为"为老年人提供集中居住、生活照料、康复护理、精神慰藉、文化娱

---

[1] 吴玉韶、王莉莉:《中国养老机构发展研究报告》[M],北京:华龄出版社,2015。

乐等服务的老年人服务组织，其主要服务对象是失能、半失能老年人"。

从目前笔者可以检索到的文献来看，养老机构的名目繁多。比如，早在2001年民政部颁布的《老年人社会福利机构基本规范》中就列举了8种，包括敬老院、护老院、老年公寓、护养院、老年社会福利院、托老所、养老院或老人院，以及老年人服务中心。各地具体实践中，对养老机构的命名更多，比如老年颐养院、老年休养康复中心、光荣院、社会福利院[1]等，不胜枚举。虽然养老机构的名称五花八门，但其内涵基本相同，至少包括四个关键要素：服务属性；服务主体；服务对象；服务内容。

第一，养老机构的服务属性是决定服务主体、服务对象和服务内容的前提条件。目前的共识是，养老服务或养老机构的服务作为经济学和公共管理学意义上的纯公共物品、准公共物品和私人物品，具有福利性、公益性、救济性和市场性的多重属性[2]。

第二，服务主体的多元性。在福利多元主义、政府失灵、市场失灵、新公共服务理论视域下，政府、市场、社会组织、社区、家庭、个人都是养老机构服务的供给主体[3]。

---

[1] 孙静晓：《民办养老机构发展困境的经济学分析》[J]，《现代商贸工业》2011年第1期；周云、陈明灼：《我国养老机构的现状研究》[J]，《人口学刊》2007年第4期。

[2] 吴玉韶、王莉莉：《中国养老机构发展研究报告》[M]，北京：华龄出版社，2015；江燕娟、李放：《我国养老机构服务的有效供给研究》[J]，《广西社会科学》2014年第11期；林闽钢：《论我国社会养老服务的公益性及实现途径》[J]，《人口与社会》2014年第1期；王细芳、王振州：《城市社区养老服务体系构建研究》[J]，《老龄科学研究》2014年第8期；福建省民政厅、福建师范大学联合课题组：《公办公营与公建民营养老机构模式研究——永安市老年公寓和社会福利中心运营状况调查》[J]，《社会福利》（理论版）2012年第1期；赵婷婷：《我国养老机构的地位、性质及运行方式研究》[J]，《社会工作》2012年第5期；张艳华：《基于通用评估框架的我国养老机构绩效评估体系的构建》[J]，《市场周刊》（理论研究）2012年第10期；张翔、林腾：《补"砖头"、补"床头"还是补"人头"——基于浙江省某县养老机构的个案调查》[J]，《社会保障研究》2012年第4期；焦亚波：《社会福利社会化背景下的上海养老机构发展研究》[D]，华东师范大学博士学位论文，2009；席恒：《公共物品供给机制研究》[D]，西北大学博士学位论文，2003。

[3] 吴玉韶、王莉莉：《中国养老机构发展研究报告》[M]，北京：华龄出版社，2015；江燕娟、李放：《我国养老机构服务的有效供给研究》[J]，《广西社会科学》2014年第11期；赵婷婷：《我国养老机构的地位、性质及运行方式研究》[J]，《社会工作》2012年第5期；张艳华：《基于通用评估框架的我国养老机构绩效评估体系的构建》[J]，《市场周刊》（理论研究）2012年第10期；王廷惠：《公共物品边界的变化与公共物品的私人供给》[J]，《华中师范大学学报》（人文社会科学版）2007年第4期；席恒：《公共物品多元供给机制：一个公共管理的视角》[J]，《人文杂志》2005年第3期；席恒：《公共物品供给机制研究》[D]，西北大学博士学位论文，2003。

第三，服务对象的广泛性。绝大部分中央和地方性的政策文件都将养老机构的服务对象界定为全体老年人①，卫生部门的政策（2011）则聚焦长期卧床患者、晚期姑息治疗患者、慢性病患者、生活不能自理需要长期护理服务的老年人。

学术界大多依据养老服务和产品的属性区分出三类不同的服务对象，一类为政府兜底的城镇三无、农村五保、低保、特困以及重点优抚对象老人，享受纯公共物品；二类为有一定经济支付能力但水平不高的社会中低收入老人，享受准公共物品；三类为经济支付能力较强的高收入老人，享受纯私人物品②。政策研究部门③从社会养老服务体系"居家、社区、机构"三位一体建设的角度，将养老机构的服务对象限定为靠自己或家人在家庭和社区无法满足照料服务需求的失能和半失能老年人。

---

① 上海市民政厅：《上海市养老机构条例》，2014 年 2 月 25 日，http：//shzw.eastday.com/shzw/G/20140226/u1ai124709.html；四川省民政厅：《四川省养老机构设立许可实施办法》，2014 年 7 月 4 日，http：//www.qbj.gov.cn/qmzj/648807/1202023/1647907/index.html；民政部：《关于开展公办养老机构改革试点工作的通知》（民函〔2013〕369 号），2013 - 12 - 13，http：//www.anping.gov.cn/ch3940/ch3956/ch3976/ch4011/2014/01/29/content_285280.shtml；民政部：《养老机构设立许可办法》，2013 - 06 - 28，http：//www.mca.gov.cn/article/gk/fg/shflhcssy/201507/20150700848516.shtml；山东省民政厅：《山东省养老机构设立许可办法》，2013 年 9 月 12 日，http：//www.shandong.gov.cn/art/2013/10/21/art_286_216.html；安徽省民政厅：《安徽省养老机构设立许可办法》，2013 - 08 - 22，http：//smzj.hefei.gov.cn/9121/9127/201504/t20150417_1198829.html；苏州市，2011；济南市民政局：《济南市养老服务机构管理规定》，2011 - 05 - 05，http：//www.jinan.gov.cn/art/2016/11/23/art_159_559984.html；重庆市人民政府：《重庆市城乡养老机构服务管理办法》，2008 - 01 - 07；天津市民政局：《天津市养老机构管理办法》，2007 - 01 - 08，http：//www.cnki.com.cn/Article/CJFDTotal - TJZB200704003.htm；长春市民政局：《长春市养老服务机构管理办法》，2007 - 06 - 07，http：//www.yanglao.com.cn/article/5427.html。

② 蒋浩君：《我国公办养老机构改革探究》[J]，《长沙民政职业技术学院学报》2014 年第 4 期；李云凤：《公办民营式养老机构运营模式研究——以北京市 H 老年公寓为例》[D]，中国青年政治学院硕士学位论文，2013；穆光宗：《我国机构养老发展的困境与对策》[J]，《华中师范大学学报》（人文社会科学版）2012 年第 2 期；赵婷婷：《我国养老机构的地位、性质及运行方式研究》[J]，《社会工作》2012 年第 5 期；张艳华：《基于通用评估框架的我国养老机构绩效评估体系的构建》[J]，《市场周刊》（理论研究）2012 年第 10 期；张翔、林腾：《补"砖头"、补"床头"还是补"人头"——基于浙江省某县养老机构的个案调查》[J]，《社会保障研究》2012 年第 4 期；董红亚：《非营利组织视角下养老机构管理研究》[J]，《海南大学学报》（人文社会科学版）2011 年第 1 期；焦亚波：《社会福利社会化背景下上海养老机构发展研究》[D]，华东师范大学博士学位论文，2009。

③ 吴玉韶、王莉莉：《中国养老机构发展研究报告》[M]，北京：华龄出版社，2015。

第四，养老机构的服务内容一直以来也是各方普遍关注的[①]。典型的比如，民政部（2013）提出养老机构应该按照双方签订的服务协议，为入住的老年人提供包括日常生活照料、身体康复护理、精神心理慰藉、文化娱乐服务等服务内容；卫生部（2011）则侧重于专业性的医疗护理、康复促进、临终关怀等医疗服务。

二 养老机构的类型

在类型学意义上，根据不同标准，可将养老机构划分为不同类型。目前学术界和政策部门常用的分类标准主要有审批部门、登记部门、投资（兴办）主体、运营主体、服务对象、服务内容六种[②]。需要说明的是，这六种分类标准之间存在不同程度的交叉，为了叙述方便，笔者遵循常规做

[①] 吴玉韶、王莉莉：《中国养老机构发展研究报告》[M]，北京：华龄出版社，2015；江燕娟、李放：《我国养老机构服务的有效供给研究》[J]，《广西社会科学》2014年第11期；民政部：《关于开展公办养老机构改革试点工作的通知》（民函〔2013〕369号），2013-12-13，http://www.anping.gov.cn/ch3940/ch3956/ch3976/ch4011/2014/01/29/content_285280.shtml；民政部：《养老机构设立许可办法》，2013-06-28，http://www.mca.gov.cn/article/gk/fg/shflhcssy/201507/20150700848516.shtml；民政部，2001、1999；李云凤：《公办民营式养老机构运营模式研究——以北京市H老年公寓为例》[D]，中国青年政治学院硕士学位论文，2013；卫生部：《护理院基本标准（2011版）》，2011-03-21，http://www.gov.cn/gzdt/2011-03/21/content_1828316.htm；卫生部，1994；福建省民政厅、福建师范大学联合课题组：《公办公营与公建民营养老机构模式研究——永安市老年公寓和社会福利中心运营状况调查》[J]，《社会福利》（理论版）2012年第1期；全利民编著《老年社会工作》[M]，上海：华东理工大学出版社，2006。

[②] 吴玉韶、王莉莉：《中国养老机构发展研究报告》[M]，北京：华龄出版社，2015；蒋浩君：《我国公办养老机构改革探究》[J]，《长沙民政职业技术学院学报》2014年第4期；刘佩璐：《公办养老机构民营化改革的必要性研究》[J]，《科技视界》2014年第23期；胡彬：《基于PEST的民办养老机构发展环境研究》[J]，《湖南省社会主义学院学报》2014年第2期；冯辰、宋子豪等：《对公办养老机构转制问题的思考与建议》[J]，《社会福利》2014年第9期；成建兰：《公办民营护理型养老机构发展困境与展望》[D]，南京理工大学硕士学位论文，2014；潘宇：《协同治理视角下公建民营养老机构发展研究——以B市社会福利中心为例》，安徽师范大学硕士学位论文[D]，2014；李云凤：《公办民营式养老机构运营模式研究——以北京市H老年公寓为例》[D]，中国青年政治学院硕士学位论文，2013；董红亚：《基于主体弱势化的民办养老机构发展研究——以浙江省为例》[J]，《中州学刊》2013年第5期；董红亚：《非营利组织视角下养老机构管理研究》[J]，《海南大学学报》（人文社会科学版）2011年第1期；福建省民政厅、福建师范大学联合课题组：《公办公营与公建民营养老机构模式研究——永安市老年公寓和社会福利中心运营状况调查》[J]，《社会福利》（理论版）2012年第1期；穆光宗：《我国机构养老发展的困境与对策》[J]，华中师范大学学报》（人文社会科学版）2012年第2期；穆光宗：《防止"市场失灵"和"政府失灵"两个倾向——公办养老机构"乱象"治理》[J]，《人民论坛》2012年第31期；（转下页注）

法，按投资主体将养老机构分为公办和民办两大类，每一类下面又按登记部门和运营主体的不同分为若干小类。

(一) 公办养老机构

公办养老机构是指由政府和集体组织投资兴办的社会福利机构，投资主体一般包括各级政府、街道、居（村）委会[①]。根据运营主体和运营机制的不同，公办养老机构又可分为公办公营、公办民营和公建民营，对于后两者是否应为同一概念，有研究者[②]认为应该做严格区分，也有学者[③]认为两者可以通用。在本报告中，笔者将两者区别对待。

具体来看，公办公营是指政府或集体组织不仅负责养老机构建设的资金投入和管理，还承担机构的人员和运行经费，按照行政化的方式运营管理[④]。

公办民营是指由政府或集体组织已经办成的养老机构，按市场机制改制改组，与行政部门脱钩，交由社会力量运营管理[⑤]。

（接上页注②）张艳华：《基于通用评估框架的我国养老机构绩效评估体系的构建》[J]，《市场周刊》（理论研究）2012年第10期；赵青航：《民办非企业单位的困境与发展——从民办养老机构的发展现状谈起》[J]，《社团管理研究》2012年第11期；赵青航：《现状与规制：民办非企业单位的非营利性研究——以民办养老机构为考察对象》[J]，《社团管理研究》2011年第4期；赵婷婷：《我国养老机构的地位、性质及运行方式研究》[J]，《社会工作》2012年第5期；闫青春：《养老机构的"公办民营"与"公建民营"》[J]，《社会福利》2011年第1期；杨团：《公办民营与民办公助——加速老年人服务机构建设的政策分析》[J]，《人文杂志》2011年第6期；孙静晓：《民办养老机构发展困境的经济学分析》[J]，《现代商贸工业》2011年第1期；张丹、李欣林：《以搜寻匹配理论解决养老机构与老年人的匹配效率低的问题》[J]，《经营管理者》2011年第19期。

① 吴玉韶、王莉莉：《中国养老机构发展研究报告》[M]，北京：华龄出版社，2015。
② 闫青春：《养老机构的"公办民营"与"公建民营"》[J]，《社会福利》2011年第1期。
③ 潘宇：《协同治理视角下公建民营养老机构发展研究——以B市社会福利中心为例》，安徽师范大学硕士学位论文[D]，2014；杨团，2013；李云凤：《公办民营式养老机构运营模式研究——以北京市H老年公寓为例》[D]，中国青年政治学院硕士学位论文，2013。
④ 吴玉韶、王莉莉：《中国养老机构发展研究报告》[M]，北京：华龄出版社，2015，第56~97页；赵婷婷：《我国养老机构的地位、性质及运行方式研究》[J]，《社会工作》2012年第5期。
⑤ 吴玉韶、王莉莉：《中国养老机构发展研究报告》[M]，北京：华龄出版社，2015，第56~97页；成建兰：《公办民营护理型养老机构发展困境与展望》[D]，南京理工大学硕士学位论文，2014，第77~145页；田明：《我国养老服务"公办民营"模式研究——以北京汇晨老年公寓为例》[D]，华北电力大学硕士学位论文，2013；闫青春：《养老机构的"公办民营"与"公建民营"》[J]，《社会福利》2011年第1期；赵青航：《现状与规制：民办非企业单位的非营利性研究——以民办养老机构为考察对象》[J]，《社团管理研究》2011年第4期。

公建民营是指在新建养老机构时，就按照管办分离的思路，政府只负责出资建设，建成后交由社会力量经营管理，政府依照政策法规和行业规范承担行政管理与监督职责[①]。

（二）民办养老机构

民办养老机构一般是指由除了政府和集体组织以外的社会主体，包括企业、社会组织和个人投资兴办和运营管理，自筹资金、自负盈亏的养老机构[②]。根据运营主体和运营机制的差异，民办养老机构又可分为民办民营、民办公助或民建公助；根据登记部门的不同，可分为民办非营利和民办营利性养老机构。

具体来看，民办民营是指养老机构的建设和运行管理全部由社会力量负责[③]。民办公助和民建公助是指由社会力量负责养老机构的投资建设、运营管理，政府则给予机构一定的政策扶持、税收优惠以及资金补贴等[④]。

民办非营利性养老机构是指在民政部门登记注册，享受国家和地方优惠政策，但营利部分不能分红，主要用于补贴政府和集体拨款不足的养老机构[⑤]。民办营利性养老机构是指在工商部门登记注册，一般

---

① 吴玉韶、王莉莉：《中国养老机构发展研究报告》[M]，北京：华龄出版社，2015，第56~97页；李云凤：《公办民营式养老机构运营模式研究——以北京市H老年公寓为例》[D]，中国青年政治学院硕士学位论文，2013，第35~54页；福建省民政厅、福建师范大学联合课题组：《公办公营与公建民营养老机构模式研究——永安市老年公寓和社会福利中心运营状况调查》[J]，《社会福利》（理论版）2012年第1期；闫青春：《养老机构的"公办民营"与"公建民营"》[J]，《社会福利》2011年第1期。

② 吴玉韶、王莉莉：《中国养老机构发展研究报告》[M]，北京：华龄出版社，2015，第56~97页；胡彬：《基于PEST的民办养老机构发展环境研究》[J]，《湖南省社会主义学院学报》2014年第2期。

③ 吴玉韶、王莉莉：《中国养老机构发展研究报告》[M]，北京：华龄出版社，2015。

④ 李云凤：《公办民营式养老机构运营模式研究——以北京市H老年公寓为例》[D]，中国青年政治学院硕十学位论文，2013。

⑤ 福建省民政厅、福建师范大学联合课题组：《公办公营与公建民营养老机构模式研究——永安市老年公寓和社会福利中心运营状况调查》[J]，《社会福利》（理论版）2012年第1期；赵婷婷：《我国养老机构的地位、性质及运行方式研究》[J]，《社会工作》2012年第5期；张艳华：《基于通用评估框架的我国养老机构绩效评估体系的构建》[J]，《市场周刊》（理论研究）2012年第10期；赵青航：《民办非企业单位的困境与发展——从民办养老机构的发展现状谈起》[J]，《社团管理研究》2012年第11期；董红亚：《非营利组织视角下养老机构管理研究》[J]，《海南大学学报》（人文社会科学版）2011年第1期。

不享受国家和地方优惠政策，在完成税收征缴后利润可以分红的养老机构[①]。

三 公办养老机构转制

目前，学术界和政策部门还没有对公办养老机构转制的概念做出明确界定。与"转制"相对，国内权威部门公开发布的政策文件中通常直接使用"改革"一词，虽然学术界有少数研究者[②]在公开发表的研究成果中直接使用"转制"一词，但究竟何为转制，尤其是公办养老机构转制，目前还没有明确定义。从词源学的角度来看，"转制"一词在我国的出现和盛行，最初是发端于经济体制改革和我国从计划经济体制向社会主义市场经济转轨。从20世纪90年代的国有企业转制发展到90年代中后期的教育改革，再到医疗卫生领域的改革等，随着我国经济、社会各领域改革的不断深化，"转制"一词使用的范围越来越广，且愈发为人们所熟知。

具体到公办养老机构改革，"转制"一词得到沿用，成了"改革"的代名词。以目前搜集到的文献资料和政策文本来看，本书认为，所谓"公办养老机构转制"，主要是指将政府新建、改扩建的公有产权的养老机构，以承包、租赁、委托、合作等多种方式，移交给具有法人资格的企事业单位、社会组织、团体或个人，以需求为导向，按照社会化、市场化的体制机制进行运营和管理的过程。其中"转制"包括两层含义：一是体制的转变，即公办养老机构转让部分或全部产权，实现所有权的更变。具体表现为，把专门面向社会提供经营性服务的公办养老机构转制成企业；二是机制的转变，即在不改变公办养老机构公有产权性质的基础上，分离所有权和经营权，将机构转交给社会主体基于市场化规律具体运营管理，政府对其进行监督管理，并通过购买服务、资金补贴等方式给予一定的扶持。具体表现为通过公办民营、公建民营等方式实现公办养老机构运营机制的变革。

---

① 福建省民政厅、福建师范大学联合课题组：《公办公营与公建民营养老机构模式研究——永安市老年公寓和社会福利中心运营状况调查》[J]，《社会福利》（理论版）2012年第1期；赵婷婷：《我国养老机构的地位、性质及运行方式研究》[J]，《社会工作》2012年第5期；张艳华：《基于通用评估框架的我国养老机构绩效评估体系的构建》[J]，《市场周刊》（理论研究）2012年第10期；董红亚：《非营利组织视角下养老机构管理研究》[J]，《海南大学学报》（人文社会科学版）2011年第1期。

② 冯辰、宋子豪等：《对公办养老机构转制问题的思考与建议》[J]，《社会福利》2014年第9期。

第二节 公办养老机构转制的必要性研究

理论为实践提供指导，缺乏理论的实践是盲目的。因此，在实践领域推动公办养老机构转制之前首先需要在理论上回答两个基本问题：为什么要转以及向什么方向转？从养老机构的分类来看，这两个问题又可具体化为三个问题：公办公营的养老机构为什么需要转制（现存公办养老机构的发展存在哪些问题）？为什么要转向公办民营或公建民营（公办民营/公建民营有哪些优势）？转向民办民营为什么不行（现存民办养老机构的发展存在哪些劣势）？

一 公办养老机构阻碍了市场的公平发展

公办养老机构作为新中国成立以来我国社会福利制度的重要部分，长期以来在保障社会公平方面发挥着重要作用。改革开放后，我国经济体制从计划经济向社会主义市场经济转轨，社会福利社会化起步，养老机构双轨制并行发展。进入21世纪，我国人口老龄化速度加快，社会养老服务需求日益膨胀，传统由政府包办养老机构的发展模式，其弊端不断凸显。2013年12月，民政部下发了《关于开展公办养老机构改革试点工作的通知》（民函〔2013〕369号），文件直接指出，"不少公办养老机构存在职能定位不明确、运行机制不健全、发挥活力不足等突出问题"。学术界在对公办养老机构发展现状批判反思的基础上也对相关问题进行了研究探讨。具体来看，现存公办养老机构的发展主要存在以下突出问题。

（一）服务功能错位

作为保基本、兜底线的公办养老机构，应该提供的是救济性和保障性的基本养老服务，满足弱势老人的基本需求。但在现实中，不少地方政府将公办养老机构作为形象工程、政绩工程，致使机构的硬件条件和服务水平远远超出了基本需求，有的甚至出现高端化、特权化倾向[1]。

---

[1] 吴玉韶、王莉莉：《中国养老机构发展研究报告》[M]，北京：华龄出版社，2015；江燕娟、李放：《我国养老机构服务的有效供给研究》[J]，《广西社会科学》2014年第11期；王海霞：《PPP模式应用于我国养老机构建设的研究》[D]，财政部财政科学研究所硕士学位论文，2014；刘佩璐：《公办养老机构民营化改革的必要性研究》[J]，《科技视界》2014年第23期；赵婷婷：《我国城镇养老服务机构的问题研究——福利混合经济的三维分析框架》[D]，南开大学博士学位论文，2013。

（二）服务对象错位

公办养老机构的服务对象应是政府托底保障的困难老年群体，如"三无"、"五保"老人，或者失能、半失能、高龄老年群体，或者经济困难、失独的特殊老年群体等。但从目前的情况来看，公办养老机构在收住老年服务对象时，并没有明确的经济状况与身体状况的审查标准，导致事实上很多公办养老机构收住了大量低龄、健康、经济条件好的社会老人，排斥了低收入、失能、半失能等最需要入住的弱势老人，造成公共养老服务资源配置不公平[1]。

（三）运行机制效率不高

公办养老机构作为我国养老事业的组成部分，长期以来在计划经济体制下运行，由政府包办，经济上、组织上对政府有很大依赖，缺乏市场竞争，经营理念、服务意识、质量意识、效率意识差[2]。由于政府通过建设补贴、运营补贴等多种形式给予扶持，公办养老机构的收费标准较低，有的经营收入甚至无法覆盖运营成本[3]。有研究者[4]通过实证分析发现，公办养老机构过低的收费标准使得很多老年人都愿意入住，加剧了一床难求的状况。

---

[1] 吴玉韶、王莉莉：《中国养老机构发展研究报告》[M]，北京：华龄出版社，2015；赵婷婷：《我国城镇养老服务机构的问题研究——福利混合经济的三维分析框架》[D]，南开大学博士学位论文，2013；张翔、林腾：《补"砖头"、补"床头"还是补"人头"——基于浙江省某县养老机构的个案调查》[J]，《社会保障研究》2012年第4期。

[2] 刘佩璐：《公办养老机构民营化改革的必要性研究》[J]，《科技视界》2014年第23期；潘宇：《协同治理视角下公建民营养老机构发展研究——以B市社会福利中心为例》[D]，安徽师范大学硕士学位论文，2014；陈无风：《民办养老机构行政补助研究》[J]，《兰州学刊》2014年第6期；蒋浩君：《我国公办养老机构改革探究》[J]，《长沙民政职业技术学院学报》2014年第4期；赵婷婷：《我国城镇养老服务机构的问题研究——福利混合经济的三维分析框架》[D]，南开大学博士学位论文，2013；穆光宗：《我国机构养老发展的困境与对策》[J]，《华中师范大学学报》（人文社会科学版）2012年第2期；穆光宗：《防止"市场失灵"和"政府失灵"两个倾向——公办养老机构"乱象"治理》[J]，《人民论坛》2012年第31期；赵青航：《民办非企业单位的困境与发展——从民办养老机构的发展现状谈起》[J]，《社团管理研究》2012年第11期；何妮娜：《我国养老机构运行机制市场化趋势与展望》[J]，《西安电子科技大学学报》（社会科学版）2006年第4期。

[3] 赵青航：《民办非企业单位的困境与发展——从民办养老机构的发展现状谈起》[J]，《社团管理研究》2012年第11期。

[4] 张翔、林腾：《补"砖头"、补"床头"还是补"人头"——基于浙江省某县养老机构的个案调查》[J]，《社会保障研究》2012年第4期。

（四）管理体制僵化

公办养老机构资金来源渠道单一，政府融资不足，管理机制灵活性较低[1]。有研究[2]指出，公办养老机构的绩效管理存在弊端，政府既当运动员又当裁判员[3]，机构的绩效评价指标通常由上级主管政府部门制定，缺乏对入住老人和家属的评估，或者评估结果的公信力较低。

（五）阻碍市场公平竞争

公办养老机构作为养老服务供给主体的责任定位混乱[4]，一方面在享受体制内各项优惠政策的同时却没有发挥好兜底作用，优先招收健康、生活自理、经济支付能力强的社会老人，挤压了民办养老机构的市场空间[5]。另一方面，公办养老机构的定价标准一般按民政局的规定而非物价局的评算指标，不利于公平市场环境的形成[6]。此外，公办养老机构的融资方式建立在政府提供优质公共资源的基础上，也不利于整个养老服务市场的公平发展[7]。

二 民办养老机构发展尚不成熟

学术界对民办养老机构目前存在劣势的分析主要从两个角度展开：一是对民办养老机构发展现状的反思；二是从理论上分析公办养老机构完全市场化改革后预期可能会出现的负面后果。

---

[1] 蒋浩君：《我国公办养老机构改革探究》[J]，《长沙民政职业技术学院学报》2014年第4期。
[2] 刘慧：《北京某公办养老机构人员绩效管理现状分析及对策研究》[J]，《价值工程》2011年第10期。
[3] 焦亚波：《社会福利社会化背景下的上海养老机构发展研究》[D]，华东师范大学博士学位论文，2009。
[4] 江燕娟、李放：《我国养老机构服务的有效供给研究》[J]，《广西社会科学》2014年第11期。
[5] 江燕娟、李放：《我国养老机构服务的有效供给研究》[J]，《广西社会科学》2014年第11期；冯占联、詹和英、关信平等：《中国城市养老机构的兴起：发展与公平问题》[J]，《人口与发展》2012年第6期。
[6] 刘博、肖日葵：《市场选择与体制依存——社会化养老机构经营现状个案研究》[J]，《人口与经济》2012年第1期。
[7] 赵婷婷：《我国城镇养老服务机构的问题研究——福利混合经济的三维分析框架》[D]，南开大学博士学位论文，2013。

（一）市场化机制排斥中低收入老人

入住养老机构对很多老年人而言是一项经济支出较大的养老选择。在我国老年群体总体性经济收入水平不高的背景下，民办养老机构的市场化运行可能影响广大中低收入群体的服务可及性和生活质量[①]。

（二）民营主体弱势化

长期以来，受全能主义政府的影响，我国社会组织、公益慈善等民间力量的发展滞后，具体到养老服务领域，民办养老机构的经营主体存在明显的弱势化倾向。在实践中，民办养老机构的发展往往举步维艰，并不能发挥如民营化理论、第三部门管理理论所预期的体现市场优势、提高服务供给效率和服务质量的功能[②]。有研究者[③]基于对浙江省民营养老机构发展现状的分析，提出了主体弱势化的概念。

主体弱势化至少包括六方面内容：①主体身份弱势。目前民营养老机构的经办主体多为小微企业主和普通民众，相当一部分为下岗工人，文化程度不高[④]。②主体从业经验不足。在进入养老服务领域之前没有相关工作经验，不属于养老服务专业人才[⑤]。③主体对政府扶持政策的掌握程度有限[⑥]。④主体融资渠道狭窄，资金不足[⑦]。⑤主体运营成本过高。民办养老机构的赢利难度大，房租、人员工资等支出较大，致使部分小微企业

[①] 赵婷婷：《我国城镇养老服务机构的问题研究——福利混合经济的三维分析框架》[D]，南开大学博士学位论文，2013。

[②] 焦亚波：《社会福利社会化背景下的上海养老机构发展研究》[D]，华东师范大学博士学位论文，2009；胡薇：《国家角色的转变与新中国养老保障政策变迁》[J]，《中国行政管理》2012年第6期。

[③] 董红亚：《基于主体弱势化的民办养老机构发展研究——以浙江省为例》[J]，《中州学刊》2013年第5期。

[④] 董红亚：《基于主体弱势化的民办养老机构发展研究——以浙江省为例》[J]，《中州学刊》2013年第5期。

[⑤] 董红亚：《基于主体弱势化的民办养老机构发展研究——以浙江省为例》[J]，《中州学刊》2013年第5期。

[⑥] 董红亚：《基于主体弱势化的民办养老机构发展研究——以浙江省为例》[J]，《中州学刊》2013年第5期。

[⑦] 潘宇：《协同治理视角下公建民营养老机构发展研究——以B市社会福利中心为例》[D]，安徽师范大学硕士学位论文，2014；董红亚：《基于主体弱势化的民办养老机构发展研究——以浙江省为例》[J]，《中州学刊》2013年第5期。

主只能通过自我剥削的方式,以长时间的超负荷劳动维持机构运转[1]。⑥主体的设施设备简陋,专业化水平低[2]。

(三) 政府扶持政策不到位

除了受限于自身特质外,民办养老机构的发展也受政府行为及相关制度安排的影响[3]。如果没有政府支持,民办养老机构的发展势必落入先天不足、后天失养的境地[4]。有研究[5]发现,目前很多民营主体都面临用地困难的问题。与政府已经出台的各项扶持政策相比,土地优惠政策对民办养老机构发展的重要性要高于税收优惠和财政补贴[6],也有研究发现实践中还存在部分政策落实不到位的问题。

(四) 监管评估不完善

民办养老机构的发展离不开政府规制和监管,否则无法保证服务质量,市场环境也容易陷入不公平竞争和失序状态[7]。除政府履行监管职能外,社会组织、行业协会等也是民营养老机构的监管主体。但目前,这些主体的参与程度不高,整个养老服务行业的监管体系还不完善。

第三节 公办养老机构转制的内容、方式、路径及步骤研究

一 公办养老机构转制的内容

在转制之前,首先需要确定对哪些机构进行转制,有研究认为应该锁

---

[1] 董红亚:《基于主体弱势化的民办养老机构发展研究——以浙江省为例》[J],《中州学刊》2013年第5期。
[2] 潘宇:《协同治理视角下公建民营养老机构发展研究——以B市社会福利中心为例》[D],安徽师范大学硕士学位论文,2014。
[3] 刘峰、邹鹰等:《试论我国民办养老机构发展过程中的政府作用》[J],《社会工作》2004年第12期。
[4] 周清:《促进民办养老机构发展的财税政策研究》[J],《税务与经济》2011年第3期。
[5] 潘宇:《协同治理视角下公建民营养老机构发展研究——以B市社会福利中心为例》[D],安徽师范大学硕士学位论文,2014。
[6] 范西莹:《政策性支持对于我国民办养老机构发展的推助作用分析》[J],《甘肃理论学刊》2013年第6期。
[7] 赵婷婷:《我国城镇养老服务机构的问题研究——福利混合经济的三维分析框架》[D],南开大学博士学位论文,2013。

定那些超出一定建设标准和长期亏损的机构[1]，还有研究认为应该按行政区划进行筛选，比如上海浦东将改革对象限定在由街道和乡镇兴办的养老机构，区县层级的公办养老机构没有被纳入转制范围[2]。民政部《关于开展公办养老机构改革试点工作的通知》（民函〔2013〕369号）要求"优先选择大中城市市级民政部门举办的公办养老机构进行试点"。在实践中究竟如何选择，没有固定的标准，只能从实际出发，因地制宜地开展。从已有公开可见的政策文件和实践领域的具体做法中可以总结出公办养老机构转制的内容，主要有以下方面。

（一）分离所有权和经营权

公办养老机构转制目前最主要的就是两权分离。传统由政府兴办的养老机构，其所有权和经营权是统一的，完全由政府掌握。推行公办养老机构公建民营，就是要将过去统一的所有权和经营权分离开来[3]。公办养老机构转制的结果就是养老机构的所有权和监督权仍归政府所有，经营权让渡给社会主体。

（二）明确多元主体的角色定位

公办养老机构在转制之前，政府既是生产者也是掌舵者。转制之后，政府职能从直接的服务生产和供给转向对机构的监督和管理，服务的生产和供给交由社会力量来完成。由于社会主体进入养老服务领域，其目的在于获取剩余价值，因此其服务对象通常定位于市场上的中高收入老人，为了防止市场失灵、保障社会公平，政府还应该通过直接或间接购买服务的方式，履行对农村三无、城镇五保、低保等特殊困难群体老人的兜底责任。

---

[1] 张翔、林腾：《补"砖头"、补"床头"还是补"人头"——基于浙江省某县养老机构的个案调查》[J]，《社会保障研究》2012年第4期。

[2] 田明：《我国养老服务"公办民营"模式研究——以北京汇晨老年公寓为例》[D]，华北电力大学硕士学位论文，2013。

[3] 陈丽：《"公办民营"机构养老服务模式研究——以北京市月坛街道敬老院为例》[D]，首都经济贸易大学硕士学位论文，2015；成建兰：《公办民营护理型养老机构发展困境与展望》[D]，南京理工大学硕士学位论文，2014；田明：《我国养老服务"公办民营"模式研究——以北京汇晨老年公寓为例》[D]，华北电力大学硕士学位论文，2013；董红亚：《非营利组织视角下养老机构管理研究》[J]，《海南大学学报》（人文社会科学版）2011年第1期。

（三）拓宽筹资渠道

公办养老机构是隶属于政府部门的事业单位，无论在组织上还是经济上都对政府高度依赖。长期以来，在计划经济体制下，机构的建设和运营都由政府财政买单，政府统得过多，管得过死，导致机构发展活力不足，效益低下，政府财政不堪重负。因此，推动公办养老机构转制，就要力主改变传统由政府主导的筹资模式，建立多元筹资渠道，吸引社会资本的进入①。

（四）建立社会主体的准入和退出机制

公办养老机构向公建（办）民营转制的关键就是吸纳社会力量的进入。首先在转制理念上，要树立"凡民营方愿意进入的一律民营，不愿意的由政府兜底"②的观念。其次要建立健全社会主体的准入和退出机制，尤其在准入环节，要对民营方的资格做充分审查。这方面，福建省民政厅（2014）曾提出过民营方准入的三个必备条件：一要具有独立承担民事责任的能力；二要具有专业的管理和服务团队；三要具有一定经济实力。但目前还缺乏关于社会主体退出机制的法律法规和政策规定。

（五）建立入住对象资格审查机制

由于缺乏对入住对象的资格审查，目前很多公办养老机构存在服务对象错位的问题。转制之后，公建（办）民营养老机构除了要面向社会老人提供市场性和准公共物品性质的养老产品和服务外，还要承担政府兜底保障对象的养老责任。这就需要建立完善的入住对象资格审查制度③，因为，不仅需要以此制度为依据对社会老人进行分级服务，还要以此审查结果为

---

① 蒋浩君：《我国公办养老机构改革探究》[J]，《长沙民政职业技术学院学报》2014 年第 4 期。
② 张翔、林腾：《补"砖头"、补"床头"还是补"人头"——基于浙江省某县养老机构的个案调查》[J]，《社会保障研究》2012 年第 4 期。
③ 李璐：《养老服务机构的道路选择——公办、民办养老服务机构生存状况对比分析》[J]，《中国机构改革与管理》2014 年第 S 期；张翔、林腾：《补"砖头"、补"床头"还是补"人头"——基于浙江省某县养老机构的个案调查》[J]，《社会保障研究》2012 年第 4 期。

基准招收"三无"、"五保"、低保、孤老优抚、有特殊困难的政府托底对象①。

(六) 改革价格机制

受计划经济影响,公办养老机构的价格标准长期以来都由主管政府部门统一制定,这直接导致社会福利社会化以来,养老机构双轨制并行发展的不公平局面。转制以后,原有价格机制也要改革。有研究提出要推动公建(办)民营养老机构实现完全成本定价,即在综合考虑机构固定资产折旧、物价水平、职工平均工资等各项指数的基础上,建立随物价水平和职工平均工资指数的波动而不断调整的价格机制②。

(七) 建立绩效考评机制

由于政府既当运动员又当裁判员,绝大部分公办养老机构都缺乏独立的绩效考核制度,这导致机构运营资源耗费不少却效率低下。转制以后,需要重新建立完整的绩效考评机制。有研究③使用平衡计分卡方法构建了包含财务、客户、内部流程、学习与成长四项指标在内的养老机构绩效指标体系。其中,财务指标由公办养老机构的上级主管政府部门制定;客户指标是对入住老人服务满意度的测评;内部运营指标是对养老服务流程的考评,包括质量、效率、准确性等;学习发展类指标是对员工学习、创新发展能力提高程度的评估④。

---

① 福建省民政厅、财政厅:《关于加强公建民营养老机构管理的意见》(闽民福〔2014〕400号),2014-09-09,http://www.fujian.gov.cn/zc/zxwj/bmwj/201411/t20141113_893198.htm;李璐:《养老服务机构的道路选择——公办、民办养老服务机构生存状况对比分析》[J],《中国机构改革与管理》2014年第S期;民政部:《关于开展公办养老机构改革试点工作的通知》(民函〔2013〕369号),2013-12-13,http://www.anping.gov.cn/ch3940/ch3956/ch3976/ch4011/2014/01/29/content_285280.shtml。

② 李璐:《养老服务机构的道路选择——公办、民办养老服务机构生存状况对比分析》[J],《中国机构改革与管理》2014年第S期;张翔、林腾:《补"砖头"、补"床头"还是补"人头"——基于浙江省某县养老机构的个案调查》[J],《社会保障研究》2012年第4期。

③ 刘慧:《北京某公办养老机构人员绩效管理现状分析及对策研究》[J],《价值工程》2011年第10期。

④ 刘慧:《北京某公办养老机构人员绩效管理现状分析及对策研究》[J],《价值工程》2011年第10期。

（八）改革人事制度

受计划经济体制影响，作为事业单位，公办养老机构的管理体制和运营机制套用国家机关的模式建立起来，在人事制度上，其内部工作人员都享有国家事业单位的正式编制，薪酬待遇由政府财政统一拨付。转制之后，原有事业编制的工作人员应该得到妥善安置，机构管理人员的比重会压缩，事业编制的人员数量减少，合同制的聘用人员会相应地增加[①]。

（九）政府的扶持政策要落实到位

在我国当前市场化机制并不完善，社会组织、公益慈善事业以及专业化服务水平还不高[②]的背景下，公办养老机构即便是完成了向公建（办）民营的转制，也仍然离不开政府的扶持。按照福建省民政厅（2014）的规定，公建（办）民营养老机构可以享受政府的相关扶持政策，包括投融资、税费减免、财政补贴、购买服务等。与转制前相比，改革要将原有的供方补贴调整为需方补贴，机构的床位建设标准要参考政府对"三无"、"五保"、低保、失能老人的补贴标准执行[③]。

（十）政府要强化运营监管

公办养老机构转制完成后，政府的职能也要转变，即由服务供给者向监管者转变。政府对公建（办）民营养老机构的监督和管理，涵盖的内容广泛，包括对机构服务项目、服务质量、经费投入、收费标准、人员待遇等进行全方位的监管和考核[④]。与此同时，政府还要推动建立法律法规和社会监督体系，以充分发挥新闻媒体、行业协会以及社会公众对政府监督的补充作用[⑤]。

---

① 李璐:《养老服务机构的道路选择——公办、民办养老服务机构生存状况对比分析》[J]，《中国机构改革与管理》2014 年第 S 期。

② 焦亚波:《社会福利社会化背景下的上海养老机构发展研究》[D]，华东师范大学博士学位论文，2009。

③ 李璐:《养老服务机构的道路选择——公办、民办养老服务机构生存状况对比分析》[J]，《中国机构改革与管理》2014 年第 S 期；成建兰:《公办民营护理型养老机构发展困境与展望》[D]，南京理工大学硕士学位论文，2014；张翔、林腾:《补"砖头"、补"床头"还是补"人头"——基于浙江省某县养老机构的个案调查》[J]，《社会保障研究》2012 年第 4 期。

④ 福建省民政厅、财政厅:《关于加强公建民营养老机构管理的意见》（闽民福〔2014〕400 号），2014-09-09，http://www.fujian.gov.cn/zc/zxwj/bmwj/201411/t20141113_893198.htm。

⑤ 蒋浩君:《我国公办养老机构改革探究》[J]，《长沙民政职业技术学院学报》2014 年第 4 期。

二 公办养老机构转制的方式

如前文所述，推动公办养老机构公建（办）民营，其关键在于吸纳社会力量的进入。因此，对公办养老机构转制方式的讨论也是对社会力量参与方式的讨论。关于社会力量参与公办养老机构转制的方式问题，国内政策部门和学术界均给予了关注。

国内最新的政策文件将社会主体的参与方式划分为独资、合资、合作、联营、参股、租赁等（国办发〔2016〕91号）。学术界有研究将其概括为两种：一种是社会力量对政府的替代，另一种是政府对社会力量的授权[1]。笔者以为，在当前我国市场机制还不完善、社会组织发展还不充分、社会总体福利水平还比较低的背景下，政府与社会主体之间的关系不可能是非此即彼的替代关系，只能是合作关系，而两者间关系的性质势必会影响社会主体参与公办养老机构转制的方式。以下对实践中具体的转制方式进行简述。

第一，委托代理。委托代理是指将公办养老机构委托给社会主体经营管理[2]。委托代理又分全部委托和部分委托，全部委托是指委托方将所有经营权及资产转移给受托方，部分委托是指委托方将一部分经营权及资产转移给受托方[3]。委托代理的具体操作办法是招投标，即以招投标的形式确定合同承包商，政府对承包商的工作绩效进行监管评估[4]。

---

[1] 江燕娟、李放：《我国养老机构服务的有效供给研究》[J]，《广西社会科学》2014年第11期。

[2] 吴楠：《公建民营养老机构委托经营管理模式研究——以沈阳市养老服务中心为例》[D]，沈阳师范大学硕士学位论文，2014；田明：《我国养老服务"公办民营"模式研究——以北京汇晨老年公寓为例》[D]，华北电力大学硕士学位论文，2013。

[3] 吴楠：《公建民营养老机构委托经营管理模式研究——以沈阳市养老服务中心为例》[D]，沈阳师范大学硕士学位论文，2014。

[4] 陈丽：《"公办民营"机构养老服务模式研究——以北京市月坛街道敬老院为例》[D]，首都经济贸易大学硕士学位论文，2015；福建省民政厅、财政厅：《关于加强公建民营养老机构管理的意见》（闽民福〔2014〕400号），2014-09-09，http：//www.fujian.gov.cn/zc/zxwj/bmwj/201411/t20141113_893198.htm；潘宇：《协同治理视角下公建民营养老机构发展研究——以B市社会福利中心为例》[D]，安徽师范大学硕士学位论文，2014；江燕娟、李放：《我国养老机构服务的有效供给研究》[J]，《广西社会科学》2014年第11期；郭可敬：《关于推进养老机构"公办民营"的建议》[J]，《中国民政》2014年第3期；刘佩璐：《公办养老机构民营化改革的必要性研究》[J]，《科技视界》2014年第23期；田明：《我国养老服务"公办民营"模式研究——以北京汇晨老年公寓为例》[D]，华北电力大学硕士学位论文，2013；李云凤：《公办民营式养老机构运营模式研究——以北京市H老年公寓为例》[D]，中国青年政治学院硕士学位论文，2013；焦亚波：《社会福利社会化背景下的上海养老机构发展研究》[D]，华东师范大学博士学位论文，2009。

第二，承包式。承包式是指在不改变公办养老机构产权性质的前提下，将经营权转让给社会主体，政府根据承包合同对其运营情况进行监督管理[①]。

第三，租赁式。租赁式是指将公办养老机构的使用权租赁给社会主体，政府根据租赁合同收取租金，监督租赁财产不受损失[②]。

第四，公私合营。公私合营是指原有公办养老机构的所有权和经营权在转制之后由社会主体部分代行，政府与社会方根据协议确定合作关系[③]。

第五，股份制。股份制是指对公办养老机构进行股份制改造，按照现代企业制度模式对转制后的机构进行经营管理[④]。

第六，凭单制。凭单制是指给符合条件的老年人免费或低价发放服务券[⑤]，是政府向转制后的公建（办）民营养老机构购买服务的一种方式。

第七，志愿服务。志愿服务是指政府倡导和鼓励民间组织、社会团体及个人在公建（办）民营的养老机构开展志愿服务、举行公益慈善捐赠活动等[⑥]。

---

① 陈丽：《"公办民营"机构养老服务模式研究——以北京市月坛街道敬老院为例》[D]，首都经济贸易大学硕士学位论文，2015；潘宇：《协同治理视角下公建民营养老机构发展研究——以B市社会福利中心为例》[D]，安徽师范大学硕士学位论文，2014；田明：《我国养老服务"公办民营"模式研究——以北京汇晨老年公寓为例》[D]，华北电力大学硕士学位论文，2013。

② 陈丽：《"公办民营"机构养老服务模式研究——以北京市月坛街道敬老院为例》[D]，首都经济贸易大学硕士学位论文，2015；潘宇：《协同治理视角下公建民营养老机构发展研究——以B市社会福利中心为例》[D]，安徽师范大学硕士学位论文，2014；田明：《我国养老服务"公办民营"模式研究——以北京汇晨老年公寓为例》[D]，华北电力大学硕士学位论文，2013。李云凤：《公办民营式养老机构运营模式研究——以北京市H老年公寓为例》[D]，中国青年政治学院硕士学位论文，2013；焦亚波：《社会福利社会化背景下的上海养老机构发展研究》[D]，华东师范大学博士学位论文，2009。

③ 陈丽：《"公办民营"机构养老服务模式研究——以北京市月坛街道敬老院为例》[D]，首都经济贸易大学硕士学位论文，2015；潘宇：《协同治理视角下公建民营养老机构发展研究——以B市社会福利中心为例》[D]，安徽师范大学硕士学位论文，2014；田明：《我国养老服务"公办民营"模式研究——以北京汇晨老年公寓为例》[D]，华北电力大学硕士学位论文，2013。

④ 陈丽：《"公办民营"机构养老服务模式研究——以北京市月坛街道敬老院为例》[D]，首都经济贸易大学硕士学位论文，2015；田明：《我国养老服务"公办民营"模式研究——以北京汇晨老年公寓为例》[D]，华北电力大学硕士学位论文，2013。

⑤ 江燕娟、李放：《我国养老机构服务的有效供给研究》[J]，《广西社会科学》2014年第11期。

⑥ 江燕娟、李放：《我国养老机构服务的有效供给研究》[J]，《广西社会科学》2014年第11期。

与上述七种社会主体的参与方式相对应，是政府参与方式的转变。政府在公办养老机构改革之前，通常是以"低价格－高补贴"的模式推动机构的发展。转制之后，政府逐步撤资或者退出，通过购买服务、补贴、低息贷款、税收优惠政策等方式推动公建（办）民营养老机构的发展[1]。

三 公办养老机构转制的路径及步骤

从政策文件和实践中的具体操作情况来看，公办养老机构转制的路径和步骤主要包括：①政府投资建设养老机构。即由政府划拨土地，按照养老机构的建设标准出资兴建。②资产评估。即按照国有资产管理办法和程序对政府兴建的养老机构及设施设备进行资产估价。③招投标。即由政府相关部门制定招标方案，根据相关招标程序公开招标。通常，招投标工作进行的同时政府相关部门也要对社会主体的准入资格进行审定，只有具备一定资质的社会主体方能获准进入。④签订合同。即以合同的形式确定政府与社会主体的权责关系。通常，合同要载明的内容包括：养老机构的出租方、承租方以及监管方的名称和具体的权利义务；租赁物的产权性质、经营范围、服务内容；收费标准；承租时限及租金，保证金的数额、支付方式；监督机制、退出机制以及相关风险责任的评估机制、责任分担机制等；营利性养老机构还需要进一步明确规定投入责任、利润的分配机制等。⑤运营。即将养老机构交由社会主体运营，为老年人提供集中居住和服务，自主经营，自负盈亏，市场化运作。⑥政府落实政策。即机构按规定享受的政府扶持政策，包括投融资、政府财政补贴、服务购买、税费减免等相关扶持政策，需要政府落实到位。⑦政府监管。即政府依据合作协议、项目标书等对经营方的服务内容、服务质量、收费标准、人员待遇等进行全面的监督、检查和质询。⑧社会主体方的退出，即合同期限结束之后，或由于社会主体在履行合同内容时，违反相关责任义务，按照约定退出养老机构的运营管理[2]。

---

[1] 江燕娟、李放：《我国养老机构服务的有效供给研究》[J]，《广西社会科学》2014年第11期；张燕江、李芳尚：《浅析政府养老机构建设与养老服务提供》，《牡丹江大学学报》2009年第3期。

[2] 福建省民政厅、财政厅：《关于加强公建民营养老机构管理的意见》（闽民福〔2014〕400号），2014－09－09，http://www.fujian.gov.cn/zc/zxwj/bmwj/201411/t20141113_893198.htm；田明：《我国养老服务"公办民营"模式研究——以北京汇晨老年公寓为例》[D]，华北电力大学硕士学位论文，2013。

第四节　公办养老机构转制主要问题研究

从目前的实践和研究来看，由于公办养老机构转制的主要形式还是公建民营，因此，研究大多集中在对公建（办）民营养老机构运营现状的分析与总结上。

一　缺乏法律法规的约束和规范

目前，针对公建（办）民营养老机构还没有出台明确的法律法规，导致在社会资本方的选拔和对机构的监督管理上还处于摸着石头过河的阶段。有研究[1]指出，目前公建（办）民营在实操过程中，对民营方的选拔还缺乏法律规范，在资格准入、运营过程监管、退出等重点环节均没有明确规范，容易导致政府寻租行为的出现，监管制度的不明晰也容易导致政府监管不到位的情况。

二　政府定位不合理

政府在公建（办）民营养老机构的管理中越位与错位并存[2]，诸如，政府监督管理机制不健全[3]，评估体系缺失[4]，扶持政策落实不到位，财政支持力度不足[5]。其中，监管机制不健全主要是因为缺乏有效监管手段[6]，对服务过程难以实施有效监管[7]以及公有资产设施维护更新困难[8]。评估体

---

[1] 陈丽：《"公办民营"机构养老服务模式研究——以北京市月坛街道敬老院为例》[D]，首都经济贸易大学硕士学位论文，2015。
[2] 杨团：《公办民营与民办公助——加速老年人服务机构建设的政策分析》[J]，《人文杂志》2011年第6期。
[3] 潘宇：《协同治理视角下公建民营养老机构发展研究——以B市社会福利中心为例》[D]，安徽师范大学硕士学位论文，2014。
[4] 潘宇：《协同治理视角下公建民营养老机构发展研究——以B市社会福利中心为例》[D]，安徽师范大学硕士学位论文，2014。
[5] 成建兰：《公办民营护理型养老机构发展困境与展望》[D]，南京理工大学硕士学位论文，2014。
[6] 田明：《我国养老服务"公办民营"模式研究——以北京汇晨老年公寓为例》[D]，华北电力大学硕士学位论文，2013。
[7] 田明：《我国养老服务"公办民营"模式研究——以北京汇晨老年公寓为例》[D]，华北电力大学硕士学位论文，2013。
[8] 田明：《我国养老服务"公办民营"模式研究——以北京汇晨老年公寓为例》[D]，华北电力大学硕士学位论文，2013；李云凤：《公办民营式养老机构运营模式研究——以北京市H老年公寓为例》[D]，中国青年政治学院硕士学位论文，2013。

系缺乏主要是因为对服务质量的认识不清晰，缺乏测量服务质量的手段和有效的质量监控机制，只能对入住老人的投诉情况和满意度进行调查①。

三　社会主体定位不准确

公办养老机构转制之前，由于民间养老服务发展不足，社会组织发育不良②，市场上缺乏专业的发展成熟的服务机构③，致使政府很难找到能够信任的社会主体。

转制之后，公建（办）民营养老机构还面临运营主体定位不准的问题④。由于进入养老行业的社会主体很多且都是新入者，还不具备良好的经营业绩，运营资金不足，财务风险高⑤。有的公建（办）民营机构的经营模式甚至与其市场定位不匹配。有的机构的员工素质不高，薪酬待遇也不高，专业化程度低⑥。有的机构的服务内容还不完善，尤其缺乏对入住老人的情感支持和临终关怀⑦。还有的机构的照护风险高，常与家属发生纠纷⑧。

第五节　公办养老机构转制的对策研究

从目前关于我国公办养老机构转制的对策研究来看，主要还是针对公

---

① 李云凤：《公办民营式养老机构运营模式研究——以北京市 H 老年公寓为例》[D]，中国青年政治学院硕士学位论文，2013。
② 潘宇：《协同治理视角下公建民营养老机构发展研究——以 B 市社会福利中心为例》[D]，安徽师范大学硕士学位论文，2014。
③ 陈丽：《"公办民营"机构养老服务模式研究——以北京市月坛街道敬老院为例》[D]，首都经济贸易大学硕士学位论文，2015。
④ 田明：《我国养老服务"公办民营"模式研究——以北京汇晨老年公寓为例》[D]，华北电力大学硕士学位论文，2013。
⑤ 成建兰：《公办民营护理型养老机构发展困境与展望》[D]，南京理工大学硕士学位论文，2014，第 77~145 页；田明：《我国养老服务"公办民营"模式研究——以北京汇晨老年公寓为例》[D]，华北电力大学硕士学位论文，2013。
⑥ 成建兰：《公办民营护理型养老机构发展困境与展望》[D]，南京理工大学硕士学位论文，2014。
⑦ 成建兰：《公办民营护理型养老机构发展困境与展望》[D]，南京理工大学硕士学位论文，2014；李云凤：《公办民营式养老机构运营模式研究——以北京市 H 老年公寓为例》[D]，中国青年政治学院硕士学位论文，2013。
⑧ 成建兰：《公办民营护理型养老机构发展困境与展望》[D]，南京理工大学硕士学位论文，2014。

建（办）民营养老机构在实践中面临的现实问题所提出来的，研究者们从健全相应的政策扶持体系、拓宽资金筹资渠道、加大监管力度、培育社会组织发展、健全人才队伍等方面，都提出了相应的政策建议，为后来者的研究提供了很好的借鉴。①

一 健全相应的政府扶持体系

研究者们普遍认为，我国公办养老机构的转制改革始于政府自上而下的推动，政府的首要职责在于制定相关法律法规和政策②，这是政府公共治理能够做到有法可依、有章可循的前提③。政府在公办养老机构的转制改革中要注重各项扶持政策的细化和落实，特别是对公建（办）民营养老机构，要在财政补贴上加大支持力度④。

二 建立多渠道的资金筹措机制

从养老机构的长远发展来看，仅靠政府的财政支持是不能满足老年人多样化的养老服务需求的，因此，在养老服务体系的建设过程以及公办养老机构的转制过程中，都需要充分发挥多元主体的力量，要进一步拓宽资金来源⑤，建立多渠道的资金筹措机制⑥，为机构长期发展提供稳定的资金保障⑦。

---

① 陈丽:《"公办民营"机构养老服务模式研究——以北京市月坛街道敬老院为例》[D]，首都经济贸易大学硕士学位论文，2015；李云凤:《公办民营式养老机构运营模式研究——以北京市 H 老年公寓为例》[D]，中国青年政治学院硕士学位论文，2013；成建兰:《公办民营护理型养老机构发展困境与展望》[D]，南京理工大学硕士学位论文，2014；田明:《我国养老服务"公办民营"模式研究——以北京汇晨老年公寓为例》[D]，华北电力大学硕士学位论文，2013；吴宏洛等，2012。
② 陈丽:《"公办民营"机构养老服务模式研究——以北京市月坛街道敬老院为例》[D]，首都经济贸易大学硕士学位论文，2015；李云凤:《公办民营式养老机构运营模式研究——以北京市 H 老年公寓为例》[D]，中国青年政治学院硕士学位论文，2013。
③ 杨团:《公办民营与民办公助——加速老年人服务机构建设的政策分析》[J]，《人文杂志》2011 年第 6 期。
④ 成建兰:《公办民营护理型养老机构发展困境与展望》[D]，南京理工大学硕士学位论文，2014。
⑤ 成建兰:《公办民营护理型养老机构发展困境与展望》[D]，南京理工大学硕士学位论文，2014。
⑥ 田明:《我国养老服务"公办民营"模式研究——以北京汇晨老年公寓为例》[D]，华北电力大学硕士学位论文，2013。
⑦ 李云凤:《公办民营式养老机构运营模式研究——以北京市 H 老年公寓为例》[D]，中国青年政治学院硕士学位论文，2013。

三 要快速适应市场化的发展模式

转制后的养老机构要快速调整状态,适应市场化的发展模式,包括准确定位市场需求,树立品牌形象。以公建(办)民营养老机构为例,它在具备福利属性的同时也具有市场性,这就需要机构在明确市场经营理念的基础上,瞄准市场需求[1],扩展服务内涵[2],树立品牌形象,促进多层次发展,满足不同群体不同层次的养老服务需求[3]。同时要在市场营销、市场定价等方面与市场接轨,通过市场的自动调节作用,灵敏捕捉老年人的不同养老服务需求,并为其提供多元化的养老服务产品。

四 加强完善监督管理机制

一方面,要建立健全社会主体的准入退出机制。要建立公开透明、科学合理、具有实操性的运营方准入退出机制[4],尤其要完善合作项目的招投标机制,实行合同制治理,做好合同拟定、合同管理、合同改进等每一个环节的工作[5]。另一方面,公办养老机构转制之后,政府在构建与运营主体协作关系的基础上[6],还要进一步完善相应的监督管理机制,强化监管职能,建立多元监管体系。对机构的服务对象资格审查、收费价格、服务质量等都要进行强有力的监管。同时,政府要进一步明确并制定养老机

---

[1] 田明:《我国养老服务"公办民营"模式研究——以北京汇晨老年公寓为例》[D],华北电力大学硕士学位论文,2013;李云凤:《公办民营式养老机构运营模式研究——以北京市 H 老年公寓为例》[D],中国青年政治学院硕士学位论文,2013。

[2] 成建兰:《公办民营护理型养老机构发展困境与展望》[D],南京理工大学硕士学位论文,2014。

[3] 成建兰:《公办民营护理型养老机构发展困境与展望》[D],南京理工大学硕士学位论文,2014。

[4] 李云凤:《公办民营式养老机构运营模式研究——以北京市 H 老年公寓为例》[D],中国青年政治学院硕士学位论文,2013。

[5] 田明:《我国养老服务"公办民营"模式研究——以北京汇晨老年公寓为例》[D],华北电力大学硕士学位论文,2013。

[6] 田明:《我国养老服务"公办民营"模式研究——以北京汇晨老年公寓为例》[D],华北电力大学硕士学位论文,2013。

构的养老服务标准,明确养老机构的服务内容、服务细则、服务标准、服务人员资格及职责等[①],督促民营方优化细化养老服务[②]。

五　积极培育和扶植社会组织发展

打破政府垄断养老服务生产和供给的局面需要引入社会力量,在当前我国社会组织、民间力量发展不足的背景下,政府加快培育和扶植社会力量就显得尤为必要[③]。这就需要政府大力培育发展社会组织,号召动员社会力量积极参与协同治理,促进养老服务主体的多元化[④]。

在转制过程中,积极培育、充分发挥社会组织等第三方的作用,进行公办养老机构转制过程中的服务对象评估、服务质量监督管理等工作,也是目前研究者们普遍的观点。有研究者认为,在公办养老机构入住老年人资格的评估方面,第三方组织就可以发挥很大的作用,为防止资源浪费和社会不公平,需要规范养老机构的入住资格,实际操作中,可以根据对老人身体机能、生活自理能力的评估结果确认其是否具备入住资格[⑤]。也有研究[⑥]认为,公办养老机构应把弱势群体作为优先考虑对象,其次考虑社会普通大众老人,以无偿或低偿的养老服务为主,避免将服务对象定位于高收入群体。在公办养老机构通过公建(办)民营方式进行转制的过程中,也可以充分利用第三方社会组织来评估以公开招标选拔民营方。政府相关部门可以通过外聘专家、学者以及专业咨询公司等第三方主体对民营方的资产、人才、设备、服务与专业能力进行全方位的考察和评估[⑦],以

---

① 李云凤:《公办民营式养老机构运营模式研究——以北京市 H 老年公寓为例》[D],中国青年政治学院硕士学位论文,2013。
② 陈丽:《"公办民营"机构养老服务模式研究——以北京市月坛街道敬老院为例》[D],首都经济贸易大学硕士学位论文,2015。
③ 陈丽:《"公办民营"机构养老服务模式研究——以北京市月坛街道敬老院为例》[D],首都经济贸易大学硕士学位论文,2015。
④ 成建兰:《公办民营护理型养老机构发展困境与展望》[D],南京理工大学硕士学位论文,2014;李云凤:《公办民营式养老机构运营模式研究——以北京市 H 老年公寓为例》[D],中国青年政治学院硕士学位论文,2013。
⑤ 陈丽:《"公办民营"机构养老服务模式研究——以北京市月坛街道敬老院为例》[D],首都经济贸易大学硕士学位论文,2015。
⑥ 李云凤:《公办民营式养老机构运营模式研究——以北京市 H 老年公寓为例》[D],中国青年政治学院硕士学位论文,2013。
⑦ 陈丽:《"公办民营"机构养老服务模式研究——以北京市月坛街道敬老院为例》[D],首都经济贸易大学硕士学位论文,2015。

确定其是否具备准入资格。此外，在对机构养老服务质量进行评估时，也可以充分发挥第三方社会组织的作用①。

此外，研究者们也普遍认为：为保证和提升转制后公建（办）民营养老机构的服务质量，还需要提高员工专业化水平②，加快养老服务人才队伍建设③。

第六节 公办养老机构转制的理论基础研究

有关公办养老机构转制的理论基础，目前国内学者大多援引在国外发展得较为成熟的理论。从笔者检索到的文献来看，引用频率较高的理论有福利多元主义、公共选择理论、新公共管理理论、公共产品理论、项目区分理论等十四种。根据不同理论各自的侧重点，笔者将这十四种理论按养老服务供给主体、养老服务和产品的性质、养老机构的转制方式三个角度进行归类，以下分别展开评述。

一 倡导养老服务供给主体多元化的理论

这些相关理论主要是强调打破政府在公共事务，特别是公共服务领域的垄断，倡导多主体共同提供公共服务的理论有六个，分别为：福利多元主义理论、公共选择理论（或理性选择理论）、新公共管理理论和新公共服务理论、多中心治理理论、协同治理理论。

（一）福利多元主义

福利多元主义是迄今为止国内学者引用频率最高的理论。该理论兴起于 20 世纪 80 年代，始于西方国家对福利危机的反思，最早由美国学者罗

---

① 陈丽：《"公办民营"机构养老服务模式研究——以北京市月坛街道敬老院为例》[D]，首都经济贸易大学硕士学位论文，2015。
② 成建兰：《公办民营护理型养老机构发展困境与展望》[D]，南京理工大学硕士学位论文，2014。
③ 陈丽：《"公办民营"机构养老服务模式研究——以北京市月坛街道敬老院为例》[D]，首都经济贸易大学硕士学位论文，2015。

斯系统论述[1]。福利多元主义的核心主张为，福利是全社会的产物，福利的提供不能完全依赖国家，国家、市场、社会组织、社区、家庭、个人都是福利的提供主体，由所有这些主体提供的福利总和构成社会总福利[2]。

对多元主体之间的关系，福利多元主义认为，由任何单一主体供给福利均存在一定优势和劣势。比如，由政府供给虽然能够保证服务的福利性和社会公平，但由于缺乏竞争意识，容易形成垄断，加重财政负担。由市场供给虽然有竞争意识和成本意识，服务质量较高，但价格机制容易将支付能力不足的社会弱势群体排斥在外，也可能存在道德风险[3]。这就意味着，多元主体之间应该建立合作关系，优势互补[4]。比如，政府可以通过引入市场机制，改革公办养老机构，采用协议承包、补贴制度、租赁、出售等方式将服务供给部分或全部转移给私人部门[5]。这就在理论上确立了推行公办养老机构公建（办）民营改革的合法性。在多元主体的合作关系中，不同主体的角色和职能定位存在差异。比如，政府要由服务的提供者

---

[1] 刘佩璐：《公办养老机构民营化改革的必要性研究》[J]，《科技视界》2014年第23期；彭鲁莎：《中国养老服务产业融资模式研究》[D]，湖南科技大学硕士学位论文，2014；李乐：《养老服务社会化中的地方政府职能优化研究——以上海市为例》[D]，复旦大学博士学位论文，2013。

[2] 刘佩璐：《公办养老机构民营化改革的必要性研究》[J]，《科技视界》2014年第23期；马庆堃、魏彦彦：《浙江省民办养老机构的发展困境与对策》[J]，《中国老年学杂志》2014年第34期；伏威：《政府与公益性社会组织合作供给城市养老服务研究》[D]，吉林大学博士学位论文，2014；李乐：《养老服务社会化中的地方政府职能优化研究——以上海市为例》[D]，复旦大学博士学位论文，2013；董红亚：《基于主体弱势化的民办养老机构发展研究——以浙江省为例》[J]，《中州学刊》2013年第5期；黄佳豪：《福利多元视域下民办养老福利机构的发展思考——以安徽为例》[J]，《天府新论》2011年第1期；周清：《促进民办养老机构发展的财税政策研究》[J]，《税务与经济》2011年第3期。

[3] 刘佩璐：《公办养老机构民营化改革的必要性研究》[J]，《科技视界》2014年第23期；董红亚：《基于主体弱势化的民办养老机构发展研究——以浙江省为例》[J]，《中州学刊》2013年第5期；李绍纯、余翰林：《大民政 小政府 大社会——论适度普惠制度下政府与民办养老机构之间的关系》[J]，《社会福利》2010年第10期。

[4] 金燕娇、张永理：《民办养老机构的产权困境——以爱地颐养中心为例》[J]，《郑州航空工业管理学院学报》2005年第4期。

[5] 董红亚：《基于主体弱势化的民办养老机构发展研究——以浙江省为例》[J]，《中州学刊》2013年第5期；黄佳豪：《福利多元视域下民办养老福利机构的发展思考——以安徽为例》[J]，《天府新论》2011年第1期；周清：《促进民办养老机构发展的财税政策研究》[J]，《税务与经济》2011年第3期。

转变为引导者、监督者和购买者[①]，需要在福利立法、政策制定、制度设计，在协调国家、市场与社会的关系上发挥作用[②]，私人部门则更多地承接服务供给者的职能。

（二）公共选择理论

公共选择理论产生于20世纪70年代，也称理性选择理论，主要代表人物有布坎南和图洛克[③]。该理论的核心命题是：主张调整政府与市场的关系，打破政府在公共服务领域的垄断地位，通过竞争机制吸引社会力量，将公共服务交给市场，给予公众自由选择权，提升养老服务机构的服务质量和工作效率[④]。

（三）新公共管理理论

新公共管理理论诞生于20世纪70年代西方国家在公共服务领域的私营化和民营化运动。该理论的核心主张在于强调公共服务的民营化。民营化的过程，即引入竞争机制，打破政府垄断，发挥政府、市场、营利组织、非营利组织等多元主体共同作用的过程[⑤]。

民营化的内涵包括两方面[⑥]：一是公共服务主体的民营化，即政府从公共服务的直接提供者转变为只承担托底和宏观引导职能，将服务职能部分或全部交给市场和社会组织[⑦]；二是公共服务方式的民营化，即政府通过契约外包、放权让利、委托代理、特许经营、凭单制、倡导社会志愿服

[①] 彭鲁莎：《中国养老服务产业融资模式研究》[D]，湖南科技大学硕士学位论文，2014年。
[②] 潘屹：《当代中国社会福利改革的指导思想与实践》[J]，《学习与实践》2007年第2期。
[③] 陈丽：《"公办民营"机构养老服务模式研究——以北京市月坛街道敬老院为例》[D]，首都经济贸易大学硕士学位论文，2015年。
[④] 陈丽：《"公办民营"机构养老服务模式研究——以北京市月坛街道敬老院为例》[D]，首都经济贸易大学硕士学位论文，2015年。
[⑤] 马庆堃、魏彦彦：《浙江省民办养老机构的发展困境与对策》[J]，《中国老年学杂志》2014年第34期；伏威：《政府与公益性社会组织合作供给城市养老服务研究》[D]，吉林大学博士学位论文，2014年。
[⑥] 袁维勤：《政府购买养老服务问题研究》[D]，西南政法大学博士学位论文，2012年。
[⑦] 马庆堃、魏彦彦：《浙江省民办养老机构的发展困境与对策》[J]，《中国老年学杂志》2014年第34期；袁维勤：《政府购买养老服务问题研究》[D]，西南政法大学博士学位论文，2012年。

务等方式由社会主体供给服务[1]。民营化的过程,也是政府与私人部门、社会力量建立新型合作关系的过程[2]。

(四) 新公共服务理论

美国学者登哈特夫妇在反思批判新公共管理理论的基础上发展出了新公共服务理论[3]。该理论的核心观点主要包括:①政府的职能定位,应该是服务,而不应该是掌舵;②公共利益是最终目标;③思想上要具有战略性,但是在具体行动上要充分发挥民主性;④服务于公民而非顾客;⑤责任不是单一的;⑥重视人而不只是生产率;⑦超越企业家身份,重视公民权和公共事务[4]。

(五) 多中心治理理论

多中心治理理论由美国学者埃莉诺·奥斯特罗姆提出并系统论述。该理论认为,治理是指各种机构,既包括公共的也包括私人的,共同管理其共同事务的各种不同方式的总和[5]。养老服务是一种兼具公共产品和私人物品属性的特殊产品,需要采用多中心治理模式,充分发挥政府、企业、社会等多方力量与作用,充分运用不同手段,包括经济、行政、法律等手段来促进其健康发展[6]。

(六) 协同治理理论

该理论强调政府、企业、社会、家庭、个人等多元主体相互配合、互相协调、共同合作治理社会事务,从而追求并实现治理效能的最大化,以

---

[1] 董红亚:《基于主体弱势化的民办养老机构发展研究——以浙江省为例》[J],《中州学刊》2013年第5期;袁维勤:《政府购买养老服务问题研究》[D],西南政法大学博士学位论文,2012。
[2] 金燕娇、张永理:《民办养老机构的产权困境——以爱地颐养中心为例》[J],《郑州航空工业管理学院学报》2005年第4期。
[3] 伏威:《政府与公益性社会组织合作供给城市养老服务研究》[D],吉林大学博士学位论文,2014;李乐:《养老服务社会化中的地方政府职能优化研究——以上海市为例》[D],复旦大学博士学位论文,2013。
[4] 李乐:《养老服务社会化中的地方政府职能优化研究——以上海市为例》[D],复旦大学博士学位论文,2013。
[5] 刘峰、孔新峰:《多中心治理理论的启迪与警示——埃莉诺·奥斯特罗姆获诺贝尔经济学奖的政治学思考》[J],《行政管理改革》2010年第1期。
[6] 吴玉韶、王莉莉:《中国养老机构发展研究报告》[M],北京:华龄出版社,2015。

实现最高限度地维护和增进社会整体利益[①]。协同治理理论同样适用于对公建（办）民营养老机构及服务的治理。

二 立足于养老服务和产品性质的理论

从养老服务及其产品属性的维度出发，分析公办养老机构转制必要性的理论有三个：公共物品/产品理论、准公共产品理论、项目区分理论。

（一）公共物品/产品理论

根据产品和服务属性的差异将服务划分为不同类型，每种类型的服务由不同主体提供给不同类型的消费者，此乃公共物品/产品理论的核心要义。

公共物品或公共产品是该理论的核心概念。美国学者萨缪尔森是最早对公共物品进行定义的经济学家，他认为公共物品是：尽管每个人对这种产品进行消费，但都不导致他人对该产品的消费的减少。另一位美国经济学家弗里德曼认为公共物品是指"这一种物品一旦被生产出来，生产者就无法决定谁将会拥有它"。从这两个定义中可以看到公共物品有两个基本特性：消费的非竞争性和非排他性[②]。

根据这两大特性，将养老服务划分为纯公共物品（既无竞争性也无排他性）、准公共物品（具有不完全的非竞争性和非排他性）和私人物品（既有竞争性也有排他性）三类。不同类型的服务由不同主体提供给不同群体：纯公共物品针对"三无"、"五保"、"低保"等有特殊困难的老人，由政府供给；准公共物品面向社会普遍需求，既可以由政府提供，也需要市场和社会组织的介入，解决政府失灵问题；私人物品面向高收入群体，由市场提供[③]。

[①] 潘宇：《协同治理视角下公建民营养老机构发展研究——以 B 市社会福利中心为例》[D]，安徽师范大学硕士学位论文，2014。
[②] 刘佩璐：《公办养老机构民营化改革的必要性研究》[J]，《科技视界》2014 年第 23 期；彭鲁莎：《中国养老服务产业融资模式研究》[D]，湖南科技大学硕士学位论文，2014。
[③] 刘佩璐：《公办养老机构民营化改革的必要性研究》[J]，《科技视界》2014 年第 23 期；董红亚：《基于主体弱势化的民办养老机构发展研究——以浙江省为例》[J]，《中州学刊》2013 年第 5 期；李乐：《养老服务社会化中的地方政府职能优化研究——以上海市为例》[D]，复旦大学博士学位论文，2013；周清：《促进民办养老机构发展的财税政策研究》[J]，《税务与经济》2011 年第 3 期。

（二）准公共产品理论

根据上述公共物品的定义，可以得出准公共物品是指具有有限非竞争性和非排他性的公共产品[①]。在现有的研究中，除了由市场供给、不享受任何政府补贴的养老服务具有私人物品的属性之外，其他大部分养老服务产品都可以被看作准公共物品。准公共物品的供给主体可以是多元的，既可以包括政府，也可以包括市场、社会等营利部门或非营利部门[②]。

（三）项目区分理论

所谓项目区分，是指根据项目产出的产品和服务性质的不同，把项目区分为非经营性、准经营性和经营性三类，之后再根据各个项目的属性决定其融资的主体、具体的投资渠道、实际的运作方式以及权益的归属[③]。

通常，经营性项目主要由社会来进行投资，国企、民企、外资都可以成为投资主体，项目具体的投融资、项目建设和运营管理均由项目的投资方进行决定[④]。非经营性项目由政府财政投资[⑤]。由于养老服务业兼具事业和产业双重属性，因此，公建（办）民营养老机构的投资主体既可以是政府也可以是社会，属于准经营性项目[⑥]。

[①] 彭鲁莎：《中国养老服务产业融资模式研究》[D]，湖南科技大学硕士学位论文，2014。

[②] 彭鲁莎：《中国养老服务产业融资模式研究》[D]，湖南科技大学硕士学位论文，2014；李乐：《养老服务社会化中的地方政府职能优化研究——以上海市为例》[D]，复旦大学博士学位论文，2013。

[③] 彭鲁莎：《中国养老服务产业融资模式研究》[D]，湖南科技大学硕士学位论文，2014；胡桂祥、王倩：《PPP模式应用于养老机构建设的必要性与应用条件分析》[J]，《建筑经济》2012年第2期；鲁庆成：《公私合伙（PPP）模式与我国城市公用事业的发展研究》[D]，华中科技大学博士学位论文，2008。

[④] 彭鲁莎：《中国养老服务产业融资模式研究》[D]，湖南科技大学硕士学位论文，2014；鲁庆成：《公私合伙（PPP）模式与我国城市公用事业的发展研究》[D]，华中科技大学博士学位论文，2008。

[⑤] 彭鲁莎：《中国养老服务产业融资模式研究》[D]，湖南科技大学硕士学位论文，2014；鲁庆成：《公私合伙（PPP）模式与我国城市公用事业的发展研究》[D]，华中科技大学博士学位论文，2008。

[⑥] 彭鲁莎：《中国养老服务产业融资模式研究》[D]，湖南科技大学硕士学位论文，2014。

三 与养老机构转制方式相关的理论

与公办养老机构转制方式及具体操作相关的理论有五个：政府失灵理论、市场失灵理论、民营化理论、产权理论、委托代理理论。

（一）政府失灵理论

政府失灵表现在公共产品和服务的供给上，一是资源浪费，二是效率不高[1]。之所以会出现政府失灵，一是因为存在政府垄断，缺乏竞争机制；二是政府部门缺乏压缩成本和革新的动力；三是监督机制的不完善，政府既当运动员又当裁判员[2]。

（二）市场失灵理论

西方国家社会福利的民营化改革是在发达的市场经济、成熟的非营利组织和专业化服务人员的基础上进行的，我国社会福利社会化改革虽然也建立在市场经济体制下，但市场机制发育并不完善，社会组织的发展也不活跃，专业性的人力资源相当匮乏[3]，致使市场化改革所引发的国家收缩在短时间内并不能被社会力量有效补充[4]，因此，市场失灵难免会出现。

（三）民营化理论

萨瓦斯是民营化理论的先驱和倡导者。有研究[5]将公办养老机构的民营化定义为"政府保存设施和资产的所有权，让私人企业去经营"，即政府将运营权以承包、租赁、委托经营、合营、参股、出让等形式转让给社会组织或个体，推动运营方式的改变。在这个过程中，政府角色发生转变，成为服

---

[1] 鲁庆成：《公私合伙（PPP）模式与我国城市公用事业的发展研究》[D]，华中科技大学博士学位论文，2008。
[2] 鲁庆成：《公私合伙（PPP）模式与我国城市公用事业的发展研究》[D]，华中科技大学博士学位论文，2008。
[3] 李乐：《养老服务社会化中的地方政府职能优化研究——以上海市为例》[D]，复旦大学博士学位论文，2013；焦亚波：《社会福利社会化背景下的上海养老机构发展研究》[D]，华东师范大学博士学位论文，2009。
[4] 胡薇：《国家角色的转变与新中国养老保障政策变迁》[J]，《中国行政管理》2012年第6期。
[5] 刘佩璐：《公办养老机构民营化改革的必要性研究》[J]，《科技视界》2014年第23期。

务的监管者，社会力量介入，成为服务供给者。民营化改革不仅不影响养老机构服务的公益性，还有利于利用市场机制提高资源配置效率。

（四）产权理论

该理论的主要代表为科斯。该理论的主要观点为，私有企业的产权人因为可以占有利润，因而有强烈的意愿和动机提高经营效益[①]。将产权理论运用于指导公办养老机构改革，就是要在转制过程中明晰机构建设、运营、管理、退出等各个环节的权利、财产归属和分担问题[②]。

（五）委托代理理论

委托代理理论的提出者为美国学者伯利和米恩斯。该理论的逻辑起点在于批判企业所有权和经营权合一的弊端，因此倡导将企业的经营权和所有权进行分离，即企业所有权主体，可以作为委托人将经营权让渡给代理人，但企业的所有权归委托人保有[③]。委托代理理论为我国公办养老机构转制提供了理论基础，政府作为掌握公办养老机构所有权的主体，将经营权委托给社会主体，由其自主经营，自主管理，在保证社会公平的基础上，追求经济效益和社会效益的最大化[④]。

第七节　对研究文献的总体评价及本研究的立足点

从上述文献回顾可以看到，国内外学术界和政策部门已经围绕养老机构的定义、类型，公办养老机构转制的必要性、转制内容与方式、路径及步骤，转制的模式、转制面临的问题和应对策略，转制的理论基础等内容开展了基础性的研究，取得了一定的研究成果。但审慎地来看，还存在以下研究的空间。

[①] 关鑫：《PPP模式在养老机构建设中的应用研究》[D]，东北财经大学硕士学位论文，2013。

[②] 关鑫：《PPP模式在养老机构建设中的应用研究》[D]，东北财经大学硕士学位论文，2013。

[③] 关鑫：《PPP模式在养老机构建设中的应用研究》[D]，东北财经大学硕士学位论文，2013。

[④] 吴玉韶、王莉莉：《中国养老机构发展研究报告》[M]，北京：华龄出版社，2015。

一 碎片化研究较多，整体性系统性研究少

近年来，随着国家一系列自上而下政策的出台，国内有关公办养老机构转制的研究也逐渐开始丰富起来。在研究的问题域上，涵盖了对养老机构概念的辨析，对养老机构类型的划分，对公办养老机构发展现状与面临问题的探讨，对公办养老机构转制改革必要性与转制改革未来方向的探讨等。

但总体来看，这些研究带有明显的碎片化色彩，一是缺乏对公办养老机构转制的专题研究。目前研究内容主要还是养老机构发展中的局部问题，如养老机构特别是民营养老机构的困境研究，公办/建民营养老机构的现状与问题研究等，研究问题的广度不够。二是研究问题的系统性不够。对于公办养老机构的职能、定位、转制的必要性、转制方式、转制现状等没有系统性的整体研究，大多散落在不同的研究内容中，缺乏系统性的深入研究。

因此，本研究拟围绕公办养老机构转制这一课题进行专题研究，从整体上针对公办养老机构转制的背景、现状、存在的问题等展开全方位的系统研究。

二 局部地区个案研究多，典型案例专题研究少

目前国内很多实证研究都是基于特定地区的个案研究，以案例分析方法呈现公办养老机构发展的现状和问题，或者少数已经完成改制的公建（办）民营养老机构存在的问题和不足。基于局部地区的个案研究比较多，但围绕公办养老机构转制这一专题，开展典型调查进行专题研究的很少。

受民政部自上而下的政策推动，自2013年年末到2016年年末，全国各地共有1100多家公办养老机构实施了公建（办）民营，其中，还有29个省（区、市）选取了126家试点单位在民政部备案。如果说，在此之前，基于局部地区实践经验的有关公建（办）民营养老机构的个案研究，在研究对象的选择上只能囿于零星存在的为数不多的观察案例的话，那么，经过这两年的广泛实践，研究者在研究对象和一手资料的获取上将会变得丰富和便捷许多，这会为开展公办养老机构转制的专题研究提供更多、更丰富的实践材料。

因此，本书计划在现有文献研究的基础上，在全国范围内，分东中西

部地区，在综合考虑各地经济发展水平、人口老龄化程度和社会养老服务发展程度的基础上，选取有代表性的省份开展实地调研，采用典型调查、深度访谈以及多地区多个案例比较分析的方法，深入挖掘当前公办养老机构转制的发展现状、转制的经验和存在的问题。

三 "自上而下"的理论政策研究多，"自下而上"实证研究少

目前国内很多研究在研究视角上都带有明显的"自上而下"的特点，采用这种视角可以将个性的问题抽象为共性，将特殊性化为普遍性。当理论和政策研究旨在为统一的政策制定和实施提供合法性论证，为社会实践提供指导时，"自上而下"的研究视角的确有其优势，但这只是研究的第一步，属于理论和政策指导实践。研究的第二步需要采用相反的"自下而上"的视角，即用政策实施的效果、发展着的实践反思来修正原有的政策和理论，这属于实践作用于理论和政策。研究的第三步就是用修正完善后的理论和政策指导新的实践，如此循环往复。

基于此，本书结合民政部第一批公办养老机构改革试点工作，追踪典型地区公办养老机构转制的实践探索，聚焦转制的内容、模式、实施步骤以及转制过程中包括国有资产保值增值、机构性质变更、职工利益维护、运营管理的体制机制等在内的关键问题，通过系统总结和归纳分析的方法，提出解决思路和政策建议，为政府相关部门制定和完善政策提供决策参考，为未来公办养老机构改革转制工作提供实践指导。

第三章　理论架构与研究方法

第一节　研究构想

为了深入分析我国公办养老机构的转制背景、目前各地转制的主要进展情况、探讨公办养老机构在转制过程中存在的实际问题以及政策需求，本书的主要研究问题包括如下方面。

一　我国养老机构发展现状分析

这是公办养老机构转制的重要背景内容，包括我国养老机构的历史沿革怎样？目前养老机构的发展规模与分布如何？主要服务内容及运营状况怎样？公办养老机构在其中的定位与作用如何，存在的问题有哪些？

二　公办养老机构转制的政策分析

目前国家在公办养老机构转制方面的总体政策要求与导向是怎样的？对公办养老机构的职能定位与责任要求、转制目标与方向如何把握？各地在具体实践过程中，对公办养老机构在转制过程中的相关实施内容，包括资产评估、招投标过程、合同签订内容、定价及收费标准、运营管理、监督机制、风险责任分担等方面的具体政策内容是如何界定的？目前政策特点及存在的问题有哪些？

三　公办养老机构转制现状分析

各地在公办养老机构转制过程中有哪些具体做法？不同类型，包括不同规模、区域、定位等的公办养老机构，采取的转制方式是怎样的？有何共同点与区别？可借鉴的经验有哪些？存在的问题有哪些？等等。

四　公办养老机构转制的现存问题与政策回应

我国公办养老机构转制过程中遇到的突出现实问题有哪些？公办养老机构转制的主要思路应怎样？推进和加快公办养老机构转制的政策诉求有哪些？需要怎样来继续完善与强化我国公办养老机构转制的政策体系？等等。

第二节　应用理论

一　福利多元主义理论

福利多元主义理论认为，在提供福利的过程中，政府不是唯一的主体，国家、市场、社会组织、社区、家庭、个人都是福利的提供主体。过分依赖单一主体来提供全社会的福利是不科学的。由政府供给虽然能够保证服务的福利性和社会公平，但由于缺乏竞争意识，容易形成垄断，加重财政负担。由市场供给虽然有竞争意识和成本意识，服务质量较高，但价格机制容易将支付能力不足的社会弱势群体排斥在外，也可能存在道德风险[①]。因此，多元主体要建立积极的合作关系，在为公民提供福利的过程中，优势互补，共同发挥作用。

公办养老机构转制本质上是政府在公共服务领域引入市场机制，发挥市场在资源配置中的作用，即在养老服务中发挥多元主体的力量，政府可以委托、承包、购买服务等方式将服务供给部分或全部转移给企业、社会组织等，实现养老服务领域的福利多元供给模式，这是公办养老机构转制的重要理论基础，也是全文的理论依据之一。

二　新公共管理理论

经济学以及私营部门的管理法是新公共管理理论的理论基础。新公共管理理论提倡公共服务的民营化，强调市场机制的优越性，认为政府应该

---

① 刘佩璐：《公办养老机构民营化改革的必要性研究》[J]，《科技视界》2014 年第 23 期；董红亚：《基于主体弱势化的民办养老机构发展研究——以浙江省为例》[J]，《中州学刊》2013 年第 5 期；李绍纯、余翰林：《大民政　小政府　大社会——论适度普惠制度下政府与民办养老机构之间的关系》[J]，《社会福利》2010 年第 10 期。

减少对市场的干预，依靠市场机制去引导公共项目。

在公共服务的民营化过程中，可以引入竞争机制，打破政府垄断，由政府、市场、营利组织、非营利组织等多元主体共同发挥作用[1]。实现公共服务主体的民营化，即政府从公共服务的直接提供者转变为只承担托底和宏观引导作用，将服务职能部分或全部交由市场和社会组织[2]；和公共服务方式的民营化，即政府通过契约外包、放权让利、委托代理、特许经营、凭单制、倡导社会志愿服务等方式由社会主体供给服务[3]。

三　多中心治理理论

多中心治理理论是由美国学者 Elinor Ostrom 提出的。该理论认为，治理是指各种机构，既包括公共的也包括私人的，共同管理其共同事务的各种不同方式的总和[4]。这就表示，政府、企业、社会等多主体要共同供给公共产品，共同处理公共事务。在传统的政治学理论中，普遍的观点认为在公共事务的处理以及公共产品的供给上，要么是政府垄断，要么是市场提供，这种观点的理论基础属于"单中心"治理模式。但无论是政府垄断还是单纯由市场提供，都会出现各自的弊端：单纯由政府提供公共产品，容易造成公共产品内容单一，难以满足公民多样化的需求；而单纯依靠市场提供公共产品，又难以避免市场本身的市场缺陷。"多中心治理"理论从根本上破除了这种"单中心"治理的思维模式，打破了由政府垄断公共产品供给和公共事务管理的格局，主张政府、市场、社会、个人等多元主体共同参与到公共产品的供给和公共事务的管理中来，通过各个主体之间的通力合作，互相协调配合，共同处理公共事务和公共产品的供给问题。

在养老服务的供给过程中，单纯依靠政府，或者单纯依靠市场都是不

---

[1] 马庆堃、魏彦彦：《浙江省民办养老机构的发展困境与对策》[J]，《中国老年学杂志》2014年第34期；伏威：《政府与公益性社会组织合作供给城市养老服务研究》[D]，吉林大学博士学位论文，2014。

[2] 马庆堃、魏彦彦：《浙江省民办养老机构的发展困境与对策》[J]，《中国老年学杂志》2014年第34期；袁维勤：《政府购买养老服务问题研究》[D]，西南政法大学博士学位论文，2012。

[3] 董红亚：《基于主体弱势化的民办养老机构发展研究——以浙江省为例》[J]，《中州学刊》2013年第5期；袁维勤：《政府购买养老服务问题研究》[D]，西南政法大学博士学位论文，2012。

[4] 刘峰、孔新峰：《多中心治理理论的启迪与警示——埃莉诺·奥斯特罗姆获诺贝尔经济学奖的政治学思考》[J]，《行政管理改革》2010年第1期。

切合实际的,公办养老机构的转制,必须通过政府、企业、社会、家庭、个人等多个主体共同协作,才能为不同类别的老年人提供多元、多样、个性化的养老服务,才能更好地满足老年人不同种类的养老服务需求。

第三节 技术路线

本书重点分析我国公办养老机构的转制背景、政策现状、转制现状等内容,在分析上述内容的基础上,进一步总结我国公办养老机构转制过程中存在的突出问题及政策需求,并进一步对推进我国公办养老机构转制提出相应的政策意见与建议。

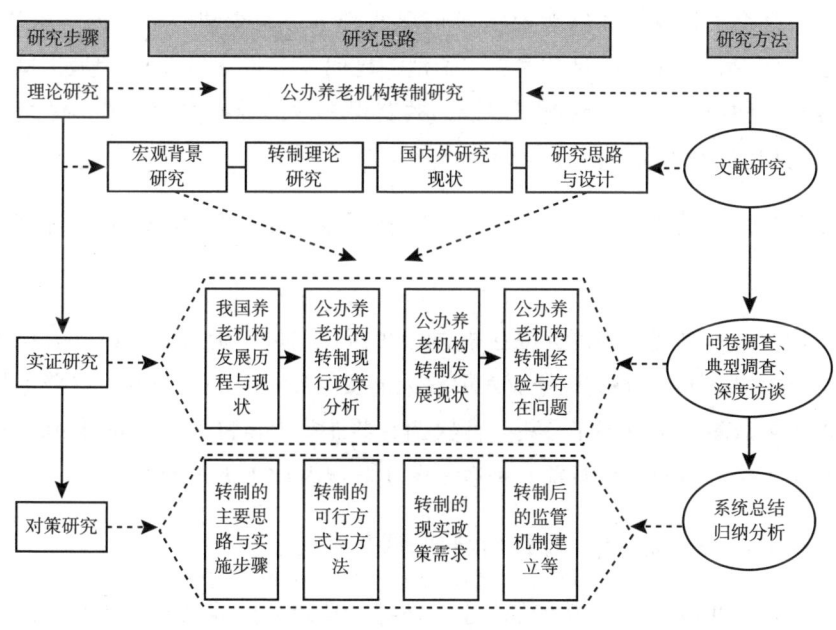

图 3-1 研究的技术路线

第四节 数据和研究方法

一 数据来源

本书中使用的数据主要有两类:第一类是定量性质的调查数据,第二类是定性深度访谈内容。前者主要来源于全国老龄办在2014年于天津、哈尔滨、重庆、南宁、济南、太原、南昌、武汉、长沙、昆明、兰州、福州12个城市进行的养老机构专题问卷调查；后者主要是在东、中、西部公办养老机构转制试点集中的北京、浙江、湖北、四川进行的典型调研与深度访谈。

（一）"十二城市养老机构调查"数据

2014年，为了进一步了解城市养老机构的主要发展现状，全国老龄办进行了"十二城市养老机构调查"，调查问卷共分为基本情况、入住老人情况、服务及收费情况、基础设施及设备情况、工作人员情况、机构运营状况、社会支持状况和问题及需求情况八部分，在天津、哈尔滨、重庆、南宁、济南、太原、南昌、武汉、长沙、昆明、兰州、福州12个城市进行了养老机构的专题问卷调查与座谈，共获得有效问卷样本257份，并组织养老机构座谈12次。

（二）国务院办公厅"养老服务业发展政策落实情况督查"数据

同时，本书还利用国务院在福建、江西、安徽、贵州、山西、天津等10个省市进行的"养老服务业发展政策落实情况督查"的数据，对养老机构的主要政策需求进行了分析。此次调查共获得养老机构有效问卷805份，侧重于了解养老机构对目前相关政策落实状况及政策需求调查。

（三）公办养老机构转制典型调查资料

2016~2017年，笔者在东、中、西部，选择公办养老机构转制试点集中的北京、浙江、湖北、四川进行了集中调研。在北京、杭州、宁波、武汉、荆州、随州、绵阳、遂宁共召开了11次专题座谈会，选择了20家公办养老机构试点单位进行典型调查，与30余名民政管理工作人员和试点机构院长进行了个人深度访谈。访谈内容涵盖转制背景、转制情况、运营现状、前景思路、现存问题及看法等。

二 研究方法

从本书的整体内容来看，本书主要采用的是定性研究和定量研究相结合的研究方法。定量研究，着重通过数据分析来揭示现状、发现问题；定性研究，则从更深层次的角度对观点进行论据支持和阐述。此外，报告在具体分析内容中，还会采用文献研究方法、对比分析方法、典型案例分析方法等。

第五节　主要研究创新

公办养老机构转制在我国养老服务领域还是一项新生事物，在国家相关政策的推动下，自2014年启动，无论在实践上还是在研究上，都是一块处女地。本书梳理了目前有关公办养老机构转制研究的现有成果，在部分省市进行了养老机构的专项调查，填补了我国养老机构专项调查的不足，并以代表省市的转制试点为对象，对其转制情况进行了深入访谈，以定量和定性两种方法深入分析了转制试点的背景、现状、经验与问题，并提出了推进我国公办养老机构转制的政策路径，打开了公办养老机构转制研究的大门，是相关研究领域的一个崭新内容，为今后在理论、方法、实证等方面进一步推进公办养老机构转制研究提供了基础内容与数据。

第六节　研究框架

本研究主要分为十一个部分，分别为：第一章，绪论。主要介绍研究背景、研究意义、研究的主要目的等。第二章，文献回顾和述评。主要介绍相关概念界定，并围绕公办养老机构转制的研究现状、相关理论等进行文献的梳理、回顾与评述。第三章，理论架构与研究方法。着重介绍研究的理论架构、研究的主要方法、研究的技术路线等。第四章，概念辨析与界定。重点围绕养老机构、公办养老机构、公办养老机构转制等主要概念进行分别辨析。第五章，我国养老机构发展历程与现状。这是了解我国公办养老机构转制的重要背景内容，着重介绍我国养老机构在不同阶段的发生、发展状况，以及我国养老机构在政策制度、发展规模、基础设施等方面的发展现状。第六章，我国公办养老机构发展的对比分析。本章主要从定量和定性两个角度，分析并总结了目前我国公办养老机构与其他类型养老机构相比，发展现状及存在的问题，剖析了我国公办养老机构转制的重要背景与客观必然性。第七章，公办养老机构转制政策现状与分析。对目前国家及地方层面在公办养老机构转制方面的政策思路、政策导向、具体政策措施进行深入分析，与各地实践分析结合，分析目前公办养老机构转制过程中的政策不足与缺失。第八章，我国公办养老机构转制发展实践现状。以北京、浙江、湖北、四川为主要典型案例进行深入调研与访谈，分析其在公办养老机构转制过程中的具体做法与实践，分析不同类型公办养老机构的具体转制过程。第九章，现阶段公办养老机构转制经验及问题。重点介绍目前各地在公办养老机构转制过程中的主要经验，包括在公办养老机构的职能定位、转制方式、国有资产管理、人员安置与分流等方面的主要经验，并针对我国公办养老机构转制过程中的突出问题进行深入剖析与思考。第十章，推进我国公办养老机构转制的思考与建议。针对我国公办养老机构转制的现状与存在的实际问题，提出进一步推进我国公办养老机构转制的意见与建议。第十一章，主要研究结论与未来研究方向。本章着重总结本书的主要结论与观点，并指出了下一步深入研究的相关内容。

第四章 概念辨析与界定

第一节 养老机构的概念

一 学界的界定

在研究领域，涉及养老机构的研究数量较多，但大量的研究是针对约定俗成、一般意义上的养老机构，讨论其发展中的一些问题，却并未涉及养老机构的科学界定，只有较少的研究关注于此。

周云等在《我国养老机构的现状研究》一文中认为养老机构是可供老年人居住，并能提供不同服务内容的服务机构，包括敬老院、养老院、老年公寓等老年机构、社会福利院、光荣院以及其他收养单位[①]。福建省民政厅和福建师范大学联合课题组在其研究中指出：养老机构是养老服务体系的重要组成，是能够提供基本的老年人住、养、照护等服务的场所，可以满足老年人基本的生活需要和服务需求[②]。仝利民认为：养老机构的服务内容可以涵盖基本的日常生活照料、医疗卫生服务、康复护理服务等，同时，根据不同的养老服务功能，可以将养老机构划分为老年公寓、护理型养老机构、康复保健型养老院和特殊护理院等[③]。已有研究主要从养老机构的功能和分类的角度来对养老机构进行界定，但养老机构究竟应具有哪些功能，应如何分类，目前的研究还未能达成一致。

---

① 周云、陈明灼：《我国养老机构的现状研究》[J]，《人口学刊》2007年第4期。
② 福建省民政厅、福建师范大学联合课题组：《公办公营与公建民营养老机构模式研究——永安市老年公寓和社会福利中心运营状况调查》[J]，《社会福利》（理论版）2012年第1期。
③ 仝利民编著《老年社会工作》[M]，上海：华东理工大学出版社，2006。

二 政策文件的界定

(一) 国家层面政策

新中国成立以后,在我国的老年社会福利实践中就一直有养老机构存在,然而何为养老机构,在很长一段时间里国家层面的政策并未对此做出明确的界定,导致养老机构一直以一种模糊、含混的含义被使用。直到2013年,民政部发布《养老机构设立许可办法》和《养老机构管理办法》,才首次从国家层面明确了养老机构的概念。

传统上,养老机构属于民政部门的业务范畴,它是社会福利机构的主要组成部分。但是,依据卫生部最新印发的《护理院基本标准(2011版)》,护理院实际上也承担着与我们通常所说的养老机构相似的职能,因此从广义上说医疗部门主管的护理院也属于养老机构的范畴。但目前在进行养老机构统计时,一般并没有将护理院包括在内。

1. 民政部门政策

民政部1999年发布的《社会福利机构管理暂行办法》将社会福利机构界定为一种由国家、社会组织和个人举办的机构,其服务对象主要为老年人、残疾人、孤儿和弃婴,其所能提供的服务包括养护、康复和托管等。当时,养老机构被纳入社会福利机构统一管理。2001年国家发布了《老年人社会福利机构基本规范》(以下简称《规范》),该规范没有对养老机构或者老年社会福利机构进行明确界定,只是将老年人社会福利机构分为8类,即老年公寓、护养院、托老所、老年社会福利院、护老院、老年人服务中心、敬老院、养老院或老人院,并对每一类福利机构做出了界定。根据这些界定,这8类养老服务机构均在我们通常说的养老机构的范围之内,而提供日托和临时托养的托老所则属于老年人日间照料机构,老年人服务中心在性质上则更接近老年人日间照料机构或居家养老服务机构。尽管《规范》明确了作为老年人社会福利机构一大类的养老机构的若干类别及相应名称,但在实践中,各地养老机构的命名并没有严格按照《规范》执行,既有命名与《规范》中规定的功能不符的情况存在,也有超出《规范》中的名称范围对养老机构命名的情况存在,例如各地养老机构中有许多老年颐养院、老年休养康复中心等,如将这些养老机构与《规范》对照,我们无法分辨其属于哪种职能定位的养老机构,也不清楚其服务对象是哪些老年人。

很长一段时间里，民政部一直是把养老机构作为社会福利机构的一类来进行管理，并没有专门就养老机构管理出台政策。直到2013年，民政部发布《养老机构设立许可办法》和《养老机构管理办法》，才首次从国家政策层面提出了养老机构的明确概念界定，认为养老机构是"为老年人提供集中居住和照料服务的机构"。该定义聚焦于养老机构的功能，并强调养老机构应具有两方面的功能：一是为老年人提供集中居住的场所；二是为老年人提供照料服务。照料服务包含的内容很广泛，《养老机构管理办法》具体提出了养老机构的服务内容应包括基本生活照料、康复护理服务、精神慰藉服务、文化娱乐服务等。关于养老机构的规模，《养老机构设立许可办法》将养老机构的床位数下限设定为10张。

2. 卫生部门政策

护理机构/院由于其专业的医疗服务而被纳入医疗机构的范围，无论是从功能定位，还是从服务对象来看，以往的护理机构/院确实具有很强的医疗机构特征。1994年，卫生部发布的《医疗机构基本标准（试行）》中对护理服务机构从卫生部门的角度进行了界定，认为护理服务机构是一种医疗机构，其主要人员为护理人员，其主要服务对象为老年人、长期卧床病人、残疾人、婴幼儿、临终病人、绝症晚期患者以及其他需要护理服务的人，其主要服务内容包括基础护理、专科护理、营养指导、心理咨询、社区康复指导、临终护理等。为了应对人口老龄化带来的挑战，合理分流大医院需要长期医疗护理的患者，卫生部做出加快发展护理院的部署，并印发《护理院基本标准（2011版）》。根据该标准，护理院的主要服务对象为长期卧床的病人、慢性病病人、失能的老年人、晚期姑息治疗病人以及其他需要长期照护护理的病人等，其主要提供的服务内容包括专业的医疗护理、康复护理、临终关怀服务等。将2011年和1994年的护理院标准进行对比，可以发现新的护理院概念界定进一步关注到了老年人尤其是失能老年人的服务需求。实际上，快速发展的人口老龄化及其所带来的庞大的养老护理服务需求的确是卫生部编制新的护理院标准的社会背景之一。显然，护理院中专门为老年人特别是生活不能自理的老年群体提供服务的这部分机构与民政部门业务领域中的养老机构在功能上是高度重合的，它们完全可以被当成能够提供专业医疗照护服务的养老机构看待。

（二）地方层面政策

我国自 2000 年步入人口老龄化社会，随着人口老龄化的发展、家庭结构和社会观念的变化，老年人对于机构养老的服务需求不断增长，养老机构的数量、规模和服务内容都有了明显增加。一些地方民政部门为了规范当地养老机构的发展，就制定相关政策进行了有益的探索；国家层面的政策出台后，一些地方在参照国家政策的基础上结合当地实际出台了相应的政策。养老机构的概念界定是这些政策在制定时首先需要解决的问题。通过东、中、西部若干有代表性的省、市的相关政策（见表 4-1），我们可以对各地养老机构在政策层面的概念界定有一个总体性的了解。

表 4-1 代表省市相关政策中养老机构的界定

时间	政策名称	界定主要内容
1998	《上海市养老机构管理办法》	为老年人提供生活护理、住养等综合性养老服务的服务机构
2000	《北京市养老服务机构管理办法》	为老年人提供康复、养护等综合性养老服务的服务机构
2007	《天津市养老机构管理办法》	为老年人提供生活护理、住、养等综合性养老服务的服务机构
2007	《长春市养老服务机构管理办法》	为老年人提供养、护、康复、托管等服务的服务机构
2008	《重庆市城乡养老机构服务管理办法》	为老年人提供住、养、康复、生活护理、托管等综合性养老服务的服务机构
2011	《济南市养老服务机构管理规定》	为老年人提供卫生清洁、生活护理、饮食起居、疾病预防、疾病保健、医疗康复、健身、娱乐、旅游、精神心理慰藉、临终关怀等综合性养老服务的服务机构
2011	《苏州市民办养老机构管理办法》	为老年人提供住、养、康复护理、生活照料等综合性养老服务的服务机构
2013	《安徽省养老机构设立许可办法》	为老年人提供照料、集中居住的养老服务机构
2013	《山东省养老机构设立许可办法》	为老年人提供集中居住和照料服务的营利性、非营利性机构
2014	《四川省养老机构设立许可实施办法》	是指为老年人提供照料、集中居住的养老服务机构
2014	《上海市养老机构条例》	为老年人提供照料护理、集中居住的养老服务机构

民政部 2013 年发布《养老机构设立许可办法》后，各地倾向于借鉴或直接使用其中对养老机构的界定。从各地对养老机构的管理办法或规定来看，不同省市也都是从养老机构功能的角度出来来对其进行界定，关于养老机构应具备哪些服务功能，各地的规定不尽相同，且普遍没有详细列

出养老机构应该具有的所有功能，但住养、生活照料及康复服务这三项功能在各地政策中被指出的次数较多。

三 本书界定

从学术研究和相关政策文件对养老机构的界定来看，现有的界定主要存在以下几方面的问题：一是对养老机构的本质属性阐述不清，目前所有的界定都是将养老机构界定为具有某些功能的机构，用机构来解释养老机构的做法在概念界定中是不可取的；二是对象不明，目前所有的界定都直接忽略老年群体及其需求的异质性，而将养老机构的服务对象笼统地界定为老年人总体，未突出养老机构服务对象的主体；三是对于养老机构服务功能的界定或是过于笼统或是具体但有失全面，与养老机构实际承载的功能不能很好地吻合。

为了规范养老机构概念的使用，借鉴学术研究和相关政策文件从养老机构的功能出发对其进行界定的思路，参照国际上对养老机构的功能定位，结合实地调研中发现的我国大量养老机构的服务功能定位，本书认为养老机构是指主要为老年人提供集中居住、日常生活照料、基本医疗保健、康复护理、精神心理慰藉、休闲文化娱乐等综合服务的老年人服务组织，其主要服务对象应为生活不能自理和部分自理的失能、半失能老年人。

以上界定主要从三个方面对养老机构进行了说明：

第一，养老机构的本质属性是服务人员和服务对象为了特定的目标，根据特定的规则，协同开展行动而形成的老年人服务组织。

第二，养老机构的服务对象是广义的老年人群体，但服务对象的主体是靠自己或家人在家庭中越来越难以获得所需照料服务的失能、半失能老年人。

第三，在服务功能方面，养老机构的首要服务功能是为老年人提供集中居住的场所，其次，养老机构应为入住老年人提供日常生活照料、基本医疗保健、康复护理、精神心理慰藉、休闲文化娱乐等基于老年人各种需求的多样化服务。

第二节 公办养老机构的概念

一 公办养老机构的建设主体

根据投资建设主体的划分，可以将我国的养老机构划分为两类，一类是公办的养老机构,另一类是民办的养老机构[1],公办养老机构主要由政府或集体投资兴建,这里面的政府侧重于地方政府,即相对于中央人民政府(国务院)而言的各级人民政府,包括:省、直辖市、县、市、市辖区、乡、民族乡、镇等各级地方政府,集体则主要是指村集体。因此,从投资建设主体来看,公办养老机构主要是由地方各级政府和村集体投资兴建的,其所有权主要归地方各级政府和村集体所有。

二 公办养老机构服务的属性

养老机构主要是为生活不能自理或者部分自理的失能、半失能老年人提供养老服务的老年人服务组织。其主要组织目标是为失能、半失能老年人提供养老服务。通常,养老机构提供的服务被称为机构养老服务,无论是在学界还是在实务界,关于机构养老服务应该由谁提供一直备受关注且存在颇多争议。要回答这个问题,前提是弄清养老机构提供的服务的属性。一些研究通过公共物品理论来论述养老机构服务或养老服务的属性[2],研究者指出养老机构服务或养老服务是公共物品或准公共物品,但对这种判断背后的原因论述得不是很充分。

萨缪尔森于20世纪50年代较为正式地提出公共物品的概念,他认为纯粹的公共物品是指每个人对这种物品的消费不会导致别人对该物品消费的减少的物品,消费的非排他性与非竞争性是公共物品的两大特征[3]。所谓非排他性是指不能阻止人们使用该物品的特性,非竞争性则是指一个人对一种物品的使用,不会减少、降低或者影响其他人对这种物品使用的特性。围绕这两个特征,有多种物品分类方法。例如萨缪尔森将物品分为公共物品和私人物品两类,认为公共物品相对于私人物品具有显著的非排他

---

[1] 蒋浩君:《我国公办养老机构改革探究》[J],《长沙民政职业技术学院学报》2014年第4期;董红亚:《非营利组织视角下养老机构管理研究》[J],《海南大学学报》(人文社会科学版)2011年第1期;胡彬:《基于PEST的民办养老机构发展环境研究》[J],《湖南省社会主义学院学报》2014年第2期;张艳华:《基于通用评估框架的我国养老机构绩效评估体系的构建》[J],《市场周刊》(理论研究)2012年第10期;孙静晓:《民办养老机构发展困境的经济学分析》[J],《现代商贸工业》2011年第1期。

[2] 江燕娟、李放:《我国养老机构服务的有效供给研究》[J],《广西社会科学》2014年第11期;林闽钢:《论我国社会养老服务的公益性及实现途径》[J],《人口与社会》2014年第1期;王细芳、王振州:《城市社区养老服务体系构建研究》[J],《老龄科学研究》2014年第8期。

[3] 席恒:《公共物品供给机制研究》[D],西北大学博士学位论文,2003。

性与非竞争性。巴泽尔则提出了三分法，认为在纯公共物品和纯私人物品之外，还有一种作为纯公共物品与纯私人物品的混合的准公共物品。经济学中将物品分为四种类型，一是私人物品，它在消费中排他性和竞争性兼具；二是公共物品，它在消费中排他性和竞争性均无；三是公共资源，它在消费中具有竞争属性，但没有排他属性；四是自然垄断物品，它在消费中具有排他属性，但没有竞争属性。

随着公共物品研究的进一步深入，有研究者指出非排他性和非竞争性主要是在技术上而言的，即随着技术的发展，公共物品的这两项特征有可能发生改变，也就是说如果以非排他性和非竞争性作为公共物品的成立条件的话，这个条件的有效性可能只是阶段性的。那么，决定物品的公共物品属性的条件究竟为何呢？乔治·恩德勒提出了理解公共物品的经济伦理视角，沿着这一思路，社会共同需要才是公共物品的存在基础和决定性条件，而社会共同需要的核心是社会公平。正是因为人们共同需要和公共利益的普遍存在，才出现了公共物品的供给，公共物品是人类公共利益的载体[①]。公共物品的属性不是一成不变的，时间因素、价值观、道德观、经济发展阶段及国别、地域差异都可能对物品的公共物品属性产生影响。

从我国养老机构的发展来看，新中国成立初期的养老机构主要是政府兴办的，免费供养城市三无、农村五保老人，这一时期的养老机构从维护社会公平出发，解决了城乡社会底层贫弱无依的老年人的养老问题，因此当时的养老机构服务属于纯公共物品。改革开放以后，我国经济、社会领域都发生了深刻的变化，转型期的各种社会问题不断凸显。为了缓解社会矛盾、促进社会和谐稳定，政府加强了以改善民生为基础的社会建设。在这种背景下，老年社会福利事业得到了较快发展。2000年以来，我国人口老龄化速度日趋加快，且伴随着家庭规模的快速小型化，老年人口尤其是高龄化导致的失能、半失能人口数量持续增长，与此同时，家庭规模日渐缩小导致养老能力不断弱化。目前，超过2亿老年人的养老问题已成为全社会关注的焦点。当然，入住机构并非所有老年人的理想养老方式，按照传统，大多数老年人将选择居家养老，但对于失能、半失能且家庭无法提供全时优质照料服务的老年人而言，接受机构养老服务将成为他们乃至其

---

① 席恒：《公共物品供给机制研究》[D]，西北大学博士学位论文，2003。

家庭或主动或被动的选择，此外也不排除一些自理老年人出于各种原因产生到养老机构安度晚年的意愿。随着这部分养老服务需求的释放，在社会福利社会化改革的推动下，市场上出现了大量具有私人物品排他性和竞争性特征的养老机构。在人口老龄化快速发展、家庭养老功能日益弱化的背景下，大量需要专业机构提供养老服务的失能、半失能老年人的养老需求，显然已成为社会上普遍存在的一种公共利益，这就使得机构养老服务作为公共物品具有了可能的前提。结合社会公平的视角进一步考量，为了使所有失能、半失能老年人都有平等获得机构养老服务的机会，避免经济支付能力丧失或不足的失能、半失能老年人因无力购买作为私人物品的机构养老服务而被剥夺获得机构养老服务的机会，理应向这部分老年人提供作为公共物品的机构养老服务。当然，对这部分机构养老服务的属性还需进一步细分，针对完全没有经济来源的失能、半失能老年人和有特殊困难的自理老年人，如三无、五保老人的机构养老服务应属于纯公共物品，而针对有一定经济支付能力但明显不足的失能、半失能老年人和有特殊困难的自理老年人，即社会上的中低收入老人的机构养老服务则兼具了纯公共物品和纯私人物品的性质，应属于准公共物品或混合物品。针对部分经济收入较高、支付能力较强的自理老年人、失能/半失能老年人的机构养老服务因较高的收费而具有明显的排他性，同时也兼具一定的竞争属性，因此这部分机构养老服务属于私人物品。

通过对养老机构服务属性的分析，我们可以将其划分为纯公共物品、准公共物品和私人物品三类，从政府提供公共服务的职能定位出发，公办养老机构应主要提供纯公共物品和部分准公共物品性质的养老服务，即其本质上还属于福利性和公益性的事业，这是公办养老机构设立之初的本质要求，也是未来公办养老机构发展的根本走向。

三　公办养老机构服务的供给主体

机构养老服务由纯公共物品、准公共物品和私人物品三部分共同构成，私人物品由市场供给是确定无疑的，那么，作为纯公共物品和准公共物品的机构养老服务应该由谁来提供呢？传统上的认识是，公共物品应由政府来提供，然而，政府失灵理论认为公共部门在提供公共物品时趋向于浪费和滥用资源，致使公共支出规模过大或者效率降低，政府的活动或干预措施存在缺乏效率的缺陷。实践中的政府失灵和营利组织及个人的"经济人"动机也使得市场产生供给公共物品的动力①。但是，市场通过价格机制也难以真正实现公共物品的有效配置，由此出现市场失灵。第三方管理理论的提出，有效地弥补了政府失灵和市场失灵问题，第三方管理理论认为，政府在公共服务的供给方面，其主要职责是提供资金支持和具体的业务指导，具体的公共服务供给，应该依靠第三方的非营利社会组织。非营利组织对公共物品的供给，被认为是公共物品供给的一种重要补充形式②。基于这些研究结论，已有研究普遍认为，建立公共物品的多元供给机制，才能实现公共物品的有效供给③。

具体到公办养老机构的养老服务，如何实现纯公共物品和准公共物品部分的多元有效供给，值得进一步探讨，而将供给主体分为资金供给主体和服务供给主体两类将有助于我们下面的讨论。对于机构养老服务中的纯公共物品来说，由于服务对象没有经济来源，所以服务由政府免费提供，故政府是资金的主要提供主体；在服务供给主体方面，政府直接提供容易造成资源浪费与效率低下，因此可以在政府直接服务的基础上，逐渐交由擅长优化资源配置的市场和非营利组织来提供服务。对于机构养老服务中的准公共物品来说，服务的成本由服务对象支付一部分，服务对象无力支付的那一部分由政府进行补贴即可，而服务供给则仍可由市场和非营利组织来共同承担。在机构养老服务中的纯公共物品和准公共物品的供给中，政府可以不直接提供服务，但为了实现公共物品配置的有效性，政府的监督是不可或缺的。

表4-2 养老机构服务的供给主体

养老机构服务属性	资金供给主体	服务供给主体
纯公共物品	政府	政府+市场+非营利组织
准公共物品	政府+入住老人	市场+非营利组织
私人物品	入住老人	市场

---

① 席恒：《公共物品供给机制研究》[D]，西北大学博士学位论文，2013。
② 王廷惠：《公共物品边界的变化与公共物品的私人供给》[J]，《华中师范大学学报》（人文社会科学版）2007年第4期。
③ 席恒：《公共物品多元供给机制：一个公共管理的视角》[J]，《人文杂志》2005年第3期；王廷惠：《公共物品边界的变化与公共物品的私人供给》[J]，《华中师范大学学报》（人文社会科学版）2007年第4期；江燕娟、李放：《我国养老机构服务的有效供给研究》[J]，《广西社会科学》2014年第11期。

四 公办养老机构的概念

综上所述，本报告认为：公办养老机构是指各级地方政府和村集体投资建设的，为困难、弱势或其他政府供养老年人提供集中居住、日常生活照料、基本医疗保健、康复护理、精神心理慰藉、休闲文化娱乐等服务的老年人服务组织，其服务具有明显的公益性、福利性和救济性特点。这一概念着重从以下三个方面强调了公办养老机构的主要特点：

第一，公办养老机构的本质属性是公益性、福利性和救济性的，因此，公办养老机构所提供的服务应该是基本养老公共服务，其服务设施、服务水平应是基本公共服务水平，而不应是高端、奢华、超出基本标准的养老服务。

第二，公办养老机构的服务对象应主要是政府兜底保障的弱势、困难老年群体，而不应是一般性的社会老年群体。

第三，公办养老机构的投资兴建主体是地方各级政府和村集体，但其服务供给主体可以是企业、社会组织或个人。

第三节 公办养老机构的类型

一 根据服务对象与内容划分

老年人生活自理能力各异，对养老服务的需求也不尽相同，因此，所需要入住的养老机构也是有差别的。民政部根据不同老年人的身体健康状况，将老年人主要划分为自理老人、介助（半失能）和介护（失能）老人三类，据此可以将公办养老机构分为自理型、助养型、养护型三类。自理型养老机构是针对能够自理、较为活跃的老年人设立的养老机构。助养型养老机构是针对介助（半失能）老年人，对其提供一定程度的帮助和服务的养老机构。养护型养老机构是针对介护（失能）老年人，为其提供全面照护服务的养老机构。

二 根据兴办主体划分

公办养老机构由地方各级政府和村集体投资建设，我国公办养老机构建立之初就是政府提供公益性、救济性养老服务的事业单位,在设立时多以行政区划为依据,按照属地原则,由各级政府/民政部门分级设立。因此,可以根据兴办主体的不同行政区划级别分为市属、区县属、街道属、乡镇属、村属公办养老机构,在名称上则根据不同的服务职能,按照民政部《老年人社会福利机构基本规范》可以包括各类老年社会福利院、养老院或老人院、老年公寓、护老院、护养院、敬老院等。

由于不同兴办主体的投资能力有差异,市属公办养老机构大多规模较大,设立较早的多位于城市中心,多以市属老年社会福利院的形式存在;区县属、街道属、乡镇属公办养老机构则规模相对较小,以老年社会福利院、老年公寓、养老院、敬老院等多种形式存在;村属公办养老机构则规模最小,主要为农村"五保"老人提供救济性养老服务,散落在各行政村/自然村内。

三　根据运营主体划分

传统上,公办养老机构的运营主体和投资兴办主体是一致的,即养老机构的类型主要为公办公营。政府在逐渐转变自身职能的过程中,注意到了公办公营养老机构效率低、活力不足等方面的问题,于是开始探索将公办养老机构的所有权和运营权分离,引入专业社会力量来运营公办养老机构,为公办养老机构的发展注入活力。因此,结合养老机构的投资兴办主体,根据运营主体的不同,公办养老机构可划分为公办公营、公办民营和公建民营三类。其中,公办公营养老机构是指政府或集体组织不仅负责养老机构设施建设的资金投入和管理,还承担养老机构的人员和运行经费,养老机构按照行政化的方式来运行管理。公办民营养老机构是指政府或集体组织已经办成的养老机构,按照所有权与运营权相分离的原则,交由社会力量按照市场化的方式来运行管理[1]。公建民营养老机构是指在新建养老机构时,就按照管办分离的思路,政府只负责出资建设,建成后交由社

---

[1] 成建兰:《公办民营护理型养老机构发展困境与展望》[D],南京理工大学硕士学位论文,2014;田明:《我国养老服务"公办民营"模式研究——以北京汇晨老年公寓为例》[D],华北电力大学硕士学位论文,2013;闫青春:《养老机构的"公办民营"与"公建民营"》[J],《社会福利》2011年第1期;赵青航:《现状与规制:民办非企业单位的非营利性研究——以民办养老机构为考察对象》[J],《社团管理研究》2011年第4期。

会力量经营管理，政府依照政策法规和行业规范承担行政管理与监督职责[①]。

第四节　公办养老机构转制的概念

转制，顾名思义就是改变或转变原有制度、体制机制，由一种体制、机制和制度转向另外一种体制、机制和制度。凡是实体机构，都不可避免地要涉及所有制、管理体制和运行机制的问题，所有制决定了机构的所有权属问题，管理体制则是一个机构内部组织系统及其构建的原则与功能规定，包括机构设置、责职分工、权力分配及其相互关系等；运行机制则是一个机构为了保证实现其主要工作目标而有效运作的基本程序与手段[②]，体制可以被看作一个实体机构功能的具体静态表现，机制则是这一实体机构功能得以实现的具体规则的动态呈现[③]。管理体制和运行机制直接决定了一个机构主要工作目标的实现与否与完成程度，当机构主要工作、目标发生大的变化，而原有体制机制不能适应与满足这种变化时，就需要进行调整、完善或者改变。

我国公办养老机构长期以来以事业单位形式存在，机构所有权归国家所有，以行政管理体制和计划性运行机制为主要特点，资金主要依靠国家财政支持，人员则给予事业单位编制，在计划经济时代，公办养老机构是提供福利性、救济性养老服务的主要载体，这种管理体制与运行机制没有凸显出更多的问题。但随着社会福利社会化进程的加快，公办养老机构开始以事业单位形态进入养老服务市场，并为社会老人提供养老服务，那么受传统计划经济体制的影响，事业单位固有的政事不分、事企不分的弊端就开始显现出来，公办养老机构原有的行政管理体制与计划性的运行机制不仅不能更好地发挥政府公共服务资源的社会效益与经济效益，更在很大程度上影响了整个养老服务市场的公平与健康发展。因此，无论是作为事

[①] 李云凤：《公办民营式养老机构运营模式研究——以北京市 H 老年公寓为例》[D]，中国青年政治学院硕士学位论文，2013；闫青春：《养老机构的"公办民营"与"公建民营"》[J]，《社会福利》2011 年第 1 期。
[②] 叶澜：《深化中国高等学校内部管理体制与运行机制改革的研究报告》[J]，《教育发展研究》2000 年第 5 期。
[③] 叶澜：《深化中国高等学校内部管理体制与运行机制改革的研究报告》[J]，《教育发展研究》2000 年第 5 期。

业单位的一部分，还是养老服务事业和产业的重要组成部分，公办养老机构管理体制和运行机制的改革与转变已越来越迫切。

在我国国有企业、事业单位改革的长期过程中，关于改革的核心，有众多学者的观点，如在国有企业改革中，学者们认为改革的核心主要有两种观点，即所有权和经营权分离的两权分离观点，以及改变国有企业产权性质的产权理论。在事业单位改革中则突出一个分类改革的重点，根据不同性质与特点的事业单位实际情况，进行分类改革。这其中涉及产权制度、管理制度、财务制度、人事分配制度、社会保障制度等诸多制度的改革，其中最核心的则是事业单位的管理体制改革。在公办养老机构的改革、转制中，根据《民政部关于开展公办养老机构改革试点工作的通知》以及《关于开展以公建民营为重点的第二批公办养老机构改革试点工作的通知》中的主要文件精神，公办养老机构改革兼具了两权分离理论和产权理论的两种观点，着重推行的是以所有权和经营权相分离的公建民营形式，并稳步推进公办养老机构转企改制，鼓励有条件的地方，可以把主要提供经营性服务的公办养老机构转制为企业。另外，从各地的政策导向与实践来看，大部分地区包括北京、天津、浙江、河南、四川、山东等省份，在推进公办养老机构改革、转制的过程中，现阶段主要推进的仍然是以转变管理体制为主的改革。

因此，笔者认为，我国公办养老机构转制主要是指将原来属于国有资产的养老机构在保留国有资产产权不变或者部分产权合法转移的前提下，着重实现管理体制、运行机制和投资体制的转变，使之成为既可以保留公益性养老服务的职能，又能适应市场化发展的养老服务市场主体。

第五节　公办养老机构转制的类型

根据公办养老机构转制程度的不同，即政府在所有权、经营权上的占有程度不同，公办养老机构转制可以大致分为以下几种类型。

承包式。政府不改变公办养老机构的产权属性，并在此基础上，将公办养老机构的经营权转让给企业、社会组织或个人，政府向经营者收取承包费，对经营者进行业务指导、监督管理，机构的盈亏由经营者自负。

租赁式。政府不改变公办养老机构的产权性质，在此前提下，将公办养老机构场地、设施、设备的使用权租赁给企业、社会组织或个人，经营者自负盈亏，政府收取租赁费用，并监督租赁财产不受损失。

委托式。政府不改变公办养老机构的产权性质，在此前提下，政府将公办养老机构的经营权、资产使用权，全部或者部分地委托给企业、社会组织或个人，政府对经营者进行业务指导、监督管理，机构的盈亏由经营者自负。

股份制。政府对公办养老机构进行股份制改造，按照出资比例或者其他投入的具体比例，与民营方进行股权分享，同时对经营管理权、服务权进行相应的分配，政府与民营方风险共担、利益共享。

公私合营式。即通常所指的PPP模式，是指为了提高养老服务质量和供给的效率，政府与企业、社会组织或个人，基于利益共享、风险共担的原则，允许企业、社会组织或个人所掌握的资金、人力、技术、管理经验等资源进入养老机构的建设、管理和运营中，与政府形成长期的合作伙伴关系，并获取一定的投资回报。

转制为企业。即政府通过转移产权的形式，完全退出公办养老机构的经营与管理，公办养老机构由政府所有变为私人所有，由事业单位转制为企业。

第五章　我国养老机构发展历程与现状

养老机构是社会化养老服务的重要组成部分之一，其出现和发展有着特殊的历史意义。本章全面回顾了我国养老机构由救济性向福利性转变，由福利性向社会化、市场化转变，进而走向转制、改革的历程。同时，详细梳理了我国养老机构近年来在政策制定、规模分布、服务类型、运营状况、监督管理等方面的整体发展现状，以深入了解我国公办养老机构的发展环境以及转制背景。

第一节　我国养老机构发展历程

一　古代养老机构的发展

早在南北朝时期，我国已经有了以救助孤寡老人、儿童和病者的"孤独园"与"六疾馆"，这种慈善、救济性的组织，是我国养老机构的雏形，并在随后漫长的历史发展中，逐渐上升为国家性的制度举措。唐朝建立之后，武则天将梁武帝设立的"孤独园"更名为"悲田养病坊"，让其主要承担悲悯贫穷孤独和施舍救难的职能，国家对贫困孤独人民的救助、保障在唐朝有了明显的发展。随后，经过唐朝的推动，养老机构在宋代有了更快的发展。北宋初年即开设"福田院"，随后发展为"居养院"，南宋时期发展为"养济院"，这些不同名字的机构均以慈善性养老为主要任务，具体事务完全由政府负责管理。经元朝至明代初期，朝廷即诏令各地方府县设置"养济院"，救济、收养各地贫民，为他们提供一定程度的生活保障。清朝时期，这种慈善、救济性的机构开始逐渐增多，沿袭明朝做法，清朝在京城及各地分别设立"养济院"，赡养鳏寡孤独及残疾无依靠的人，所需银两与口粮由政府负责拨付，地方乡绅可以自由捐献银两、衣物与口粮。这种由民间捐赠的做法在康熙年间进一步发展，各地开始出现普济堂。普济堂的费用主要来源于官田及富人捐助田的地租。可见在清朝时期，这种官府和民间力量合办的养老机构已经开始出现。

二 民国期间养老机构的发展

民国时期是我国古代社会向近现代社会变迁的关键时期。这一时期"西学东渐"思潮发展迅速，在西方文化与制度的影响下，我国的社会福利与社会保障事业开始向现代社会福利制度迈进，各地均设置了养老院、救济院等福利机构，为老人、儿童、残疾人提供救济、救助服务，并且在服务内容上更加规范、丰富。如江苏省社会救济院下设养老所，不仅为老年人提供伙食、洗浴、生活照料、行为纠察服务，还为其增加"室内操作"（如手工编织等）、"室外操作"（如栽种花卉等）等服务内容[①]。1943年，为了贯彻和落实国民政府所颁布的《社会救济法》，社会部（当时全国社会行政管理的最高机关）在重庆设立直属"重庆市实验救济院"，下设安老所、助产所、育幼所、残疾教养所等分部。其中，安老所作为主要承担为老服务的部门一直保持100人左右的老年人吸纳规模，占救济院总规模的四分之一[②]。

这个时期，延续近千年的"养济院"等养老机构，开始以"养老院"、"养老所"、"安老所"等名称出现，并且随着社会的发展与西方文明的影响，不断采纳先进的救济理念与做法，在服务对象、服务内容、管理机制等方面都开始更加规范。

三 1949～1999年的养老机构发展

新中国成立后，我国的社会福利制度进一步完善，对鳏寡孤独者的救济、救助力度进一步加大，党和政府采取了一系列措施推动养老机构的发展，具体来讲，主要表现出以下几个方面的特点。

一是救济性向福利性转变，养老为主的主线开始得到确立。新中国成立初期，为了解决当时社会上流离失所人员的收容安置问题，国家建立了生产教养院，集中收住这些困难群体，并为他们提供必要的生活救济、教

---

① 林顺利：《民国时期社会养老发端与机构养老转型》[J]，《中国社会工作》2013年第168期。
② 林顺利：《民国时期社会养老发端与机构养老转型》[J]，《中国社会工作》2013年第168期。

育和劳动改造。随后，随着我国社会福利制度的建立与完善，国家开始明确将社会福利工作与社会救济工作相分离，又专设了一批残老福利院，后改名为养老院或社会福利院，集中收住无儿无女等困难老年人[①]。1979年11月，全国城市救济福利工作会议重申福利机构的工作方针是以养老服务为主要内容，同时给老年人提供必要的适度劳动、文化娱乐活动、思想教育，来保证老年人的身体和心理健康，使之安度晚年。这一原则在之后被进一步解释为"以养为主"、"供养与康复并重"，福利机构由救济型向福利型转变，由供养型向供养康复结合型转变[②]。同时期，农村敬老院开始逐渐发展起来。1956年黑龙江省拜泉县兴华乡首先办起了敬老院，随后，各地纷纷效仿。1958年年底，中国共产党八届六次全会通过的《关于人民公社若干问题的决议》中明确指出要将敬老院办好，为无依无靠的老年人提供必要的生活场所。随后，各地开始实行"以乡镇为骨干多层次办院，实现各乡镇都有敬老院，促使五保老人就近入院"的措施，直接推动了农村敬老院的快速发展。

二是社会力量扩大参与，社会福利社会化开始萌芽。改革开放后，随着国家实力的显著增强，党和政府开始积极探索一切有利于社会主义现代化建设的新观点、新方法，"社会福利社会化"这一当时发达国家已经发展成熟的社会福利观念被引入国内，并在全国开展了广泛的探索和实践。在城市地区，1984年全国城市社会福利事业单位整顿经验交流会由民政部主持召开，会议明确提出社会福利社会办的思想，提出社会福利事业要面向社会，多种层次、多种形式、多种渠道举办，由国家包办向国家、集体、个人一起办转变。1988年3月，为推进社会福利社会化进程，在总结以往经验的基础上，民政部选定13个城市进行试点，涌现出了一批新的典型。此后，各地开始积极探索社会福利社会化的形式，不同类型的养老机构开始逐渐增多。面向农村地区，1988年民政部发文《关于支持和表彰个人办敬老院的决定》（民〔1988〕农字22号），公开表彰19位创办敬老院的个人。以此为契机，社会各界积极涌入农村敬老院的建设当中，仅1994年一年就投入资金4.8亿元，新建和改扩建敬老院3900所。

[①] 李学举：《跨世纪的中国民政事业（1994~2002总卷）》[M]，北京：中国社会出版社，2002，第49~81页。

[②] 李学举：《跨世纪的中国民政事业（1994~2002总卷）》[M]，北京：中国社会出版社，2002，第49~81页。

三是老人收养限制逐步放开，服务对象日益多元。如前所述，新中国成立后至改革开放前夕，我国福利机构收住的老年人大多以城镇"三无老人"和农村五保对象为主。改革开放后，在"社会福利社会化"思潮的引领下，原有的收养限制被逐步打破，许多社会老人在缴纳一定费用后也可以进入城乡的福利机构、敬老院养老，入住率大大提升。福利机构逐步放开了收容老人的条件限制，允许孤老职工自费养老。20世纪80年代中后期这一进程大大加快，普通有需要的社会老人只要经济条件允许也可以自费入住养老机构，养老机构的服务对象开始日益多元。

四是制度规范化程度不断加深，多种专项政策纷纷出台。1996年，国家颁布了《中华人民共和国老年人权益保障法》，党和国家对老龄事业与产业的发展更加重视。特别是在社会福利社会化探索和实践过程中，出台了一系列政策，大大加快了我国养老机构的发展。民政部等相关部门相继出台了《社会福利机构管理暂行办法》、《老年人社会福利机构基本规范》、《老年人建筑设计规范》等政策文件，从软硬件方面规范了福利机构的管理，服务项目也不再局限于单一的生活保障，养老、医疗、康复护理、精神慰藉等内容逐渐融为一体。此外，民政部还发布了《农村敬老院管理暂行办法》，对敬老院的性质、资金渠道、管理主体、院务管理、财务管理、人员选用、生产经营、政策扶持等方面做出了明确规定，大大推动了农村敬老院的规范化发展。

四　2000年以来的养老机构发展

2000年是我国养老机构发展进程中具有历史性转折意义的一年。2000年2月13日，民政部联合11部委发布了《关于加快实现社会福利社会化的意见》（国办发〔2000〕19号）。此后，各部委有关养老机构发展政策的创制力度明显加强，养老机构的建设主体中社会力量的比例不断增多，养老机构的服务类型日益多元，养老机构开始迅速发展起来。

一是政策出台的频度和密度不断增强。仔细梳理2000年后中央有关养老机构发展的政策，可以明显看到党和国家对养老机构发展的重视力度不断增强，指导性文件也越来越具体。以民政部为例，十几年间相继出台了《关于加快实现社会福利社会化的意见》（国办发〔2000〕19号）、《关于支持社会力量兴办社会福利机构的意见》（民发〔2005〕170号）、《国务院关于加快发展养老服务业的若干意见》（国发〔2013〕35号）等一系列重要文件，特别是《国务院关于加快发展养老服务业的若干意见》（国发〔2013〕35号）出台之后，各部门政策创制的力度进一步加大，养老机构的发展环境日渐优化。

二是民间资本投入加大，社会力量积极投入养老机构建设。十八大提出要"积极发挥市场在资源配置中的决定性作用"，政府开始积极鼓励和引导民间资本进入养老服务领域，支持社会力量通过采取公建民营、民办公助等多种模式兴办各类养老服务设施。在此背景下，包括央企、险资、外资等在内的国内外金融机构进入养老服务领域的步伐大大加快，积极性也空前高涨。2013年出台的《养老机构设立许可办法》更明确提出，外国组织可以独资或者合资设立养老机构，国内外资本进入养老服务市场的环境日益优化，社会力量开始成为养老机构建设的重要力量。

三是公办养老机构改制正式启动，市场化运行加速。针对公办养老机构存在的职能定位不明确、运行机制不健全、发展活力不足等突出问题，国家开始大力推进公办养老机构的改制步伐，明确公办养老机构应主要定位为困难失能老年人提供"托底"服务，并不再配编制和资金，今后将逐渐转制为民营或企业。为了推进公办养老机构的转制进程，民政部专门下发了文件，要求开展公办养老机构改革转制试点工作，部分省市开始纷纷开展具体的试点工作。随着各地纷纷推进公办养老机构的改革转制工作，养老机构市场化的速度也在不断加快。

四是养老机构的类型更加多元，服务水平不断提高。2000年之后，我国的养老机构发展更加迅速，类型也更加多元，如生活照料型、康复护理型、临终关怀型、综合服务型等。同时，养老机构的服务水平相对于以前也有了很大的提高。养老机构可以根据老年人的实际需要提供相对应的养老服务，专业性的服务水平有效提升。国家对养老机构的监管力度进一步加大，很大程度上提高和保证了养老机构的服务水平与服务质量。

至此，随着社会的不断发展以及国家在社会福利制度方面的不断完善，我国养老机构由慈善、救济性开始逐渐向福利性转变，由福利性向社会化、市场化转变，并进而走向公办养老机构转制、改革的过程。在此期间，养老机构的供给主体更加多元，服务对象范围不断扩大，服务内容更趋精细化与专业化，同时养老机构的运行管理机制也开始逐渐向市场化方向迈进。

第二节 我国养老机构发展现状

20世纪80年代后，我国社会福利社会化工作进展明显，养老机构获得了较快的发展，在数量、规模、服务内容等方面都有了明显的提高。特别是"十二五"以来，政府发展养老服务业的导向更加明显，越来越多的民间资本开始投入养老服务市场，相关部门出台养老服务业扶持政策的力度进一步加大，养老机构在基础设施、人才队伍、标准规范建设方面有了进一步加强，专业化、信息化、标准化的水平也得到了明显提高。为了深入分析与了解我国养老机构的实际发展状况，本书利用全国老龄办在2014年于福州、兰州、济南、太原、长沙、武汉、昆明、天津、重庆、哈尔滨、南宁、南昌12个城市进行的养老机构专项调查，结合国家统计局、民政部等相关部门的统计公报与数据，全面分析了我国养老机构在政策体系、投资主体、发展规模、服务类型、人员队伍、标准化建设、监管体系等各方面的发展情况。

一 支持政策体系更加完善

近年来，支持养老服务发展的相关政策频繁出台、快速发展。特别是在《中华人民共和国老年人权益保障法》和《国务院关于加快发展养老服务业的若干意见》（国发〔2013〕35号）颁布与出台后，各个部门出台相关扶持政策的密度和频度持续加大，大大推动了相关政策体系的完善。特别是2013年国务院35号文下发之后，相关部门相继出台了关于养老服务评估、公办养老机构转制改革、养老服务标准化、养老机构责任保险、养老服务设施建设、养老服务人才培养等方面的专项政策，均是针对我国养老机构发展中迫切需要解决的突出现实问题。

表5-1 2012年以来我国养老机构发展主要相关法规政策

时间（年）	法规政策
2012	《中华人民共和国老年人权益保障法》（中华人民共和国主席令第72号）
2012	《民政部关于鼓励和引导民间资本进入养老服务领域的实施意见》（民发〔2012〕129号）
2013	《商务部、民政部关于香港、澳门服务提供者在内地举办营利性养老机构和残疾人机构服务有关事项的通知》（商资函〔2013〕67号）
2013	《国务院关于加快发展养老服务业的若干意见》（国发〔2013〕35号）

续表

时间（年）	法规政策
2013	《国务院关于促进健康服务业发展的若干意见》(国发〔2013〕40号)
2013	《养老机构设立许可办法》(中华人民共和国民政部令第48号)
2013	《养老机构管理办法》(中华人民共和国民政部令第49号)
2013	《民政部关于推进养老服务评估工作的指导意见》(民发〔2013〕127号)
2013	《民政部关于开展公办养老机构改革试点工作的通知》(民函〔2013〕369号)
2013	《民政部办公厅、发展改革委办公厅关于开展养老服务业综合改革试点工作的通知》(民办发〔2013〕23号)
2013	《民政部关于建立养老服务协作与对口支援机制的意见》(民发〔2013〕207号)
2014	《民政部等部门关于加强养老服务标准化工作的指导意见》(民发〔2014〕17号)
2014	《住房城乡建设部等部门关于加强养老服务设施规划建设工作的通知》(建标〔2014〕23号)
2014	《民政部等部门关于推进养老机构责任保险工作的指导意见》(民发〔2014〕47号)
2014	《民政部等部门关于推进城镇养老服务设施建设工作的通知》(民发〔2014〕116号)
2014	《教育部等九部门关于加快推进养老服务业人才培养的意见》(教职成〔2014〕5号)
2014	《民政部办公厅、发展改革委办公厅关于做好养老服务业综合改革试点工作的通知》(民办发〔2014〕24号)
2014	《财政部、民政部等四部门关于做好政府购买养老服务工作的通知》(财社〔2014〕105号)
2014	《财政部、国家发展改革委关于减免养老和医疗机构行政事业性收费有关问题的通知》(民办发〔2014〕24号)
2014	《商务部、民政部关于鼓励外国投资者在华设立营利性养老机构从事养老服务的公告》(商务部、民政部公告2014年第81号)
2014	《教育部、民政部、国家卫生计生委关于遴选全国职业院校养老服务类示范专业点的通知》(教职成厅函〔2014〕50号)
2015	《民政部等部门关于鼓励民间资本参与养老服务业发展的实施意见》(民发〔2015〕33号)
2015	《国家发展改革委、民政部关于规范养老机构服务收费管理促进养老服务业健康发展的指导意见》(发改价格〔2015〕129号)
2015	《民政部、国家开发银行关于开发性金融支持社会养老服务体系建设的实施意见》(民发〔2015〕78号)
2015	《卫生计生委等部门关于推进医疗卫生与养老服务相结合的指导意见》(国办发〔2015〕84号)
2016	《人民银行、民政部、银监会、证监会、保监会关于金融支持养老服务业加快发展的指导意见》(银发〔2016〕65号)
2016	《民政部、卫生计生委关于做好医养结合服务机构许可工作的通知》(民发〔2016〕52号)
2016	《民政部、发展改革委、教育部等关于支持整合改造闲置社会资源发展养老服务的通知》(民发〔2016〕179号)
2017	《国务院办公厅关于全面放开养老服务市场提升养老服务质量的若干意见》(国办发〔2016〕91号)

此外，为了进一步加强养老机构抵抗意外的风险保障，以及提高老年人的服务购买能力，地方政府开始进一步完善相关补贴制度，包括针对老年人的养老服务补贴、针对高龄老年人的高龄津贴、针对养老机构的养老服务机构保险等制度。同时，北京、山东等省市也开始积极探索长期护理保险制度。这些制度的逐步建立与完善，不仅提高了老年人的购买力，也很好地保障和促进了养老机构的健康发展。

一是高龄补贴的覆盖面逐步扩展。2014年，民政部、财政部、全国老龄办等部门联合下发了《关于建立健全经济困难的高龄、失能等老年人补贴制度的通知》（财社〔2014〕113号），旨在进一步推动各地高龄、失能老年人的养老服务补贴制度。目前来看，各地高龄老人的补贴水平大致在每月100～500元不等，一定程度上提高了高龄老人的生活水平，也提高了他们购买养老服务的能力和水平。

二是积极探索长期护理保险制度。根据国内外的经验，建立长期护理保险制度是提高老年人服务购买能力、推动养老服务业发展的关键因素。但从目前我国的国情来看，从国家层面建立长期护理保险制度还面临着许多现实问题。但地方已经开始积极探索，如青岛市在2012年就率先在国内实施长期医疗护理保险制度，并出台了具体的意见，明确规定了长期护理保险制度相关的具体内容，包括制度对象、护理保险资金的来源、如何支付、支付标准以及范围等。此外，上海、北京等地也开始探索长期护理保险制度。

三是不断完善养老服务补贴制度。目前，浙江、上海、北京大部分省市已经建立起各种类型的养老服务补贴制度，如针对困难老人的养老服务补贴制度，针对入住机构老年人的养老服务补贴制度，针对接受居家养老服务的补贴制度等。

四是加快推进养老机构责任保险制度。民政部于2013年专门出台文件推进实施养老机构的责任保险制度，明确指出要积极鼓励与支持养老机构购买养老机构责任保险。2014年，中国保监会、民政部、全国老龄办等又联合下发文件推进养老机构责任保险工作。此后，各地开始积极推动养老机构责任保险工作，如北京、江苏、安徽、湖北等地，都开始出台专项文件，采取政府补贴等多种形式，鼓励与引导养老机构购买责任保险，以保障养老机构入住老年人的切身权益，保证养老机构的健康运转。

表 5-2　养老机构综合责任保险实施情况

省份	颁布时间（年）	缴费标准（元/床·年）	保费缴纳 政府补贴来源及比例	保费缴纳 机构缴费比例	最高赔付金额
北京	2012	198	财政补贴80%	20%	500万元/年
上海	2008	120	财政补贴2/3	1/3	600万元/年
苏州	2010	100	财政补贴40% 福彩公益金40%	20%	300万元/年
无锡	2012	100	福彩公益金70%	30%	50万元/事故
浙江	2011	30~66	—	100%	30万元/人
安徽	2014	40	财政补贴50%	50%	20万元/床

二　投资养老机构的主体逐渐多元

根据养老机构的投资主体来划分，我国养老机构可以划分为两类，一类是公办的养老机构，一类是民办的养老机构。公办养老机构一般由政府或者集体组织投资建设，民办养老机构则一般由企业、社会组织或者个人投资建设。从目前的整体状况来看，养老机构的投资主体、建设主体和运营主体正由政府主导逐渐过渡到企业、社会组织等多元主体共同投资建设的局面。并且，民办养老机构的数量和规模正在不断增大。

（一）政府投入资金逐渐增多

近年来，政府对养老机构的财政支持力度越来越大。如国家发改委于2012年投入30多亿元建设养老服务体系的基础设施，民政部则投入5000多万元彩票公益金加强农村养老服务的基础设施建设。此外，中央财政还在2014年专门下拨24亿元用于支持养老服务产业在山东、吉林等地的试点建设。各地也纷纷给予养老机构以建设补贴与运营补贴，通过加大政府财政支持力度来加强养老服务体系的建设。

此外，政府对养老服务体系基础设施建设的投资总额也在逐年提高。民政部要求，每年民政部和地方留存的福利彩票公益金中用于养老服务体系基础设施建设的比例不应低于一半。据此推算，彩票公益金中至少有26.25%的比例要用于养老服务体系的基础设施建设。

表 5-3　各地养老服务机构床位建设补贴情况

省份	年度	建设补贴（元/床）	省份	年度	建设补贴（元/床）
北　京	2011	8000～16000	河　南	2011	1500～3000
天　津	2011	10000	湖　北	2012	500～1000
河　北	2010	3000	湖　南	2011	3000
山　西	2012	1000	广　东	2011	2000～3000
内蒙古	2011	5000～9000	广　西	2012	1000～3000
辽　宁	2012	6000～7000	海　南	2012	2500
吉　林	2011	2000	重　庆	2012	2000～4000
黑龙江	2011	1000	四　川	2011	10000
上　海	2011	10000	云　南	2011	1000
江　苏	2012	3000～10000	陕　西	2011	2000～3000
浙　江	2011	1000～6000	甘　肃	2012	5000
安　徽	2012	1200～5000	青　海	2010	5000
福　建	2012	2500～5000	宁　夏	2012	5000
江　西	2011	2000	新　疆	2011	1000
山　东	2011	2000～5000			

资料来源：各地民政部门网站。

（二）市场投资积极性日益提高

"十二五"以来，在国家政策和地方政策的积极鼓励下，民间资本投入养老服务市场的积极性不断增强。北京、上海、广东等地，都开始出台具体的政策，包括用地优惠、水电气优惠、划拨形式供应用地，鼓励和扶持国内外资本投入等。

在吸引国外资本和企业投入养老服务市场方面，政策引导和扶持的力度也在不断增大。如民政部出台的《养老机构设立许可办法》中，明确规定外国组织可以通过独资或者通过合资的形式设立养老服务机构。广东、上海等地也专门出台了相关政策，鼓励包括港澳台在内的国内外资本进入养老、医疗、教育、社会福利等相关领域。在这些政策的鼓励下，许多国外的养老服务企业也已经涉足中国的养老服务市场。此外，金融机构对养老服务产业发展的支持力度也逐渐增大，从 2012 年起，国家开发银行每年提供 150 亿元左右的信贷支持养老服务产业的发展，一定程度上支持和鼓励了民间资本投入养老服务产业的积极性。

（三）个人和社会力量投资增多

此外，社会力量和个人投资建设、运营养老机构的数量也越来越多。特别是在城市地区，老年人养老服务的需求较多，特别是一些小型的养老服务机构，很多都是由个人投资开办。这些养老机构多分布在城市市区，虽然规模小，设施比较简陋，但符合大多数中低收入老年人的现实需求，因此市场需求也非常大。

三 养老机构规模不断扩大

根据相关数据统计，2015年底我国各类养老服务机构的床位数总量已经达到672.7万张，每一千名60岁及以上老年人所对应的床位数已达到30.3张。与1991年相比，2009年我国各类养老服务机构的床位数总量仅仅提高了约200万张，但在2010～2015年的这5年，我国各类养老服务机构的床位数总量就增加了357万余张，超过了2011年各类养老服务机构的床位数总量。

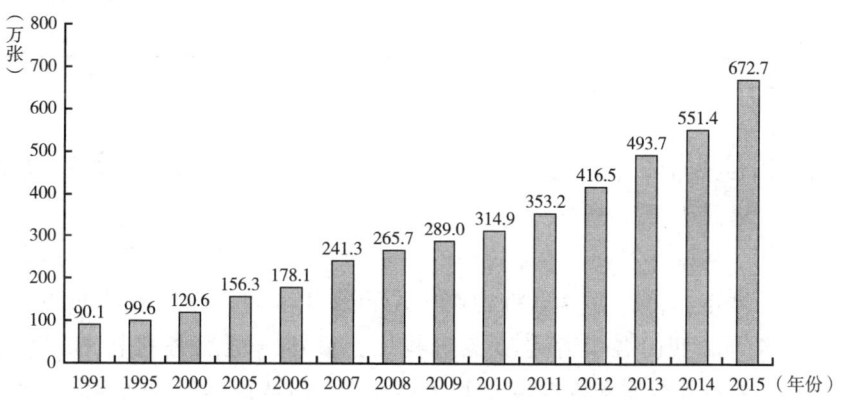

图5-1 1991～2015年中国养老服务床位数增长状况

从平均规模来看，2013年，全国各类养老服务机构的平均床位数为102张；其中北京市的平均规模最大，为284张；其次为上海市的177张；西藏自治区的平均规模最小，仅为29张。

从不同地域养老机构的数量分布来看，中部和东部地区的机构数量普遍较多。以2013年第3季度的数据为例，四川省的养老机构数量最多，为3165个；其次为湖南省，为2808个。宁夏和青海省的养老机构数量较少，

表 5-4　2013 年中国养老机构地区发展情况

地区	机构数量（个）	平均床位（张）	地区	机构数量（个）	平均床位（张）
全 国	42459	102	河 南	2763	101
北 京	416	284	湖 北	2436	100
天 津	320	126	湖 南	2808	59
河 北	2098	95	广 东	2386	63
山 西	843	78	广 西	1455	83
内蒙古	698	106	海 南	239	62
辽 宁	1441	122	重 庆	2212	55
吉 林	810	95	四 川	3165	110
黑龙江	587	175	贵 州	1209	45
上 海	632	177	云 南	766	82
江 苏	2643	166	西 藏	250	29
浙 江	1995	134	陕 西	886	96
安 徽	2388	113	甘 肃	767	71
福 建	1107	59	青 海	152	56
江 西	1914	82	宁 夏	71	122
山 东	2395	168	新 疆	607	72

资料来源：中华人民共和国民政部网站。

分别为 71 个和 152 个。此外，从民办养老机构的数量分布情况来看，东部地区也普遍高于西部地区。

另外，从城市和农村养老机构的数量分布来看，农村养老机构的数量普遍高于城市，但民办养老机构则是城市多于农村。据民政部的相关数据，2011 年，我国各类养老服务机构中，城市养老服务机构的占比为 14.9%，农村养老服务机构的占比为 85.1%。但从民办养老机构的整体状况来看，城市多于农村的情况却非常普遍，反映了城市老年人养老服务需求更多，养老服务业发展更快的情况。

四　养老机构服务类型更加丰富

从养老机构的服务内容和主要服务类型来看，主要分为四个类型，一类是以日常生活照料为主，一类是以康复护理为主，一类是以临终关怀为主，但大部分是以综合型的服务为主。由于康复、护理、临终照护类服务的专业技术要求较高，需要医生、护士、护理人员、营养师、康复师、社

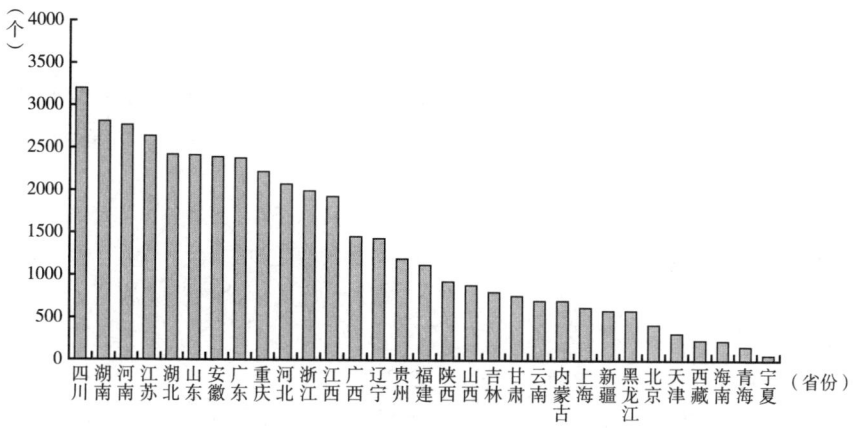

图 5-2 中国养老机构地区发展情况（2013 年第三季度）

资料来源：中华人民共和国民政部网站。

会工作人员以及心理咨询等多种人才，因此相对数量较少。从目前的整体情况来看，养老机构仍以提供生活照料和综合性服务为主，粗放有余，专业化和精细化服务较少。

从养老机构的服务内容来看，饮食、生活照料、康复护理、医疗、保健以及精神文化活动是主要的服务内容，从调查数据的情况来看，饮食、生活照料和文化娱乐活动是养老机构提供的主要服务。提供医疗保健、康复护理和陪同就医服务的被访养老机构的比例超过一半，分别为 54.9%、59.6% 和 51.4%；提供心理慰藉和临终关怀服务的被访养老机构比例为

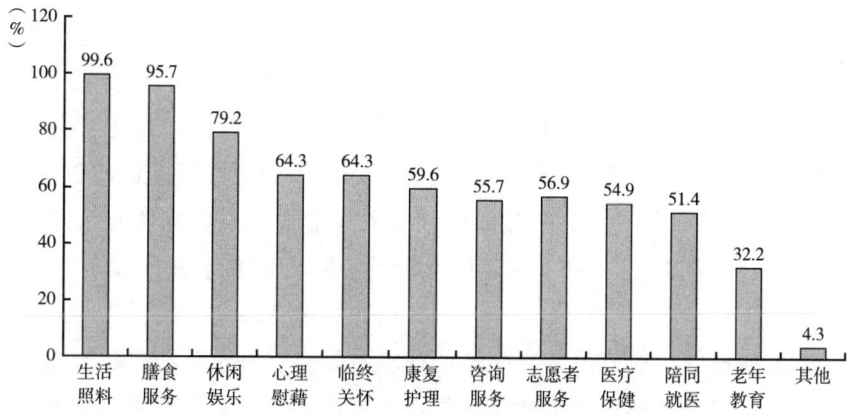

图 5-3 被调查养老机构的主要服务项目情况

64.3%；提供咨询和志愿者服务的被访养老机构比例分别为 55.7% 和 56.9%；提供老年文化教育服务的被访养老机构数量较少，仅占 32.2%。从总体情况来看，被访养老机构的服务内容主要以基本的日常生活照料、医疗保健、康复护理和文化娱乐活动为主，提供个人发展层次方面的服务比较少。

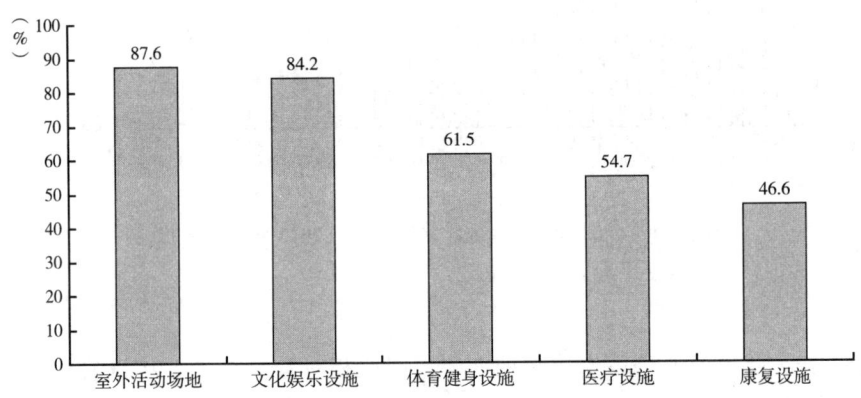

图 5-4 被调查养老机构的服务设施情况

五 养老机构基础设施逐步加强

老年人居室、医疗保健设施、康复设施、文化娱乐设施以及室外活动场地是养老机构普遍的基础设施。从数据分析情况来看，设置有文化娱乐设施和室外活动场地的被访养老机构的比例分别为 84.2% 和 87.6%，设置有体育设施的被访养老机构的比例为 61.5%。配置有医疗设施和康复设施的被访养老机构的比例比较低，仅为 54.7% 和 46.6%，接近一半的养老机构没有设置医疗设施和康复设施。与公办养老机构相比，民非养老机构和民办营利性养老机构中，配置康复设施和医疗设施的比例更低，仅有 50% 的民办营利养老机构和 51.9% 的民非养老机构配置有医疗设施和康复设施，明显低于公办养老机构配置有医疗设施和康复设施的比例（68.8%）。

从配置医疗、康复设备的情况来看，大部分被访养老机构都配置有吸氧机和消毒设备，所占的比例分别为 70.9% 和 75.4%，配置吸痰器的被访养老机构的比例为 54.2%，但配置呼吸机、心电图机和 B 超机的机构比

表 5-5 被调查养老机构的服务设施情况

单位：%

设施类型	公办机构	民非机构	民办营利机构
医疗设施	68.8	51.9	50.0
康复设施	68.8	51.9	50.0
体育健身设施	54.2	44.4	50.0
文化娱乐设施	75.0	58.1	50.0
室外活动场地	81.3	85.0	75.0

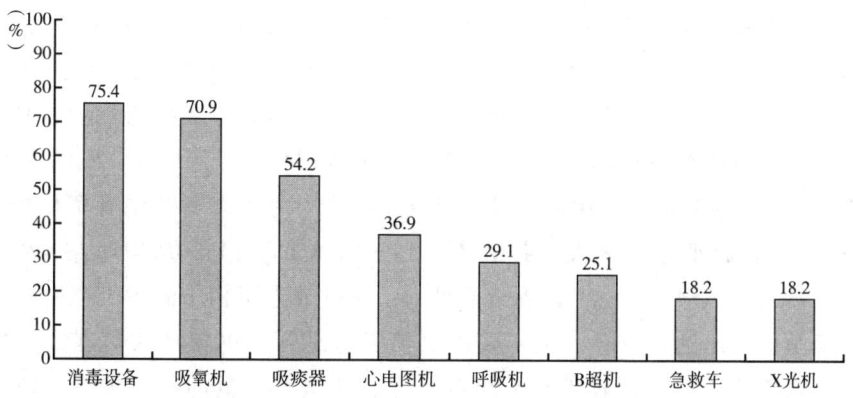

图 5-5 被调查养老机构的医疗设备情况

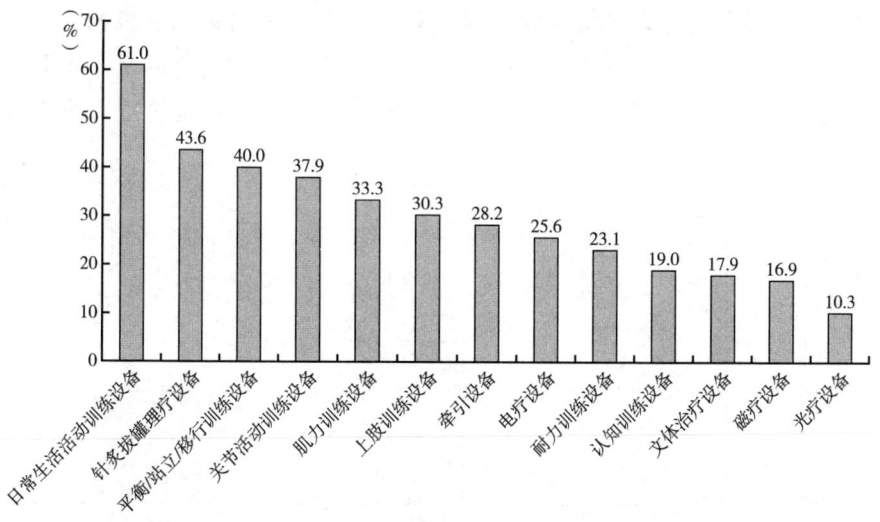

图 5-6 被调查养老机构的康复设备情况

例较低。另外，从康复设备的配置情况来看，被访养老机构主要以日常活动训练设施为主，为61%。40%的被访养老机构配置有平衡/站立/移行设备；43.6%的被访养老机构配置有简单的理疗康复设备；其他配置诸如上肢训练设备、认知训练设备的被访养老机构比例较小，均不足三分之一。这在一定程度上说明在我国的养老机构发展中，专业型的康复护理型的养老机构比例较少，并且康复护理水平还相对较低。

六 养老机构人员队伍不断发展

随着我国养老机构的发展，养老机构从业人员的岗位构成更加完善，护理员、医生、护士、营养师、社会工作者、心理咨询师等专业人员队伍不断充实，并且从业人员的专业学历和资质水平也在不断提高。从数据分析来看，被调查的养老机构的平均工作人员为34人（其中有资质的为18人），医生为3人（其中有资质的3人），护士为4人（其中有资质的4人），养老护理员为18人（其中有资质的12人）。另外，从护理人员和医护人员的学历水平来看，调查结果显示：民办养老机构中的护士中中专或以下学历的比例为70%，大专及以上学历的比例为30%。从护理人员的收入水平来看，整体收入水平相对较低。从从业人员的收入来看，被访养老机构中养老护理员的月平均收入为2332元，医护人员的月平均收入为2437元，管理人员的月平均收入为2693元。与公办养老机构相比，民非、民办营利养老机构的收入水平相对较高。被调查养老机构中，公办养老机构养老护理员的月平均收入为2189元，医护人员的月平均收入为2440元，管理人员的月平均收入为2600元；民非机构管理人员平均

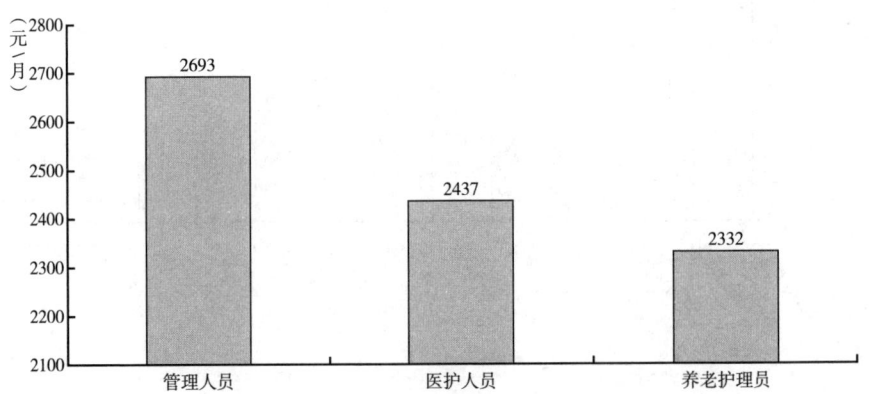

图5-7 被调查养老机构工作人员收入情况

工资为 2676 元，医护人员为 2362 元，养老护理员为 2365 元；民办营利机构管理人员平均工资为 2953 元，医护人员为 2371 元，养老护理员为 2461 元。

表 5-6　被调查养老机构工作人员的收入情况

单位：元/月

	管理人员	医护人员	养老护理员
公办机构	2600	2440	2189
民非机构	2676	2362	2365
民办营利机构	2953	2371	2461

七　养老机构标准化建设的步伐不断加快

随着我国养老机构的快速发展，养老机构的规范化、标准化建设亦随之加强。围绕养老机构的硬件设施建设、服务内容与标准、老年人健康与能力评估等方面，国家和地方出台了一系列的标准文件。

2014 年 1 月，质检总局等部委联合下发了《关于加强养老服务标准化工作的指导意见》，从确立养老服务标准化建设工作格局、构建养老服务标准体系、推进标准化试点示范工作和专业人才队伍建设等方面提出了 2020 年前的总体目标。截至目前，已有的国家标准包括《养老机构基本规范》（GB/T 29353-2012）、《养老机构安全管理》（MZ/T 032-2012）和《老年人能力评估》（MZ/T 001-2013）等；地方标准如北京市颁布的《养老机构老年人健康评估规范》、《养老机构星级划分与评定》，上海市颁布的《老年照护等级评估要求》（DB31/T 684-2013）和《养老机构设施与服务要求》（DB31/T 685-2013）等。另外，经国家标准委立项，北京市、四川省成华区、广东省中山市、江苏省启东市等地先后启动了国家级养老服务业标准化试点项目。其中北京市四季青镇敬老院在试点建设中建立了养老服务机构宏观指导、运营管理和具体操作三个层面的标准体系，包括 17 项指导性文件、145 项标准及 49 个岗位的手册，为养老机构的服务和管理提供了切实可行的指导。四川省成都市成华区养老服务业标准化试点项目在推进过程中，共计施行相关的养老服务标准多达 57 个，一定程度上推动了养老服务标准化的进程。

八　养老机构监督管理不断加强

民政部门是我国养老机构设立许可的主管部门。2013年，民政部出台了《养老机构设立许可办法》（以下简称《办法》），规定"国务院民政部门负责全国养老机构设立许可工作。县级以上地方人民政府民政部门负责本行政区域内养老机构设立许可工作"。该《办法》从设立许可的角度，对养老机构的许可机关、设立条件、设立许可的申请条件、不同主体对许可行为的监督检查、许可机关和养老机构违法行为的法律责任等做了具体规定。

在登记注册方面，根据《办法》的规定，国外、港澳台地区和大陆地区的个人、组织都可以通过合资、独资或合作的形式，申请成立养老服务机构，其中，对于非营利性养老机构，要在民政部门进行登记注册；对于营利性养老机构，则既需要商务主管部门的审批，也需要到民政主管部门申请"养老机构设立许可证"，并按照相关部门的要求进行工商注册。

对于老年人的健康评估，目前我国最权威的是民政部于2013年出台的行业标准《老年人能力评估》（MZ/T 039—2013）。该评估办法通过日常生活活动、精神状态、感知觉与沟通、社会参与4个一级指标和22个二级指标，将老年人划分为"能力完好"、"轻度失能"、"中度失能"、"重度失能"4个等级。各地可据此并结合地方实际，对老年人实行能力评估与分类服务。

在对养老机构的监督管理方面，实施多部门联合监管的方式。其中，民政部门对养老机构的设立许可、业务指导、监督管理主要负责，消防、卫生、工商部门则分别从不同部门的职能角度对养老机构进行监督和管理。2013年，民政部下发了《养老机构管理办法》，明确规定了我国养老机构的养老服务范围、相关服务标准、服务协议内容、服务项目内容及服务要求、机构内的规章制度等，民政部门要对养老机构进行适时检查，既可以通过书面检查的形式，也可以通过实地查验的形式。同时规定，每年的3月31日之前是养老机构向民政部门提交年度工作报告的时限。此外，养老机构内设置医疗机构的，还应该根据卫生部门的规定，取得相关执业许可证，并在卫生、财务、消防等方面符合相关部门的设施、设备要求和管理要求。

第三节　主要结论与评议

自 2000 年我国推进社会福利社会化进程之后，伴随着我国人口老龄化水平的提高和老年人口规模的迅速扩大，老年人的各种养老服务需求日益加大，极大地促进了养老机构的发展。特别是在"十二五"期间，国家相继出台了一系列鼓励与支持养老服务事业和产业发展的政策文件，国内外资本对中国养老服务市场的关注与热情不断增加，各种不同功能与类型的养老服务机构都得到了发展，在养老机构的基础设施、人员队伍、服务内容、服务规范、服务标准、服务水平、服务质量等方面都有了很快的发展，养老机构的规模化、规范化、专业化有了明显的提高。国家对于养老机构的发展思路与政策导向更加明确，政策出台频度和力度不断提高，监督管理的力度不断加大，市场化发展力度不断增大，养老机构的发展越来越快。

但就总体发展情况来看，一些现实性的问题也日益凸显：一是相关的扶持政策还不完善。一些影响养老机构发展的重要政策，如投融资政策、用地政策、医养结合政策等，都尚不完善。另外，相关政策的可针对性、可操作性较低，政策落实力度相对较差。二是市场化发展的力度还不充分，公办与民办双轨制的现状仍然存在。养老服务市场的市场化水平较低，产业规模尚未形成，品牌化的企业较少，服务内容的细分程度不足，中端养老机构的数量不足，中低收入水平的老年群体服务需求还不能得到很好的满足。另外，公办养老机构和民办养老机构双轨制运行，也在一定程度上影响了养老服务市场的健康发展。三是养老机构的基础设施建设滞后，养老服务的整体水平不高。部分养老机构，特别是很多民办养老机构，普遍存在着设施不足、简陋、设备配置较低等问题，消防与安全隐患较大。四是养老服务人才队伍整体建设滞后，养老服务的专业人才匮乏，养老服务人才队伍总量不足、专业水平较低、流动较大等问题也比较突出。社会工作、营养、医疗、护理、心理等方面的人才不足，很大程度上制约了养老服务机构服务质量的提高。五是老年人养老服务的有效需求不足，老年人的消费意愿、消费能力普遍不强。

特别是在养老机构的管理体制和运行机制方面，还存在着公办养老机构和民办养老机构"双轨制"并存的状况。一方面，公办养老机构在服务对象、服务职能等方面存在错位问题，从公办养老机构的职能定位来讲，本应是收住政府保障对象，如三无、五保、低收入的高龄、失能老年人，但从目前的状况来看，许多公办养老机构都收住了一些身体健康、低龄或者经济收入较高的老年人，并且在基础设施、人员队伍、服务水平等方面都远远超出了基本需求的范围。此外，公办养老机构还在土地、房屋、人员、设施、投资等方面享受政府的资源优势，造成了与民办养老机构在市场上的不平等竞争，直接影响了公共养老服务资源有效发挥经济效益和社会效益，是目前养老服务市场发展中的主要矛盾。

第六章 我国公办养老机构发展的对比分析

为了进一步分析不同类型养老机构的发展状况，本章利用全国老龄办于2014年在太原、南宁、天津、长沙、兰州、哈尔滨、武汉、重庆、南昌、昆明、福州、济南12个城市进行的养老机构专题问卷调查进行了对比分析。同时还利用国务院办公厅在福建、江西、安徽、贵州、山西、天津等10个省市进行的"养老服务业发展政策落实情况督查"调查数据，对目前养老机构在发展政策方面的需求情况进行了分析。以便对目前各类养老机构的实际发展情况有一个更加具象的了解，并对公办养老机构的发展现状及转制背景有一个更加客观的认识。

第一节 被访养老机构的基本情况

一 数量及构成情况

此次调查共回收有效问卷257份，其中：公办养老机构共52个，占20.2%；民非养老机构181个，占70.4%；民办营利养老机构共17个，占6.6%，其他类型养老机构7个，占2.7%。

从成立时间来看，绝大部分（83.0%）的被访养老机构都成立于2000年之后。2000年，我国步入人口老龄化社会，国家正式出台了社会福利社会化的政策，机构养老服务开始迅速发展。2000年以前，我国养老机构以公办为主体，民非养老机构所占的比例比较低；2000年之后，被访养老机构中，民间资本投资建设举办的养老机构比例不断提高。以此次调查为例，1949~1989年和1990~1999年成立的养老机构分别仅占7.5%和9.5%，2000年之后成立的养老机构所占比例高达83.0%。从结构来看，被访养老机构中民非养老机构所占的比例逐渐提高。1989年以前民非养老机构所占的比例在被访养老机构中仅为11.1%；到了1990~1999年，民

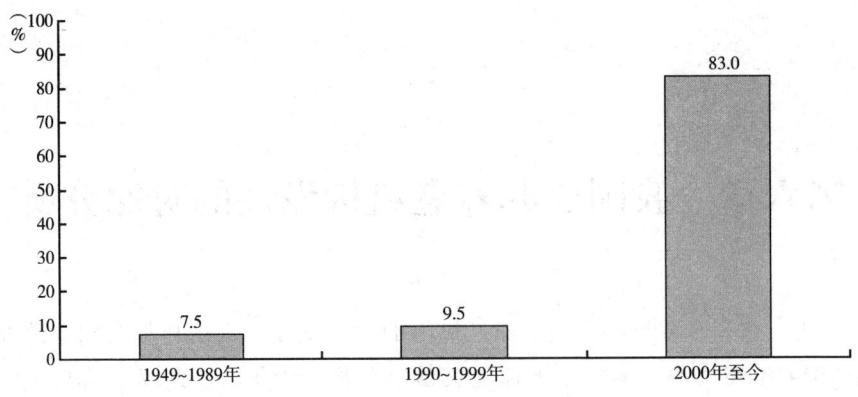

图 6-1 被调查养老机构成立时间

非养老机构在总的被访养老机构中所占据的比例提高到了 69.6%；此后，在 2000 年以后成立的被访养老机构中，民非养老机构在总的被访养老机构中所占据的比例进一步提高到 76.4%。与此同时，公办养老机构所占的比例逐渐降低。1989 年之前，公办养老机构在总的被访养老机构中所占的比例为 77.8%；1990~1999 年，公办养老机构在总的被访养老机构中所占的比例下降到了 30.4%；而在 2000 年以后，公办养老机构在总的被访养老机构中所占的比例已经下降到了 13.8%。

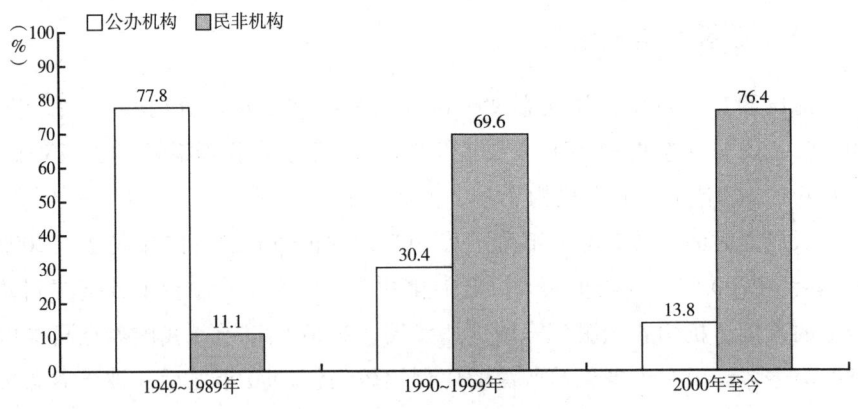

图 6-2 被调查养老机构成立时间

二 规模及服务类型情况

一般地，我们把养老床位的数量作为养老机构规模的衡量标准之一。

从此次调查结果来看，大部分养老机构规模较大，床位数在 100 张以上的将近七成。其中，仅有 12.4% 的被调查养老机构床位数在 0～49 张，23.6% 的被调查养老机构床位数在 50～99 张，100～199 张床位的被调查养老机构所占比例为 38.4%，200 张以上床位数的被调查养老机构所占比例为 25.6%。100 张以上床位数的养老机构所占的比例高达 64%。

从不同类型养老机构的规模来看，民办养老机构的平均规模明显小于公办养老机构，民办营利养老机构与民非养老机构的平均床位数差异不大。调查数据显示，被调查养老机构中公办养老机构平均床位数为 245 张，民非养老机构平均床位数为 177 张，民办营利养老机构平均床位数为 164 张。

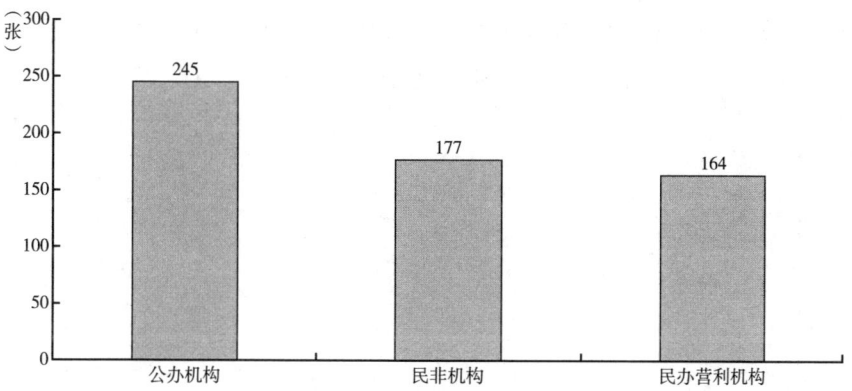

图 6-3　被调查养老机构床位数量

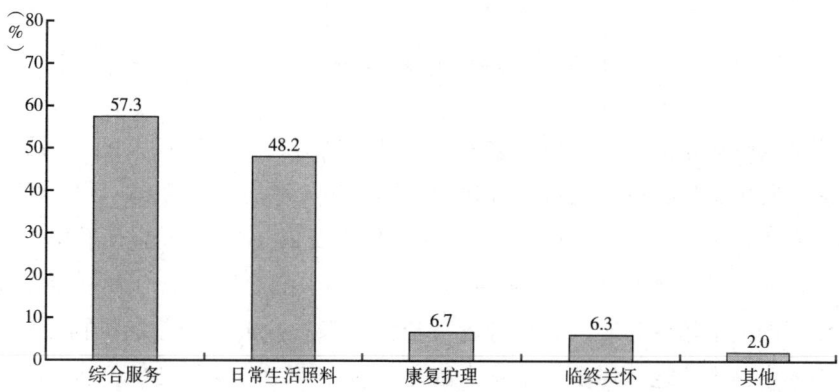

图 6-4　被调查养老机构的主要服务类型

从服务类型来看，日常生活照料和综合服务是被调查养老机构提供相对较多的服务内容，被访养老机构中提供康复护理、临终关怀等专业化服务的比例相对较少。调查数据显示，被调查养老机构中，提供日常生活照料的养老机构所占的比例为 48.2%，提供综合服务的养老机构所占比例为 57.3%，提供康复护理和临终关怀服务的养老机构仅分别占 6.7% 和 6.3%。

三 入住老年人情况

从调查结果来看，被调查养老机构的入住率整体情况良好。39.2% 的被调查养老机构入住率在 90% 及以上，27.8% 的被调查养老机构入住率在 70%~89%，17.6% 的被调查养老机构入住率在 50%~69%，入住率不足一半（0~49%）的被调查养老机构所占的比例只有 15.4%。

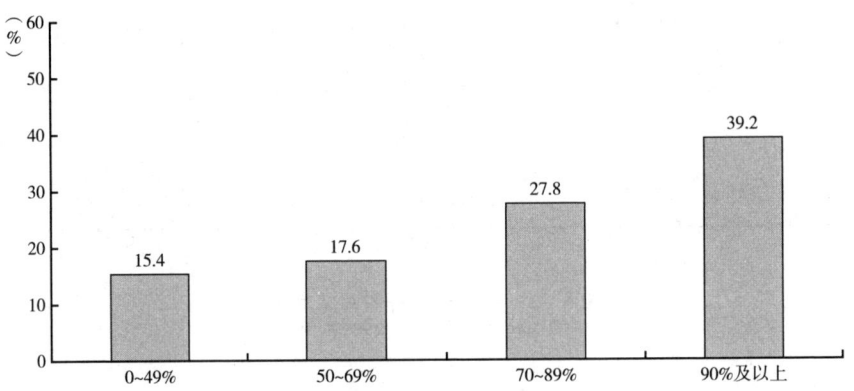

图 6-5 被调查养老机构的入住状况

从入住老年人的具体情况来看，女性、高龄、失能老年人的平均数量最多。其中，被调查养老机构入住的女性老年人平均数量为 67 人，男性老年人平均数量为 56 人。入住老年人中 80 岁及以上的高龄老人平均为 52 人，70~79 岁的老年人平均为 44 人，60~69 岁的老年人平均为 19 人，60 岁以下的人平均仅为 8 人。从身体自理情况来看，被调查养老机构接收的老年人中：失能老人居多，平均人数为 47 人；其次是自理老人，平均人数为 44 人；最后是半失能老人，平均人数为 33 人。

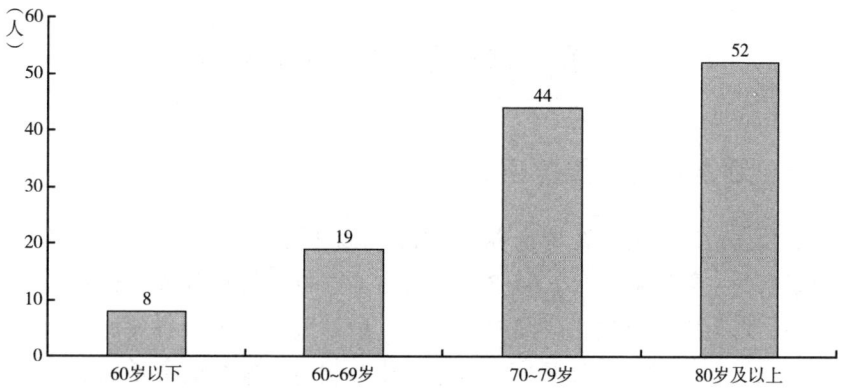

图6-6 被调查养老机构分年龄入住老年人的平均情况

四 排队及轮候情况

从入住老人排队及轮候的情况来看，公办养老机构床位供不应求的情况更普遍。此次调查数据显示，29.7%的被访养老机构需要排队等候才能入住。其中，51.1%的公办养老机构、22.1%的民非机构、37.5%的民办营利机构存在这一现象。从排队等候的平均人数看，公办养老机构排队等候的平均人数较多。调查显示，被调查养老机构中，公办养老机构需要排队等候的平均人数为84人，民非养老机构为66人，民办营利机构需要排队等候的平均人数最少，仅为25人。由于公办养老机构特别是城区的公办养老机构，价格较低，服务设施和条件较好，并且有政府背景，老年人普遍信任并愿意入住公办养老机构，因此排队等候的人数更多，床位更加紧张。

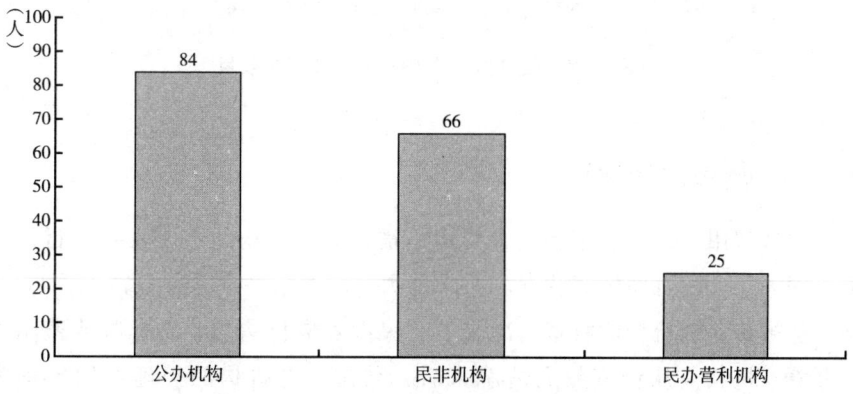

图6-7 被调查养老机构的排队等候人数

第二节 服务项目及收费情况

一 服务内容和服务项目

从数据情况来看,被调查养老机构主要以提供生活照料、膳食服务、休闲娱乐为主要服务项目。64.3%的被访养老机构提供临终关怀和心理慰藉服务,提供医疗保健、陪同就医、康复护理服务的被调查养老机构分别占54.9%、51.4%、59.6%。提供志愿服务和咨询服务的被访养老机构比例也超过一半,分别为56.9%和55.7%。但提供老年教育服务的被访养老机构比例较低,不足三分之一(32.2%)。总体来看,生活照料、膳食服务、医疗保健、康复护理和休闲娱乐服务等是被访养老机构的主要服务内容,老年教育等个人层次方面的服务提供较少。

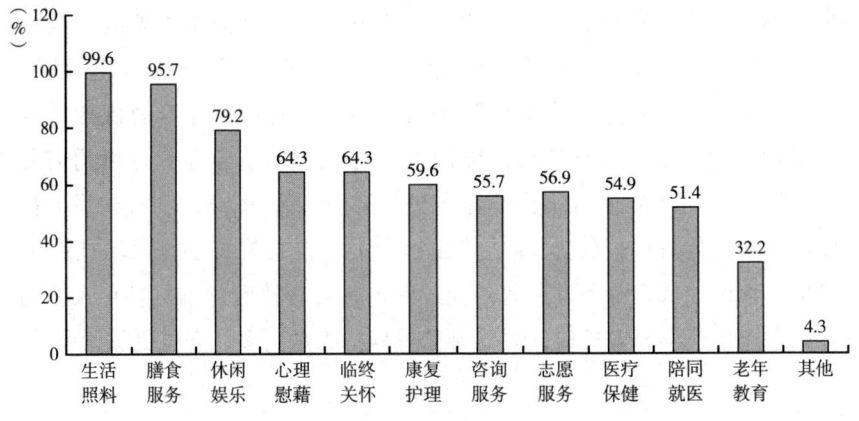

图6-8 被调查养老机构的主要服务项目

二 服务价格情况

护理费用、床位费用和饮食费用是被访养老机构的主要收费项目,根据不同老年人的身体健康状况和自理能力,收费水平也略有差异。

从被访养老机构的收费情况来看,民办养老机构的收费标准普遍高于公办养老机构。从调查数据情况来看,被访养老机构的护理费用平均为743元/月,床位费用平均为883元/月,餐费平均为510元/月。被访养老机构每个月的平均收费标准为2134元，其中，被访的公办养老机构、民非养老机构、民办营利养老机构的月平均收费标准分别为1919元、2201元、2133元，公办养老机构的收费标准最低。目前我国各地企业养老金水平大多在2000元左右，与养老机构的平均收费大致相当，但与老年人的实际收入以及生活、医疗费用等开支情况来比，对普通老年人特别是失能老年人来讲，入住养老机构还是一笔不小的开支。

另外，从被调查养老机构的收费标准来看，公办养老机构的收费标准明显低于其他类型养老机构。如床位费收入水平，民非养老机构平均每月为939元，民办营利养老机构平均每月为846元，公办养老机构平均每月为731元；餐费方面，民非养老机构平均每月为524元，民办营利养老机构平均每月为537元，明显高于公办养老机构的餐费水平（467元）。由于我国公办养老机构不能自主定价，收费标准大多由物价局统一定价，尽管随着社会福利社会化进程的加快，公办养老机构的收住对象开始逐步扩大到社会老人，但价格制定还不是市场机制，价格标准并不体现成本和效益，并不利于养老服务市场的健康发展。

表6-1 被调查养老机构的服务项目收费情况

单位：元/月

项目	总体情况	公办机构	民非机构	民办营利机构
床位费	883	731	939	846
护理费	743	766	722	711
餐费	510	467	524	537
平均	2134	1919	2201	2133

第三节 基础设施及设备情况

一 土地来源形式

从被调查的养老机构来看，一半以上的（58.7%）的养老机构是通过租赁的形式来获取土地使用权的，另有22.2%的养老机构所用土地是通过政府划拨而来，仅有9.1%的被访机构是通过有偿购买的形式获取土地。

从不同类型的养老机构来看，绝大部分（75.5%）被访公办养老机构以政府划拨的形式获取土地使用权,仅有10.2%的公办养老机构是通过租赁的形式获取土地使用权,通过有偿购买来获取土地的公办养老机构也只有4.1%。而大部分民非与民办营利养老机构是通过租赁的形式获取土地使用权,有74.5%的民非养老机构和62.5%的民办营利养老机构是通过租赁方式获取土地使用权,9.8%的民非养老机构和18.8%的民办营利养老机构是通过购买方式获取土地使用权,仅有4.6%的民非养老机构是通过政府划拨形式获得土地使用权。

近年来,国家出台了一系列政策文件支持养老机构的发展,在土地政策、土地指标、房屋设施配套等方面都给出了明确的要求,但在落实过程中依然存在很多问题,主要是土地转让或划拨政策不明确、用地审批手续烦琐、养老服务设施用地规划模糊,难以操作等。2014年,国办督导组在部分省市进行了《养老服务业发展政策落实情况督查》,大部分养老机构,尤其是民非和民办营利养老机构反映最突出的就是土地方面的政策支持,安徽省64.6%的被访养老机构认为最需要政府提供用地政策方面的支持,并认为用地审批手续烦琐是最突出的问题(所占比例达到46.5%),其次就是缺乏土地转让或划拨政策(所占比例为34.3%)。

表6-2 被调查养老机构的土地获取方式

单位:%

类型	公办机构	民非机构	民办营利机构	总体
政府划拨	75.5	4.6	—	22.2
租 赁	10.2	74.5	62.5	58.7
有偿购买	4.1	9.8	18.8	9.1
其 他	10.2	11.1	18.7	10.0

二 房屋设施来源形式

从被调查的养老机构来看,一半以上(57.0%)的被访养老机构的房屋设施是租用的,自建房屋的被访养老机构占28.1%,购置房屋设施的被访养老机构仅占8.5%。从各类被访养老机构来看,公办养老机构自建房屋的比例最高,达到53.3%,仅有22.2%的公办养老机构的房屋是租用的形式;而民非养老机构与民办营利养老机构大多是通过租用方式获得房屋使用权,三分之二以上(67.6%)的民非养老机构的房屋是租用的,自建房屋的比例仅为21.8%,远远低于公办养老机构。

养老机构的服务对象大多是老年人,他们对房屋设施的安全性、适老性以及无障碍环境的要求更高。但许多民非养老机构以及民办营利养老机构在选址时限于高额土地成本等因素,只能通过租用的形式来获取房屋使用权,在建筑结构、设施布局、消防安全、室外活动场地以及适老改造等方面会有许多限制,在很大程度上影响了服务质量与服务水平。

表6-3 被调查养老机构的房屋获取方式

单位:%

类型	公办机构	民非机构	民办营利机构	合计
自　建	53.3	21.8	28.6	28.1
租　用	22.2	67.6	42.9	57.0
购　置	2.2	7.6	28.5	8.5
其　他	22.3	3.0	—	6.4

三　服务设施设备情况

(一) 基本服务设施情况

养老机构的内设服务设施、场地,主要包括居室、医疗、康复、文化娱乐、体育健身设施以及室外活动场地和办公设施等。从被调查的养老机

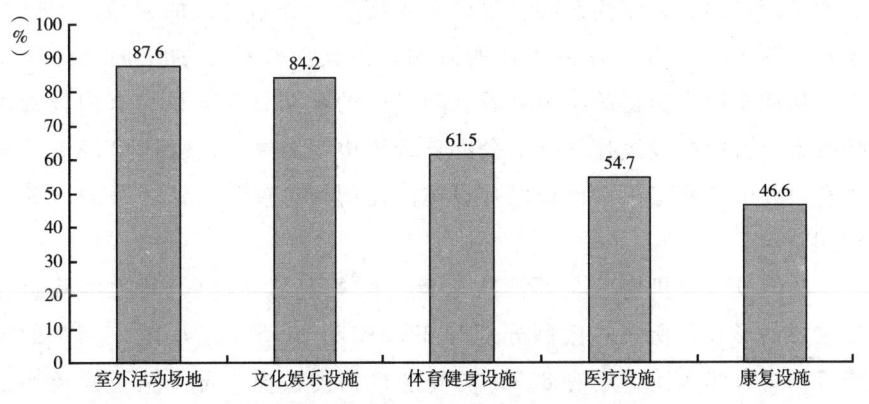

图6-9 被调查养老机构的服务设施情况

构来看，拥有室外活动场地和文化娱乐设施的被访养老机构的比例是最高的，分别为87.6%和84.2%，另外有61.5%的设置有体育设施。但配置医疗、康复设施的被访养老机构比例较低，仅分别有54.7%和46.6%。特别是被访的民非和民办营利养老机构，配置有康复和医疗设施的比例明显低于公办养老机构。

表6-4 被调查养老机构的服务设施情况

单位：%

类型	公办机构	民非机构	民办营利机构
医疗设施	68.8	51.9	50.0
康复设施	68.8	51.9	50.0
体育健身设施	54.2	44.4	50.0
文化娱乐设施	75.0	58.1	50.0
室外活动场地	81.3	85.0	75.0

（二）内设医疗设施情况

我国正在推进"医养结合"的进程，养老机构不仅要为老年人提供基本的生活与照料功能，还要能够处理和解决老年人的基本医疗卫生需要。目前，我国"医养护"结合的养老机构发展特别迅速，主要形式有：一是在养老机构中内设医疗设施。特别是大型养老服务机构中，医疗设施的配套已经非常普遍。二是医院直接建立养老机构。三是一些专业的护理机构、老年病医院也是目前民间资本开始进入的领域。但整体来看，养老机构由于各种条件的限制，内设医疗设施的比例总体还不高。从此次调查数据的结果来看，54.7%的被调查养老机构有内设的医疗设施，其中内设医疗设施的公办养老机构比例更高，达到68.8%，民非和民办营利养老机构内设医疗设施的比例相对较低，分别为51.9%和50.0%。

从内设医疗机构的主要形式来看，医务室与和社区/其他医院合作是主要的形式，所占的比例分别为37.3%和33.5%，另有17.4%的养老机构为自建医院，还有8.7%的养老机构内设门诊部。从不同类型的养老机构来看，公办养老机构内设医务室和自建医院的比例更高，分别为43.8%和28.1%，民非和民办营利养老机构中自建医院的比例仅为13.6%和16.7%，绝大部分为医务室与和社区/其他医院合作形式。由于养老机构内设诊室或医务室必须达到相关标准，涉及面积、设备、资质、医护配备数量等，许多民非或民办营利养老机构很难申请或没有实力达到标准，在一定程度上影响了机构的发展和入住老年人需求的满足。

表6-5 被调查养老机构的内设医疗设施情况

单位：%

类型	公办机构	民非机构	民办营利机构	总体
医务室	43.8	36.4	33.3	37.3
门诊部	9.4	8.2	16.7	8.7
和社区/其他医院合作	15.6	38.2	33.3	33.5
自建医院	28.1	13.6	16.7	17.4
其他	3.1	3.6	0.0	3.1

从医疗资质来看，被调查的公办养老机构中设置的医疗机构有医疗资质的比例（88.6%）也明显高于民非（77.0%）和民办营利性机构（75.0%）。从是不是定点医保来看，尽管79.3%的被访养老机构，其内设医疗机构有医疗资质，但其中可以解决定点医保的机构不足一半，仅为47.8%。这在很大程度上与目前的体制机制有关，我国的养老机构、医疗机构和医保工作分别主要由民政部门、卫生计生部门和社保部门管理，医疗和养老资源还不能充分融合，以致过去养老院不能刷医保卡，老人有病必须去定点医院就诊，而无法直接在养老机构诊治；现在虽然许多养老机构采取了与社区医院合作，或者内设医保定点医务室来解决入住老年人的看病问题，但医保额度不能满足老年人的实际需求，依然无法解决老年人的"医养结合"问题。

表6-6 被调查养老机构的医疗资质等情况

单位：%

类型	公办机构	民非机构	民办营利机构	合计
医疗资质	88.6	77.0	75.0	79.3
定点医保	47.1	47.3	54.5	47.8

（三）无障碍设施情况

从被调查养老机构的情况来看，接近四分之三（73.7%）的养老机构设置有无障碍坡道及设施。其中公办养老机构设有无障碍坡道及设施的比例最高，达到90%，民非养老机构设有无障碍坡道及设施的比例相对较低，仅有68.4%。另外，一半以上（52%）的公办养老机构都配置有电梯，民办营利养老机构中配置电梯的比例为46.7%，民非养老机构配置电梯的比例最低，仅为26.3%。在配置有电梯的养老机构中，有超过三分之一（37.3%）的养老机构配置的是医用电梯，其中民办营利机构配置医用电梯的比例最高，为71.4%；其次为公办养老机构，为51.7%，民非养老机构配置医用电梯的比例最低，仅为27.4%，远不能达到我国《老年人养护院建设标准》中关于老年养护院垂直交通应设置医用电梯的要求。

表6-7 被调查养老机构的无障碍设施情况

单位：%

类型	公办机构	民非机构	民办营利机构	合计
无障碍坡道及设施	90.0	68.4	84.6	73.7
电梯	52.0	26.3	46.7	32.9
医用电梯	51.7	27.4	71.4	37.3

第四节 人员队伍情况

一 平均规模与构成情况

管理人员、护理人员、医护人员和后勤人员是养老机构的主要工作人员。我国公办养老机构大多是由政府兴办的福利机构，属于事业单位，工作人员的录用、管理有一系列的规定要求，与公办养老机构相比，民非和民办营利机构明显处于劣势地位。此次调查显示，被访的公办养老机构中，平均拥有工作人员57人（有资质的为35人），其中，医生的平均数量为5人（有资质的5人），护士的平均数量为10人（有资质的10人），养老护理员的平均数量为27人（有资质的21人）；民非机构中，平均拥有工作人员27人（有资质的为13人），其中，医生的平均数量为2人（有资质的2人），护士的平均数量为3人（有资质的2人），养老护理员的平均数量为15人（有资质的9人）；民办营利机构中，平均拥有工作人员29人（有资质的为12人），其中，医生的平均数量为1人（有资质的1人），护士的平均数量为2人（有资质的2人），养老护理员的平均数量为22人（有资质的13人）。无论从工作人员总数、专业人员总数、养老护理员总数来看，还是从各类工作人员中有资质的比例来看，被调查的公办养老机构在人员队伍建设方面都明显优于被访民非养老机构和民办营利性养老机构。

表6-8 被调查养老机构的工作人员情况

单位：人

类型	工作人员	获资质工作人员	医生	获资质医生	护士	获资质护士	养老护理员	获资质养老护理员
公办机构	57	35	5	5	10	10	27	21
民非机构	27	13	2	2	3	2	15	9
民办营利机构	29	12	1	1	2	2	22	13
合计	34	18	3	3	4	4	18	12

二 工资收入与保障状况

从数据分析的情况来看，被访养老机构中护理人员的平均工资最低。调查数据显示，被访的养老机构中养老护理员、医护人员和管理人员的平均月收入分别为2332元、2437元、2693元。相对于公办养老机构的管理体制和运营模式，民非、民办营利养老机构更倾向采用与市场经济相适应的管理和运营模式，工资水平更体现市场化机制。因此与公办养老机构相比，民非、民办营利养老机构的收入水平相对较高。调查数据显示，公办养老机构中养老护理员、医护人员和管理人员的平均月收入分别为2189元、2440元和2600元；民非养老机构中养老护理员、医护人员和管理人员的平均月收入分别为2365元、2362元和2676元；民办营利养老机构中养老护理员、医护人员和管理人员的平均月收入分别为2461元、2371元和2953元。

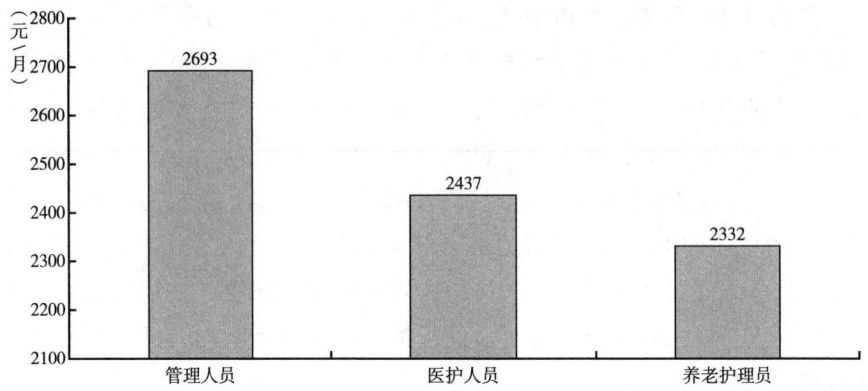

图 6-10　被调查养老机构工作人员收入情况

表 6-9　被调查养老机构工作人员的收入情况

单位：元/月

类型	管理人员	医护人员	养老护理员
公办机构	2600	2440	2189
民非机构	2676	2362	2365
民办营利机构	2953	2371	2461

另外，与其他类型养老机构相比，被访公办养老机构工作人员的社会保障水平明显较高。公办养老机构大多属于体制内的事业单位，工作人员的"五险一金"、职业责任保险的缴纳率都相对较高，社会保障水平相对较高。此次调查数据显示，被调查公办养老机构为工作人员缴纳养老保险、医疗保险、工伤保险、生育保险、失业保险等的比例均明显高于其他类型的被访养老机构。以公积金为例，被访公办养老机构的缴纳率为32.4%，远高于民非、民办营利养老机构的5.7%、9.1%。

表 6-10　被调查养老机构工作人员保障情况

单位：%

类型	公办机构	民非机构	民办营利机构	合计
职业责任保险	13.5	13.0	9.1	12.2
养老保险	83.8	59.3	72.7	66.1
医疗保险	78.4	52.0	72.7	59.4
生育保险	59.5	31.7	45.5	38.9

续表

类型	公办机构	民非机构	民办营利机构	合计
失业保险	64.9	32.5	45.5	41.7
工伤保险	70.3	43.9	45.5	50.0
公积金	32.4	5.7	9.1	11.7
其他	10.8	26.8	18.2	23.9

三 人才队伍建设情况

招不到人，特别是招不到养老护理员是养老机构普遍存在的问题之一。养老护理员是养老机构的工作人员中最急缺的人员，其次为专业管理人员、医护人员、心理辅导人员、社会工作人员等。此次调查显示，高达86.2%的被访养老机构遇到养老护理员短缺问题，42.5%的被访养老机构遇到专业管理人员短缺问题，38.5%的被访养老机构遇到医护人员短缺问题，此外，其他人员如心理辅导人员、社会工作人员、市场推广人员、营养师等也面临短缺问题。

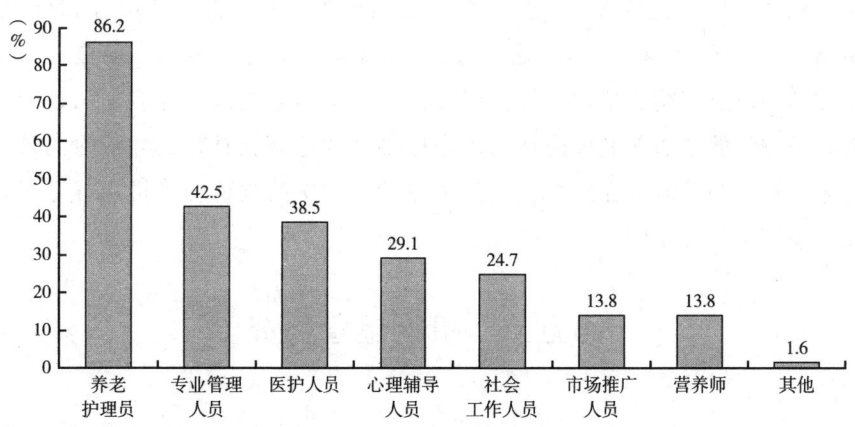

图6-11 被调查养老机构最需要的人员类型

工资低、劳动强度大、社会地位低已经成为绝大多数养老护理员离职的主要原因。此次调查显示，工资低是养老护理员离职的主要原因（66.3%），认为劳动强度大是养老护理员离职原因的被访养老机构所占比例为58.8%，认为社会地位低是养老护理员离职原因的被访养老机构所占比例为 56%。此外，其他原因依次是季节性离职占 40.3%、没有上升空间占 35.4%、工作环境差占 18.5%。

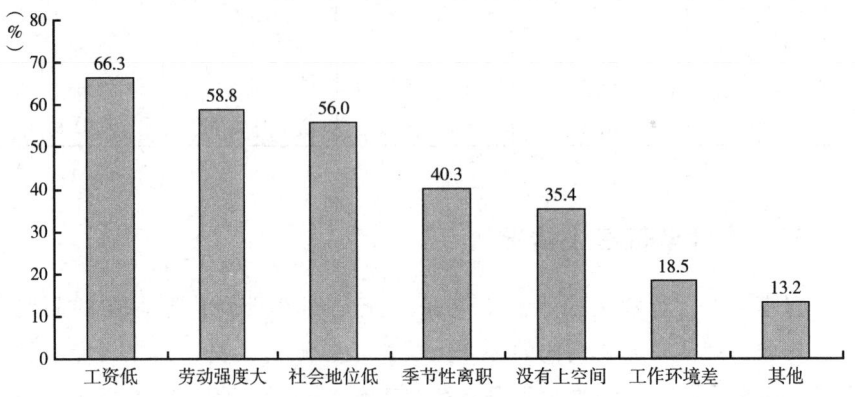

图 6-12　养老护理员主要流动原因

在加强养老机构从业人员队伍建设方面，被调查养老机构普遍认为出台养老护理院补贴标准、健全薪酬保障体系、建立专业培训体系等是迫切需要完善和加强的方面。其中，85% 的被访养老机构认为国家应出台养老护理院补贴标准，64.8% 的被访养老机构认为国家应健全薪酬保障体系，64.8% 的被访养老机构认为国家应建立专业培训体系，64.4% 的被访养老机构认为政府应购买培训服务，57.5% 的被访养老机构认为应加强社会宣传，43.3% 的被访养老机构认为国家应加强执业资格认定，42.9% 的被访养老机构认为国家应在院校设立相关专业，34% 的被访养老机构呼吁国家应拓宽职称上升空间。

第五节　机构运营情况

一　资金来源情况

从资金来源情况来看，收取入住费用是被调查养老机构的主要费用来源。调查数据显示，入住费用是被访养老机构运营资金的主要来源，其中，被访民办营利机构 100% 收取入住费用，93.6% 的民非机构收取入住费用，公办养老机构中以收取入住费用作为机构运营资金的比例相对较低，但也高达 65.2%。

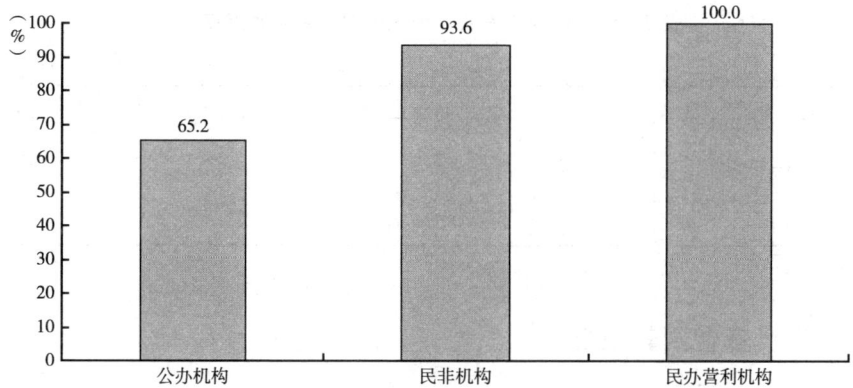

图 6-13 被调查养老机构的资金来源情况

二 投资预期回收情况

养老机构投资大，行业利润薄，预期回收周期较长。此次调查数据显示，认为投资预期回收周期为 1~3 年的被访养老机构仅占 8.8%，认为投资预期回收周期为 4~6 年的被访养老机构仅占 28.3%，认为投资预期回收周期为 7~10 年的被访养老机构仅占 22.4%，认为投资预期回收周期为 10 年以上的被访养老机构比例最高，达到 40.5%。另外，从不同类型养老机构来看，近三分之二（64.2%）的公办养老机构认为预期投资回收周期在 10 年以上，远远高于民非养老机构和民办营利性养老机构的同类比例。仅有 3.6% 的公办养老机构认为投资预期回收周期在 1~3 年，而在被调查的民办营利性养老机构中，有 25% 的认为可以在 1~3 年收回预期投资。

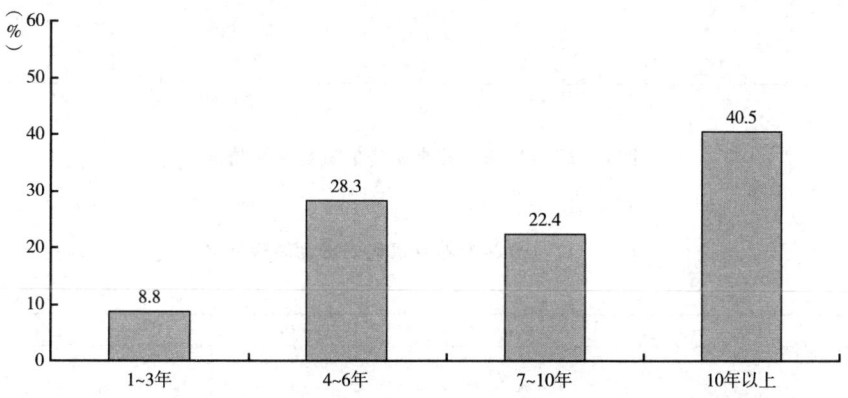

图 6-14 被调查养老机构的预期投资回收期情况

表 6-11 被调查养老机构的预期投资回收期情况

单位：%

时长	公办机构	民非机构	民办营利机构
1~3 年	3.6	8.9	25.0
4~6 年	28.6	28.5	25.0
7~10 年	3.6	24.6	41.7
10 年以上	64.2	38.0	8.3

三 资金周转情况

调查数据显示，被访养老机构的资金运转情况大多不很乐观。认为资金运转情况很好和较好的比例仅为 1.4% 和 5.3%，比较困难的比例为 33.7%，选择很困难的比例为 11.9%，接近一半（47.7%）的被访养老机构认为自己的资金周转情况属于一般。从不同类型的被访养老机构来看，民非和民办营利养老机构比公办养老机构的资金周转情况更好，选择资金周转好的比例分别为 6.5% 和 18.8%，明显高于公办养老机构的相应比例（4.3%）。

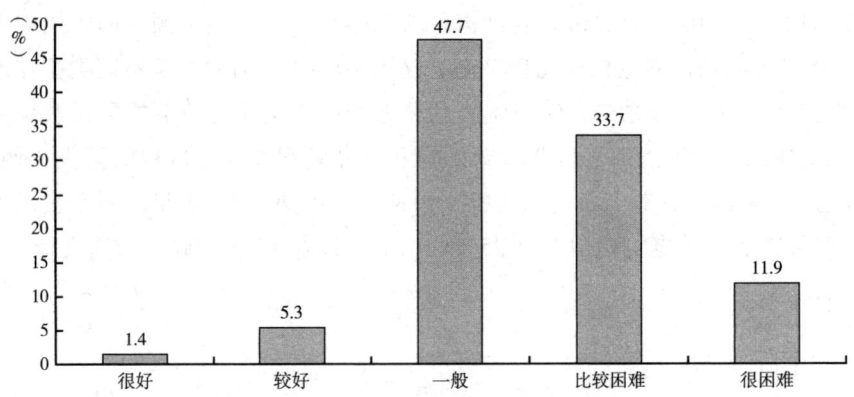

图 6-15 被调查养老机构的资金周转情况

表 6-12 被调查养老机构的资金周转情况

单位：%

状况	公办机构	民非机构	民办营利机构
好	4.3	6.5	18.8
一般	52.2	47.4	50.0
困难	43.5	46.1	31.2

四 盈利水平

我国的养老服务业还属于利润较低、投资期较长的行业。调查数据显示，48.1%的被访养老机构运营状况为基本持平，32.5%的被访养老机构运营状况为亏损，盈余的被访养老机构比例仅为19.4%。从不同类型养老机构来看，自报亏损比例最高的是公办养老机构，达到38.7%，民办营利性养老机构自报亏损的比例最低，仅为7.7%。与民非机构和民办营利性养老机构相比，被访的公办养老机构自报盈余的比例明显较低，仅为6.8%，远低于民非机构（20.7%）和民办营利性机构（38.5%）。另外，在自报收支盈余的被访养老机构中，其自报的利润率也偏低。被访养老机构中，年利润率在10%以上的仅为1.5%，利润率在5%~10%的比例为13.1%，利润率在3%~5%的比例为29.2%，利润率在3%以下的所占比例高达56.2%。

表6-13 被调查养老机构的运营情况

单位：%

类型	公办机构	民非机构	民办营利机构	总体
盈余	6.8	20.7	38.5	19.4
基本持平	54.5	46.7	53.8	48.1
亏损	38.7	32.6	7.7	32.5

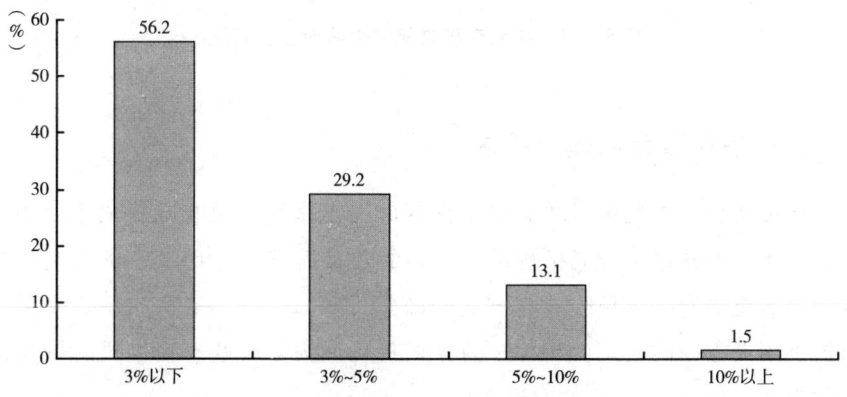

图6-16 被调查养老机构的年净利润率

第六节 问题及政策需求情况

一 被访机构面临的主要问题

护理人员难招和队伍不稳定是养老机构实际运营过程中面临的最突出问题。72.4%的被调查养老机构表示服务人员不稳定是目前发展中面临的主要困难；其次是缺乏政策支持，占68%；排在第三位的是资金困难，占67.2%，人员、资金、政策是被访养老机构面临的三大突出问题。其他如设施条件差、缺乏良好社会环境、有效需求不足、服务内容不丰富等问题也是养老机构反映较多的主要问题，所占的比例分别为41.6%、34.4%、28.8%和26.8%。

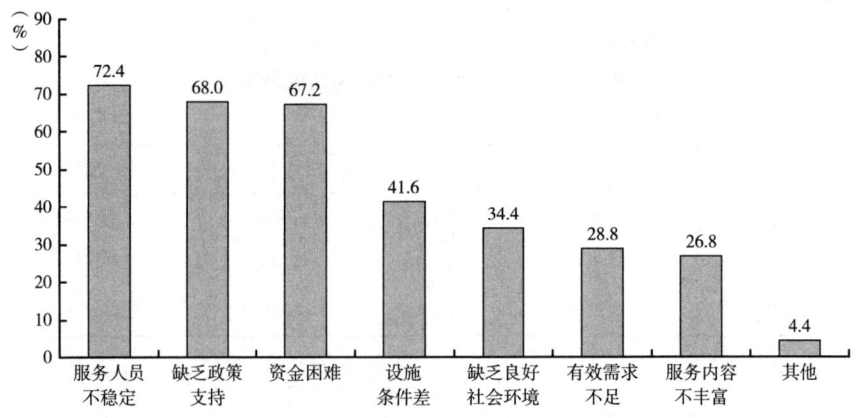

图6-17 被调查养老机构面临的主要问题

二 主要政策问题及需求

从被调查养老机构对政府政策支持的需求来看，税收减免政策、用人政策、投融资政策是养老机构反映最多的政策需求。有61.5%的养老机构认为最需要政府提供税收减免方面的政策，46.2%的养老机构认为需要政府提供用人方面的政策，46.2%的养老机构认为需要政府提供投融资方面的政策。

在用地方面的政策需求中，63.2%的被调查养老机构认为缺乏土地转

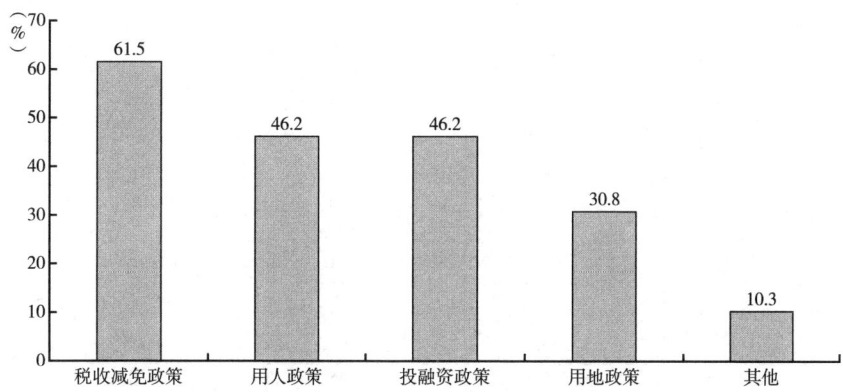

图 6-18 被调查养老机构的主要政策需求

让政策是目前最主要的困难。根据目前政策的规定,营利性养老机构可以通过租赁获取土地的使用权,或者通过招拍挂的形式获得土地出让,公办养老机构或者非营利性养老机构可以采取划拨形式取得土地使用权。由于土地出让成本较高,尽管现在非营利性养老机构可以免去土地出让费,但土地成本依然是养老机构的最大成本之一。另外,对于土地租赁来讲,尽管价格上有一定优势,但土地租赁年限一般为 20 年,养老机构一旦完成房屋建设,使用年限一般不宜低于 50 年,否则不仅容易造成资源浪费,也会加大经营者的运营压力。土地租赁尽管成本较低,但对养老机构的长期稳定运营而言还存在很多不确定的风险,这是很多养老机构反映的问题。另外,审批手续烦琐、用地改造难度大、设施用地规划模糊等也是养老机构认为土地政策方面存在的最主要问题。

在投融资方面,79.5%的被调查养老机构认为回收周期长是目前最主要的困难。目前养老机构大多是微利行业,投资回收周期长是普遍的问题,此次调查的数据显示,认为投资预期回收周期为 1~3 年的被访养老机构仅占 8.8%,认为投资预期回收周期为 4~6 年的被访养老机构仅占 28.3%,认为投资预期回收周期为 7~10 年的被访养老机构仅占 22.4%,认为投资预期回收周期为 10 年以上的被访养老机构比例最高,达到 40.5%。另外,养老机构在银行贷款等方面也不占优势,能够获得贷款的比例和金额都比较小,大部分养老机构是通过收取老年人入住费用来获取运营资金,融资手段和渠道都比较少。

在税收政策方面,尽管目前已有一系列的税收优惠政策,但落实不到

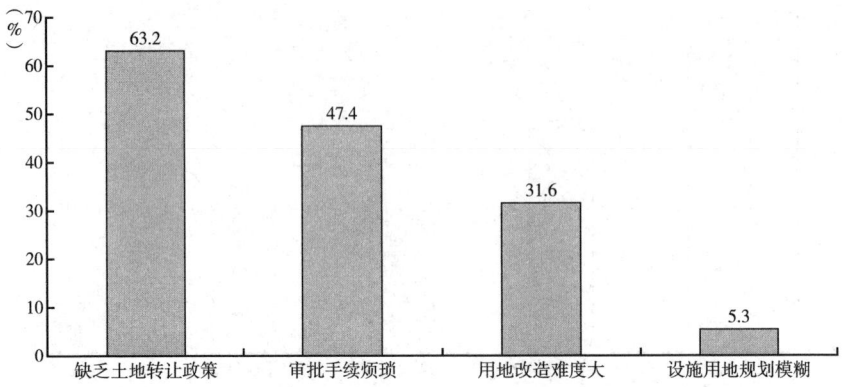

图 6-19 被调查养老机构认为用地方面存在的主要问题

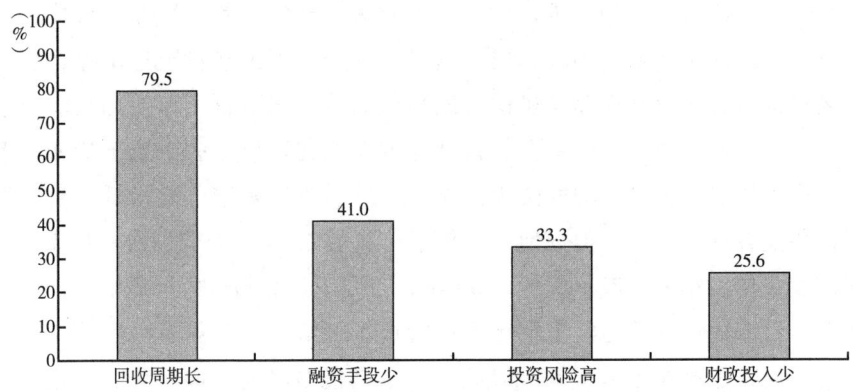

图 6-20 被调查养老机构认为投融资方面存在的主要问题

位是一个主要问题,因此,在税收方面,养老机构认为比较突出的问题包括企业所得税高,占40%;事业性收费减免不落实,占37.1%;税费名目多,占34.3%;土地房产税高,占20%,这都是目前被访养老机构在税收方面存在的主要困难。

另外,对于民非养老机构的相关政策方面,被访养老机构也提出了许多政策需求。我国在1998年出台了《民办非企业单位登记管理暂行条例》,特指企业事业单位、社会团体和其他社会力量以及公民个人利用非国有资产举办的,从事非营利性社会服务活动的社会组织。2000年前后,随着我国社会福利社会化进程的加快,民间资本投资成立养老机构的比例大大增加,并且大多以民办非企业的性质在民政部门登记。随着养老服务

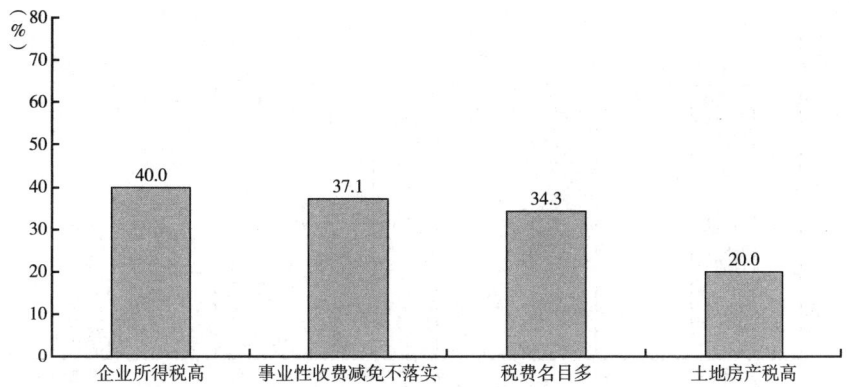

图 6-21 被调查养老机构认为税收方面存在的主要问题

业的不断发展以及市场化进程的加快,养老机构的民非性质逐渐开始显现出明显的制约作用。如民非单位"不得从事营利性经营活动","任何单位和个人不得侵占、私分或者挪用民办非企业单位的资产",民非单位的合法收入"必须用于章程规定的业务活动"等规定,就限制了民办非企业单位的出资人获得回报,从长期来看,这并不利于养老机构的市场化发展。另外,民非单位由于性质的限定,在贷款方面也存在障碍,另外"不得设立分支机构"也不利于养老机构的连锁化经营,因此,在此次调查中,82.3%的养老机构认为应该放开对民非养老机构的限制。

从被调查养老机构的情况来看,贷款、定价自主权和连锁化经营是养老机构认为最应该放开的主要方面,所占比例分别为 64.5%、58% 和 51%。由于我国大多数养老机构规模小、收益低、回本期限长,再加上我国养老机构市场化进程较晚,银行业对养老服务业本身发展的研究、授信审批机制和信用评价体系还不完善,因此养老机构的贷款本身就比较困难。更重要的原因是,民非机构不得分红,投资成本回收缓慢,在公司治理、盈利能力、现金流等方面,很难满足银行授信准入的基础条件,难以成为承贷主体,另外,养老机构的公益性质也难以设定抵押,这都给民非养老机构贷款带来了很大限制,也是在各地养老机构座谈会上反映最突出的问题。另外,尽管目前政策鼓励养老机构进行小型、连锁化发展,但民非单位不得设立分支组织的限制,也在一定程度上制约了养老机构的连锁化发展,这都成为养老机构反映最多的问题,也是被调查养老机构认为最应该放开民非机构限制的主要方面。

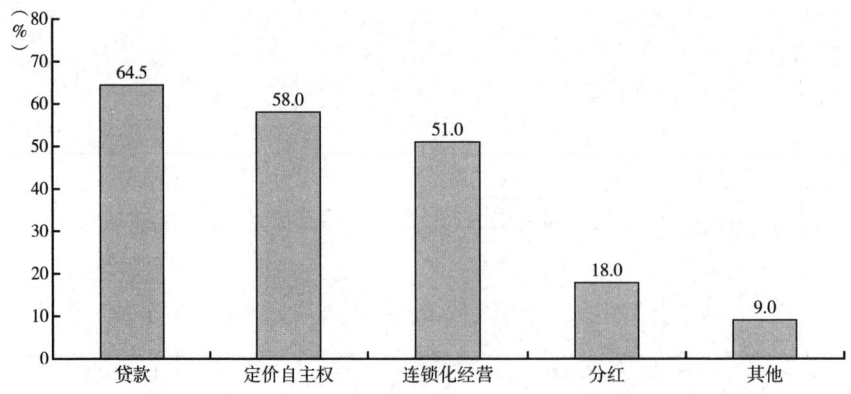

图6-22 被调查养老机构认为应放开民非养老机构限制的主要方面

第七节 公办养老机构转制态度情况

一 公办与民办的非公平竞争情况

从被调查的情况来看,80.9%的被调查养老机构认为公办养老机构与民办养老机构之间存在不公平竞争,特别是被调查的民非养老机构和民办营利性养老机构,它们认为二者之间存在不公平竞争的比例更高,分别达到88.6%和84.6%,公办养老机构的比例相对较低,但也有一半以上的被访公办养老机构(51.1%)认为二者之间存在不公平竞争。

关于不公平竞争的主要体现方面,被调查养老机构认为最突出的就是财政补贴(83.7%),其次是设备条件,达到70.9%,排在第三的是土地使用,所占比例为68.9%。还有58.2%的认为公办养老机构与民办养老机构在社会认可方面存在不公平竞争;另外,人员培训、定价机制、信贷优惠、税费优惠等方面,也是被调查养老机构反映较多的不公平竞争的方面。

二 对公办养老机构转制的态度情况

为了营造公平的市场竞争环境,更好地鼓励和支持民间资本进入养老服务市场中,2013年起我国开始推进公办养老机构改革,专门出台了关于公办养老机构改革试点的文件,并在全国选取了124个改革试点推行此项

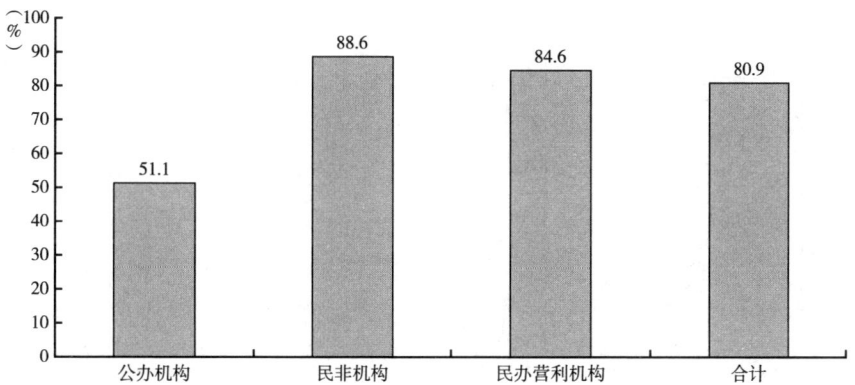

图 6-23　被调查养老机构认为公办与民办养老机构不公平竞争的情况

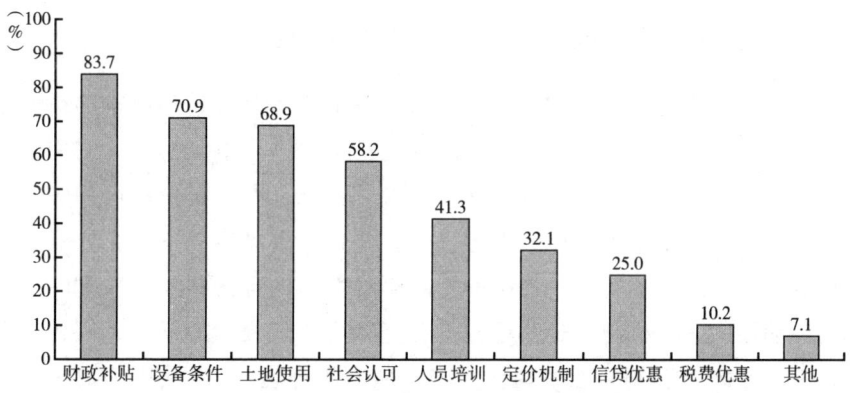

图 6-24　被调查养老机构认为不公平竞争的主要体现方面

工作。在此次调查中，87.2%的被调查养老机构认为应该进行公办养老机构的改革，即使是公办养老机构本身，也有82.2%的认为应该推进公办养老机构的改革。相对于民办营利和民非养老机构来讲，公办养老机构在土地、房屋、资金、人员等方面都有着先天的优势，在养老服务资源的配置中占据优势地位，但公办养老机构成本高、效率低，严重影响了养老服务市场的公平和效率，并且公办养老机构中大多收住的是经济条件较好的健康老年群体，并没有体现政府兜底的作用，从国内外的情况来看，政府直接介入养老机构的运营和管理已经非常少，国外许多国家都没有政府办的养老机构，大多交给企业、社会组织或慈善组织来开办与运营。对于我国来讲，公办养老机构的改革也已成为大势所趋。

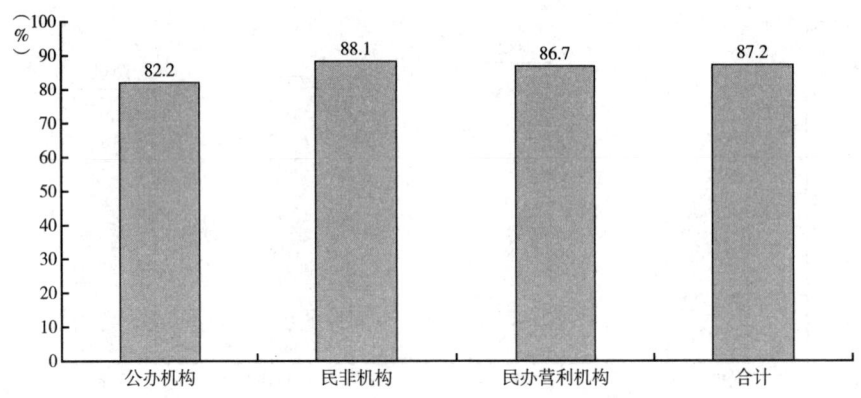

图 6-25 被调查养老机构对公办养老机构改革的支持情况

三 公办养老机构转制需要解决的主要问题

对于公办养老机构改革过程中需要解决的主要问题，68.5%的被调查机构认为是运行机制问题。由于公办养老机构大多是事业单位，它们的决策机制具有高度的集中性，资源配置、人员安排、服务定价都由相关部门以行政指令或计划指令的形式进行决策，并不是市场经济下的企业运行方式，因此，一旦改革转制，传统的行政驱动性的运行机制如何顺利转变成利益驱动性的运行机制，是养老机构普遍认为比较突出的问题，因此，一半以上（51.6%）的养老机构认为"适应市场环境"，也是面临的一个主

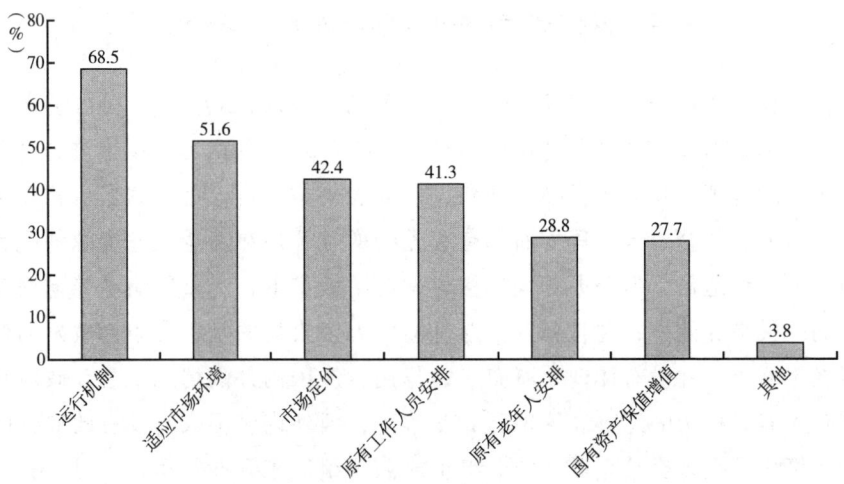

图 6-26 被调查养老机构认为公办养老机构改革面临的突出问题

要问题。另外，公办养老机构目前的定价模式是指令性的，并没有从市场角度、成本效益角度去考虑收费价格问题，因此，如何科学地定价也是公办养老机构在转制后需要面临的问题。还有原有入住老年人的安排、国有资产的保值增值等问题，都是养老机构认为公办养老机构在转制过程中面临的主要问题。

第八节　主要结论与评议

一　公办养老机构发展趋势逐步放缓

我国的养老机构在相当长一段时期内都由政府投资兴办，以公办养老机构为主，随着我国人口老龄化的发展，以及国家对养老服务事业和产业发展的高度重视，社会资本投资兴建养老机构的趋势越来越明显。从目前各地养老机构的发展来看，民非和民办营利性养老机构的数量越来越多，调查数据显示在被调查的养老机构中，公办养老机构成立于 1949～1989、1990～1999、2000 年至今这三个阶段的比例由 77.8% 下降到了 13.8%。随着国家对养老服务市场的不断放开，国内外资本进入中国市场的政策环境与市场环境会不断优化，政府退出养老服务市场的步伐会进一步加快，公办养老机构发展的趋势也会逐渐放缓。

二　公办养老机构硬件设施普遍优于其他养老机构

从此次调查的情况来看，被访公办养老机构的硬件设施水平普遍高于被访的民非与民办营利性养老机构。一是从建设规模来看，大部分公办养老机构的平均床位规模都要大于民非和民办营利性养老机构，特别是在城市地区，新建公办养老机构的建设规模更大，设施设备水平更高。二是从土地和房屋设施的获取形式来看，公办养老机构大多属于政府的事业单位，土地使用权主要依靠划拨来获取，房屋主要是自建，而对于大部分民非和民办营利性养老机构来讲，只能通过租赁的形式来获取土地使用权和房屋设施使用权，约定的租期期满之后，就要面临续约或者另外租赁的问题，在一定程度上影响了民非或民办营利性养老机构对设施设备的投入力度，也不利于长期稳定地为老年人提供服务。三是从养老机构配备的设施水平来看，无论是医疗设施、康复设施还是无障碍设施的配置，公办养老机构都要明显好于民非和民办营利性养老机构。另外从内设医疗机构的水平来看，公办养老机构内设医务室和自建医院的比例更高，具有医疗资质和享受医保的比例也更高，服务基础和条件都要明显优于民非和民办营利性养老机构。

三 公办养老机构供不应求的情况更加普遍

由于公办养老机构人员配备整齐，设施设备水平较高，收费较低，并且有政府的公信力支撑，因此老年人普遍更愿意入住公办养老机构。从此次调查中被访养老机构入住老年人排队及轮候的情况来看，公办养老机构床位供不应求的情况更加普遍。超过一半的被访公办养老机构需要排队等候才能入住，远远高于民非和民办营利性养老机构的相应比例，同时，从轮候的平均人数来看，被访公办养老机构的排队人数也远远高于其他养老机构。造成这种情况的一个重要原因就是在我国公办养老机构社会化的过程当中，没有对公办养老机构有一个明确的职能定位，缺少对公办养老机构服务对象入住条件的筛选与评估，在无差别化入住的前提下，老年人普遍更愿意选择入住公办养老机构。

四 公办养老机构的收费与工资水平较低

由于公办养老机构的价格形成机制仍然是带有福利色彩的计划经济机制，并没有将建设成本、运营成本及利润率全部纳入定价机制中，因此，从整体情况来看，公办养老机构的收费水平明显要低于民非和民办营利性养老机构。以此次调查为例，被调查公办养老机构无论是入住押金，还是床位费、护理费，都明显低于被调查的民非和民办营利性养老机构。另外，与其他养老机构相比，公办养老机构的人员工资水平也相对较低。我国公办养老机构不能自主定价，其价格形成机制并没有完全市场化，价格水平不体现成本投入，也很难体现营利诉求，这不仅造成了我国养老机构价格形成机制的混乱，也不能体现从业人员的真正劳动价值，并不利于养老服务市场的健康发展。

五 公办养老机构的运营状况更不乐观

我国自推行社会福利社会化政策以来，公办养老机构的服务对象也扩大到了社会老人，但在运行机制和管理体制方面，很大程度上还是延续以往行政管理的方式，并且公办养老机构在定位上仍然是政府的公益性事业单位，没有成本核算的考虑，也没有经济收益的压力，因此与民非和民办营利性养老机构相比，公办养老机构的运营状况更不乐观。从预期投资回收周期来看，近三分之二（64.2%）的公办养老机构认为预期投资回收周期在10年以上，远远高于民非养老机构和民办营利性养老机构的同类比例。另外从不同类型养老机构来看，自报亏损比例最高的也是公办养老机构，高达38.7%，远高于民非养老机构和民办营利性养老机构自报亏损的比例。

六 公办养老机构改革转制的呼声较大

公办养老机构与民办养老机构的"双轨制"运行在很大程度上造成了养老服务资源在两者之间的不公平分配，从此次调查的情况来看，80.9%的被调查养老机构认为公办养老机构与民办养老机构之间存在不公平竞争，包括在土地、设施、相关优惠与扶持政策等方面，都存在一定程度的不公平竞争。同时，公办养老机构尽管有着各种政府支持与政策扶持，但在运营状况、资金周转，包括预期投资的回收、经济和社会效益的发挥等方面，由于运行机制和管理体制的僵化，仍然发挥不了最大的效益，因此在此次调查中，87.2%的被调查养老机构认为应该进行公办养老机构的改革，即使是公办养老机构本身，也有82.2%的认为应该推进公办养老机构的改革，公办养老机构改革转制的呼声较大。

第七章 公办养老机构转制政策现状与分析

第一节 公办养老机构转制政策的出台背景

一 我国进入全面深化改革的时代背景

我国正在进入全面深化改革的时代,为了进一步贯彻和落实党中央关于全面深化改革的战略部署,中共中央于 2013 年 11 月 15 日发布了《关于全面深化改革若干重大问题的决定》(下文称《决定》),总结了我国改革开放以来在推进经济体制、政治体制、文化体制、社会体制、生态文明体制和党的建设制度改革等方面取得的巨大成就和积累的丰富经验,深刻阐释了新时代下全面深化改革的重大意义,提出了未来全面深化改革的总体思路和主要举措。2014 年是全面深化改革的"初始年",也是改革举措落实的"验证年"。

根据《决定》精神,我国推进全面深化改革的核心问题依然是处理好政府和市场的关系,即如何在发挥好政府作用的同时,使市场在资源配置中起决定性和关键性作用。我国公办养老机构始办于 20 世纪 50 年代,建立的初衷是安置城市"三无老人"。随着社会保障制度的完善和城市就业条件的提升,"三无老人"的数量不断减少,公办养老机构出现"产能过剩"。与此同时,不断加剧的人口老龄化趋势激发了广大社会老人对养老机构的需求,于是公办养老机构开始对社会老人开放,但在发展过程中政府和市场的界限和职能出现混乱,引发了诸多问题。本次公办养老机构改革政策的启动是在全面深化改革的时代背景下,依据《决议》精神,重新定位政府和市场在机构养老领域的职责,是在养老服务领域落实全面深化改革精神的重要举措。

二 "双轨制运行"影响了市场公平发展

2000年国务院发布了《关于加快实现社会福利社会化意见的通知》（国办发〔2000〕19号），开启了社会福利的"四化"改革，即投资主体多元化、服务对象公众化、服务方式多样化和服务队伍专业化。自此社会资本不断进入养老服务业，养老机构呈现多元发展的格局。一方面，养老机构的投资主体从国家和集体走向国家、集体和个人等多渠道投资方式；另一方面，服务对象公众化，养老机构除确保国家供养的特殊对象外，还要面向全社会老年人提供服务。

随着公办养老机构面向全社会的老人提供服务以及社会力量不断兴办养老机构，公平和效率的抉择逐步凸显：一方面，作为服务政府托底对象的公办养老机构却收住了大量低龄、健康、经济条件好的社会老人，排斥了低收入、失能、半失能等最需要入住的弱势老人，造成公共养老服务资源配置的不公和浪费。另一方面，公办养老机构的融资方式建立在政府提供优质公共资源的基础上，且通过多种形式享受政府的隐性补贴，定价标准一般按民政局的规定而非物价局的评算指标，收费标准较低，挤压了民办养老机构的发展空间，影响公平市场环境的形成。

三 公办养老机构运营压力倒逼改革

公办养老机构是政府履行"兜底"职责的主要载体，也是养老服务体系的重要组成部分。自建立以来一直在集中供养特困老人和发挥社会示范效益方面起到了重要作用。但是，在发展过程中，公办养老机构自身存在的问题也越来越明显，如机构职能定位不清晰、体制机制僵化、服务内容单一、运转效率较低，服务能力不足等问题，尤其是专业的康复护理功能不足、价格形成机制不健全等问题。这些问题严重影响了公办养老机构的健康和可持续发展。一些公办养老机构的主要入住老人并非需要政府"兜底"的困难老人，而是身体能自理的社会老人。这就造成条件优越的公办养老院长期处于"一床难求"的状态。

因此，公办养老机构改革是在全面深化改革的时代背景下推进事业单位改革进程的重要内容，是贯彻《国务院关于加快发展养老服务业的若干意见》（国发〔2013〕35号）的重要举措，是落实第十三次全国民政会议和全国社会养老服务体系建设的实际行动，是发挥市场在资源配置中的决定作用、推动养老服务业快速健康活力发展的重要保障,具有极强的社会现实意义。

第二节 公办养老机构转制政策现状及主要内容

为了充分了解目前我国公办养老机构转制政策的现状,本章搜集了2013年来中央及部分地方有关公办养老机构改革转制的主要政策文件,并以北京、浙江、湖北、四川等地为例,深入分析了目前我国在公办养老机构转制方面的政策导向和具体规定与要求,以期对现行公办养老机构转制政策有一个充分的了解与认识。

我国的公办养老机构转制与改革开始于2013年。2013年7月,国务院下发了《国务院关于加快发展养老服务业的若干意见》(国发〔2013〕35号)(下文称《意见》)。提出公办养老机构在履行好保障性功能的同时要积极探索改制试点。民政部积极贯彻和落实《意见》精神,于2013年底印发了《关于开展公办养老机构改革试点工作的通知》(民函〔2013〕369号)(下文称《通知》),正式开始推进公办养老机构的转制工作。《通知》规定我国公办养老机构改革试点主要包括四大任务:第一,对公办养老机构的职能、定位进行明确界定;第二,进一步持续提高公办养老机构的服务水平和服务能力;第三,以公建民营为主要形式推行我国公办养老机构转制;第四,探索我国提供经营性服务的公办养老机构改制。

随后,各地开始纷纷出台相关政策,推进各地公办养老机构转制工作进程。以北京市为例,北京市政府在2013年出台了《关于加快推进养老服务业发展的意见》(京政发〔2013〕32号),其中,明确提出了要"推进政府办养老机构改革",明确政府举办的养老机构要主要发挥托底保障作用,重点服务对象为三无、五保老人,经济困难的失能、半失能老年人,低收入群体的老年人,主要服务内容为"基本的供养、护理服务"。同时要求"制定社会资本运营公有产权养老服务设施管理办法","开展综合改革试点"。在此文件推动下,北京市开始加快制定公办养老机构转制的相关政策文件,于2014年率先发布了北京市地方标准《北京市养老机构老年人健康评估规范》(DB11/T 305 - 2014),并在此后先后出台了《关于深化公办养老机构管理体制改革的意见》(京政办发

〔2015〕8号)、《北京市公办养老机构入住及评估管理办法》(京民福发〔2015〕269号)、《北京市公办养老机构收费管理暂行办法》(京民福发〔2015〕270号)、《北京市养老机构公建民营实施办法》(京民福发〔2015〕268号)、《特殊家庭老年人通过代理服务入住养老机构实施办法》(京民福发〔2015〕283号)等,对公办养老机构的分类、定位、服务对象、入住程序、定价机制、公建民营等关键改革内容提出了明确要求。

表7-1 公办养老机构改革政策一览

时间	政策名称
	国家层面政策
2013.7	《国务院关于加快发展养老服务业的若干意见》(国发〔2013〕35号)
2013.12	《关于开展公办养老机构改革试点工作的通知》(民函〔2013〕369号)
2016.8	《关于开展以公建民营为重点的第二批公办养老机构改革试点工作的通知》(民办发〔2016〕15号)
	地方层面政策
2013.10	《关于加快推进养老服务业发展的意见》(京政发〔2013〕32号)
2014.5	《北京市养老机构老年人健康评估规范》(DB11/T 305-2014)
2015.3	《关于深化公办养老机构管理体制改革的意见》(京政办发〔2015〕8号)
2015.7	《特殊家庭老年人通过代理服务入住养老机构实施办法》(京民福发〔2015〕283号)
2015.8	《北京市公办养老机构入住及评估管理办法》(京民福发〔2015〕269号)
2015.8	《北京市公办养老机构收费管理暂行办法》(京民福发〔2015〕270号)
2015.8	《北京市养老机构公建民营实施办法》(京民福发〔2015〕268号)
2014.4	《浙江省人民政府关于加快发展养老服务业的实施意见》(浙政发〔2014〕13号)
2014.11	《浙江省养老服务收费管理暂行办法》(浙价费〔2014〕235号)
2015.12	《浙江省财政厅 浙江省发展和改革委员会 浙江省民政厅关于加快推进政府购买养老服务的意见》(浙财社〔2015〕193号)
2016.2	《浙江省民政厅关于推进养老机构公建民营规范化的指导意见》(浙民福〔2016〕26号)
2016.6	《湖北省公办养老机构入住评估管理暂行办法》(鄂民政规〔2016〕2号)
2014.1	《四川省民政厅关于开展公办养老机构改革试点工作的通知》(川民发〔2014〕1号)

续表

时间	政策名称
2014.2	《四川省人民政府关于加快发展养老服务业的实施意见》(川府发〔2014〕8号)
2015.1	《四川省民政厅关于推进城镇养老服务设施建设工作的通知》(川办发〔2014〕145号)
2016.6	《上海市养老机构服务收费管理办法》(沪发改价费〔2016〕1号)
2014.9	《福建省关于加强公建民营养老机构管理的意见》(闽民福〔2014〕400号)
2014.1	《河南省关于开展公办养老机构改革试点工作的指导意见》(豫民文〔2014〕20号)
2014.4	《重庆市关于加快推进养老服务业发展的意见》(渝府发〔2014〕16号)
2014.1	《内蒙古自治区关于开展公办养老机构改革试点工作的通知》(内民政社福〔2014〕15号)
2016.11	《山东省人民政府关于加快发展养老服务业的意见》(鲁民〔2016〕86号)
2016.11	《山西省关于开展养老机构公建民营试点工作的实施方案》(晋民发〔2016〕71号)
2016.12	《广西壮族自治区养老设施公建民营实施办法》(桂民发〔2016〕40号)

一 确定公办养老机构的定位与分类

公办养老机构承担的主要是"兜底"职能，即负责为弱势老年群体提供基本的养老服务，保障公民基本养老权利。但在发展的过程中一些公办养老机构盲目地提高建设标准和入住条件，开始走向高端化和特权化，导致养老资源分配不公和社会福利服务对象错位[①]，倒逼改革。《通知》提出公办养老机构转制改革最首要的任务就是要明确界定公办养老机构的机构职能与机构定位。公办养老机构要坚持以人为本和保障基本的原则，保障特殊困难老人基本养老服务，履行政府在养老服务业发展中"保基本、兜底线"的职能。《通知》进一步提出要明确公办养老机构的服务对象，完善公办养老机构的制度建设。

地方相关文件中均明确提出公办养老机构的职能定位为"兜底"保障功能。如北京市明确了公办养老机构在整个养老服务体系中是基础性、保障性作用，承担的是政府的托底保障职能，并根据行政级别确定了街道（乡镇）属、区县属、市属公办养老机构分层、分类保障服务对象养老服务需求的分层统筹保障体系和分类协作服务机制。湖北省则在其相关文件

---

① 刘佩璐：《公办养老机构民营化改革的必要性研究》[J]，《科技视界》2014年第23期。

中明确提出公办养老机构是保障困难弱势老年人群基本公共服务需求的机构，其主要服务对象包括三无、五保、经济困难的高龄、失能、失独等老年群体，同时规定公办养老机构不能再接收不符合入住标准的社会老人，确因特殊情况需要代养社会老人的必须实行"一院两制"、分区运营、分区管理。方案明确了公办养老机构作为基本的公共服务资源只能承担兜底功能，收住符合条件的老年人，凡是不符合入住条件的老年人应该由市场来承担。四川省则将公办养老机构的职能定位为：一是托底保障职能，二是引导示范功能，即公办养老机构要发挥面向社会示范培训、调控养老服务市场、化解民办养老机构因暂停或终止服务导致的老年人安置风险等作用；与此同时，要进一步延伸服务，为社会办养老机构和周边社区、农村提供养老服务人才和项目支持。

同时，各地在政策文件中，还进一步明确了公办养老机构的分类。北京市依据养老机构的所有权和运营权之间的关系，将公办养老机构划分为公办公营、公办民营和公建民营三种类别，浙江省则将公办养老机构分为公办公营和公办民营两种类别。同时，浙江省还根据服务对象的身体状况和提供服务的类型将养老机构分为护理型、助养型、居养型养老机构三类。其中护理型养老机构主要服务失能、失智老人，向他们提供长期照护服务；助养型养老机构主要服务半自理老人、自理老人，向集中居住的这些老人提供适当照护服务；居养型养老机构主要服务自理老人，采取家庭式居住方式，并设有配套的护理和生活照护场所。由此，公办养老机构也分为护理型、助养型、居养型三类，并特别要求加强护理型公办养老服务机构建设。

二　明确公办养老机构的服务对象

服务对象精准化是公办养老机构改革试点工作的第一步。《通知》规定公办养老机构首要的服务对象是"孤老优抚对象，经济困难的孤寡、失能、高龄等老年人"。主要从经济能力、健康状况、居住安排和年龄等条件判断老年人是否符合入住条件，一改昔日的排队等候状况。需要注意的是，除了孤老优抚对象外，经济困难是老年人入住公办养老机构的关键前提，再一次明确和强化了公办养老机构的"兜底"职能。

北京市、湖北省都将公办养老机构的服务对象分为三类，湖北省将公办养老机构的服务对象划分为以下三类：政府供养特困对象，困境家庭保障对象，优待服务保障对象等。北京市则规定公办养老机构的服务对象主要包括以下三类：第一类对象为政府供养保障对象，如农村五保老年人和城市特困老年人；第二类为困境家庭保障对象，如低收入或低保家庭中的高龄、失能或孤寡老年人；第三类为优待服务保障对象，如市级及以上劳模，特殊贡献人员中的高龄、失能老年人等。这三类对象在公办养老机构传统服务对象（城市"三无"、农村"五保"老人）的基础上，兼顾考虑了年龄、身体状况、经济状况等方面的因素，即高龄、失能、低保或低收入家庭老年人的基本养老服务需求。同时，根据时代发展的现实需求，将兜底保障的对象扩大到特殊贡献人群和"失独"家庭中的失能、中高龄老年人，基本体现了公办养老机构针对重点人群（失能、高龄、低收入）和困难人群（"失独"）提供基本养老服务的职能定位。其他省、市，如四川省、浙江省、杭州市大多根据老年人的年龄、健康、身体及特殊困难因素等条件，明确提出了公办养老机构的服务对象，包括："三无"、"五保"老人；低保家庭老年人或低收入老年人；经济困难的高龄、失独、失能、半失能、孤寡老年人；以及其他有特殊贡献的优抚保障对象等。

三 健全公办养老机构的服务管理制度

第一，以老年人经济状况和身体状况评估为重点的养老服务评估制度。例如北京市出台了《养老机构老年人健康评估规范》的地方标准，根据评估标准将老年人的自理能力分为完全自理能力、部分自理能力、无自理能力三个级别，将后两个级别认定为"失能"。湖北省的政策详细规定了公办养老机构入住对象评估制度，评估内容包括身份特征评估、健康状况审核、经济状况、家庭成员状况、优待资格以及自理能力。浙江省则建立了公办养老机构准入评估和公开轮候制度。《浙江省社会养老服务促进条例》明确要求县级以上各级政府建立社会养老服务需求评估制度。经评估确定的需求类型和等级，作为老年人是否能够入住公办养老机构和享受社会养老服务补贴的依据。杭州市建立了"公办养老机构网上公开轮候平台"，有入住需求的老年人可以通过网上申请，再进行评估、轮候和入住。宁波市则要求对老年人的身体健康状况、家庭经济状况以及老年人的养老服务需求进行评估，据此建立老年人的养老服务需求数据库，实行动态管理，并在此基础上建立公办养老机构的服务对象入住评估制度。

第二，以增加入住养老机构的公开透明性为重点的社会评议制度。例如北京市出台了《北京市公办养老机构入住及评估管理办法》（京民福发〔2015〕269号），详细规定了公办养老机构老年人的入住程序、审核及评估内容、评估机构等具体操作事宜，并通过政府购买服务、依托各区和市社会福利事务管理中心等方式，开展基本养老服务保障对象的评估与入住工作。湖北省则将入住养老机构的程序规范化，包括申请、审核、评估、公示、复核等五个步骤，一个步骤也不能少。

第三，建立公办养老机构的价格调控和收费管理制度。例如北京市对公办养老机构的收费项目、定价管理、收费行为规范等做了具体要求。明确了公办养老机构的主要收费项目，并提出基本养老服务收费项目实行政府定价，非基本养老服务保障对象的老年人，其服务收费按照市场机制调节管理。同时规范了公办养老机构，包括公办公营、公办（建）民营养老机构的收费标准调整公示制度，并对公办养老机构新定或调整收费标准做了明确要求。浙江省的改革力度更大，为了给民办养老机构发展创造相对公平的市场环境，同时在一定程度上补偿政府投资成本，浙江省逐步进行了公办养老机构收费和定价机制改革。改革的基本做法是在制定服务价格时考虑部分投入成本的补偿，同时结合老年人的承受能力，逐步建立由市场决定价格的机制。湖北省则实行分类收费制度，"三无"老年人免费入住公办养老机构；经济困难的高龄、失能、半失能、孤寡、失独等老年人的护理费和床位费通过政府定价或指导价进行定价，其他社会老人则一律根据市场情况由机构实行自主定价。

四 加强公办养老机构的服务职能

经营服务意识淡薄是我国公办养老机构在发展过程中出现的第二大问题。公办养老机构大多由政府举办，很多存在竞争意识不强、经营理念滞后、服务意识薄弱、服务内容单一、服务队伍落后和专业人才短缺等问题，影响我国公办养老机构健康和可持续发展。为此《通知》提出我国公办养老机构改革试点的第二大任务是增强服务功能。

（一）加强护理型公办养老机构建设

公办养老机构服务功能的发挥首先应当从硬件设施的建设和改造入手。《通知》提出三个方面。第一，盘活公办养老机构现有资源，加强基础设施改造。第二，公办养老机构应当创新服务供给方式，拓展服务功能,拓宽服务范围。例如湖北省规定可以将保洁、配餐、送餐、衣物洗涤、护理等服务项目,通过政府购买形式进行外包合作。第三,公办养老机构应当提高护理性床位的数量和比重。护理型床位的占比是评价我国养老机构发展水平的重要指标,《"十三五"国家老龄事业发展和养老体系建设规划》明确提出到2020年我国养老机构"护理型床位占比不低于30%"的发展目标。在加强护理型养老机构建设方面,浙江省的经验值得借鉴。

浙江省充分考虑护理服务快速增长的需求和公办养老机构护理床位不足的矛盾,在把公办养老机构分为护理型、助养型、居养型三种类型的基础上,明确要求加强护理型公办养老服务机构建设。《浙江省社会养老服务促进条例》规定养老机构的建设以护理型为重点、以助养型为辅助、以居养型为补充。特别强调政府投资设立的养老机构应当以护理型养老机构为主。《浙江省人民政府关于深化完善社会养老服务体系建设的意见》(浙政发〔2011〕101号)规定:对现有存量公办养老机构要求加快发展成为护理型养老机构;在增量上要求尚未建设敬老院(五保供养服务中心)的乡镇(街道)原则上都要建设1所以上护理型公办养老服务机构。为推动护理型公办养老机构建设,浙江省出台配套规定,要求加快将养老机构纳入医保定点单位范围,实现医疗保险与养老服务的有效衔接。浙江省各地贯彻文件要求,重点加强护理型公办养老机构建设。杭州市提出要求,公办公营养老机构要增加护理型床位数量,提高护理型床位所占比例,到2020年该比例不低于70%。宁波市出台文件要求重点发展护理型公办养老机构,逐步提高公办养老机构护理型床位比例,并提出各县(市)区至少要有一家服务失能、半失能老年人为主的综合性社会福利机构。

(二)提高公办养老机构的软实力

《通知》提出要通过养老机构服务项目和设施安全的标准化、服务手段的信息化和服务队伍的专业化来提高公办养老机构的软实力。在地方的文件中都提出可操作化的政策。在服务队伍专业化方面,山东省提出要科学合理地设置岗位,以吸纳专业人才;要加强职业培训,提高养老服务队伍的专业素养;要合理确定薪酬待遇,建立能上能下、充满活力的选人用人机制,提高从业人员的职业归属感。

在公办养老机构的人才队伍建设方面，浙江省的经验值得借鉴。为吸引优秀人员进入养老服务队伍，并保持养老机构人员队伍的稳定性，浙江省发布了多个政策文件，出台了多项举措，主要有：实施入职奖补制度、社保补贴制度、养老护理员特殊岗位津贴制度等，提供住房优惠、完善人才流动机制，定期发布养老护理员工资指导价位等。

入职奖补制度是指对进入养老机构（浙江省规定福利性、非营利性养老服务机构，杭州市规定非营利性养老服务机构，宁波市规定民办养老服务机构）从事养老服务及相关工作的普通高校、职业院校毕业生，就业满5年后给予一次性奖补的制度；养老护理员特殊岗位津贴制度是指对取得《养老护理员职业资格证书》并从事养老护理岗位工作的人员，按照不同等级，给予奖励或者补贴的制度；社保补贴制度是指对养老机构缴纳的社会保险给予补贴的制度；定期发布养老护理员工资指导价位是指人力资源社会保障、民政部门在每年一定时期（浙江省和宁波市规定每年6月底前，杭州规定8月底前，）向社会公布当地护理人员职位工资指导价格，用以督促养老机构落实价格，保障养老护理员的待遇；享受住房优惠是指按照《杭州市人民政府办公厅关于鼓励社会力量兴办养老服务机构的实施意见（试行）》（杭政办〔2014〕3号）的规定，获得初级养老护理员以上证书的养老护理员（含外地户籍），在杭州从事养老服务满3年，可申请公租房。获得初级养老护理员以上证书并服务满5年，可申请廉租房；完善人才流动机制是指公办养老机构（宁波市包括公办养老机构和医疗机构）正式在编在岗从业人员到社会办养老机构中任职，人事关系及个人档案转入当地的人才服务中心，合同期满，上述人员需重新流动到事业单位工作的，经事业单位、主管部门同意和当地人社部门认定核准后可重新聘用为公办养老机构正式在编人员，工龄连续计算。

（三）发挥公办养老机构的社会示范效应

机构、居家和社区是养老服务的三根支柱，三者的关系也在此消彼长中寻找动态平衡。以"居家为基础，社区为依托，机构为支撑"的发展策略被写入了《中华人民共和国老年人权益保障法》。但近几年来养老机构的"支撑"作用主要体现在片面强调"床位数"增加，致使老年养老机构供需失衡，造成养老资源的浪费。目前，国家正在建立"以居家为基础，社区为依托，机构为补充，医养相结合"的多层次养老服务体系。拓展公办养老机构的辐射功能，完善机构、社区和居家协调发展的多层次的养老服务体系是公办养老机构改革的亮点。北京等地公办养老机构改革意见中明确提出要充分发挥公办养老机构对居家养老服务和社区养老服务的辐射功能和带动作用，为居家养老服务和社区养老提供必要的指导和帮助。

五 现阶段重点推进公建民营的转制方式

在界定清楚公办养老机构的职能定位与服务对象之后，公办养老机构采取什么样的方式进行转制是目前各级相关政策文件的重要内容。各地对公办养老机构的转制方式进行了积极探索，承包、委托、合资合作、联合经营、服务外包、专项服务合作、公私合营PPP模式，包括将专门面向社会提供经营性服务的公办养老机构转制为企业等，都是各级文件中提到的转制方式。但从现阶段的政策导向来看，公建民营能够形式多样、方便灵活地实现公办养老机构的转制目标，提高公办养老机构的内在生机和活力，提高效率，成为目前各级政策文件中主要推进的公办养老机构转制方式。《通知》提出公办养老机构改革的第三大任务是推行公办养老机构的公建民营。为了进一步加大改革力度，民政部办公厅和发展改革委办公厅于2016年8月联合发布了《关于开展以公建民营为重点的第二批公办养老机构改革试点工作的通知》（民办发〔2016〕15号，下文称《公建民营通知》），提出在推进公办养老机构转制改革的过程中，要不断扩大公建民营的范围，丰富公建民营的方式，充分发挥其辐射与示范作用，提升其规范化水平，同时，不断完善公建民营机构的配套措施，不断加强监督和管理。

（一）鼓励公办养老机构以公建民营方式进行转制

公建民营养老机构主要是指所有权和经营权分离的养老机构，政府投资兴建故拥有养老机构的所有权，社会力量通过承包、委托、招标和联合经营等方式取得经营权。虽然地方政府在对公建民营养老机构的定义方面取得共识，但在纳入公建民营养老机构试点范围的选择方面有所差异。天津规定新建成的养老机构全部实施公建民营，北京和广西等地将政府购置和改建的养老机构也纳入公建民营的范围，浙江规定PPP项目和公办机构部分委托管理的养老机构不纳入公建民营的范围，而福建则规定只将以租赁方式引入社会力量运营的公建养老机构纳入公建民营的范围。

从现有的政策文件及实践来看，公建民营的实施方式主要有三类：第一，承包。承包是在不改变公办养老机构产权性质的前提下，将其经营权转让给企业、组织或个人等市场主体经营，政府收取一定的承包费，并监督管理，主要分为整体租赁和"一院两制"等形式。第二，委托经营。委托经营是将公办养老机构委托给各类市场主体全权经营管理。第三，联合经营。联合经营是指公办养老机构的经营权由市场主体部分代行，根据政府与市场主体双方的资金投入比例和能力优势分配经营权，并通过协议确认双方的职责范围，形成合作关系，市场主体根据投入情况获得相应回报。《公建民营通知》还指出，如果公办养老机构暂时不具有实施公建民营的条件，可以采取服务外包、购买服务以及合作等方式，引入社会力量进行运营。

（二）制定支持公建民营养老机构发展的补贴措施

《通知》规定政府要通过提供补贴和购买服务等形式支持公建民营养老机构的发展。在地方政府推进公办养老机构公建民营的实施意见中，进一步细化了补贴的条目和金额。天津市规定实施公建民营的养老机构主要享受4种补贴。一次性建设补贴：政府投资新建和购置建设的养老机构3万元/床，政府改建和扩建的新增养老机构床位获得1.2万元/床的一次性建设补贴；运营补贴：给收住生活自理老人的养老机构1050元/床·年，收住生活不能自理和半自理老人的养老机构2250元/床·年的运营补贴；困难老人入住补贴：给收养政府重点"兜底"对象的养老机构，部分或全额的资金补贴；防范意外风险补贴：全市统一组织按照实际入住老人数和每张床150元/年的标准为公建民营养老机构投保综合责任险，保障入住老人的合法权益，防范经营风险。浙江省的运营补贴则包括专项建设资金补贴、税收减免、人才支持计划和特困老人入住补贴。

（三）加强公建民营养老机构的操作规范

为了进一步加强和规范公建民营养老机构的实施，各地纷纷出台专项实施办法，如北京市民政局、发展改革委和财政局于2015年8月联合出台了《北京市养老机构公建民营实施办法》（京民福发〔2015〕268号），对公建民营的定义、实施公建民营的机构类型、组织实施公建民营的责任部门、社会招投标、机构责权、监督管理等内容均做了明确规定。浙江省专门出台了《浙江省民政厅关于推进养老机构公建民营规范化的指导意见》（浙民福〔2016〕26号），从公建民营定义和范围、公建民营后机构定性、公建民营的原则、社会主体遴选条件、合同管理、运营管理、退出机制和违约责任追究、机构评估和准入退出联动、政策保障共九个方面对养老机构公建民营涉及的核心问题进行了较为详细的规定。在定义和范围上，文件规定公建民营是指养老机构由政府出资兴建并拥有所有权，然后交由社会力量整体运营和管理。在定性上，明确公建民营养老机构应保障公益性，履行保基本、兜底线职责；在原则上，要求应做到积极稳妥、公开公正、管办分离、持续发展；在社会主体的选择上，规定要制定科学的招标文件，原则上采取公开招标的方式，按照规范的程序，严格考察社会主体的运营理念、能力、资质、经济实力等因素；在合同管理上，规定要明确双方（三方）的权利、义务、职责，明确公建民营养老机构保障基本、兜底线的职责，明晰国有资产和社会资本管理办法和产权归属，明确退出机制等；在运营管理上，对资产管理、机构资质及性质选择、监管主体、日常管理、定期考核等方面做了规定；在退出机制和违约责任上，对退出和移交涉及事项做了安排；在机构评估和准入退出联动上，对公建民营养老机构的评估范围和内容以及评估结果的利用做了部署；在政策保障上，对设施保障、扶持政策做了明确安排。

（四）加强对公建民营养老机构的监督管理

放手经营权后，监管成为政府履行职能的重要手段。明晰权责关系是政府加强管理的前提。政府首要明确公开、透明、公平和合理的准入条件、运营时限和退出机制。公建民营运营主体的准入条件包括遴选标准和遴选方式两个方面。虽然各地的政策对公建民营养老机构运营主体的规定有所差异，但基本需要具备四个条件：独立承担民事责任的能力，养老服务的相关经验，专业的管理和服务团队，运营养老机构所需的资金能力。运营主体的确定方式主要是公开招标，在特殊情况下可以通过品牌机构连锁运营、邀请招标、竞争性谈判、单一来源采购和询价协商等方式确定运营主体。公办民营养老机构的运营时限主要根据项目实际运营的年限、运营方的前期投入和项目的具体规模等情况来确定，各地规定通常为15~20年。退出机制分为合同期未满需要退出的、合同期满退出的和出现违法违规行为被迫退出的三种情况。运营主体退出经营需要提前3~6个月向所有权方提出申请，办理解除合同等有关手续。

各地的政策文件还详细列举了公建民营养老机构违规经营，被迫退出的情形。此外，为了及时监管，避免公建民营养老机构违规经营，提高机构的运营效率，福建省出台了《关于加强公建民营养老机构管理的意见》（闽民福〔2014〕400号），要求每年3月31日前公建民营养老机构的运营主体将该机构的服务范围、服务质量和运营管理等情况以工作年报的形式上报民政部门审核。浙江省出台了《关于推进养老机构公建民营规范化的指导意见》，提出"谁主管谁负责"的原则，进一步明确了监管主体，实行同级民政部门主管、其他有关部门协助的方式。此外，公建民营养老机构的监管还包括确保国有资产不流失、养老用途不改变和服务水平明显提高。各地在政策中对这三个原则都进行了具体化的规定。第一，确保国有资产不流失。广西规定运营方不能以土地和设备等国有资产进行抵押、融资和贷款；北京规定公办养老机构公建民营的实施方案需要进行可行性论证，并委托会计事务所评估国有资产并出具资产评估报告；天津规定严禁以公办养老机构公建民营改革为名，将国有资产转移到个人或其他组织名下。第二，确保养老用途不改变。福建省规定公办养老机构实施公建民营后，经营范围只能是养老服务，包括日常生活照料、康复服务、护理服务、文化娱乐、精神慰藉等服务。第三，服务水平明显提高。广西规定实行公建民营的养老机构要为老年人提供更加优质、完善和安全的服务，天津规定公建民营养老机构应当不断提升服务水平，起到示范作用。

六　支持多种方式推进公办养老机构转制

除了公建（办）民营形式外，各地政策中还提出了许多其他方式来推进公办养老机构的转制进程。如四川省政策规定，对在养老服务领域政府和社会资本合作（PPP）的项目，除了以政府划拨的形式供应土地之外，还可以支持市、县政府将国有建设用地的使用权以入股或者作价出资的形式提供土地，以便与社会资本共同投资建设养老机构。政府通过给予民营企业长期特许经营权和收益权来引导和促进民间资本投资新建或改扩建公办养老机构，通过建设补贴、运营补贴、购买服务、贷款贴息、补助投资、税费减免等方式支持社会力量投资建设、运营养老机构。

此外，对于公办养老机构转制成为企业，其前提条件是这些公办养老机构在运行的过程中不承担社会"兜底"职能，专门面向社会老人提供经营性服务。公办养老机构发展过程中出现的最根本的问题是混淆公共产品和私人产品，同时提供二者导致效率低下和不公平。虽然我国公办养老机构建立的初衷是为特殊困难老年群体提供养老服务，满足条件的老人都可以无条件享受相应的服务，具有非竞争性和非排他性，但随着改革的推进，公办养老机构面向社会老人并开始收费，于是部分变成具有竞争性和排他性的私人服务。根据经济学原理，私人产品由市场提供的效率要高于政府提供。公办养老机构改革试点提出要将专门面向社会老人、提供经营性养老服务的机构交给市场，充分发挥市场的作用。在转变成企业的过程中还要处理好机构的性质变更、国有资产保值增值以及人员安置等问题。对于人员安置，湖北的政策提出员工可以通过登记成立公司制企业，利用自身的专业优势，来承接公办养老机构的日常运营和服务外包，从而实现人员分流和机制转换。此外，《通知》还提出要按照国家分类推进事业单位改革的要求推动公办养老机构改革。公办养老机构与其他事业单位一样，都是由政府主办和主导的机构，是行政部门附属物，不能自主经营，不用自负盈亏，服务价格和生产要素供给都处于主管行政机构的控制之下。二者在现有经济发展水平下面临的问题也颇为相似，可以与事业单位整体改革同步推进。

第三节 公办养老机构转制政策的主要特点

一 政策的责任主体为地方政府

公办养老机构改革试点的政策制定部门虽然是主导机构养老政策的民政部门，但直接牵头的依然是试点所在地的地方政府。《通知》提出我国公办养老机构改革试点工作的推进受到社会各界的广泛关注，政策性强，政府必须加强指导和领导，以保证试点工作有条不紊地推进。公办养老机构的相关责任主体包括中央政府、地方政府、各级民政部门、其他相关部门和试点单位五个方面。在责任分工方面，中央政府负责顶层设计；试点单位所在的地方政府亲自挂帅，及时了解和解决试点中存在的问题；发改、财政、人力资源与社会保障、编办、工商、税务等相关部门负责协调；省市民政部门负责总结经验和制定政策措施；试点地区的民政部门稳妥推进试点工作。

二 政策的制定理念比较清晰

从政策内容看，公办养老机构改革试点的方向很明确，即发挥公办养老机构的"兜底"职能，并盘活现有养老资源。同时政策制定是建立在对现状认识比较清晰的基础之上的。但总体来看，对于机构养老的认识还不够明确，尤其是对机构养老服务的理念还比较模糊，所有的政策文件都没有涉及服务理念，这是以后政策制定需要加强的地方。

三 政策的覆盖范围不断扩大

公办养老机构改革涉及我国养老机构中的72%，共计3万多家公办养老机构。《通知》强调各地至少须选择一个单位试点并在一个月内向民政部门报备，并且试点的选择优先从大中城市民政部门举办的公办养老机构开始，改革推进的力度较大。2013年12月启动了第一批公办养老机构改革试点，截至目前，全国已经有1100多家公办养老机构进行改革，其中在民政部备案的共有29个省（自治区和直辖市）的126家试点单位。随后，在第一批改革试点的基础上，民政部和发展改革委员会联合印发通知，继续开展第二批改革试点，进一步扩大公办养老机构改革的覆盖范围。

四 政策实施坚持因地制宜

公办养老改革政策整体布局紧紧围绕国家分类推进事业单位改革的总体思路，严格遵从试点先行和逐步推进的工作步骤。坚持先易后难和循序渐进的原则，从大中城市民政部门直辖的公办养老机构开始，从特殊困难老人最基本最迫切的养老服务需求入手，不断完善政策内容，不断丰富试点的内容和形式，不断扩大试点的广度和深度。

第四节 公办养老机构转制政策的主要问题

虽然公办养老机构改革政策在推进试点改革的过程中发挥了积极的作用，但仍然存在政策结构不健全、操作性不强、扶持不到位和融合度较低等问题。

一 政策结构不健全

政策结构不健全主要表现在四个方面。第一，缺少国家顶层设计。目前国家层面指导公办养老机构改革试点的政策有民政部颁发的《关于开展公办养老机构改革试点工作的通知》（民函〔2013〕369号）以及民政部和发展改革委员会联合发布的《关于开展以公建民营为重点的第二批公办养老机构改革试点工作的通知》，现有政策都是在贯彻落实国务院政策精神。第二，缺少配套政策的支持。公办养老机构是我国养老服务体系的重要内容，其改革涉及财政、税务、工商等多个部门的相关利益，目前这些部门都还没有出台相应的配套政策支持公办养老机构改革。第三，缺少全国统一标准。因地制宜的政策设计照顾到各地特殊情况，也造成政策碎片化，为后期的政策整合埋下隐患。第四，关键政策内容缺失。目前的政策搭起了我国公办养老机构的整体框架，但缺少一些关键内容的支持，例如对公办/公建民营养老机构的监督与管理标准，对老年人基本养老服务需求的评估标准以及养老机构服务质量的评估标准等。

二 政策操作性不强

可操作化是政策落地的重要保障，目前公办养老机构改革政策最大的不足就是操作性不强。首先，《通知》提出公办养老机构应当"优先"保障困难老人的服务需求，"充分"发挥托底作用。目前的政策只提出让谁住进来的问题，并没有解决怎么住进来的问题。政策中提到要建立以经济状况和身体状况评估为重点的养老服务评估制度，该评估制度缺少了对老人年龄、家庭结构和社会贡献的考察，滞后于一些地区现有的评估制度，缺少指导作用。其次，在养老机构公建民营方面，没有规定准确的定价机制，机构怎么收费，是否允许盈利，利润怎么分配，是否收取租金等细节问题还没有统一和明确的政策规定。

三 政策扶持不到位

政策扶持不到位主要是指对公办养老机构公建民营的扶持力度不够。国家层面的政策中，《通知》提出要通过运营补贴支持公建民营机构的发展，《公建民营通知》提出有关部门要在民政部门的协调下进一步制定和完善针对公建民营机构的税费减免、运营补贴和投融资等扶持政策。在政策的落实过程中,只有个别地方的政策详细规定了针对公建民营机构的运营补贴,一些地区虽然提到了扶持政策,但都比较模糊。税收和金融等相关部门并没有出台相应的税收减免政策和投融资支持政策,这些都将影响公建民营养老机构的发展。

四 政策融合度不高

公办养老机构改革政策中的相关规定涉及其他政策。在推进公办养老机构公建民营方面提出要确保国有资产的保值增值,在政策落地过程中,一些地方政策也提出了如何确保国有资产不流失,如广西规定运营方不能以土地和设备等国有资产进行抵押、融资和贷款。我国关于国有资产的管理出台过众多的政策法规,如国务院发布的《国有资产评估管理办法》,财政部发布的《行政事业单位国有资产管理办法》和国务院印发的《关于加强和改进企业国有资产监督防止国有资产流失的意见》等,这些政策详细规定了如何确保国有资产保值增值和不流失,但如何与公办养老机构转制实践相结合还需要进一步探讨。

第五节 公办养老机构转制政策的发展方向

一 完善公办养老机构的管理体系

权责明晰、功能明确、监管有力和运行高效的公办养老机构管理体系是公办养老机构改革试点健康有序推进的重要保障。相关部门应该制定全国统一的公办养老机构管理体制改革政策,保证试点取得预期效果。首先要建立养老机构省级统筹机制和地区联动服务机制,在遵循属地原则和就近原则的基础上充分发挥老年人的主观能动性,实现协同发展。其次,要规范公办养老机构的收费标准,细化定价机制,发挥市场在资源配置中的作用,对于政府"兜底"对象以政府购买服务的方式支付。最后,探索公办养老机构的社会化运营模式,鼓励社会组织参与到公办养老机构的管理运营中来。一方面,社会组织的参与增加了养老服务的供给,弥补公办养老机构的供需缺口,能充分发挥市场和政府的双重优势,为老年人提供多样化的选择;另一方面,多主体参与引入竞争机制,有利于提高服务水平,从而推动公办养老机构的改革改制。

二 规范公建民营机构的运行机制

2016年民政部和发展改革委员会联合发文推动公办养老机构公建民营改革试点。在试点推行的过程中公建民营养老机构仍然存在实践形式界定困难、职能定位不清和服务对象模糊等问题，规范公建民营养老机构的运行机制成为政策发展的重点。公建民营养老机构虽然由市场主体运营，但所有权依然属于政府，应该承担政府"兜底"职能，收住政府托底对象。但对于公办养老机构要留多大比例的床位，需要建立完善的养老服务评估制度来确定。在规范公建民营养老机构的发展过程中要建立老年人养老服务评估制度和公建民营养老机构定价机制，充分发挥市场在资源配置中的作用。以市场为导向的定价机制能保障机构正常运营，从而鼓励更多的社会力量参与，为养老服务业的发展注入新的活力。

三 健全公办养老机构的法制保障

目前我国公办养老机构改革方面的法律法规建设还处在空白阶段，关键法律法规的缺失，阻碍了我国公办养老机构改革试点的顺利实施。公建民营是我国公办养老机构改革试点的重点推进方式之一，但是在公建民营运营主体的选择标准和选择方式方面缺少法律法规的指导和约束。财政部等联合发布的《关于鼓励民间资本参与养老服务业发展的实施意见》规定，通过公开招投标的方式确定养老服务业的市场。在招投标方面，我国现有的法律是1999颁布的《招投标法》，其关于投标人的确定条件和确定过程都相对复杂，操作成本高，不适用于公建民营养老机构运营主体的选择。因此，试点推行的过程中，只能通过邀请招标、竞争性谈判、单一来源采购和询价协商等方式确定运营主体，导致运营主体的选择缺少公平和透明。另外，通过招投标进入的运营主体在招标过程中也存在程序不规范、透明性低的问题，为公私双方合谋行为留下灰色地带。因此，健全和完善的法律法规制度，能够保证试点推行过程的规范性，为公办养老机构改革提供良好的制度环境。

四 引入公私合作制的改革模式

公私合作制（Public-Private Partnership，简称PPP）是一种公共部门和私人部门建立合作关系共同提供公共产品和服务的制度安排。一些地方政策将PPP模式排除在公建民营养老机构的试点范围之外，但PPP模式的引入有望给公办养老机构添加新的活力。首先，人口老龄化持续深化激发了庞大的养老服务需求，仅仅依靠政府财政无法满足不断增加的养老服务需求，通过公私合作制，不断将社会资本引入公办养老机构领域，能有效缓解政府的财政压力。其次，将先进的现代企业管理理念和技术引入公办养老机构的管理体制中来，能够破解目前公办养老机构管理体制僵化、运行机制封闭、服务效率低下等问题，推动公办养老体制改革试点的推进。最后，PPP模式同公建民营模式一样，都要求管办分离，有助于将政府从具体的运营事务中摆脱出来，促使政府不断强化契约意识，更好地履行公共职能，从而提升政府的服务水平。

第八章　我国公办养老机构转制发展实践现状

为了进一步提高公办养老机构的运行效率，促进社会资本积极投入养老服务市场中来，更快更好地推进养老服务市场的公平有序发展，民政部于2013年底下发了《关于开展公办养老机构改革试点工作的通知》（民函〔2013〕369号），并于2014年初开始在全国范围内推进第一批公办养老机构改革试点。为了进一步了解这些改革试点的进展情况，深入分析目前我国公办养老机构的转制发展现状，笔者在第一批公办养老机构改革试点的名单中，选择试点单位较多的省份，同时兼顾东、中、西部地区经济发展程度、养老服务水平的差异，选择了北京、浙江、湖北、四川进行专题座谈与典型调查。分别在北京、杭州、宁波、武汉、荆州、随州、绵阳、遂宁，共召开了11次专题座谈会，选择了20家公办养老机构试点单位进行典型调查，对30余名民政管理工作人员和试点机构院长进行了个人深度访谈。访谈内容涵盖转制背景、转制情况、运营现状、前景思路、现存问题及看法等。

从整体情况来看，由于各地经济发展程度不同、养老服务市场的发展基础不同，因此在推进公办养老机构转制的过程中，各地因地制宜，各有各的实践方法。例如北京、浙江属于经济发展水平较高、养老服务市场发展较快的省市，它们推进公办养老机构改革的政策基础较好，同时养老服务企业较多，社会资本投入养老服务市场的热情较高，早在21世纪初就有养老机构进行了经营管理体制的改革探索。它们推进公办养老机构改革的意识比较超前，相关实施步骤也比较规范，阶段性的效果也比较明显。但就整体情况来看，由于目前各地推进公办养老机构转制的基础不同，公办养老机构本身的发展形式也多种多样，因此在管理体制和运行机制方面的改革做法也千差万别。从本课题专题座谈和典型调查的情况来看，在各地公办养老机构转制的具体做法上，有公办养老机构本身进行市场化运营的，有全部委托给民间资本运营的，也有政府派人管理并进行市场化运营的，还有服务外包、公私合营的 PPP 模式等，这都是根据各地不同的转制基础进行的多元尝试。

表 8-1　被访试点机构情况

	机构名称		机构名称
北京	门头沟区老年社会福利中心	湖北	武汉市江汉区社会福利院
	顺义区赵全营镇敬老院		荆州市公安县众信养老服务中心
浙江	杭州市第三社会福利院		荆州市监利县社会福利中心
	杭州市滨江区绿康阳光家园		随州市社会福利中心
	和睦老年公寓	四川	绵阳市安州区界牌镇敬老院
	宁波市老年疗养院		绵阳市安州区桑枣镇敬老院
	宁波市海曙区广安养怡院		绵阳市安州区河清镇敬老院
湖北	武汉市社会福利院		遂宁市射洪县广兴镇社会福利服务中心
	武汉市武昌区胭脂路社区养老院		遂宁市沱牌镇社会福利服务中心
	武汉市汉阳区社会福利院		遂宁市船山区中心敬老院

根据公办养老机构转制的推进程度，以及管理体制和运行机制改革的程度，目前公办养老机构转制类型大致可以分为以下几种。

第一种是仍然由公办养老机构编制内人员进行管理，但不同程度地引入市场竞争机制，进行运行机制方面的改革，比较典型的包括杭州市第三社会福利院、宁波市老年疗养院、武汉市江汉区社会福利院、宁波市海曙区广安养怡院等。

第二种是改建、新建后的公办养老机构，完全委托给社会力量运营的全部委托式公建民营模式，这是目前各地采用最多的转制方式，杭州市滨江区绿康阳光家园、北京市门头沟区老年社会福利中心、北京市顺义区赵全营镇敬老院、武汉市武昌区胭脂路社区养老院、荆州市公安县众信养老服务中心、荆州市监利县社会福利中心、绵阳市安州区界牌镇敬老院、绵阳市安州区桑枣镇敬老院、遂宁市射洪县广兴镇社会福利服务中心、遂宁市沱牌镇社会福利服务中心等都属于这种类型。

第三种是改建、新建后的公办养老机构，委托+租赁式地交给社会力量进行公建民营的模式，比如随州市社会福利中心等。

第四种是分步转制的混合转制模式。即在一个养老院中既有公办公营模式，也有公建民营模式，也有服务外包形式，多种模式混合的一种经营模式，比较典型的如武汉市汉阳区社会福利院等。

第五种是在建设初期就引入社会资本进行公私合营的PPP模式，比较典型的如武汉市社会福利院等。

另外，还有一些公办养老机构，特别是乡镇一级的敬老院，在转制过程中由于位置较远、基础较弱、推向市场的条件不足，在转制过程中通过资源整合、设施优化，转型成为整合多种养老服务载体的区域性养老服务中心，比较典型的如绵阳市安州区河清镇敬老院、遂宁市船山区中心敬老院等。

第一节　公办养老机构引入市场机制进行转制改革

公办养老机构在我国建立时间较早，长期以政府事业单位的形式存在，积累了大量的编制内工作人员，同时随着我国养老服务体系的加快建设，近年来地方政府投资建设大型养老机构的情况依然非常普遍，对于这些新建规模较大、已有编制较多，或者在社会上已经有一定标杆性质和号召力的公办养老机构来讲，转制涉及众多编制内工作人员的消化与分流，涉及庞大的国有资产的评估与监管，各地对于这类公办养老机构的转制态度大多比较审慎，较少全部推向市场或者委托给社会力量，而是大多保留一定数量的编制内管理人员，引入不同程度的市场竞争机制，在维持机构正常运转的同时，进行运行机制方面的改革。比较典型的案例包括杭州市第三社会福利院、宁波市老年疗养院、武汉市江汉区社会福利院、宁波市海曙区广安养怡院。

一　政府组建团队、非完全市场化运营型公办养老机构

这一类公办养老机构以杭州市第三社会福利院为代表。其基本特征是：机构由政府投资兴建，后续大额度的设备购置等费用仍然由政府保障，管理和运营也是由政府委派人员进行，因此整体上是公办公营模式。但是在定价机制、财务平衡等方面进行了市场化改革。

（一）项目基本情况

杭州市第三社会福利院位于杭州市江干区北秀景区皋城村南麓，占地

面积 169 亩，建设规模 90688 平方米，设置床位 2000 张，是目前杭州市规模最大的公办养老机构。项目投资 6.5 亿元人民币，2013 年底开始试营业，2014 年重阳节全面社会开放，是民政部首批公办养老机构试点单位。

(二) 主要做法

1. 政府投资，政府管理

杭州市第三社会福利院由杭州市政府投资 6.5 亿元人民币兴建，在运营过程中由政府通过福彩公益基金保障福利院的硬件设施等基本建设支出。杭州市编办批给福利院 40 个编制，目前在编的是 25 人。其中 3 名领导班子成员是杭州市民政局党委任命的，其余 22 个全部是招考进来的。财政承担工资整体支出的 40%。

"编制内编办批给我们是 40 个编制，我们实际上现在在编的是 25 名，25 个正式员工。那么这 25 个正式员工除了我们领导班子是我们局党委任命的以外，还有 22 个全部是招考进来的。""这 25 个现在是财政给 40%，工资整体支出的 40%。"

2. 服务对象突出公办机构职责

杭州市第三社会福利院作为公办养老机构，预留出床位，优先保障失独、低保、经济困难的失能、失智老年人的养老服务需求。按照杭州市相关文件要求，从年龄和身体状况设定标准，接收 75 周岁以上的健康老人、60 周岁以上的护理老人。同时，对于护理要求较高、其他养老机构没有能力护理的老年人，杭州市第三社会福利院充分发挥自身所具有的医院的职能，及时予以接收。对于申请入住的社会老年人，杭州市第三社会福利院委托第三方中介组织上门评估，根据评估结果按照需求程度优先保障最需要的老年人入住，也即施行"评估准入、公开轮候"制度。

"真正生活有困难的，家里比如说空巢、独居的，住房各方面确实不方便的有困难的，老人提出来，我们是委托第三方中介组织上门评估的，只要你来报名登记的老人，我们都挨家挨户走一个遍，对老人提供的情况进行核实，同时也到社区跟邻居那里了解情况，我们就评估给出一个分数，也是从低分到高分，越是情况艰苦的老人分数就会越低，我们从低分到高分，每个月我们就安排一部分，安排了以后我们都在我们自己三福院的网站上进行公示，这个月入住了多少老人，基本上是什么情况，我们大概地说一下。同时让排队等待的老人心里有个数，这个月住进来多少了，还有多少空余床位，下一步准备要入住的。"

3. 定价采取半成本核算法

为了创造相对公平的市场竞争环境，杭州市第三社会福利院改革定价机制，采取半成本核算法定价，即不考虑土地成本，但将建设成本合到床位费里面，这样测算出来的价格比没有进行定价改革的公办养老机构价格要高，虽然比民办民营养老机构全成本核算的价格要低，但毕竟对公办养老机构来讲已经前进了一大步。

"在定价的时候我们采纳了半成本核算的建议，这也是我们人大代表、政协委员提出来的。把土地征用这块排除了，仅仅把大部分建设成本合在里面了，在定价的时候，合在我们的床位费里面。比较我们前几家养老机构来说，是跨了一大步。"

4. 管理运营进行市场化改革

杭州市第三社会福利院除了硬件设施由市福彩公益基金专项保障外，在水、电、气、物业等方面都是自身承担的，市财政仅仅保障人员工资的40%，其余60%由自身承担，因此，除了固定成本和部分人员工资由财政承担外，在其他方面是自负盈亏的，在入住人员不多的情况下，这就意味着面临亏损的局面。只有当入住老人达到一定数量时才能达到盈亏平衡，进而才能有盈利。这就给予管理者以现实的压力，迫使管理者必须提高管理水平、提高入住率。

"这25个（全院现有25名工作人员）现在是财政给40%，工资整体收入的40%，还有60%是靠我们自己（支付）。"

二 政府派人管理、非完全市场化运营型公办养老机构

这一类养老机构以宁波市老年疗养院为代表。其基本特征是：政府投

资兴建养老机构并购置设施设备，委派编制内人员作为负责人管理运营该养老机构，其他工作人员由该负责人招聘、培训、考核，负责人的人事关系和考核权在所属民政部门，其工资待遇也由所属民政部门发放，和管理运营养老机构的盈亏状况没有直接联系。养老机构的运营整体上走市场化道路，除了硬件投入由政府承担外，其他方面自负盈亏。养老机构在收费标准方面一部分价格由政府指导核定，另一部分自由定价；在改造装修或设施的购买上要上报上级民政部门并走政府采购程序，效率较低。机构要给政府上缴一定的场地房产设施使用费，但政府通常会给几年的过渡期，即从开始运营到之后的几年（如 4 年、5 年等）内免缴使用费，有的政府还会有一些额外的支持，目的是使养老机构能够顺利度过刚投入运营阶段由于入住老人较少导致的亏损期。待过渡期结束后，养老机构就要按照合同要求向政府上缴使用费。

（一）项目基本情况

宁波市老年疗养院是宁波市政府的一个养老重点实施工程，由中央财政和宁波市财政共同出资 2.5 亿元人民币新建，是隶属于宁波市民政局的一家面向市场、面向社会老人的公建民营体制的养老机构。疗养院位于宁波市的江北区、慈江以南，占地面积 43244 平方米，建筑面积 56339.3 平方米，2014 年 11 月份开始营业。全院共有床位 1275 张，截至 2017 年 1 月，入住老人 411 名，实际利用床位 460 张。全院有办公室、护理部、医务室、后勤部四个部门，现在一共有员工 162 位。

（二）主要做法

1. 政府投资兴建，委派专人组团管理

宁波市老年疗养院所处位置风景秀丽，交通便利，院内建筑品质上乘，设施完备，政府承担了土地、建设、装修、设备等所有前期成本，给管理经营团队提供了一个非常好的硬件基础。同时，政府在将该项目确定为公建民营后，面临选择管理经营团队的问题，经过综合考虑，决定自己组建管理团队，把原民政局的一位副处长调到宁波市老年疗养院担任院长，负责整个机构的运营。

2. 政府给予一定的资金支持

在中央财政和宁波市财政共同投资建成宁波市老年疗养院后，宁波市政府又特别准备了一笔资金——开办经费,用于满足疗养院开业阶段面临的资金需求。同时,宁波市民政局设置了3年的过渡期,3年内宁波市老年疗养院不必向政府交纳任何费用,目的就是尽最大可能地免除管理团队的后顾之忧,使团队能够全身心投入疗养院的运作当中。

"我们在刚刚开始建院的时候,我们有一笔资金,叫开办经费,也是属于我们国家支持的。所以说我觉得像我们这种公建民营的单位,确实在起点上面还是有一定的优越性在里面的。"

3. 半自主化定价、事业单位化的管理经营

宁波市老年疗养院的收费标准分为两种情况:床位费由政府物价局根据建设、运行、管理成本进行核定形成价格,护理费和餐费由宁波市老年疗养院自己根据成本和竞争情况自由定价。在管理运营方面,疗养院负责人是民政局委派下来的,其考核在民政局,因此在疗养院的经营以稳妥为主,再加上之前在事业单位工作的经历,因此在管理上还是采取事业单位的思维和体制去管理。如果出现了疗养院内部的一些规划实施、大额设施的购买等,在实施之前负责人都会向上级主管部门汇报。

4. 自负盈亏,市场化运营

宁波市民政局委派团队管理运营老年疗养院后,给予该团队较为充分的自由权,收住什么样的老年人、如何做好营销宣传、怎样做好文化建设、给员工什么样的待遇等一系列决策完全由团队自行决定。在养老服务市场上,宁波市老年疗养院同样面临和其他养老机构的竞争,由于在城乡结合部,距离市区有一定距离,且医疗条件有限,因此提高吸引力、尽快提高入住率是当务之急。在财务上,宁波市老年疗养院自负盈亏,3年的过渡期后要向宁波市民政局缴纳一定的费用,这对管理经营提出了较高的要求。

"到现在为止我们已经全部自负盈亏了,我们刚开始投入的是2.5亿,包括我们开办的时候有一些支持,到现在为止,两年过去以后基本上都已经自负盈亏了。"

5. 公务人员管理,摸着石头过河

宁波市老年疗养院院长是由民政局委派到宁波市老年疗养院担任院长

的。这种公务人员管理非完全市场化的养老机构的做法是一种尝试和探索，在很多方面需要摸着石头过河。比如在管理体制上，如何在政府的管理体制和市场运行要求之间找到平衡；在人员激励上，由于院长是公务人员，其待遇由民政局发放，和老年疗养院的经营状况没有直接关系，如何促进作为公务人员的院长等的动力和热情也需要探讨。

"因为我们这个班子的成员是公家派的，所以最大的一个问题，我们所谓的公建民营，民营就是用市场化的经营体制，实际上我们从内部管理来讲，有时候我们真的很困惑，这个体制该怎么来定位，真的很难定位，可能这个也是探索时期肯定要面临的。"

三 政府派人管理、完全市场化运营型公办养老机构

这一类养老机构以宁波市海曙区广安养怡院为代表，其基本特征是：政府出资建设养老机构并配备主要的设施设备，委派体制内的带编制人员担任院长管理运营，该院长的人事关系和考核都在所属民政部门。养老机构实行院长负责制，在收费方面，除了床位费由物价部门制定外，其他收费标准由养老机构自行决定，基本上是市场定价；在设施修缮购置方面，养老机构具有完全决定权，不必向上级主管部门报告审批；在人事方面，养老机构自行决定工作人员的招聘、培训、考核、薪酬发放等事宜；在经营方面，养老机构完全自主经营，自负盈亏，和当地民政部门只存在业务上的指导和被指导关系。因此，从整体上看，政府对养老机构基本没有行政干预，养老机构具有完全的经营自主权，走的是市场化运作之路。同时，作为政府投资兴建的养老机构，它主动承担了护理员培训、居家养老服务等一定的公共服务职能。

（一）项目基本情况

宁波市海曙区广安养怡院（以下简称"广怡"）位于宁波市悠云路969号，在广安路天胜花鸟市场东侧，与宁波市佛教老年休养院隔墙而居，位于核心城区。广安养怡院由海曙区政府投资，于2013年12月建成，2014年6月投入使用，是海曙区重点惠民实事工程之一。广怡系海曙区民政局直属、民办非企业登记的自收自支的综合性养老机构。全院占地9.2

亩，建筑面积16584平方米，总投资约1.16亿元，设有双人房、三人房、特护房、残疾人托养房等不同规格的床位500张，为海曙区目前最大的养老院。广怡现有工作人员126位，其中包括主任医生、副主任医生、中医主治医生等26位医生。广怡根据老年人的实际需求，提供休养、病残护理、脑瘫与肢残病人康复治疗以及居家康复、居家护理和临终关爱、善后等各种服务。

（二）主要做法

1. 政府投资兴建，委派体制内人员管理运营

广怡是由海曙区政府投资1.16亿元兴建的一家养老机构，所有权属于海曙区政府，属于典型的公建养老机构。在运营管理上，海曙区政府没有通过公开招投标的方式向社会选择运营方，而是直接委派体制内人员管理运营。选择的运营负责人即广怡院长是一家养老机构的院长，他长期从事养老服务，具有丰富的经验，从政府的角度看，选择这样的人非常"稳妥"。院长属于事业单位编制，其考核权归宁波市民政局。从这个意义上说，广怡的做法可以称为委派体制内人员管理运营。

> "相当于我们局里委派我来这儿管理，但是我的钱也是拿的是广安，但是标准是事业的标准。"

2. 入住对象以护理老人为主，优先保障政府兜底老人

广怡以康复治疗为特色，主要收住失能、半失能的，具有护理服务需求的老年人，是全国爱心护理工程建设基地。现有工作人员中，有主任医生、副主任医生、中医主治医生等26位医生，这在500张床位规模的养老机构中确实很少见。

与此同时，广怡履行公办养老机构托底保障职能，对老年人进行分类筛选，优先满足政府兜底老年人或经济困难老年人的入住需要。另外，广怡是由"闻裕顺福利院"和"三市养怡院"因宁波铁路南站拆迁合并变更而来，必须妥善安置两个养老机构的原有老年人。为此，海曙区民政局出台了《关于做好海曙区广安养怡院入住运营工作的指导意见》，广怡事先制定了搬迁入住工作方案，明确人员分工，搬迁入住采取"老人老办法、新人新办法"的方式，优先保障原有老年人的入住权利。在此基础上，对于多余的床位，广怡向社会上失能、半失能的老年人开放。

"我们一直做的都是以护理为主，我们也有医院、医务室，医务室有康复室、康复科，我们准备的医务力量比较强大，有26位医生，有西医还有中医，中医科也有，还有主任医生、副主任医生、中医主治医生也有两位，给他们开中医推拿这一块。""因为我们面对的是广大企业退休的，就是说兜底的，家里无法照顾的，包括海曙区的三无对象、五保户，家里无子女、无收入的这些我们政府兜底的，低保低收入的，还有生活不能自理的人我们是优先收住的。""咱们通俗地说就是半护理、半自理的人，其实我们收的就是需要帮助的老人。"

3. 自负盈亏，完全市场化运营

广怡实行院长负责制，政府充分放权，机构自主经营、自负盈亏，采取完全市场化运营的模式。在经济关系方面，广怡每年向政府上缴50万元盈利，除此以外，政府和广怡没有其他任何经济往来。这种"断奶"的做法彻底消除了养老机构对于政府的依赖心理，迫使养老机构真正独立，通过改善管理、改善经营、提升服务水平、提高入住率，在财务上实现盈利，进而实现机构的良性循环。在管理经营方面，宁波市政府除了对养老机构院长进行考核，对养老机构服务进行监管、业务指导，以及确定床位费以外，其他如人事、财务、定价、设施采购、经营等事务均由院长或领导班子决定。这种政府不进行行政干预，由养老机构自行运作、自由参与市场竞争的做法很好地激发了养老机构的积极性、主动性和创造性。

"我们跟民政，应该说是业务上的指导管理，我们是完全自负盈亏的，院长负责制，包括责任权利也是院长负责制。""床位费是由我们物价核定的。护理费我们是放开的，我们自主定价，护理费跟餐费还有洗衣费我们是自主定价的。"

"因为我们是民办非企业，采购我们都是自己买的。不需要审批……我们现在买的东西都是我们自己采购，包括我们的员工工资等，都是我们自己定的。""我们一直觉得运营很顺畅。像我们这样我觉得也很顺畅，因为没有太多的行政干预，而且领导们都很信任我。"

在这种运作模式下，养老机构自然会根据市场规律科学安排经营活动，如在人员安排上向一线倾斜，在开支上量入为出，改善管理，提升服务质量等。

"像我们是有多少菜吃多少饭，菜没了饭就吃不下了，我看看我有多少钱，我能做多少事情。我还要留出一部分资金用于员工工资的提升，有些意外的我肯定要处理，预留资金，看看我有多少钱，这几个房间怎么装、怎么弄预算去做，没钱那就别做了。"

4. 承担公共服务职能

广怡作为政府投资的、海曙区最大的、技术力量最雄厚的养老机构，承担了一定的公共服务职能。这突出表现在三个方面。一是发挥公建养老机构在养老服务中保基本、兜底线的职能，虽然广怡没有和政府签订预留一定数量床位接收特困老年人的协议，但在实际运营中优先接收三无、五保等特困老年人入住。对这部分老年人，广怡免收床位费、护理费、水电费费用，仅仅收餐费。二是对养老服务人员进行培训。它作为宁波市护理员培训基地，承接宁波市组织的养老护理员的培训工作；还承担宁波市海曙区居家养老服务人员的培训工作。三是开展居家养老服务。广怡在海曙区甚至宁波市都是知名品牌，为发挥机构养老服务的辐射作用，在承担人员培训工作的基础上，广怡在海曙区开展了居家养老服务。一方面，成立了"广安居家养老服务中心"，为海曙区居家的老年人提供送餐、生活护理等上门服务。另一方面，成立了"广安智慧养老服务中心"，利用信息技术建立平台，整合海曙区养老服务供需双方的信息，并进行有效对接，为居家老年人提供无偿的、低偿的、有偿的养老服务。

5. 政府着重监管考核

宁波市民政局对广怡实施比较专业的考核，而且考核结果还和养老机构负责人的收入挂钩。在考核内容方面，主要包括财务状况考核、经济效益考核、安全考核、满意度考核等方面。其中，财务状况考核每年由财务审计部门进行审计；安全考核包括食品安全、消费安全等，由民政局组织相关部门人员进行联合考核,同时还要结合有没有安全信访的情况等综合评定;服务满意度考核是政府委托第三方——社会工作服务中心进行考核,考核方式是广怡将老年人名单提供给社会工作服务中心,由后者通过随机打电话或当面询问的方式进行。

"包括财务、经济效益、安全等考核,财务每年审计我们,还有满意度、满意度测评,它也不是直接来,是通过第三方,委托我们社会工作服务中心第三方来测评的。对生活不能自理的老人打电话抽取,我们把名单给他,他们抽打电话。两楼三楼的(部分自理)老人他们当场来问。"

四 兼具计划与市场两种体制的"一院两制"公办养老机构

这一类养老机构以武汉市江汉区社会福利院为代表。其基本特征是:养老机构一套人马,两种管理体制与运行机制。针对机构内的民政供养对象,实施行政计划性的管理体制与运行机制,针对社会老年人,则实行市场竞争性的管理体制与运行机制。

(一)项目基本情况

武汉市江汉区社会福利院占地面积约 2.8 万平方米,养老床位数 800 余张,其中失能、半失能老人入住率达到 75% 以上,员工总数 340 人,有编制的工作人员只有 21 人。该院由三部分组成,一部分是江汉区社会福利院,一部分是江汉区老年公寓,第三部分是武汉市福惠医院。江汉区社会福利院属于原有的公办养老机构,床位是 450 张,实行以前的事业单位管理办法,养老院的工作人员主要是在编的职工,收住对象以政府兜底对象为主。江汉区老年公寓是区政府后来新建的一座养老院,收住对象是社会上的老人,主要是满足社会上各层次老年人的需求。该养老院虽然没有实行民营,但经营模式参照民营养老院的经营模式,负责人仍由江汉区社会福利院的负责人兼任。

(二)主要做法

江汉区老年公寓由于实行民营养老院的经营模式,在定价方面,向市场看齐，根据市场的变化对老年人进行收费，因此，该养老院的收费标准远高出公办养老院的收费标准。在人员聘用上，院内基本上没有事业编制的人员，都是通过合同聘用的工作人员，这些人员的待遇根据养老院的经营状况进行调整，不受到事业单位对人员待遇的条框束缚，但兼任的负责人的待遇按照事业单位的办法管理，不能参照民营模式。由于有公办养老院的经验和其他方面的支持，老年公寓的运营相对比较顺利，而且能够实现盈利。"一院两制"模式并不是真正意义上的公建民营模式，但是在公办养老机构改革上也走出了一小步，负责人可以由公办养老机构的负责人兼任，但经营模式可以走市场化道路。

"一院两制"模式最大的特点是将两类入住对象即政府托底对象和社会代养老人分开管理，有利于实现老年人之间的公平。20世纪80年代，在社会福利社会化思想的推动下，公办养老机构改变过去只收住"三无"、"五保"老人的状况，利用闲置资源收住社会代养老人，这一模式一直延续到现在。随着老龄化程度的不断加深，老年人规模的日益庞大，需要机构服务的老人日益增多，继续用财政资金补贴社会老人的入住费用，显然会日益加重政府的财政负担。"一院两制"模式比较好地解决了这个问题，但"一院两制"仍然没有完全解决政府下场踢球的问题。因此，目前来看"一院两制"还只是一个过渡模式。

第二节　公办养老机构通过委托式公建民营进行转制改革

公建民营是各地进行公办养老机构转制的最主要形式，新建、改建后的公办养老机构，由政府通过招投标委托或直接委托交给社会力量进行运营，政府负责监督，社会力量进行市场化运营与管理，同时确保国有资产不流失。编制人员较少、转制成本较低的区县级公办养老机构，地理位置较好、对社会力量吸引较大的乡镇敬老院，政府投资新建的公办养老机构，大多通过这种委托式的公建民营模式进行公办养老机构的转制改革。

一　大型新建公办养老机构的整体委托

这一类养老机构以杭州滨江绿康阳光家园为代表。其基本特征是：杭州市滨江区政府投资兴建养老机构，通过招标方式选择社会主体，中标社会主体浙江绿康医养集团投资一定数量的资金进行改造、购买设施设备，并按照合同约定向委托方缴纳一定的风险保证金、设施使用费等，履行一定的责任，完全独立自主地管理运营该养老机构，委托方不干涉具体事务，仅履行监管责任。

（一）项目基本情况

绿康医养集团全称为浙江绿康医养投资管理有限公司，创立于2006年，是一家专业从事养老机构、残疾人养护机构、老年康复及康复护理医疗机构的投资建设、直营托管、连锁经营管理和养老护理人才培养、老年科学技术研究以及老年产品研发贸易的集团公司。历经十多年发展，绿康医养集团已成长为涵盖养老、医疗、康复、护理、教学、科研、文化、老年用品研发和贸易等八大领域健康养老产业链的集团化公司。旗下拥有了14家康复护理医疗机构、8家养老助残服务机构、2所介护职业培训学校，并成立了老年科学技术研究所、老年服务评估中心和老年用品贸易有限公司。绿康医养集团可提供服务总床位10000多张，其中养护服务总床位6500张，开放医疗康复住院床位3600张，主要为"三无"、空巢、失独、失能失智老人、残障老年人和慢病老人以及临终关怀老人提供基本的日常生活照料、健康管理、医疗康复、心理慰藉、临终关怀等综合服务。

滨江绿康阳光家园位于杭州市滨江区白马湖，占地约100亩，包括自理老年人生活区、失能半失能老年人护理区、老年人活动区、医护区等10幢大楼，共有总床位数2000张，是目前国内最大的集"医疗、康复、护理、养老"于一体的公建民营医养融合项目。该项目由滨江区政府投资5亿元建设而成，绿康医养集团经过层层遴选最终中标，机构注册为企业，后续投入5000多万元进行装修改造和购置设备，滨江区民政局作为委托人整体委托绿康医养集团进行经营，双方于2016年1月15日正式签约，期限为25年。

（二）主要做法

1. 确定建设项目

杭州滨江区设立于1996年12月，由萧山划出的3个乡镇新建而成，行政区划面积73平方公里。下辖3个街道、59个社区，常住人口33.08万人。作为一个经济实力较强的新区，滨江区积极发展社会事业，关注民生工程，在杭州市各级政府高度重视养老的大背景下，滨江区政府决定斥资5亿元人民币建设一所大型养老机构。

"在这种情况下（指杭州市各级党委把养老作为一号工程），我们也是呼吁了很多年，在2012年正式启动这个项目，投资5个亿。政府在这么一个好的地方，90亩土地10万平方米房子，2000个床位，这样的规模应该说在全国来说在一个区是相当少见的。"

2. 选择公建民营运营模式

对于选择何种运营模式，滨江区民政局做了大量考察和探讨。整体上，有三种模式可供选择，一种是公建公营，第二种是公建民营，第三种是购买服务。经过比较，大家认为公建公营弊端较多，而且不符合国家改革要求；采取购买服务的模式容易产生政府和养老服务提供方合作不畅的情况。采取公建民营，可以选出有实力的、医养结合的社会主体，而且通过让社会主体带资经营，可以增强其责任感。因此，在这种考虑下，滨江区民政局选择了公建民营运营模式。

"所以这个事情后来我们就想还是公建民营委托运营管理，政府让他有一定的钱投入，让他有一定的责任感。这个办法里面第一考虑企业的实力，第二也带来一种责任来。"

3. 严格规定社会主体资格

滨江区政府非常重视社会主体的选择，专门成立了一个招标组。经过充分的论证，最终确定了社会主体要满足三个条件。一是社会主体是浙江省内企业或社会组织，这样委托和受托双方相互了解，便于沟通；二是社会主体领导小组必须具有从事养老机构管理运营的经验，这一点至关重要；三是社会主体必须要有一定的资金实力，这样才能顺利渡过前几年亏损的难关。基于以上考虑，经过多轮严格筛选，并加上面询环节后，最终选择了绿康医养集团。

"这个东西我们当初在选择的时候，一是要省内企业，第二要有一定的经验，第三更要有一定的资金实力。"

4. 明确资产管理

滨江区民政局和绿康医养集团就资产管理达成共识：政府投入的就是土地和地上建筑，其他的如办公家具、医疗康复设备等都由绿康医养集团购置。并且按照规定，绿康医养集团购置的除医疗康复设备外的其他用品都要归到国有资产中，要进行登记、造册。

"政府投的就是土地、地上建筑，地面上的桌子椅子，这些东西都是咱们政府投的。可移动的东西都是他们的，不可移动的都是我们的，都是政府投的。"

5. 自负盈亏，完全市场化运作

滨江绿康阳光家园自签订合同开始运营以来，完全走市场化运作模式。滨江区民政局给予滨江绿康阳光家园5年的过渡期，这期间不收滨江绿康阳光家园任何费用，从第6年开始，滨江绿康阳光家园将要将床位费的25%上缴滨江区民政局。滨江绿康阳光是在工商部门注册的企业，在运营过程中，收费标准的制定、营销方式的选择等涉及商业运营方面的事项完全由滨江绿康阳光家园自行决定。因此，滨江绿康阳光的运作是完全市场化模式的。

"我觉得公建民营我们要推市场化的，以专业化的团队管理，而不是政府给我贴多少钱。"

6. 加强监督管理

监管是公建民营养老机构的薄弱环节，滨江区民政局也不例外，目前还没有更好的举措。按照初步设想，主要加强三方面监管。一是财务监管，既要保证社会主体有一定的盈利空间，又要避免唯利是图而损害入住老人的权益；二是对接收对象、经营正当性的监管，要确保优先对象能够优先入住，社会主体没有违规经营；三是服务质量的监管。

"首先我财务监管，财务上我有一个合理的利润空间，不能让它（赚）太大的钱，否则的话老百姓哇哇叫，因为它毕竟是公建民营项目。第二个其他方面，政府约定俗成的方面，像收费、接收对象这些方面。第三个就是对服务质量的监管。"

二 中小型公办养老机构改扩建后进行整体委托

这一类养老机构以北京市门头沟区老年社会福利中心、武汉市东湖技术开发区佛祖岭福利院、荆州市公安县众信养老服务中心、荆州市监利县社会福利中心等为代表。其基本特征是：政府投资将原有基础条件较好、地理位置比较优越、对社会力量较有吸引力的中小型公办养老机构，进行扩建改造，并通过招投标或直接委托的形式交给社会力量运营，政府作为委托方承担监管责任，社会力量作为受托方负责养老机构的运营与国有资产的维护。

（一）区级公办养老机构改扩建后整体委托

1. 项目基本情况

门头沟区老年社会福利中心是门头沟区民政局投资1.3亿元兴建的一家非营利性专业养老机构，2014年建成后即公开向社会招投标。2014年8月，门头沟区民政局通过公开招标，与北京爱暮家养老机构管理有限公司正式签订合作协议，成立了门头沟区第一家通过公开招投标形式建立的公建民营养老机构——北京市门头沟区爱暮家老年养护中心。该中心建筑面积20000平方米，房间194间，床位404张，主要面向社会高龄、失能老年人，兼顾区级基本养老服务保障对象，提供生活照护、健康指导、医疗康复、照护护理、预防保健、文化娱乐等服务。

2. 主要做法

（1）确定转制对象

门头沟区是一个山区面积较多的市辖区，区内的公办养老机构大部分分布在乡镇，这些镇办敬老院大多建设年代较早，地处偏远，设施简陋，在吸引社会资本方面优势并不突出。因此，在确定转制对象方面，门头沟区民政局实行了分级、分片的确定方法，对于区级养老机构进行投资新建改造，并通过公开招投标进行公建民营；对于镇办敬老院，则按照"分片集中供养""择优公建民营"的思路实行公办民营。即在区划较为接近的2~3个乡镇，选择一个镇办敬老院集中供养原有的"三无"老年人，其他敬老院则通过改造升级、招投标或者直接选择品牌机构连锁运营的方式进行公办（建）民营。

在确定转制对象方面，根据区民政局工作人员的介绍，他们的确定原则主要基于：①符合相关手续与条件。根据《养老机构设立许可办法》，养老机构的设立条件包括相应的资金规模、人员队伍、床位数量、管理制度，并且要有服务场所的自有场所证明或者房屋租赁合同，要符合卫生防疫、环境保护公安消防等部门的验收报告或者合格意见。②具有一定的设施改造空间。对于有设施改造空间的公办养老机构，区里会配套一定的资金投入改造升级，然后实行公建/办民营。③地理位置相对较好，对民间资本有一定吸引力。对于以山区为主的门头沟区来讲，许多镇办养老机构位于山区，对社会老人的吸引力有限，实施公建/办民营的难度较大。

"那个公建民营也得符合手续、符合条件……还要看将来的发展趋势测算，符不符合改造……镇办的，如果是三无五保（对象）托底（服务）的，可能将来有一个资金投入进行改造，然后升级"。

"首先从场地上，它要符合设施建设，就是具有可改造性、拓展性，……主要选的话，一个是作为它交通来说，能够辐射到周边，还有就是这个具有可改造的余地，提升的空间。""条件好的，有私人愿意承包，愿意招收老人，再去公建民营。为什么我们公建民营不好推？因为山区，这些机构没有（人）愿意去（承包）。"

（2）明确职能定位

根据北京市和门头沟区的相关规定，实行公办民营、公建民营的公办养老机构应当主要承担"社会公共服务职能"，在满足基本养老服务职能之余，可以预留一定床位接收北京市其他高龄、失能老年人口。门头沟区爱暮家老年养护中心作为区民政局投资兴建并拥有所有权的养老机构，属于公建民营的公办养老机构。根据门头沟区《公办养老机构公办民营、公建民营实施办法》中的要求，区属公建民营养老机构还要承担起对全区其他养老机构的专业培训、示范引领、推广品牌等功能，同时还要兼顾辐射、带动居家养老和社区养老的职能，积极开发社区和居家养老服务项目，承担社区老年人的日间托管、教育培训等职能。

因此，门头沟区爱暮家老年养护中心的404张床位中，有100张要预留给政府基本养老服务保障对象，剩余304张面向全市其他失能、高龄老年人，同时，在运营过程中还要发挥区级养老机构护理培训、品牌推广以及辐射社区居家养老服务等职能。

"（门头沟）养老机构公建民营以后，我们政府也给他（爱慕家）设置了条件，404张床位要留100张床位，进行我们政府的'三无''五保'（对象）托底（服务），还得按照我们政府收费的那个（标准），老人补多少钱给他（爱慕家）多少钱，他也承担着这一块，虽然民营出去了，但是我们也有现实性的条件。"

（3）进行资产评估

在确定、选择好要实施公办/建民营的养老机构之后，门头沟区民政局委托专门的会计师事务所、律师事务所，联同区财政局、审计局，对门头沟区老年社会福利中心进行了国有资产评估，并出具了资产评估报告。在此基础上，根据《门头沟区公办养老机构公办民营、公建民营实施办法》中的要求，公开招标进行公办/建民营的养老机构，运营方要向区政府采购中心一次性缴纳不低于国有资产投资1%的"风险保障金"，用于防范运营方异常退出的风险化解、商业保险的投保等；同时，要向养老机构所有权方按年缴纳不低于国有固定资产投资2%的"养老服务发展资金"，资金用以统筹建设全区的养老机构以及公建民营养老机构的设施设备修缮。据此，门头沟区民政局确定了门头沟区老年社会福利中心的"风险保障金"和"养老服务发展资金"，其中"养老服务发展资金"从签订协议的第二年开始缴纳，一年400万元，逐年递增到640万元。

（4）公开招投标

制定好相关的方案、协议内容等，包括制定公办/建民营的实施方案、招标文件、公办/建民营的合作协议（合同）等相关具体文件内容。其中的合作协议要明确对双方投入资产的要求、合作的方式、期限、权利义务的分配、监督管理的要求、违约责任、合作终止的条件等。门头沟区民政局在区政府的采购中心平台上，进行了全国公开招标。在社会主体的遴选上，区民政局重点考虑了专业运营经验方面的因素，包括具有丰富的养老服务经验，运营方有运营中的养老机构最好，这样人力资源、市场资源、社会资源都可以共享，同时在防范未来运营方异常退出方面也有一定的作用。

"你引进他（运营方）的时候，我们提出要求就是你正在运营的养老机构的单位,还能来投标,将来实现他中了标之后,他从人力资源、社会资源,一些技术上,他可以实现共享连锁,他进入角色也会很快,你要是没有干过(养老服务),他从人员的招收、培训各个方面,都是全新的领域,可能我这个政府的见效,社会效益的显现过程就会推迟了,缓慢了……他(爱暮家)香山那边运营着一个养老机构,200多张床位,这边不可能说你最后一看不挣钱,你卷包就跑了,这么多老人谁去管?风险太大,一下子400个老人,如果都住上,他收完费跑了,这个他那边跑不了,他那边还有养老院,所以这些政府的风险也会降低。"

(5)加强固定资产管理

门头沟区老年社会福利中心是由门头沟区民政局投入了1.3亿元建设的,机构所有权归民政局所有。在主体房屋建设之后,房屋的装修、房屋里的主要设施设备,包括电视、冰箱、家具、电视柜、厨具、医疗床等都是政府投入购置的,在北京爱暮家养老机构管理有限公司中标之后,他们又拿出了20余万元进行房屋的软装饰,包括房屋的颜色、窗帘等低值易耗品。机构内的固定资产属于国有,登记在民政局的固定资产台账上,本着"谁使用、谁管理、谁维护"的原则,由运营方进行维护,正常报废走民政局的固定资产报废程序,如果基于运营方的原因造成提前报废的,由运营方负责赔付。由于运营需要造成的设施改造、大修,要经过民政局的专业论证,资金由运营方负责,由于时间长久需要大修,由政府专门的资金,包括运营方在承接项目时缴纳的"养老服务发展资金"来负责改造、修缮。

(6)妥善进行人员安置

镇办敬老院的人员队伍主要分为两种,一类是管理人员,主要是院长,大多是由镇政府派过去的干部兼职管理,编制大多在镇政府或者民政科,兼职敬老院院长,管理敬老院的日常事务。这类人在敬老院公办/建民营之后,不再兼职院长即可,编制仍然属于政府公务员系列。另一类是具体的护理人员,大多是当地"4050"就业人员,或者是退休返聘人员,属于聘用人员,这类人在敬老院公办/建民营之后,和运营方双向选择,可以继续留在敬老院工作,也可以另外寻找其他的就业机会。因此,从公办养老机构转制本身来看,规模较小的乡镇敬老院、光荣院等在转制过程中，面临的人事压力较小，转制的难度较低。

"（镇里的敬老院）由镇政府派过去的干部管理……有民政科科长兼任院长的……（转制后）就撤回来了，原有的招聘人员（由）中标单位运营自主，都是岁数比较大的，当地的'4050'人员就业的""山区或者这些镇上的人员编制不是一个特别大的问题……没有多少人，本身就没有多少人，但是你要像市里面（那种）越是大的机构，公建民营的时候，你就要考虑原有人员的分流安置这一块"。

（7）强调医养结合

门头沟区老年社会福利中心在实施公办/建民营之后，发现既定的"养老服务发展资金"额度对于运营方来讲，压力太大。为了减轻运营方的压力，也为了推动区里养老机构的医养结合进程，由区民政局、卫计委商定将门头沟的二甲区级医院的老年病门诊设立到了转制后的门头沟区爱暮家老年养护中心，中心拿出一层60个床位作为区医院老年病门诊的床位。作为医保定点医院，老年人在这里看病、拿药都可以报销，看病住院的老人也可以在出院后进入养护中心接受专业的照料护理服务，以此实现养老与医疗的衔接与结合。同时，为了弥补老年病门诊占用60张床位的损失，民政局每年减免120万元的"养老服务发展资金"，以此来降低运营方的运营压力。

（8）政府加强监督管理

根据《门头沟区公办养老机构公办民营、公建民营实施办法》的规定，实施公办/建民营的养老机构，运营方要派出代表和政府代表联合组成监事会，代表政府对运营方的运营管理进行监督。同时，养老机构所有权方要对公办/建民营养老机构实施动态监督检查，各级民政部门每半年组织一次养老机构管理服务调查，包括入住老年人满意度测评等，如果入住老年人满意率调查连续四次低于80%，就要终止运营补贴，限期退出。

（二）县级公办养老机构改扩建后整体委托

1. 项目基本情况

这一类的典型案例如湖北省荆州市公安县众信养老服务中心、武汉市武昌区胭脂路社区养老院、监利县社会福利中心。

公安县县级养老院共两家，一家是县福利院，由最初的县福利院和县光荣院合并而成，实行一套班子两块牌子的管理体制，属于公办性质的养老院。现有床位150张，入住老人包括政府托底供养对象40人，优抚对象10人，自费代养老人87人，总共137人。养老院有正式职工24人，县民政局招聘临时工5人，福利院自主招聘临时工6人。另外一家是众信养老服务中心，由政府出资建设，2013年8月招标，私人资本承接，属于公建民营养老院。该养老院占地30多亩，投资4000多万元，总床位336张。到目前为止，养老院入住老人123个，占总床位的30%。根据约定，该养老院和民政局签订15年的协议，这期间不承担任何政府托底对象，协议期后13年每年向民政局缴纳40多万元的费用。此外，公安县众信养老服务中心还将服务扩展到了居家养老，可以为周围老年人提供医疗、保洁、洗衣等居家养老服务。

胭脂路社区养老院原来是武昌区社会福利院的一个分院，由于经营不善，在民政局内部发包，民政局内部职工中标，实行公办民营。该院面积不大，只有76张床位，民营化以后，挂了两块牌子，一块是胭脂路社区福利院，一块是胭脂路居家养老服务中心。该院实现公建民营以后，不承担政府兜底任务，收住对象是社会上的各种老人，同时该养老院接受了以前养老院入住的老人。由于是民营养老机构，养老院对收费价格进行了调整，比原来收费高出不少。在工作人员方面，接收了以前养老院的工作人员。整个养老院实行扁平化管理，所有职工直接对着院长，节省了很多人工成本，提高了效率，实现了盈利。由于有国有资产相关方面的约束，养老院与总院只签了三年合同，每年向总院交纳30多万元。该养老院以前是武昌区社会福利院的一个分院，现在虽然进行了民营，由民营资本经营，但总院仍有一定的业务监督任务，甚至在各方面都给予一定的支持。整体来看，该院虽然实现了民营，但在业务上，仍然要受到总院的监督管理，只不过管理的方式变了，以前是直接管理，现在是间接的监督与指导。

监利县社会福利中心占地34亩，建筑面积12000平方米。由政府出资建设，面向全社会公开招标，湖南省康乐年华养老服务有限公司中标、负责运营。床位218张，目前入住率达到98%。社会福利中心目前收住的失能失智老人大概占了一多半。在价格方面，整体来说不算高，处于1500~2700元之间。工作人员现在有51人，其中护理员有20多人。福利中心内设医院，目前正在原有建设的基础上改建医院。按照计划，准备建设一个二级医院，配备100多人。目前由于消防实施不合格，医院一直没有开张。

2. 主要做法

（1）确定转制对象

根据负责人介绍，公安县福利院下一步把自费代养老人根据自愿原则分流到众信养老服务中心，将儿童福利院、社会救助站合并，即福利院集养老院、儿童福利院、救助站功能于一身，继续由政府经营。之所以这样，是由于当初建福利院时，占用了当地24个农民的耕地，作为补偿给了每个占地农民一个福利院编制，即24个农民可以在福利院工作，享受事业单位编制身份。目前虽然公办养老机构在进行改革，但由于历史遗留问题不好处理，只能继续保持福利院公办性质，保留事业单位编制。因此，公安县将新建的养老机构作为转制对象。胭脂路社区养老院并不是新建的养老院，它之所以能够被确定为公建民营对象，主要是该养老院一直经营不善，不但不盈利，甚至亏损，因此武昌区社会福利院决定对这个分院进行公建民营试点。监利县社会福利中心属于新建养老机构，由于政策要求公建民营，该机构也成为转制对象。

（胭脂路社区养老院）"经营发现有几个问题，一个是这些地方比较小，而且它的停车不是很方便，周边的老人家属过来看不是很方便，然后接过来经营了大概一年，……只能简单维持，多数还是亏损的状况。……这个分院，我们当时就尝试搞公建民营。"

（2）确定职能定位

这一类养老机构的职能定位非常明确，只招收社会代养老人，不承担政府的兜底任务，有些养老机构提供社区居家养老服务，但不是硬性规定。如公安县众信养老服务中心，职能定位就是承接县福利院分流的87名社会代养老人，同时自己招收社会老人，公安县的托底任务由县福利院来承担。在为老人提供机构服务的同时，众信养老服务中心又成立了居家养老中心，为周围的老年人提供洗衣、医疗、保洁等各种服务。监利县社会福利中心的职能定位也非常明确。该中心和县民政局签订的协议中规定："监利县社会福利中心与甲方所属的监利县福利院在收住服务对象方面应进行明确定位，'老院'充分发挥民政'托底'职能，原则上收住城市

'三无'人员，福利中心收住社会寄养老人，甲方应鼓励和引导'老院'社会寄养老人转住福利中心，乙方应对这批老人在收费上给予优惠和照顾，以确保两院功能定位调整的平稳过渡。"

（3）选择运营主体

无论是众信养老服务中心、胭脂路社区养老院还是监利县社会福利中心，在选择运营主体时都是通过招标进行，政府考虑最多的是运营主体可靠，可持续进行经营。如胭脂路社区养老院，在选择运营主体时，考虑到直接从社会上招聘运营主体，未必会踏踏实实地经营养老机构，再加上不能充分了解中标机构实际情况，不利于养老院的可持续发展，因此在选择运营主体时，在民政局内部招标，参加投标的人都来自民政系统，大家都比较熟悉。胭脂路社区养老院中标的运营主体就是原区民政局内部职工，有一定的从业经验。监利县社会福利中心在选择运营主体时，对外公开招标，对中标人提出四个条件，从资金实力、运营经验方面进行了严格要求，包括从事养老行业两年以上；要有自己的养老机构，床位在100张以上；自己经营的养老机构要获得省或者是民政部表彰、质量认证等，在行业内要有一定的认可度；有经济实力，自有资金在500万元以上。这些都是保证未来养老机构可持续发展的必要条件。

（胭脂路社区养老院）"就是找到人，他也是另有目的的，而且他行业管理经验当时也缺乏。所以我们鼓励内部员工，拓展思路，一个是人员分流，第二个就是说，他有过在福利院长期受我们国办机构的熏陶的经历，素质、业务能力，各方面他比外面人一般来说工作经验强一些。"

（4）人员安置

工作人员安置对于新建的养老机构来说问题较小。对已经投入运营的公办养老机构进行转制，则面临着已有工作人员的安置问题。从调研的这三个养老机构来看，胭脂路社区养老院属于已经运营的公办养老机构，在转制过程中需要安置工作人员。由于没有编制，转制后民营主体接收了原有的工作人员。

（5）价格管理

根据湖北省的相关规定，养老机构实行公建民营之后，其服务价格由运营方根据委托协议合理确定。其中,床位费由双方投资的额度、签订的合作年限以及养老机构的设施水平综合确定,其他服务内容收费则由机构运营方根据市场需求合理确定。公办养老机构在转制后接收其他公办养老机构分流过来的社会代养老人时,一般给予一定期限、一定程度的优惠,让老人能够在心理上接受分流。如众信养老服务中心,本身的服务价格比较高,老年人入院综合费用平均每人每月1850元以上。而公办福利院的老人综合费用平均为每人每月815~995元,两者相差900元以上。在接收公办福利院的老人时,就需要给予他们一定优惠,根据协议,众信养老服务中心下调了床位费,下调价格执行一年时间。

(众信养老服务中心)"我们以前在刚刚开始试运行的时候,政策是要在物价部门的指导下进行价格的制订。我们前期的床位费、护理费,都是通过物价部门给我们备案……去年5月份,物价局价格部的部长跟我联系过,他说你们以后不属于我们管。按照国家的规定,你们现在可以根据市场的需求,进行调整。"

(6)国有资产管理

这一类公建民营养老机构由于没有承担政府托底任务,在国有资产管理上比较严格,一般是政府根据自己的投资情况进行评估,根据评估结果签订协议,约定民营主体在经营期间每年向政府缴纳多少费用。如众信养老服务中心,政府总共投资3000多万元。通过评估,政府每年需要收回一定的折旧费。因此,在和国有资产管理办公室以及民政局签订协议时,约定合同共签15年,考虑到前两年还在不断装修,没有收益,因此不缴纳费用。从第三年起,每年向政府缴纳46万元,交纳13年。合同同时约定,运营主体在运营初期投入的设备在运营结束后不能带走,全部归政府所有。胭脂路社区养老院,政府投资100多万元进行了装修,考虑到合同期里政府要收回投入资金,在协议内约定每年向政府交纳32万元。监利县社会福利中心由政府投资修建,运营方先后投资了1200多万元进行了内部装修和设备购置。双方签了10年,协议约定前五年运营方每年向政府交纳国有资产使用费12万元,后五年每年交纳14万元。同时在协议中规定,福利中心负责日常修缮,大的维修项目(如房屋顶漏水、墙体裂缝)以及后续建设发展由福利中心提出申请,由民政局审批实施。

（监利县社会福利中心）"康乐年华在其他的地方定的都是十年，所以当时也是定的十年……有国有资产使用费，前面五年是12万……后五年14万，加了2万。我们签了十年，当时政府采购办和国资委也都参与了。"

（胭脂路社区养老院）"政府投了100多万的资金，我要把100多万的资金收回来。至少把政府投资的钱收回来，所以跟他定的方案，大概是30万到35万之间，最后他是以32万多一点中的标。"

（7）监督管理

由于没有承担政府的托底任务，这一类公建民营养老机构受到的政府监管相对比较宽松，民政局负责业务监管，国资办的负责国有资产监管。如监利县社会福利中心在和民政局签订协议时规定，运营期内民政局负责监督管理、指导运营方的养老服务工作，并在每年定期或不定期对运营方进行监督考核。具体考核标准根据《老年人社会福利机构基本规范》（MZ008-2001）、省民政厅有关规定以及招标时所提交的运营管理方案制定，并适时根据各级政府、部门新出台的文件和规范进行完善。对于年度考核不合格的通报批评、限期整改，整改后仍不合格的，取消经营权。从协议内容来看，政府监管仅仅是一个框架，没有具体细则，缺乏详细的监管条款。

（监利县社会福利中心）"在运营期间获得了省级以上或者获得国家级民政部的表彰的……给予资金奖励。如果才一年时间，没有按照我们的要求，出了责任事故、安全事故或者是国有资产受损，或者是改变了资产使用用途，比如说用于养老的，结果开了宾馆，改变了用途的，一个是改正，没有按照要求整改的，我们要强行退出……一个是国有资产要保证安全完整，如果说出现了国有资产严重损毁，要追究责任。"

（众信养老服务中心）"资产经管的问题，我们的合同已经拟定好了……现在他们那块所有的投入进去的，装饰装修、添置东西的话，全部是国有资产。我们合同上已经约定，属于国有资产……就是你装修的部分，我不搞了以后，把它撤掉或者拿走，不行。这是我们监管的，民政局的监管……另外，我们监管的房间要保持原状，不能随便乱改乱建，不能改变它的主体结构，这个我们监管。另外，我们对他的业务进行指导。"

（三） 乡镇敬老院改扩建后整体委托

这一类的典型如北京市顺义区赵全营镇敬老院、绵阳市安州区界牌镇敬老院、绵阳市安州区桑枣镇敬老院等。

1. 项目基本情况

顺义区位于北京东北部，全区总面积1019.89平方公里。顺义区2015年末常住人口102万人，65岁及以上老年人口8.06万人，占7.9%。全区共有18家养老机构，其中，公办养老机构14所，社会办养老机构4所。公办养老机构中除1所区级养老机构外，其他均为镇办养老机构。这些镇办养老机构大多分布在顺义区的河西部分的农村地区，建设时间早，规模小，床位数量大多在50~100张，收住对象以"三无""五保"老人为主，社会老人入住数量很少。

赵全营镇敬老院是顺义区第一家公办民营的养老机构，是由镇政府经过考察调研，委托西安一支养老服务运营管理团队进行公办/建民营的项目。2013年10月正式投入运营，共有床位250张，实际可收住床位150张，目前入住老人48位（包括8位基本养老服务保障对象），可以提供生活照护、照护护理、文化娱乐、临终关怀等服务。

2. 主要做法

（1）确定转制对象

根据《顺义区养老机构"公建（办）民营"实施办法》中的要求，现有公办养老机构中床位数超过100张、入住率低于30%的养老机构都要进行公办/建民营。根据这一文件精神，顺义区民政局在选择转制试点时，结合文件要求又兼顾考虑了区内养老机构的分布、养老机构的代表性以及养老机构的运营发展空间。根据顺义区养老机构的分布主要集中在河东和河西两个区域的特点，顺义区民政局分别选取了河东经济欠发达的龙湾屯镇和河西经济发展中等水平的赵全营镇两家具有代表性的镇办敬老院，进行公办/建民营试点，并把其中赵全营镇作为第一批公办养老机构转制试点。

"河东地区（养老院）规模都是比较小的，有50张床位的，100

张床位的。所谓100张床位，却也承载不了100个人入住……由于它的一些服务、人员的素质，还有农村人养老的意愿（等原因），不能自理的老人不能承接，一般（接收）的都是农村五保人员，社会老人无法接收，根本无法运转（无法进行转制）。"

（2）明确职能定位

根据《顺义区养老机构"公建（办）民营"实施办法》中对公办/建民营养老机构的职能要求，实施公办/建民营的养老机构依然要强调公共服务属性，需要优先接收基本养老服务保障对象，此外要重点接收社会上高龄、失能的社会养老服务对象。因此，赵全营镇敬老院在实施公办/建民营之后，在原有的250张床位中保留了25张床位，用来接收本区或外区的"五保""低保"困难老人，其余床位用来接收有养老服务需求的社会老人。同时，根据《顺义区养老机构"公建（办）民营"实施办法》的要求，乡镇一级的公办/建民营养老机构还要承担辐射本辖区内的居家养老照料中心职能。

（3）选择社会主体

不同于门头沟区的公开招标，赵全营镇敬老院在进行公办/建民营的过程中，对社会主体的选择是一种灵活的自主双向选择与协商形式。运营方是一家2005年已经涉足养老服务产业，在西安运营两个民营养老机构的团队，了解到赵全营镇敬老院公办/建民营的信息之后，与镇政府进行了接触、洽谈，在与镇政府一年多的实地考察、沟通、协商之后，成为赵全营镇敬老院公办/建民营的运营方。与赵全营镇签订了十年协议，每年给镇政府交纳5万元设施使用费。

在双方双向选择的过程中，所有权方更侧重于从运营方的从业时间、从业经验、人员团队来衡量，运营方则更侧重于考虑敬老院的地理位置、交通环境、床位规模、当地老年人口情况、当地政府的支持情况等。其中，床位规模是运营方考虑的一个重要因素，只有适度的规模才能使运营方在一定时间内达到盈亏平衡，减小运营的压力。

"包括老年人人口、交通环境，还有实际院里面能容纳的床位数，这个都是很主要的，说白了如果我们承包的这个敬老院只有50张床位，可能我们都不会要，因为收'五保'和'三无'（老人）没有发展空间,对我们来说是铁赔,连持平都很难,所以我们在承包的时候一定要权衡这个床位数。""因为咱们纯民营的,一般超过200(张床位)的话管理上就有点吃力了,200张以内的话,从管理到人员配备都是很紧凑,很完善的。"

(4)人员安置

对于乡镇敬老院来讲,在转制过程中,人员分流与安置的压力相对较小,因为大部分乡镇敬老院的工作人员属于兼职或者聘用,管理层人员大多是镇政府或民政科的现职人员兼任,其他服务人员则大多聘用当地村民。因此在转制过程中,这部分人员的分流与安置相对简单,这是乡镇一级敬老院在转制过程中压力较小的一部分。赵全营镇敬老院属于事业法人单位,但院里并没有人员编制,服务人员主要是附近村民,属于敬老院的聘用工作人员。

"我们乡镇养老院的情况主要都是聘村里面的一些40、50岁的大姐、大嫂或者是聘一些50、60岁的老头,他们给看看门,充当一下保安,做做饭,洗洗衣服,就这些。……农村没有合同可言,不签合同,如果说我这个自然而然没有这个东西(养老院)了,没有老人入住了,那你自个就不干了。"

(5)国有资产管理

赵全营镇敬老院这种规模较小、建立较早的养老机构,其设施设备相对简单,在实行公办/建民营之后,所有权方与运营方之间会对国有资产进行评估、核查、登记入册,以清单形式作为合同附件,运营期间由运营方负责设施设备的日常维护、低值易耗品的添置等,大的设施改造要提出申请,由镇政府给予解决。合作期满后,由政府购买的设施设备要如数归还,运营方添置的设施设备自行处理。

"所有的床、电视,包括房屋的粉刷,房子里面所有的东西,包括柜子饮水机都是我们(运营方)自己配的,就相当于是空着我们进来的。……日常维护是我们管的,真的要说一些大的改造的话也是政府出面的,简单的日常维护都是我们做的,……他(政府)的东西我们将来走的时候会如数给人家，我们自己投的，我们可以自行处理。"

（6）价格机制

实施公办/建民营之后的养老机构，在价格机制上充分发挥市场作用，对于养老院收住的基本养老服务保障对象，政府以其相应的供养标准价格，向养老院购买服务。对于基本养老服务保障对象之外的社会老年人，养老院则根据老年人的身体状况、服务状况，从成本收益的角度，最终定价，并报民政、物价以及工商部门备案。

（7）监督管理

服务质量与安全是养老机构监管的重点，特别是消防安全、饮食安全等。赵全营镇敬老院实施公/办建民营前，主要是由区民政局联合消防、卫生等部门进行定期检查，养老机构实施公办/建民营之后，民政局委托了一个第三方组织，并联合民政局成立的安全队，一年四次定期去养老机构进行安全与服务质量的检查；此外对于养老机构的财务监督与管理是由民政局聘请专业的会计师事务所，对养老机构进行专门的建账辅导，每年年底由会计师事务所出具审计报告，进行财务管理方面的监督和检查。

"政府会控制几个点，安全肯定是最重要的，不管是设备设施的安全，人员的安全，还是说餐饮的安全，这几块他（政府）肯定要监管的，因为要把他的风险降到最低。"

第三节 公办养老机构通过租赁式公建民营进行转制改革

除了整体委托外，还有公办养老机构通过租赁的形式托付社会力量进行公建民营，随州市社会福利中心就是这种模式。

一 项目基本情况

随州市社会福利中心成立于 2011 年 1 月，是由政府投资建造的综合性福利事业机构，隶属于随州市民政局。中心占地面积 50614 平方米，建筑面积 11000 平方米。随州市福利中心包括随州市社会福利院、随州市光荣院、随州市儿童福利院，是一个"三院合一"的综合性社会福利机构，同时拥有一家康复医院。福利中心主要收住没有生活来源的弃婴和政府兜底的老人。公建民营之前有老人床位200张，入住了30名"三无"老人，50余名身体较好的社会老人，社会福利院的床位利用率达到40%。公建民营后，福利中心将康复医院整体租赁给浙江嵊州老年康复医院，成立了随州康复医院，期限是20年。老年康复医院按照二级医院的编制设置，开设有内外科、中医科、康复医学科等20余个科室，拥有床位530张，已开放床位230张。将新建的老年养护楼及失能、半失能老年托养中心整体租赁给嵊州康复医院，期限是5年，康复医院随即注册随州老年养护中心。老年养护中心承接了原来福利中心老年人服务这部分，即将原来福利中心收住的社会代养老人交给老年养护中心，将原政府兜底对象通过服务购买的方式也交给养护中心。目前，老年养护中心入住率已经达到95%。另外，儿童福利院的职责继续由福利中心负责。

二 主要做法

（一）选择运营主体

随州市社会福利中心在选择运营主体时，并不像其他公建民营养老院那样，通过对外招标或者对内招标来进行，而是通过考察来选择。2014年福利中心成为全省第一批公建民营试点单位，成立了公建民营改革领导小组，小组由分管民政局长、福利院工作人员、纪委相关人员组成，小组先后外出对多个省份进行考察，最后选择了浙江嵊州老年康复医院。该医院是集医疗、康复、护理于一体的非经营性医疗机构，以老年人为服务对象，以住院无须家人陪伴为主要特色，有成功推行医养融合养老模式近十年的经验。该院的院长也是随州人，比较熟悉本地的情况。

"在2014年3月14号，我们福利中心被列为全省第一批27家公建民营试点单位……迅速成立了以局长为组长的公建民营改革领导小组，……我们先后到武汉、江汉福利院，还有浙江嵊州老年康复护理医院等考察学习回来后，我们中心一班人员感触很深，特别是对浙江嵊州老年康复护理医院的医养融合养老的模式和理念感触是最深刻的……我们民政局的公建民营改革领导小组选择了浙江嵊州老年康复医院作为合作方……2014 年 11 月,我们福利中心与嵊州市老年康复医院正式签订了合作协议。"

(二)人员安置

福利中心在人员安置方面相对比较顺利。原来负责管理福利中心下属福利院的工作人员一部分有事业编制,这部人继续留在福利中心工作,目前主要负责规章制度的制定、养老服务标准化的制定、监督、管理、工作满意度调查、国有资产的定期清查等工作。另外一部分工作人员,因为没有事业编制,属于劳务派遣,根据实际情况可继续为老年人养护中心服务,也可以自行解聘。

"我们的社会福利院为什么转制很好转呢?……就是在 2011 年我们成立的时候,我们的人员进来,全部叫作劳务派遣,所以说我们人员整体转给他们的时候没有很大的矛盾。他的用工关系,就是用他的人,他的关系是在人力资源公司。没人用那个编制人员,用到的人全部是民聘人员,民聘人员就是没有任何在编人员或以钱养事。现在咱们编制主要就是负责儿童福利院这块。"

(三)国有资产管理

随州市福利中心下属的福利院在整体租赁前,政府建设时投入了 2000 多万元,后来装修时又投入了 200 多万元。2014 年公建民营时,福利中心将福利院整体租赁给浙江嵊州老年康复医院,要求康复医院前五年继续投入 2000 万元。考虑到养老服务业盈利周期长,如果按照国有资产的相关规定三年签一次合同,民营资本很难将投入收回,因此签了 20 年的合同。

"签合同还有投资的额度,头 5 年要规定投资多少钱,后 15 年要规定投资多少钱,然后才能签成 20 年……那现在头 5 年给他的规定是投多少?就是 2000 万嘛……所以说你前几年的话,这样的一个投入大、周期长,如果没有一个持续的这样的空间实现的话,没有人会做,根本就承担不了。"

(四) 监督管理

随州市福利中心在实施整体租赁后，加强了对康复医院和老年养护中心的监管，定期深入老年康复医院以及养护中心指导工作，同时抽查工作，听取老年人的意见，抽查率达到80%左右，如果抽查不合格，责令进行整改。同时每半年清查一次国有资产，确保国有资产的保值增值。

"我们中心加强监督、监管，定期深入老年康复护理医院、社会福利院检查工作，参与老人对老年康复护理医院、社会福利医院的服务以及管理工作满意度的民意调查，每半年清查一次国有资产的使用情况。"

第四节 公办养老机构通过混合经营进行转制改革

即在一个养老院中既有公办公营模式，也有公建民营模式，也有服务外包形式，是多种模式混合的一种经营模式。典型案例如武汉市汉阳区社会福利院。

一 项目基本情况

汉阳区社会福利院建成于1961年，是当时唯一一家公办养老院。经过55年的发展，养老院已经不能适应当前的人口老龄化形势。2013年汉阳区政府在汉阳区重新选址、建设汉阳区社会福利院，2016年完工。新院占地33亩，总建筑面积7万平方米，老人用房604间，设养老床位895张、医疗床位476张。养老院采用"公建公营、公建民营、服务外包"等多种经营模式，满足老年人多元化养老需求。

二 主要做法

整个养老院分为三大部分：一部分是公办性质的养老机构。这一部分养老机构主要收住政府托底对象，在编的工作人员并不多，只有10多人，其他180多人全部是外聘。由于面积比较大，养老院采取了物业外包形式，让专业的物业公司经营，每年给物业300万元。目前，养老院准备拿出150张床位做康复中心，依托医院的良好资源，为失能老人提供康复服务。

第二部分是公建民营部分，民营资本承接了 64 张养老床位，同时承接的还有 1.2 万平方米的地下停车场以及 3000 平方米商业配套的设施，一起打包对外公开招标，每年向养老院交纳 250 万元。此外，养老院引进了武汉市第五医院，该医院属于三甲医院，每年向养老院交纳 250 万元。该养老院在改制过程中，采取的模式多样化，既有服务外包，也有公建民营，这种灵活的形式有利于养老机构的良好发展。

混合模式最大的特点在于养老院尽可能地压缩政府直接运营的规模，通过服务外包加大政府购买力度，通过公建民营提高运营的效率，改变以往由政府出资、政府出人，政府直接经营的局面，确保整个养老机构的高效运转。在政府逐渐退出直接经营的同时，有效增加养老服务供给，满足老年人的养老服务需求。

第五节　公办养老机构通过公私合营 PPP 模式进行转制改革

这是目前出现的越来越多的一种转制改革模式，即在公办养老机构建设初期就引入社会资本，社会资本不仅负责机构的运营管理，还需要负责机构整体建筑的规划、设计和建设。典型案例如武汉市社会福利院。

一　项目基本情况

武汉市社会福利院综合大楼的建筑面积共约 9.94 万平方米，总投资额为 5.5 亿元，床位共计 2066 张。大楼共分为 A 座和 B 座，A 座主要接收三无、五保等政府供养对象，由武汉市社会福利院负责运营管理。B 座主要通过 PPP 模式引进社会资本来经营管理。2016 年 10 月，B 座已完成基础装修工程，B 座共设计床位 1077 张，总建筑面积为 4.5 万平方米。其中 1 层到 7 层为医院，共有医疗用床 201 张；8 层到 25 层为养老服务区，共有养老服务床位 876 张。

二　主要做法

（一）确定转制对象

武汉市社会福利院最初设计时 A 楼主要收住政府兜底对象，B 楼实施市场化经营，招收社会代养老人。当时准备通过租赁的方式交给民间资本运营，但根据国有资产相关规定，国有资产租赁期限只有三年，而且每年的租赁费用为2000多万元，很难吸引民营资本投入经营。2015年底，国家开始推行公私合营的方式，武汉市社会福利院抓住这个契机，对B栋开始实施公私合营模式。

（二）选择运营主体

在确定实施PPP模式后，民政局作为政府代表方，开始在全国招标运营主体。最后九州通医药集团股份有限公司和上海人寿堂国药有限公司联合体成为中标方。双方签订的合同内容涉及各方的权利和义务，在签订过程中发改委、财政局、法制办都进行了审阅，确保之后该项目的可持续发展。

"投标当时给八家投标，最后选了一个，是专家打分，里面有资格预审，资格预审完了专家打分，打分以后再谈判，有一套很规范的手续，一个完整的PPP是五个阶段，十九个步骤，一环套一环……。它不像一般的租赁，它有相关的法律合同都给你约束。我们这个项目订的合同由法制办审，发改委、财政局、法制办审完了以后，市政府这边再批，非常严格。一个合同七八十页，层层关系环环相扣，里面的责权利怎么划分，双方的风险分摊，整个项目的风险在哪，哪些属于政府的风险，哪些属于社会资本方的风险，都有专业团队来分析，所以这个项目运营下来就非常可靠、非常牢靠，不可能说来了以后不赚钱就跑了。"

（三）资产管理

作为武汉市的首个公私合营项目，该项目是由运营方对原有项目进行装修改造、安装工程改造、智能化系统升级、医疗设备及办公家具购置，总投资约为1.23亿元。该项目的社会资本方占有90%的股权，武汉市社会福利院占有10%的股权，项目合作期为25年。根据合同约定，合同期结束后，政府收回所有投资。项目通过收取社会代养老人服务费、医疗费、体检费、居家养老服务费、超市收入、电商平台收入等获得合理回报，政府不承担运营补贴，项目初期经营权使用费为每年 616 万元，每三年增长 3%，整个运营期内，项目使用费为 1.7 亿元。

"整个给它的运营期是 25 年，25 年以后把所有的完好的设施设备再移交给政府……25 年是财务测算的，财务测算投资了多少钱，每年收益率是多少，你的本金回笼可能是十三四年，然后再加上你赚的钱，赚多少比例，定了是 25 年，这都是财务专家测算的。"

(四) 监督管理

PPP 项目由于相对比较规范，对运营方的监管更为严格，监管的内容与方式一般都写进合同内。对运营方每年进行绩效考核，有没有老人投诉、有没有安全事故、有没有医疗事故等都是考核的内容。

"我要每年对它的绩效进行考核，有没有老人投诉，有没有出安全事故、医疗事故，因为你这一出事故，老百姓不知道，它代表武汉市，虽然它是公建民营，这一个院子里面，两栋楼又连在一起，外面打了一个武汉市社会福利院的招牌，所以对外老百姓认为是政府办的，所以我们对它要定期考核，要把好养老这一块，投诉率要控制……有退出机制，包括一些合同终止的前提，哪些特殊情况可以提前终止合同都有明确规定的，它所有的条款都是专业的律师一道一道把关的……"。

第六节 公办养老机构通过功能重置与转型进行转制改革

我国公办养老机构中大部分是农村地区的敬老院、光荣院、荣军院等，这部分敬老院大多是依据行政区划来建的，有些地处偏远、基础设施水平较低，推向市场的条件不足。因此在转制过程中，各地多采用功能重置的办法，将其通过资源整合、设施优化，转型成为区域性养老服务中心或综合性养老服务机构，比较典型的如绵阳市安州区河清镇敬老院、遂宁市船山区中心敬老院等。

一 项目基本情况

这一类养老机构以遂宁市船山区中心敬老院和绵阳市安州区河清镇敬老院为代表。主要特点为：①政府投资兴建养老机构，通过自上而下行政动员的方式，整合多方资源，培育壮大养老服务队伍，实行网格化管理；②政府委派民政系统工作人员组成改革试点工作领导小组，领导小组的负责人由区、乡镇两级分管民政工作的领导担任，其人事关系和薪酬待遇在所属民政部门；③区域性养老服务中心的工作人员由试点工作领导小组负责招聘、培训和考核；④区域性养老服务中心的运营管理在整体上属于公办公营，服务产品、生活用品的采购配送以及定价，各个养老服务站点的物资管理和使用，环境卫生的检查以及服务质量的督查等事务，均由试点工作领导小组统筹安排和负责。

遂宁市船山区中心敬老院是船山区首个省级三星级敬老院，该敬老院由政府投资 1450 余万元，总建筑面积 8700 多平方米，床位 178 张。2015年 8 月，经四川省民政厅部署，该敬老院启动农村区域性养老服务中心建设试点工作。目前，该中心以敬老院为依托，已建成集敬老院、儿童福利院、救助站、老年大学、仁里镇卫生院旗山分院于一体的综合性服务部门。在院五保集中供养人员 43 人，社会代养人员 54 人，儿童 5 人。机构专聘工作人员 21 人，其中专职护理人员 9 人。在养老服务板块，已建成 1个中心、3 个分中心、63 个服务点，辐射永兴镇、仁里镇、沙河镇等辖区内的 57 个行政村，整合闲置床位 100 张，入住社会老人 72 名，并为试点区域 15961 名老年人提供养老服务的农村区域性养老服务中心。

二 主要做法

（一）明确服务对象

船山区地处遂宁市主城区，2015 年 8 月启动公办养老机构改革试点和农村区域性养老服务中心建设试点工作。受四川统筹城乡一体化发展的影响，在遂宁市当地，农村青壮年劳动力大量外出，空巢老人、留守老人、贫困老人数量越来越多。很多老人生活困难，缺乏基本的医疗卫生服务，精神文化娱乐资源匮乏。考虑到这部分老人数量庞大且不属于政策兜底对象，既没有资格入住公办福利院或敬老院，在经济上又无力承担私营企业或其他社会主体开办的社会代养机构。因此，成为遂宁当地公办养老机构改革和农村区域性养老服务中心建设试点工作关注的重点人群。船山区农村区域养老服务中心领导小组对辖区内的散居五保对象、留守老人、高龄老人、失能失智老人及其他社会老人的基本情况、服务需求状况进行了摸底调查，建立了服务对象台账，为养老服务的落地奠定了基础。

（二）政府主导，整合多方资源

船山区区委区政府高度重视该区中心敬老院改革暨农村区域性养老服务中心建设试点工作，将其列为2015年全区21件重大民生项目工程之一。区委区政府通过行政动员，整合改造利用闲置房屋等社会资源，目前已经建成以中心敬老院为依托的1个中心、3个分中心、63个服务点，辐射永兴镇、仁里镇、沙河镇57个行政村的农村区域性养老服务中心。2015年3月，该区民政局联合区卫计局，依托仁里镇卫生院在中心敬老院设立仁里镇卫生院旗山分院，率先在遂宁市实现医养结合试点。目前，中心敬老院的医养中心内设诊疗室、住院室、护理室，负责为集中供养的散居五保老人及周边社会老人提供医疗救治、护理、咨询等服务。

（三）建立自上而下的网格化服务管理体制

项目在组织管理上，设立了船山区农村区域性养老服务中心建设领导小组，负责试点工作的组织协调和任务推进。该领导小组的主任由区民政局领导担任，副主任由试点区域所在乡镇分管民政工作的领导担任。领导小组下设办公室、生活照料部、医疗服务部、文化娱乐部等7个部门。各部门制定详细可行的工作目标和工作流程，保证项目的规范化运作。区域性养老服务中心领导小组不定期对各养老服务点的物资管理、使用、居住环境卫生、服务质量开展督查，以确保服务质量。

在组织架构上，项目组还建立了网络化服务管理体制。以中心敬老院为核心，由乡镇民政办（养老分中心）牵头，在项目辐射范围内的各个社区、村委会、村民小组、老年协会设点布员，实行政府主导下的自上而下的网格化服务管理。这些人员既包括民政机关干部、乡镇民政员，中心养老院、各分中心养老服务点的服务人员，乡镇驻村干部，也包括村"四职人员"、村民小组长、基层老年协会的会员等。

(四) 政府购买社会养老服务

船山区中心敬老院改革和农村区域性养老服务中心的建设资金主要来源于政府财政拨款。该项目试点建设的启动资金为 120 万元，2015 年之后每年财政安排 155 万元用于购买社会服务。目前，该中心已向 2 个专业社会工作团队购买社会服务 80 余人次。

(五) 按成本核算的服务定价

针对农村老人的养老服务需求，船山区农村区域性养老服务中心开展全托养老和餐饮服务。全托养老是指由老人本人提出申请，区域养老服务中心进行审核，就近安排入住中心或分中心，中心没有空余床位的调剂到其他养老服务点。餐饮服务经老人申请由各养老服务点提供。老年人日常生活用品的补给，统一由区域养老服务中心办公室采购配送。服务价格由服务中心领导小组根据成本统一定价，对贫困老人实行生活费补差或只收取成本价。

此外，还有绵阳市安州区河清养老服务中心，也是在原来安州区河清镇敬老院的基础上改扩建而成。该项目占地 7.38 亩，建筑面积 4500 平方米，总床位 186 张，总投资 762 万元，由五保供养区、社会代养区和日间照料区三部分组成。该院仅有一个兼职院长，其他工作人员均为聘用。项目整合多方资源，实现"养老服务中心、社区日间照料中心、敬老院"共建共管和资源共享，在保证公办养老机构承担兜底责任的同时，也注重发挥公办养老机构的社会效益。中心利用现有的 20 余亩土地及 400 平方米的生产用房，发展院办经济，种植瓜果蔬菜，饲养生猪、家禽等，每年院办经济纯收入可达 6 万余元，基本实现了"以院养院"。

第七节 主要结论与评议

从目前的转制实践来看，各地大多因地制宜，根据地方实际情况与公办养老机构的现有运行情况，进行分类转制，主要的类型包括以下几种。

一是保留一定的公办养老机构，发挥"兜底、保基本"职能、示范引导职能、综合养老服务职能以及服务辐射职能。这部分公办养老机构一部分是地方已经运转多年并且已经形成品牌效应的，各方面运转良好，具有很强的示范、带动与服务辐射作用的公办养老机构，许多市、区级公办养老机构大多属于这种情况；一部分是位置偏远、转型基础较差、适应市场条件不足的农村敬老院、光荣院等；还有一部分是地方根据基本养老服务对象的养老服务需求，所保留的只招收基本养老服务对象的公办养老机构。

二是主要以公建民营形式进行公办养老机构转制。从目前各地的实践来看，大部分新建公办养老机构是通过委托式的公建民营形式进行转制的，政府将新建或改扩建之后的公办养老机构，通过招投标或者招选标的形式部分或者全部委托给民营资本去运营，政府则主要发挥监督管理和指导职能。

三是积极探索多种方式推进公办养老机构转制。在各地转制的具体实践中，由于转制理念的不同，对于公办养老机构转制的力度有大有小，即使是同一种转制类型，也会产生不同的实践方式，以公办养老机构引入市场机制改革为例，有的是"一院两制"模式，有的是政府派人管理模式，还有的是政府组建团队逐渐向市场化运营过渡的模式；此外，各地在转型过程中，还纷纷通过服务外包、合作经营、公私合营 PPP 模式等推进公办养老机构转制。但从目前的整体情况来看，公办养老机构直接转制为企业的案例还比较少。

此外，各地在转制过程中，在相关配套政策、制度等方面都进行了积极探索，积累了一定的经验，包括在招投标程序、国有资产管理、工作人员分流、定价机制改革、监督管理等方面，都有许多创新的做法与经验，同时也暴露出目前存在的一些问题，需要进一步梳理与分析。

第九章　现阶段公办养老机构转制经验及问题

第一节　公办养老机构转制经验

公办养老机构转制是一个需要长期、持续推进的过程，涉及转制方式、人员安置、国有资产管理、服务质量监管、风险防控等多个方面。我国推进公办养老机构转制仅两年的时间，无论是在政策理念上，还是在操作实践上，都还没有充足的积累与明确的模式。各地在推进公办养老机构转制的过程中，大多是先行先试，边实践边摸索边总结，在公办养老机构职能定位、服务人群、筛选标准、价格管理、资产评估、人员分流、监管指导等方面，各地因地制宜，结合实际情况，逐渐形成属于本省本地的一些经验特点，总的来看，主要包括以下几个方面。

一　明确了公办养老机构的职能定位

对公办养老机构进行准确的职能定位是推进公办养老机构转制的首要条件。根据公共产品理论，公办养老机构是由政府建设用以提供公共养老服务的载体，其主要职能就是保障困难老年群体的基本养老服务，但从目前的发展来看，公办养老机构无论是在职能定位还是在服务对象上，都明显偏离了这一根本方向。在社会福利社会化的过程当中，公办养老机构由原来的救济性向福利经营性转变，由封闭型向开放型转变，服务对象由原来的"三无""五保"等弱势老年群体扩大到各类有需求的社会老年人，并在过程中基于公办养老机构的设施、人员、价格等各种资源优势，逐渐成为社会"优势老年群体"的养老服务机构，这种服务对象、服务职能的偏离与错位，在一定阶段有其自身发展的存在合理性，但随着我们对养老机构与养老服务业发展客观规律的不断总结与认识，科学客观地界定公办养老机构在整个养老服务体系中的职能与定位，就成为推动公办养老机构转制和整个养老服务体系健康发展的一个重要内容。

目前各地在推进公办养老机构转制的过程中，最先明确的就是公办养老机构的职能定位问题，北京市出台了《关于深化公办养老机构管理体制改革的意见》，明确提出在整个养老服务体系中公办养老机构起到的是基础性、保障性作用，承担的是政府的托底保障职能，并对公办养老机构的服务对象进行了明确界定。浙江、湖北、四川等省也都明确提出了公办养老机构的兜底、托底职能作用，明确公办养老机构主要是为基本养老服务保障对象，如农村五保、城镇"三无"、经济困难、高龄、失能等弱势老年群体，无偿或低偿提供基本的供养、护理服务。同时在转制实践中，政府的这一兜底保障功能，既可以通过公办养老机构自身来提供，也可以通过政府向社会购买养老服务来提供。这就回答了公办养老机构职能定位的问题、发展道路与方向的问题以及服务提供方式的问题，是公办养老机构转制的一个重要基础。

二 完善了公办养老机构的服务对象分类与评估机制

如上所述，我国公办养老机构成立之初就是政府福利服务的一个重要载体，承担着为"三无"、"五保"等弱势老年群体提供养老服务的重要职能，是我国社会福利事业的一项重要内容。人口老龄化的急速发展所带来的日益增长的养老服务需求，促进了我国社会福利社会化的进程，原有的福利性的公办养老机构开始进入社会化阶段，但在接收社会老人时，公办养老机构并没有一个明确的分类与评估标准，以至于在较长时间内公办养老机构收住的自理、健康老年人较多，造成了公办养老机构的服务对象错位与职能定位错位。各地在推进公办养老机构转制的过程中，首先明确了公办养老机构的职能定位，回答了公办养老机构"做什么"的问题，其次就是解决"为谁做"的问题，即要向哪些人群提供服务。

根据目前各地的做法，基本上是将公办养老机构的服务对象定义为三类人群，一是政府供养保障对象/政府兜底保障对象，即传统的公办养老机构服务对象，主要是城市"三无"和农村"五保"老人；二是困难家庭的政府保障对象，如经济困难家庭（低保/低收入家庭等）的高龄、失能、半失能、失独、孤寡老年人等；三是具有特殊贡献的，如劳动模范、因公致残或见义勇为伤残人士中的失能或高龄老年人。兼顾了经济、年龄、身体健康状况等主要划分因素，基本涵盖了"三无""五保"等政府供养保障对象，经济条件较差的失能、高龄老年群体，以及其他需要政府体现优待、福利服务的对象等。在明确了公办养老机构的职能、定位以及服务对象的基础上，各地又进一步规范了公办养老机构的入住评估条件和标准，以及评估管理的程序等。如湖北省明确规定了公办养老机构入住对象评估内容包括身份特征评估、健康状况审核、经济状况、家庭成员状况、优待资格以及自理能力，评估程序包括申请、审核、评估、公示、复核等五个步骤，一个步骤也不能少。浙江省在对政府托底保障对象实行无条件供养外，将富裕床位面向社会老人，但要委托第三方评估机构对申请的社会老年人进行经济状况、身体状况及需求状况的严格审查，将等候入住的老年人名单在网上予以公布，按照顺序让他（她）们入住，实行公办养老机构的"轮候"制度。北京市专门出台了《养老机构老年人健康评估规范》（DB11/T 305-2014）和《北京市公办养老机构入住及评估管理办法》（京民福发〔2015〕269号），详细规定了公办养老机构老年人的入住程序、审核及评估内容、评估机构等具体操作事宜，从操作环节规范了公办养老机构老年人的入住评估条件与标准、入住管理程序等，保证服务对象的科学评估与鉴定，确保公办养老机构"兜底、保基本"的职能定位不偏移。

三 以"公办/建民营"为主要形式实行多元、渐进式转制

我国公办养老机构的转制改革自2014年开始，由民政部在全国进行公办养老机构改革试点。各省根据实际情况，制定本省的公办养老机构改革政策，省内各市县进行公办养老机构转制改革的具体实施。由于各地实际情况各异，公办养老机构的具体情况各异，包括政策环境、地理位置、人员编制、基础设施、经营状况在内的转制条件各不相同，因此各地在推进公办养老机构转制的过程中，大多因地制宜，实行多元化、渐进式的改革步骤。如北京市采取了以"公办/建民营"为主要形式的渐进式转制，对不同地区、不同类型的公办养老机构进行分类推进，新建公办养老机构明确进行公建民营，存量公办养老机构则选择性进行公办民营，采取"老人老办法、新人新办法、新机构新办法、老机构老办法"，对公办养老机构在院老年人仍然保持稳定的政策，提供优质服务，实行渐进式的收费改革措施，不搞一刀切；对实施公建民营的新建公办养老机构则采取基于运营成本的市场定价，实行渐进式收费改革措施，以实现公办养老机构转制的

稳步推进。湖北省在推进公办养老机构转制过程中，根据本省的实际情况，不仅有租赁式的公建民营，还有委托式的公建民营，同时还鼓励合作经营和公私合营 PPP 模式。浙江省养老服务市场比较发达，对于新建规模较大的公办养老机构，不仅采取委托式公建民营，还根据实际情况在公办养老机构中开展"半成本"定价的收费改革模式，同时积极通过服务外包、分部/区委托的形式稳步推进公办养老机构的转制。对于位置偏远、不利于社会力量承接的乡镇敬老院，北京、四川等地都采取了资源整合、功能重置的方法，将其转型为区域性或综合性的养老服务中心，将公办养老机构转制和推进养老服务体系发展协同考虑，探索多种模式，稳步推进公办养老机构改革。

从目前各地的具体实践来看，公办民营/公建民营是其中最主要的转制方式。根据民政部的要求，公办养老机构的转制形式可以大致分为两种，一种是公办养老机构，特别是新建公办养老机构的公建民营形式，一种是提供经营性服务的公办养老机构积极稳妥地转制为企业的形式。从目前我国公办养老机构的性质来看，大部分依然是兼具福利性并面向社会的事业单位性质，并不以赢利为主要目的，因此大部分公办养老机构主要采取的还是租赁、承包或者委托式的公办民营/公建民营模式。之所以出现这种情况，一是我国公办养老机构大多属于公益性的事业单位，长期以来实行的是行政计划性的管理体制和运行机制，以经营性服务为主的公办养老机构较少，直接转制成为企业的条件不足。二是目前改制的公办养老机构主要是新建的增量公办养老机构，或者存量机构中人员编制较少、经营状况较差的公办养老机构，对于这部分养老机构来说，需要分流消化的编制内工作人员较少，转制成本较低，交给社会力量运营既可以减少政府财政投入的压力，也可以更好地提高效率，发挥更大的经济与社会效益。三是对于民营资本来讲，基于土地和场地设施成本的压力，承接政府新建或正在运营的公办养老机构，能够很大程度地降低民营资本进入养老服务事业的门槛与成本，是目前最能吸引民营资本的一种方式。

四 在转制过程中审慎选择社会经营主体

从目前公办养老机构转制的情况来看，公办/公建民营是其中最主要的形式。大部分公办养老机构，尤其是新建的公办养老机构，都是以委托的形式被交给社会力量去运营管理。遴选合适的社会经营主体作为受托方来承接公办养老机构项目，不仅需要受托方能够提供专业的养老服务内容，还需要受托方能够确保国有资产的保值增值和不流失，因此，如何科学合理地挑选合适的社会运营主体是目前各地在实践过程中特别注意的环节。从各地的情况来看，主要有这几种形式：一是公开招投标，即通过公开招标的方式来遴选社会经营主体。如北京市门头沟区老年社会福利中心，即通过政府采购中心的平台在全国范围招标选择运营方的。政府制定好相关的招标方案、招标条件和协议内容，明确提出对政府和受托方双方投入资产的要求、合作的方式、期限、权利义务的分配、监督管理的要求、违约责任、合作终止的条件等，即在全国范围内进行公开招标。浙江省民政厅在2016年发布的《关于推进养老机构公建民营规范化的指导意见》中明确规定，在遴选社会主体方面，要综合评估其资信，特别是要对其经营能力和经营思路进行严格要求，避免成为单纯的招商引资项目，而且特别规定不能挂靠投标。因此浙江省在招投标过程中不仅增加了"面询"环节，即社会主体要当面向专家组陈述经营的设想、理念、核心问题的处理方式等内容，同时回答专家的问题，通过这种方式把不懂经营的社会主体选掉。如杭州和睦老人公寓在投标的过程中就要求陈述团队的经营理念、相关经历、拿到项目后的经营设想、目标人群等内容；还专门组织专家组到社会主体经营的养老机构进行现场考察，进行综合判断选择。二是小范围招选标，即在少数几家有实力的社会经营主体中选出合适的受托方，如杭州市的滨江绿康阳光家园，就是滨江区政府和民政局在综合考察了三家有实力的社会运营主体之后，从养老从业背景、资金实力、省内企业等几个方面综合考虑确定的。三是直接委托。一些中小型的公办养老机构，如随州市社会福利中心、北京顺义区赵全营镇敬老院，都是政府直接委托给比较信任的社会力量进行运营的。

从目前的实践情况来看，相关部门在选择社会运营主体时都是非常审慎的，大多设置了很多条件，从前期投入资金、合作要求与条件到运营期间国有资产保值增值的要求等，都有比较严格的规定。整体上看，政府在选择民营主体时比较注重以下几点：一是资金实力。以公建民营的模式来看，很多公办养老机构虽然是政府投资建设，但房屋的设施、设备需要运营方投入装修与维护，同时，为了防止运营方中途退出的风险，政府也往往要求合作初期就交付一定的风险资金，对于一些项目较大的公办养老机构来讲，没有一定的资金是很难承接的。二是从业经验。这是对运营方养老服务质量的一个重要保障，目前有资金实力的人很多，想从事养老行业的人也很多，但是既有资金实力又有行业从业经验的投资者很少。养老行业是一个微利行业，没有一定的从业经验，很难运转好一个一定规模的养老机构，因此，政府在遴选社会主体时，一个重要的指标就是从业经验。三是经营者的经营理念与能力，优中选优。目前我国的养老服务业整体处于发展初期阶段，经营者的从业经验、经营理念和能力能够在很大程度上决定一个养老机构的未来发展走向，因此，地方政府在选择民营主体时大多抱着宁缺毋滥的心态，采取比较谨慎的态度。这一方面是由于公办养老机构转制目前还是一个新生事物，大家本身并没有什么经验，另一方面是目前我国的养老服务市场还比较稚嫩，还缺少有公信力、影响力和品牌效应的养老服务企业，为了防止转制后机构运营的风险，必须从目前的承接方中综合考察、谨慎选择社会运营主体。

五　积极探索公办养老机构的价格机制改革

长期以来，我国长期采用政府定价方法来管理公办养老机构的服务价格，即由物价部门按照公益属性来确定公办养老机构的收费水平。由于公办养老机构属于政府投资，建设成本由政府承担，对成本收益的考虑较少，在定价上基本上不考虑土地成本和建设成本，大多只考虑运行成本，甚至有些机构为突出公益性，收费尚不足以涵盖运行成本。这就使得公办养老机构的服务价格远远低于成本，在养老服务市场上公办养老机构"价廉"优势非常突出，这也是多数老年人青睐公办养老机构，有些甚至不惜排队等候多年的重要原因。但从整个养老服务市场良性发展的角度看，这种定价机制严重妨碍了养老机构之间的公平竞争。相对于公办养老机构来讲，民办养老机构既要承担建设成本（租房成本），又要考虑运行成本，其定价必然远远高于公办养老机构，直接导致公办养老机构与民办养老机构之间的不公平竞争。因此，如何改革公办养老机构的定价机制，使其在保证公益性服务的同时，确保其收费水平与成本投入之间的关系更加合理，营造尽可能相对公平的竞争环境，也是各地推进公办养老机构改革转制工作中积极探索与实践的内容。

北京市和浙江省都已经开始对公办养老机构价格机制改革的探索。以浙江省为例，2014年，浙江省在杭州市第三社会福利院开始进行公办养老机构定价机制的改革试点，实施"半成本"定价。具体的做法是：在以往定价仅仅考虑运行成本的基础上，经过测算，将50%的建设成本计算到养老服务价格里面。进而又将建设成本的50%进行倾斜处理，即将养老机构的标准间和护理间这些实用型房间的价格定得稍低一些，将养老机构的套间和单间这些改善型房间的价格定得稍高一些，以此来表明政府对实用型房间的支持。经过这样的调整，杭州市第三社会福利院收费价格要比同样是公办养老机构，但没有改革定价机制的杭州市社会福利中心的收费高出七八百元钱，但和提供同档次服务的民办养老机构的收费价格相比还是更低。尽管这次改革还不是全成本定价，但在一定程度上实现了对建设成本的考虑，是向全成本定价过渡的有益探索，同时也是向创造公平竞争环境迈出的重要一步。

六 妥善处理国有资产的保值增值与不流失

在公办养老机构转制中，特别是公办/公建民营的养老机构，如何实现国有资产的保值增值和不流失是转制过程中的一个重要内容。过分地强调资产的保值，过高地收取民营主体的资产使用费，可能会加大民营主体的运营压力，影响民营主体承接的积极性，违背了公办养老机构通过改制来激发市场活力、补齐服务供给短板的初衷。反之，如果过多地考虑民营主体的经营难度和可持续发展，降低资产使用费，政府又面临着被追责的风险，因此，科学合理地处理好公办养老机构国有资产保值增值与不流失的问题，不仅需要科学评估国有资产的价值，还需要在实践中积极创新灵活机制，更好地推动公办养老机构的转制。

从目前各地的实践情况来看，对转制后公办养老机构国有资产的管理，大多是采取转制前评估，转制后登记、监督和管理的办法进行的。如杭州市滨江区绿康阳光家园和北京市门头沟区老年社会福利中心，都委托了专门的会计师事务所、律师事务所，连同区财政局、审计局等部门，进行了全部国有资产的评估，并出具了资产评估报告。北京市门头沟区老年社会福利中心在委托时，区政府还根据《门头沟区公办养老机构公办民营、公建民营实施办法》中的规定，要求运营方向区政府采购中心一次性缴纳不低于国有资产投资1%的"风险保障金"，同时向养老机构所有权方按年缴纳不低于国有固定资产投资2%的"养老服务发展资金"。委托给民营主体后，机构内的固定资产属于国有，所有权方与运营方之间会对国有资产进行评估、核查，登记在民政局的固定资产台账上，本着"谁使用、谁管理、谁维护"的原则，由运营方进行维护。正常报废走政府固定资产报废程序，设施的改造、大修要经过政府专业论证，由运营方负责资金或通过运营方缴纳的"养老服务发展资金"来负责改造、修缮。在确保了国有资产不流失的基础上，各地在实践中则会根据实际情况来确定运营方在运营期间所需缴纳的国有资产使用费/占有费。如四川省绵阳市和遂宁市在进行公办养老机构转制的过程中，为了吸引社会资本来运营，基本上不收取运营方的国有资产使用费/占用费。湖北省则根据转制后的运营主体是否承担政府托底任务来确定国有资产使用费/占用费的多少，如果运营方不承担政府托底任务，政府就根据修建养老院时的投资情况进行测算，投资得多，收取的资产占用费也就越高，投资得越少，收取的资产占用费就较低。如果转制后的运营主体承担政府"托底"任务，则一般不收取运营方的国有资产使用费/占用费。通过这种方式来保证运营主体的可持续发展。

七　多种渠道解决公办养老机构的人员分流问题

人员分流问题是公办养老机构改制中一个需要重点解决的内容。长期以来，我国公办养老机构主要是以事业单位形式存在，工作人员具有相应的事业编制，享受国家事业单位相应的工资与福利保障，属于体制内工作人员。公办养老机构转制，是要打破原有公办养老机构事业单位政府负责财政投入与支持的运行机制和管理体制，要政府从公办养老机构的管理角色中逐渐退出，相应地逐渐减少对公办养老机构的投入，并将公办养老机构逐步推向市场，实行市场化的管理体制和运行机制，这势必会对现有工作人员，特别是编制内工作人员的工资、福利、保障带来极大的影响。对于编制较多的存量型公办养老机构转制而言，原有工作人员的消化与分流，是一个需要妥善解决的问题，否则不仅会影响现有人员对公办养老机构转制的积极性，也会影响到公办养老机构转制的稳定与顺利推进。事实上，在各省的调研中我们发现，有些地方对公办养老机构改制的热情不高，甚至存在抵触情绪，很重要的原因就是改制使得原有人员从体制内人员变为体制外人员，原有的"铁饭碗"被剥夺了，又没有得到很好的安置，因此他们强烈反对。

为了稳步推进公办养老机构的转制，各地在分流和消化原有工作人员方面出台了许多措施。在许多乡镇敬老院一级的公办养老机构，由于大部分乡镇敬老院的工作人员属于兼职或者聘用，院长大多是由镇政府或民政科的现职人员兼任，其他工作人员则大多聘用当地村民，因此在转制过程中，这部分人员的分流与安置相对简单。转制后，原有的院长不再兼任，编制仍然属于政府公务员系列，其他的工作人员，大多属于聘用人员，他们可以选择继续留在院里工作，也可以寻找其他的就业机会。但市县区一级的公办养老机构，大多有一定的编制，转制过程中人员的分流与消化有一定的压力。为了妥善解决公办养老机构的分流安置问题，浙江省利用养老服务中心具有事业编制的特点，将这些人员转到此处，依然保留事业编制，工作内容从原来的直接管理运营公办养老机构这样一个相对微观的工作，变为了人员培训，养老服务的统筹协调、指导、监督等相对宏观的工作。养老服务中心是根据《浙江省人民政府关于深化完善社会养老服务体系建设的意见》（浙政发〔2011〕101号）的要求——各市、县（市、区）均要建立养老服务指导中心，从2011年12月15日以后逐渐建立起来的。在2015年出台的《浙江省社会养老服务条例》中又从法律层面对养老服务中心的功能作了界定。比较而言，公办养老机构原有工作人员直接管理养老机构，属于微观层面的工作，而到了养老服务中心以后主要从事的是管理、指导、监管等宏观层面的工作，工作层级有了提升，因此比较容易受到原公办养老机构工作人员的认可，既能够比较稳妥地解决他们的分流安置问题，又能充分发挥他们的工作经验，弥补目前养老服务监督乏力的不足。北京、湖北、四川等省在公办养老机构转制过程中，还通过将养老机构与儿童福利院、社会福利院等福利机构资源整合的方法，将其中的工作人员进行统筹安置，如随州市社会福利中心，将养老照护中心、优抚医院和儿童福利院建在一起，在将养老照护中心进行公建民营之后，将其原有的工作人员与儿童福利院的工作人员统筹使用，并同时负责养老照护中心的监督和指导职能。此外，对于原本就运行较好的公办养老机构，各地在推进公办养老机构的转制过程中，也尽可能做到放手搞活，如武汉市江汉区社会福利院，通过"一院两制"的方式已经发展成为公办养老机构中的品牌，对于这样的养老机构则是充分发挥原有工作人员的积极性，更加放手让他们去适应市场，不仅更好地保障好对政府供养对象的服务，还可以更大限度地实现经济与社会效益。

八　将转制纳入养老服务体系建设整体布局

公办养老机构转制是养老服务事业和产业发展中的重要组成部分，是嵌套在整个养老服务事业和产业发展中的一个重要内容。公办养老机构的转制改革，不可能脱离于整个养老服务事业和产业的发展。特别是我国公办养老机构形态、规模各异，且大多依据行政区划设立，在建设之初并没有考虑到市场需要。在转制过程中，一蹴而就地将其推向市场，是不切实际也是无法实施的。因此，各地在推进公办养老机构转制的过程中，一个重要的经验就是统筹推进、协同发展，将公办养老机构转制纳入养老服务事业和产业发展的整体布局，将居家、社区、机构养老融合在一起统筹考虑，并兼顾区域发展资源的平衡与协作。我国的公办养老机构绝大部分分布在街道、乡镇一级，大多规模较小，设施较为简陋，特别是农村地区的公办养老机构，地理位置偏远，公共服务资源缺乏，在吸引民间资本进行公办/建民营方面优势不足。同时，随着社会的发展，"三无"、"五保"等政府供养对象逐渐减少，农村公办养老机构的集中供养对象数量逐渐下降，许多机构开始出现闲置的现象。因此，在推进公办养老机构转制过程中，湖北、北京等地都是将公办养老机构分区、分片统筹考虑。如湖北省推进农村公办养老机构改制的方式主要有两种，一是将原来几个乡镇的政府托底对象集中起来，由一个养老院进行收住管理。其他养老院另作他用，如改建成区域性的养老服务中心，交由民营资本进行经营。二是利用民政福彩公益金，新建一些多功能的服务中心，将养老院、卫生站、老人活动站等功能集合在一起，充分进行资源的整合，满足老年人的需求。此外，将一些闲置的资源如不用的学校逐渐改建成养老院，满足附近的老年人入住需求。北京市则是在农村地区将区划较为接近的2~3个乡镇，选择其中一个镇办敬老院集中收住原有政府供养对象，其他敬老院则在改造升级之后，或者通过招投标/直接选择运营方来实行公办/建民营，或者与居家、社区服务融合在一起，转型成为养老服务照料中心或者养老服务驿站，为农村老年人提供集日间照料、文化娱乐等于一体的综合养老服务，弥补农村养老服务设施少、居家社区养老服务滞后的不足。在推进公办养老机构转制的过程中，通过功能整合与资源重置来满足老年人更多的养老服务需求。

九 在转制过程中突出养老机构的医养结合与护理功能

我国的人口老龄化是在一个较短的时间内急速发展的，留给我国养老服务事业和产业的发展时间较短，因此养老服务业发展较晚，属于边摸索边发展。在养老机构的发展理念上也有一个逐渐认识、不断发展的过程。近年来，我们对养老机构服务功能的认识更加全面，特别是随着养老机构中老年人对于健康管理、慢病护理、康复护理等方面需求的不断提高，国家开始大力推进养老服务中的医养结合与医养融合。各地在积极推进公办养老机构转制改革的过程中，改革的不仅是公办养老机构的运行机制，更从养老服务事业和产业的科学发展布局，从科学界定养老机构的职能定位着手，强调突出养老机构的医养结合与护理功能。一方面，从功能上讲，养老机构应该着重服务于失能、半失能老年群体，而不是健康自理老年人；另一方面，从机构本身的运营来看，有一定基础的医疗与护理服务功能，对于机构吸引老年人入住，提高机构运营效率也更加有利。因此，各地在推进公办养老机构转制的过程中，大多采取的是医养结合的方式。

浙江省很早就认识到这个问题，并在政策文件中强调养老机构要发展医疗功能，更重要的是，浙江省充分认识到养老机构中的"医"并非普通医院中的"医"，医养结合也不是养老机构和医院的简单相加，而是要在养的基础上发展以"护理"为核心的特色功能。早在浙江省2011年发布的《关于深化完善社会养老服务体系建设的意见》（浙政发〔2011〕101号）中就提出，到2015年，全省基本建立以护理型为重点的机构养老服务模式，护理型床位占比不低于40%的发展目标。而2011年发布的《中国老龄事业发展"十二五"规划》仅仅是原则性地要求优先发展护理康复服务，并提出地（市）级以上城市至少要有一所专业性养老护理机构。甚至在2013年发布的《关于加快发展养老服务业的若干意见》（国发〔2013〕35号）中，也是比较原则地要求养老机构要增强护理功能，开展护理服务。一直到2015年国务院《关于推进医疗卫生与养老服务相结合指导意见的通知》（国办发〔2015〕84号）下发，才比较具体地提出了医养结合的发展目标。因此，可以看出，浙江省对医养结合的探索实践是明显超前于全国的。另外，浙江省对于医养结合中"医"的认识和界定比较准确，把养老机构中医的职能界定为四个方面：一是紧急状况下的处理；二是慢性病管理；三是营养配餐；四是护理康复。认为养老机构中的"医"绝不是医院中的"医"，要突出自身的特殊和定位。宁波市也认为养老机构必须具备医的功能，但养老机构不是医院，也不能办成医院，要办成护理院，这样才能充分发挥相应职能。得益于对医养结合重要性的充分认识和对护理功能的强调，浙江省在对公办养老机构实施改制的过程中都非常重视养老机构护理功能的配套建设。从调研情况看,养老机构无一例外都具有良好的护理服务能力。如杭州市第三福利院随同福利院的建设同时建起了一个二级甲等医院,宁波市疗养院设有医务室,下一步要扩建为护理院,广安养怡院本身就是以护理为特色的养老机构,特别是浙江绿康医养集团,坚持"以老年人需求为导向的康复护理院"的发展方向,得到了迅猛发展,说明医养结合护理型养老机构是真正符合老年人需求的、潜力巨大的一个发展方向。

十 积极培育和扶持社会力量参与养老服务市场发展

公办养老机构转制的根本目的是促进我国养老服务市场的公平、快速、有序发展,但转制本身也需要一个健康充满活力的养老服务市场环境,尤其是在目前,公办养老机构转制的主要方式是公办/公建民营,即将正在运营或新建的公办养老机构通过租赁、承包或者委托的形式交给社会力量去运营,这种转制方式本身就需要一批具有一定规模、经验的养老服务企业或社会组织去承接,因此,养老服务市场的发展状况与公办养老机构的转制直接相关、相辅相成。一个配套政策充足、市场环境完善、公平有序、充满活力的养老服务市场,既是公办养老机构转制的目的,也是其顺利实现转制的充分保障。因此,各地在推进公办养老机构转制的过程中,既重视从转制本身着手,也注重整个养老服务市场的发育与培养,积极培育和扶持社会力量参与养老服务市场的发展。浙江省历来重视养老服务市场的开放与发展,在2014年出台的《关于发展民办养老产业的若干意见》(浙政发〔2014〕16号)中,明确规定除了明令禁入的养老服务领域外,都可以向民间资本开放。2015年,浙江省又进一步明确了社会力量进入养老服务领域的政策,通过了全国第一个地方性养老服务法规,极大地激发了社会力量进入养老服务领域的热情,同时也为公办养老机构转制提供了一个良好的市场环境。越来越多的社会力量积极参与养老服务业发展,这些社会主体在为老年人提供档次不一、内容丰富的养老服务的同时,也积累了很多好的经验做法,为政府提供了较多的可供选择的公办养老机构运营主体,从而为公办养老机构转制的顺利推进打下了坚实基础。四川省作为养老服务发展相对落后的省份,一方面积极推进相关政策的制定与实施,另一方面在吸引社会力量参与养老服务市场方面,也进行了较大力度的尝试,走"先引入,再规范"的渠道，根据实际情况，降低社会力量运营公办养老机构的门槛，并积极给予政策方面的支持，这都是各地在推进公办养老机构转制过程中的有益尝试。

第二节　现阶段公办养老机构转制存在的主要问题

各地在推行公办养老机构转制的过程中积累了许多有益的经验，但同时也暴露出了目前在转制过程中的一些突出问题，一是观念认识问题，各地推进公办养老机构改革转制工作的时间不长，本身的认识就不统一，包括对转制的必要性，转制的方式、方法都存在着思绪与观念的差异。二是发展的问题，公办养老机构改革转制的发生发展伴随着我国养老服务事业与产业的发生发展，前者本就是后者的一个重要组成部分。我国养老服务事业发展较晚，养老服务产业发展更为滞后，无论是政策体系、市场环境还是产业本身，都还处于发展的初期阶段，公办养老机构转制的基础条件并不完备。三是对公办养老机构转制本身规律的认识还不清晰，在推进转制的过程中，具体问题具体分析，具体矛盾具体解决，属于边推进边摸索的阶段。因此，现阶段在公办养老机构转制过程中暴露出来的一些主要问题，一些是可以在我国养老服务事业和产业整体发展的过程当中解决的，一些还需要针对这些具体问题进行深入分析与总结，并提出解决问题的相应思路。

一　对公办养老机构转制的认识仍未统一

我国推进公办养老机构改制的时间不长，从2014年民政部在全国推进试点以来，目前已有三年多的时间，虽然各省都在根据本省的实际情况进行改制，灵活创新改制的模式，但在思想上、认识上，对于公办养老机构是否应该改制，应该如何改制，改到一个什么程度，目前的认识还并不统一。

一是对公办养老机构转制必要性的认识目前还不统一。我国公办养老机构长期以来是由政府投资建设、管理运营，以政府事业单位的性质存在，资金场地、设施设备、人员编制都由政府提供，不存在市场竞争与运营的压力。尽管随着社会福利社会化进程的推进和事业单位改革步伐的加快,公办养老机构开始呈现福利性与市场性并存的特点,但由于其长期以来浓重的福利色彩,公办养老机构仍然被视为各级民政部门的下属机构,享受着事业单位的待遇,并承担着各级政府与民政部门给予的工作职责。在公办养老机构转制的过程中,对于公办养老机构转制的必要性,许多基层政府与民政部门的认识仍未统一。或者将公办养老机构视为部门财产,把所属机构紧紧握在手里,当作本级政府的独立资源;或者认为公办养老机构是政府保障弱势老年群体、为其提供养老服务的一块阵地,并且只有在政府的直接管理下才能发挥好公益性的保障作用,因此,公办养老机构必须存在,并且只能由政府来提供管理和服务。

二是对公办养老机构如何转制认识不统一。从目前各地的模式来看,公办养老机构转制的模式有完全委托、合作经营、派人管理、公私合营等。养老服务市场比较发达、市场化程度较高的省市,对于公办养老机构转制的观念和意识较为开放,大多直接通过委托、公建民营的形式交给民间资本去运营。但养老服务市场相对滞后、市场化程度较低的部分省市,对于将公办养老机构完全委托给民间资本去运营的做法就比较审慎,或者通过体制内派人去管理、运营,或者通过服务外包、合作经营的方式去实施,大多是因地制宜、边摸索边实践。

三是对公办养老最终的转制方向认识不统一。从目前的实践情况来看,公办养老机构转制的三种途径包括,一是保留部分公办养老机构的事业单位性质,机构主要发挥兜底保障作用。二是部分公办养老机构通过实施公办/公建民营,或者通过公私合营PPP的模式,委托给社会力量运营,实施完全市场化的运作模式。三是公办养老机构直接转制,彻底转制为自负盈亏的企业性质。但从目前来看,各地实施较多的大多是前两种模式,公办养老机构直接转制为企业的案例还非常少,这或者是由于改革意识与魄力不强,害怕承担转制带来的各种问题与风险;或者认为无法有效监督民营组织,害怕出现老年人权益遭受侵害的事件;或者对公办养老机构转制为企业所涉及的国有资产、人员分流安置等敏感问题比较抵触,以致这一类型转制的步伐非常缓慢。

"尤其是镇办养老机构这一块,我感觉积极性不是很高,镇办养老机构属于他(镇政府)的资产,可能镇领导有这种想法,我拿出去让民营组织,让社会组织运营,是不是安全各方面的责任我也担,还有一个，他拿出去以后，他感觉不可控制，不好管理。"

"如果都转企像刚才咱们说的，因为毕竟现在都牵扯到人民的福祉，尤其是弱势群体的，他们的利益谁去保障，你都企业化了，市场化了，很多低保的对象，就是农村的这些弱势群体他们的养老就没有保障了。"

二 现行政策体系难以满足公办养老机构转制需求

公办养老机构转制目前在我国还是一个新兴事物，还处于刚刚开始的阶段，无论是国家还是地方，对于公办养老机构转制的方向、路径、目标都还处在一个先行先试的摸索阶段，因此，相关的政策文件还相对滞后。地方大多是边摸索边转制边出台，政策制度不仅满足不了目前的转制需求，许多实际情况还会与政策制度发生矛盾，制约着公办养老机构转制的步伐。比较突出的包括以下这些。

一是政策的系统性、协调性不够。公办养老机构转制是一个综合性系统工程，涉及多个部门、多个事项，任何一个事项解决不好都会影响转制的整体推进。由于历史、体制等多方面因素的影响，公办养老机构转制尚未做到从整体上进行系统设计，部门之间、政策之间的统筹、协调性不足，导致政策与实践之间经常出现矛盾。特别是目前公办养老机构转制的推进部门主要是民政部门，尽管地方政府也出台了相应的配套措施，但部门之间的政策系统性仍显不足，在一定程度上影响了公办养老机构转制的进程。一是公办养老机构作为事业单位，其转制没有被列入事业单位改革大盘子，没有从整体上作出安排，仅仅由公办养老机构的主管部门民政部门单独推进。二是事业单位和企业之间养老保险制度分属不同体系，养老金水平差异明显，虽然事业单位养老保险制度改革已启动，但短期内企业等部门养老金水平低于事业单位的状况不会改变。公办养老机构转制意味着部分原有的事业编制工作人员将失去事业单位编制，成为企业或其他类型机构人员，只要体制内外养老保险制度及养老金水平不统一，体制内人员就很难有动力参与改制工作。三是一些政府将废弃的厂房、医院等作为投资，吸引社会力量进行整合改造、从事机构养老服务，其中涉及民政、国土、规划、建设等多个部门，虽然民政部等部门出台了《关于支持整合改造闲置社会资源发展养老服务的通知》（民发〔2016〕179号），但实际落地还比较难。四是多数公办养老机构设施产权规范界定模糊，不符合现行相关规定。多数乡镇公办养老机构建设年代久远，由乡镇政府牵头利用农村建设用地筹资建设，定位为农村五保供养机构，缺少立项审批、土地规划、建筑设计、环境评估、消防验收等手续，在养老机构设立许可、国有固定资产投资改建、公办民营资产清算确权等方面，都存在一定制约。根据民政部《养老机构设立许可办法》的规定换发证照过程中，许多公办养老机构仍未取得设立许可证书，直接影响了公办养老机构的转制进程。

二是公办/建民营养老机构的民办非营利性规定有一定的制约影响。根据国家对公建民营改革试点的要求，公办养老机构应积极探索通过承包租赁、联合经营、PPP模式、企业化改制等方式实行转制改革，但是公办养老机构改革中如果让运营方注册为营利性机构，容易出现政府设施公共服务性质变化和国有资产流失的问题，因此地方大多规定公办/建民营养老机构必须注册为民办非营利性机构，限于民办非营利性机构的特点，运营方投入资本只能作为公益性捐助，且后续运营收益不得分红，一定程度上影响了社会资本的投资积极性，同时也容易造成实际监管中对运营方"违规"营利难以把握的难题。另外，如果公办养老机构通过企业化改革来转制，也会存在企业逐利与公共服务设施公益性的矛盾问题。

三是国有资产管理的相关规定与公建民营实践相冲突。养老服务业是一个周期长、利润薄的行业，必须要给经营者一定的时间才可能赢利。但根据目前国有资产的相关规定，占用或租用国有资产需要三年重新签一次合同，这对于经营者来讲是一个很大的压力，因为民营资本进入养老服务行业前三年基本上是一个不断投入的过程，很难有相应的利润，因此各地在实践过程中，只能回避或者采取其他方式，如合作经营等模式，来推进公办养老机构的转制，一定程度上影响了民营资本承接公办养老机构的积极性和运营效率。

"其他的养老院也有四五家申报要公建民营，为什么它没有转制，没有申请下来？我们都是五几年、六几年建的养老院，没有房产证，没有产权，没有消防设施审批，没有，所以现在我们再做这些，手续相当的复杂，也相当的烦琐，有的镇确实有这个积极性，但是最后没有实施，因为消防不达标，然后你结算没有结算，然后里面的房产各方面的手续都没有，尤其消防老过不了，怎么转制？"

"原来叫养老机构职业许可证，后来变成设立许可证，然后他就要求新建的养老院必须有建筑、消防、环保、卫生四个部门的验收报告。""现在消防规定你都得有烟感和喷淋，还得消防联动，那改造费用相当大的，可能资金投入上，依靠属地这一块街镇承担不了，只能是通过申报市里面的一些项目，但是这个就得等时间了，就很慢。""你必须得按现行的消防规范走，现行的消防规范，你该有烟感、喷淋、消防联动系统，然后这些东西没有，人家不给你出这个报告，没有出这个报告，咱们就不能按照行业规定设立许可，不能设立许可，你公建民营之后，你取得不了许可，就运营不了，所以制约着这个。"

"第三个就是三年回收期的问题。我们国有资产，我们规定都是三年的回收期，目前国家政策是这么设计的，所以很多民营老板就说，那三年之后我还干不干。所以影响他投资的积极性和投资的额度。"

三　转制后政府与运营方之间的关系定位仍不清晰

从目前各地的实施情况来看，公办/公建民营是公办养老机构转制的一个主要方式，在这种方式下，公办养老机构委托给社会力量之后，就由原来的财政拨款、政府管理、政府经营模式，改制成为自负盈亏、经营方管理、市场化运营的模式，政府成为委托方，社会力量成为经营方，两者之间是委托与受托的关系。政府不再插手具体的运营管理，主要担负起监督、指导的职责，经营方根据双方合同约定，按照市场规律，主要承担起养老机构的管理运营事宜。但在实践中，由于我国公办养老机构转制开展的时间较短，经验较少，政府与运营方之间的关系定位仍然不是十分清晰，面临着许多现实问题。

一是政府"甩包袱"思想。有些公办养老机构本身基础条件较差，运营效率不高，政府每年需要投入大量资金来维持这类养老机构的正常运转，进行转制后，政府急于甩手，将养老机构委托给民营资本之后，就不再过问具体事宜，疏于对国有资产的监管和对老年人服务质量的监督。二是部分运营方"等靠要"的思想明显。认为公办养老机构是政府投资建设的，即使委托之后，也仍然存有政府不会不管不问的想法，一有问题就找政府解决，向政府要政策、要项目、要资金，对政府公共资源仍然严重依赖。三是政府仍然干预过度。一些公办养老机构委托给民间资本经营后，政府仍然保有行政管理的色彩，对机构的运营管理横加干预。还有的怕全部委托给民营资本运营，会出现资产流失、服务质量下降或者其他问题，于是选派公务人员去进行管理运营。在这种方式下，该选派公务人员的身份依然是政府编制内人员，考核和收入都由政府实施，但养老机构实行的是自负盈亏的市场化运营模式。这种模式是在目前公办养老机构推行过程中的一种探索，但面临的问题也比较突出，最主要的就是如何在现有体制内充分发挥市场机制的作用，提高效率，提升服务。由于机构的负责人是政府派来的体制内人员，必然要遵照公务人员的要求和程序行事，另外又要按照市场机制来管理运营养老机构，行政管理体制和市场运行机制之间如何有机地结合起来，成为一个很大的难题。一方面机构要实行灵活决策的市场化运营机制，另一方面管理者在很多事情上限于自己的体制内身份，不能及时决策，而需要层层上报审批；同时这些体制内工作人员的工资、福利待遇和机构经营状况并无直接关系，仍由政府财政发放，激励机制明显不足，很大程度上影响了公办养老机构社会与经济效益的发挥。

"实际上我们作为一个公家的人派过来，到底是用企业化的思维方式、管理方式去管理这个单位，还是用我自己原来的事业单位的思维去管理，体制去管理，也是我们很困惑的。"

"我有一个设想，一个创意马上就能付诸实践，等你程序走下来，一步一步审批下来以后，可能已经过了这个最佳的、我推出这项举措的一个时机了。"

"反正我们现在保险起见也基本上走这个程序，除非确实一个是涉及的经费也不大，我们要跟主管部门前期沟通一下，我们能够走更便捷的就更好，一般大的项目我们都在规定程序在做。"

四　公办养老机构公益性养老服务作用发挥仍不平衡

公办养老机构转制的目的就是正确发挥政府在养老服务资源配置中的作用，将属于市场的服务资源让位与市场，政府重点保障弱势困难老年群体的托底、保障养老服务，同时扶持、监督、指导民办养老机构发展。但从目前公办养老机构的转制情况来看，目前这一目标还没有完全实现，特别是其中公办养老机构托底、保障的公益性养老服务资源与效益发挥仍不均衡，存在着养老服务对象与服务内容仍不匹配等问题。

一是公办养老机构养老服务资源效益发挥仍不均衡，许多政府供养对象仍然享受不到公办养老机构的托底、保障服务。目前各地在推进公办养老机构转制过程中，大多将公办养老机构的职能定位与服务对象群体进行了明确界定，如北京市首先明确了公办养老机构的职能定位与服务对象分类，并根据服务对象的不同，确定了市属/区属和街道乡镇属养老机构的服务对象范围，其中优待服务保障类对象主要由市属的公办养老机构负责接收，经济困难保障对象和政府供养对象主要由区属的和街道、乡镇属的公办养老机构负责接收，在此基础上，还建立了统筹协作的模式，以此来满足基本养老服务保障对象的入住需求。但在实际工作中，由于市区公办养老机构在转制前已经面向社会老人开放，并且由于地处市区，交通便利，公共服务设施齐全，又是公办养老机构，收费价格较低，因此已经是供不应求。现有床位使用率高，床位机动空置量很少，为了平稳推进公办养老机构转制，北京市明确了"老人老办法，新人新办法"的原则，对于这部分已经入住的社会老人，不能激进、一刀切地要求转院，只能逐渐消化吸收。因此，城区公办养老机构床位数相对基本养老服务保障对象数量而言，承接能力明显不足。而农村公办养老机构大部分地处偏远，设施设备简陋，老年人入住意愿不高。因此，公办养老机构，特别是城区公办养老机构基本养老服务保障对象接收入住压力较大，养老服务资源效益发挥仍不均衡。

二是公办养老机构的服务职能与服务标准有偏差。从目前各地对公办养老机构的职能定位来看，公办养老机构主要是针对弱势困难老年群体提供基本、兜底、保障性的养老服务。如北京市明确了公办养老机构在整个养老服务体系中是基础性、保障性作用，承担的是政府的托底保障职能，并界定了公办养老机构主要为三类基本养老服务保障对象提供服务，即政府供养保障对象、困境家庭保障对象和优待服务保障对象。浙江省人民政府《关于加快发展养老服务业的实施意见》（浙政发〔2014〕13号）明确规定，公办养老机构要充分发挥托底保障作用，保障对象重点为农村五保、城镇"三无"老人及低收入、经济困难的失能、半失能老人，在费用收取上采取无偿或低收费。公办养老机构的职能定位决定了其主要服务目标是保障入住老年人基本的生活质量，提供的是保障兜底性、救助性、公益性的基本养老服务，而不是提供享受型的高水平的生活服务。因此，公办养老机构的硬件设施应该和提供基本的、一般性的养老服务的职能相一致，应实用适用，而非高端豪华。但是现实中，不少公办养老机构，特别是新建养老机构大多投入了大量财政资金，硬件设施远超出满足基本需求的层次，使得本应提供"兜底、保障"性基本养老服务的公办养老机构以无偿或者低偿的价格在为政府托底保障对象提供了高于社会一般水平的服务设施和服务内容，这对其他社会老人来讲，是新的不公平。

三是部分转制后的公办养老机构公益属性体现不明显。从各地的政策导向与实践来看，对公办养老机构性质与职能定位的界定，以及公办养老机构转制后的所有权属来看，公办养老机构的所有权属于国家，只要转制没有涉及所有权的转移，转制后依然属于公办养老机构的范畴，具有天然的公益属性。《浙江省民政厅关于推进养老机构公建民营规范化的指导意见》（浙民福〔2016〕26号）明确规定，公建民营养老机构应该履行保基本、兜底线的职责，要保证面向普通老年人的公益性。但从实际的情况来看，部分公办养老机构在通过公办/建民营转制后，并没有再预留床位来保障政府供养对象的入住需求，整个床位全部向社会开放；有些规模较大、设施齐全的公办养老机构甚至定位为高端养老机构，收取较高的服务费用，普通老年人根本无法入住，很大程度上影响了公办养老机构社会责任的发挥，存在着明显的公益属性缺失问题。

五　转制过程中涉及的国有资产管理与人员分流问题突出

公办养老机构转制过程中，国有资产的监督管理、保值增值，体制内工作人员的转型、安置、分流，入住老年人的服务质量保障，是其中非常重要的内容。从目前各地的实践来看，国有资产的评估与保值、体制内工作人员的安置分流是其中问题比较突出的两部分。

一是国有资产评估与保值难度较大。公办养老机构转制过程中一个重要的问题就是国有资产的保值增值、不流失。公办养老机构转制后，政府投资建设的养老机构，包括地上建筑和房屋内部的设施设备全部交给民间组织来使用，一些大型、新建的养老机构，政府配备的设施设备都非常齐全，如杭州市滨江区绿康阳光家园，是区政府投资了5亿元建设的，门头沟区老年社会福利中心是由门头沟区民政局投入了1.3亿元建设的,房屋的装修、房屋里的主要设施设备,都是由政府购入的,运营方投入的费用相对有限,因此国有资产的评估、保值问题非常突出。一是国有资产的评估,以北京市为例,根据北京市的规定,实施公办/建民营的养老机构,运营方要按照国有资产投资的一定比例缴纳"风险保障金"和"养老服务发展资金",因此,科学合理地评估国有资产的价值,既做到科学准确反映国有资产的真实价值,又能兼顾运营方的运营压力,是非常关键的。以门头沟区老年社会福利中心为例,尽管在国有资产评估中邀请了专业的会计师事务所、律师事务所,连同区财政局、审计局共同评估,但在实际运营中,发现这评估基础上兼顾考虑政府投资所确定的逐年递增至640万元的"养老服务发展资金"对于运营方的压力是比较大的,以至于后期不得不从医养结合的角度给予扶持,帮助减轻运营方的压力。二是国有资产的保值增值、不流失。根据目前各地的做法,公办养老机构通过公办/建民营转制后,养老机构的设施设备主要由运营方使用和维护,易耗品由运营方自行处理,设施设备的报废走政府固定资产报废程序,运营期结束后按照合同清单归还给所有权方。这期间,国有资产,特别是主要设施设备的保值主要取决于运营方正确使用和爱护相关设备,但就目前的政策文件和合同文本来看,缺乏对设施设备管理的具体办法和细则,需要进一步加强和完善。

"我们区这一家当时在全市来说是大规模的,当时没有政策依据也没有政策指导,就是说应不应该收钱,收多少合适(不知道),因为这个设施逐年老化,将来还要进行设施的维修、大修、改造,所以按照这个设施折旧这么去计算的,计算的当中,就是我们当初民政,我们提出来的是200多万,可能测算完了200多万……后来财政这一块,可能(不同)角度的考虑,就是政府投入1个多亿,本身我们门头沟区棚改,银行贷款借钱建的这些设施,也考虑到还款的问题,所以应该适当提高一点,最后定的是640(万),这个不是一年的,是逐年递增到640(万)。""但是说实话,目前来说可能定得有点高,为什么?因为这一块影响床位收费的价格,制约它的价格,我价格低了,我就是住满了我也是赔钱,我给政府的钱我交不上……价格一高,可能老年群体的承受能力在那,对入住率就会造成影响,它是一个连锁反应，可能就会有一些影响。"

"在评估这一块我们现在感觉存在问题，第一个测算上可能没有太大的经验，咱们那会儿的测算是平均他们是 10 年签这个协议，是平均下来一年 500 多万，后来咱们通过这个试运营以后，我们发现这个（问题），所以后来我们就报了一个方案到政府给它进行了一个减免。"

二是部分养老机构的人员安置与分流问题。特别是城市很多大型的公办养老机构，属于公益一类事业单位，事业编制相对较多，编制内工作人员的转型、安置与分流问题就更加突出。相较于城市公办养老机构来讲，广大农村地区的公办养老机构，特别是乡镇敬老院，一般编制较少，每个院仅有 1~2 名编制内工作人员，也大多是镇政府工作人员或者村委会干部兼任，转制后这些兼任的工作人员可以回到原岗位，不影响其体制内身份。但对于一些事业编制较多的公办养老机构来说，人员安置与分流的问题就比较突出。如公安县福利院有编制内工作人员 24 名，这是当初建设福利院时占用村民土地，作为补偿解决了一批村民的编制身份问题，但现在涉及体制内工作人员的转型与重新安置，问题就比较突出了。另外，从湖北省的实践来看，对于有编制的这类公办养老机构，一般进行资源整合，将儿童福利院、救助站的功能整合在一起，将原来代养的社会老人分流出去，剩下政府托底对象，管理人员不变，事业编制继续保留，但这种多功能的混合模式是否能够有效地为不同入住对象提供相应的服务还值得商榷。从长远来看，解决这类公办养老机构的人员安置分流问题，最终还是要和整个事业单位的改革同步进行。

六　公办养老机构转制的专家队伍与人才队伍建设滞后

一是公办养老机构转制的专家库建设滞后。公办养老机构转制包括多项内容和环节，如设置社会主体的资格、制作招标文件、确定风险保证金和设施使用费、遴选社会主体等，涉及众多专业领域，如组织管理、市场营销、老龄政策、康复护理、物品采购、建设装修等，每项内容都需要具备专业知识和实际经验的人员才能胜任，否则将直接影响转制的成败。如风险保证金和设施使用费如何确定就很关键、很专业，设置低了，许多社会主体都来应标，增加评标的工作量；设置高了，就可能把合适的社会主体拒之门外。而如何确定合适的数量也需要综合考虑多方面因素，包括床位数量、接收政府保障对象情况、使用年限、机构登记性质、社会主体的初期投入等，都需要科学测算与综合考量。又如社会主体的遴选，也需经由科学合理的程序和经验丰富的评审专家，否则，将只会做漂亮的标书但没有实际管理经营经验且没有创新思维的社会主体选进来，转制的效果将会大打折扣。但现实中，由于我国进入老龄社会时间不足20年，应对人口老龄化的相关研究比较滞后，各方面的实践还不多，积累的经验还不够丰富，在人才培养和储备方面也相对欠缺，因此，我国整体上缺乏公办养老机构转制方面的专家，到目前为止，我们还没有专门的专家库。在老龄事业发展过程中，老龄服务的发展相对较快，因此在此领域产生了一定数量的专家。但在养老机构设计建设及装修领域，由于我国长期以来的建筑都是以年轻社会为基础建造的，没有考虑老年人的实际需求，及至近些年老龄化程度日益严重，"老年宜居环境"等术语和提法才逐渐被人们重视，也才有一少部分人开始研究老年人居住环境的建设、改造等议题，但总的来看，这方面的专家凤毛麟角。其他方面也大致如此，即人们往往关注的是年轻社会条件下组织管理、康复护理等实践领域，只是在老龄问题成为全社会普遍关注的问题时，才结合老年人的实际需求进行转型和研究，很多人是"半路出家"，这就导致我国老龄问题方面专家的数量不多，水平不高。需要着眼长远，尽快培育、储备转制专家，推动公办养老机构转制的科学化、规范化。

　　二是养老服务的职业经理人和专业人才队伍缺乏。公办养老机构转制的目的就是让市场发挥决定性的资源配置作用，推动养老服务市场的繁荣、健康、有序发展，但在转制的过程中，也同样需要一个较为成熟的养老服务市场。因为公办养老机构转制的一个重要方式就是由社会力量来承接、管理和运营公办养老机构，如各地在实施公办/公建民营过程中，遴选社会主体的一个重要条件就是民营资本要具有一定的养老服务从业经验，能够将委托出去的公办养老机构管理运营好，发挥更大的经济和社会效益。但事实上，我国养老服务市场起步晚，目前还处于一个发展的初期阶段，从业人才队伍还非常不完善：一是养老护理员队伍本身问题突出，存在专业技术水平低、专业化程度不高、队伍人员流动性大、总体数量少、结构不合理等问题。二是专业类的服务人才缺乏，特别是医疗、卫生、营养、社会工作、心理等方面的专业人才，由于职称晋升渠道狭窄，职业社会认同度较低，职业发展空间有限，养老机构的专业人才队伍发展相对迟缓。三是职业经理人市场还没有形成，大部分民营养老机构的运营管理人员是其他行业转型过来的，如医生、护工、酒店管理人员、房地产从业人员，甚至家政人员等，这样的管理人才队伍，短时间内很难充分把握养老服务市场的规律，推动公办养老机构向一个现代化企业顺利转型。

七　公办养老机构转制后的服务监管体系尚不完善

服务质量和安全是养老机构监督管理的重要方面。作为一种新型运营模式，让民营资本承接公办养老院过程中，谁来监管、监管什么、怎么监管等问题都处于探索中。目前各地公办养老机构转制的主要方式就是公办/建民营，把原来政府直接负责的公办养老机构委托为民间组织来运营，借助民间组织专业队伍的专业服务来提高服务质量，提高运营效率。但从目前我国养老服务业的整体状况来看，由于发展时间较晚，发展水平参差不齐，能够提供专业、优质养老服务的品牌企业还不是很多，大部分是近年来发展起来的，从其他行业转型过来的养老服务团队，尽管在选择运营主体方面政府都是择优，但在实际运营过程中，谁来监管、监管什么、怎么监管等问题都处于探索中，存在着监管主体不明、监管人员不足、监管内容模糊、监管手段单一、监管机制缺失等一系列问题。

一是监管主体不足。公办养老机构转制后，政府由原来养老服务的直接供给者变为养老服务政策制定、监督管理的主体，但从实际情况来看，政府的人员有限，仅靠民政部门的力量很难对庞大的养老服务市场进行监管。同时，由于我国养老服务本身发展较晚，相应的标准体系尚未完全建立，相关的第三方评估与监管组织也发展滞后，目前只能主要依靠政府，特别是民政部门来对养老机构进行监管，但公办养老机构转制不仅涉及服务内容和服务质量的监管，还涉及国有资产的管理，仅依靠单个部门，或者少数的几个人，是很难担负起转制后公办养老机构的监管职责的。

二是监管内容不明确。从监管的内容来看，公办养老机构转制后的监管内容既包括服务内容、服务价格、服务水平、服务质量，还包括国有资产的保值增值、运营状况、财务状况等。从目前的实际情况来看，政府对转制后公办养老机构的监管主要包括三个方面，一是对转制后运营方整体服务质量和安全的监管。目前各地对公办/建民营养老机构运营方的监督管理主要采取政府相关部门定期检查、第三方评估机构定期检查等。但在评估细则、处罚机制、第三方评估质量等方面，仍然存在相应的问题，如缺乏针对不同类型养老机构的评估标准，养老机构服务对象不同、服务内容不同，相应的评估标准也要有所差异；另外，目前第三方组织整体还不健全，评估质量难以保证；还没有建立完善的处罚机制，特别是运营方退出的处罚措施，都还比较笼统。二是对公办养老机构原有入住老人的服务质量监管。公办养老机构转制前收住的"三无""五保"等弱势老年群体，转制后会有部分仍然留在原来的机构内，以原有供养标准向运营方购买服务，但相对于市场价格来讲，供养标准大多较低，运营方能否在考虑成本收益的基础上，为这部分老人提供优质的服务，也是转制后服务监管的重要内容。三是对国有资产的监督和管理。但也仅限于对国有资产进行评估、造册、期满后收回等措施，没有具体的监管要求与细则。

三是监管的标准、规范缺乏。如针对不同类型养老机构、不同护理需求的入住老年人，具体有哪些监管标准与要求，目前也都比较笼统，缺乏国家统一的标准与操作细则，这也是目前养老服务监管难的主要原因之一。此外，在监管的手段上、监管的机制上，目前也没有建立起一套行之有效的监管体系，这都给转制后公办养老机构的转制带来了难题。

> "监管我觉得还是表面上的监管，可能有老人投诉了我来监管你一下，就是到底应该具体监管到什么样的程度，其实现在我觉得也不是特别明确。再加上还有一个关键是民政部门也没什么监管人员，民政部门最大的问题就是缺乏力量，我觉得越到基层事情越多，越没有人，这是一个非常普遍的现象。"

> "完善的考评系统是没有的，我们只能是报个报表，入住多少人，哪些人，报给他。然后根据上面的政策，今天要查那个，明天要查那个，报这个报表。没有说年底（像医疗那样）有一个千分制的考核。一个是养老发展比较快，这个东西（指监管标准）还没形成。第二个来说，行业没有国标的，比如说你的护理型老人跟我的护理型老人标准不一样，收费不一样，因为没有政府补贴，收费不一样，你怎么监控我，还是我那句话，政府不给我钱我想怎么做就怎么做，说句实在话，这是我跟老人两方的行为，只要不超出这个底线的行为，不超出法律的行为（就行）。"

八　农村公办养老机构转制条件较差

我国公办养老机构数量较多，但大多分布在农村地区，以街道、乡镇敬老院为主，这些敬老院大多规模较小、设施简陋，特别是农村地区的乡镇敬老院，部分位置偏远，周围居民密度小，社会老人入住意愿较低，机构运营成本高，市场竞争力不大，在吸引民间资本实施公办/建民营方面优势不太明显，直接转制为企业本身的条件也不充足。同时，由于这些养老机构大多建设时间较早，在资格认证方面面临着许多问题，很多与现行规定不符，改造难度较大，比如许多乡镇敬老院的建设用地是集体所用，没有明确其土地性质，难以取得土地证和房产证；还有一些敬老院在长期发展过程当中，自发性地在原有建筑上增加了许多不符合规划的违章建筑，也不符合相关适老设施的建设规范和标准，并且难以达到消防部门的消防设施要求，这就很难满足《养老机构设立许可办法》中对养老机构设立资质的一些要求，无法取得养老机构设立许可证，难以实现公办/建民营，影响了公办养老机构的转制进程。

"没有一些大的公司或者社会组织愿意去偏远的地区开展养老服务，还有一个原因就是它的设施相对来说都是农村集体建设用地，规模相对来说比较小，不能形成一定的规模，肯定是没法开展（运营），很多公司和个人没法去那里头承办，所以也限制了它的发展。"

"现在查违建查的特别严，很多东西（机构）就那么几间或者十几间都是违规的，对于这样有违建和不违建在一起的时候我们就不能给你批了，因为你批的时候你肯定会整体批，一旦出现问题的时候，你政府肯定会有责任，你为什么对它违建都能批养老机构呢？""（这种情况）很普遍，现在农村的用房有多少个有房产证的？不是小产权房、是违建，就是没有规划的，没有一些建设手续的，所以说我们觉得实施起来都特别困难。"

"这里面还有一个问题就是设施，完全没有土地所有，然后当时建的时候，就是以前还没有规划，国土局就建了，……然后土地上面也没有确权，就是这个土地都是集体所有，并没有规定说这是建设用地还是什么地，这一块土地不明确，推公建民营，它整个产权到时候都有纠纷。"

第十章　推进我国公办养老机构转制的思考与建议

第一节　公办养老机构转制要稳步推进，分类实施

一　对公办养老机构转制要有正确认识

长期以来，我国公办养老机构在为"三无""五保"等弱势老年群体提供养老保障、体现政府对弱势困难老年群体的兜底保障功能等方面发挥了巨大的作用，是我国老年社会福利体系中的一个重要内容。但随着我国人口老龄化程度的不断加深，老年人的养老服务需求日益旺盛，大力推进养老服务市场的发展，不仅是积极推进供给侧结构性改革、转变经济增长方式的重要内容之一，更是充分发挥市场在养老服务资源配置中的决定作用，进一步深化改革，加快推进养老服务市场公平、繁荣、健康发展的必然要求。只有对公办养老机构的职能进行科学定位，对公共养老服务资源公平分配，加快公办养老机构管理体制和运行机制的改革，充分激发公办养老机构的自身活力，才能将公共养老服务资源发挥最大的社会与经济效益，营造一个健康、公平的市场环境，充分激发和发挥民间资本的热情和力量，推动我国养老服务市场的快速发展，满足老龄社会背景下老龄事业和产业发展的新要求。因此，推进公办养老机构的改革转制已然是极为迫切、势在必行的。但是这不可能是一蹴而就的。任何事物的发生发展都有其自身规律和历史阶段，我国公办养老机构长期以事业单位形式运转，分布在各级行政区划内，并且在长期的发展过程中，形成了多种发展模式，改制的条件千差万别，对于新增公办养老机构、地理位置较为优越的公办养老机构、已经实行市场化经营的公办养老机构来讲，转制改革的条件相

对成熟；但对于位置偏远、设施简陋、社会需求较低的公办养老机构来讲，转制改革的基础薄弱，很难快速转型成功。同时，对于我国数量庞大的公办养老机构来讲，改革涉及体量庞大的国有资产和规模较大的人员分流与安置，在我国事业单位整体改革尚未完全到位的背景下，公办养老机构的改革要加快推进，但不能一蹴而就，不能采取"一刀切"的办法，必须尊重事物发生发展的规律，审慎决策，稳步推进，在保证国有资产不流失的情况下，逐步进行公办养老机构的转制改革，逐步实现市场在养老资源配置中的决定性作用。

二 对公办养老机构转制要科学对待

公办养老机构的转制不是一种模式，而是多种模式。在公办养老的转制过程中，既要积极推进，探索创新，又要慎重研究，稳妥开展。目前，各地都在积极探索公办养老机构的转制方式与路径，因地制宜，形成了不同特点的转制模式。但需要特别注意的是，要科学进行公办养老机构转制，在转制过程中，不能简单以社会资本开出的承包费或租赁费的高低来选择运营主体，要从服务质量、运营能力等多方面考察。也不能简单地将公办养老机构公建民营之后，不闻不问，缺少监督与指导。另外，在转制过程中，有些机构过度强调养老院的医疗功能，错误地将"医养结合"理解为"以医养老"，大部分转制的公办养老机构会新建或扩建医院，并设置为医保定点，吸引老年人入住，这种盲目配套医院的做法极易造成养老机构医院化的倾向，未来可能会进一步增加医保体系的负担。事实上，养老机构中的"医"主要应定位在康复护理、慢病管理、急病处理等方面，而不是在公办养老机构转制的同时，配套建设规模较大、科室齐全的老年病医院或者综合医院，这都是在推进公办养老机构改革中需要注意避免的。

三 公办养老机构转制要稳步推进

公办养老机构在我国发展时间较长，虽然近年来民办养老机构发展迅速，但从整体情况来看，我国公办养老机构数量仍然占据主体地位，在养老服务市场上发挥主要作用。因此，对于公办养老机构的转制不能采取一刀切的激进措施，必须理清思路，分步实施，在科学界定公办养老机构的职能定位上，摸清基本情况，稳步推进。

一是要明确定位。公办养老机构应充分发挥自己作为公益性事业单位的社会性与公益性作用，发挥"兜底、保障、示范、辐射"的功能。即对弱势困难老年群体的保障性"兜底"养老服务功能，对民营养老机构在专业技术、服务内容、服务标准、人才培养、规范化管理等方面的示范与引导功能，对社区、居家老年人的养老服务提供、培训、指导等辐射功能。

二是要科学评估。首先是要建立公办养老机构基本数据库。摸清现有公办养老机构的数量、分布、规模、档次、现有床位总数量与空置数量、设施设备条件等。其次要科学界定公办养老机构的服务对象类型。公办养老机构提供的是兜底保障型的基本养老服务，针对的是特殊困难老年群体，既包括"三无""五保"老年人等传统救助对象，也需要根据社会的发展，从最大化发挥政府公益性养老机构社会效益角度出发，制定科学的评估与筛查标准，从经济状况、身体健康状况两个主要维度出发，将经济困难家庭中的高龄、失能、失智老年群体，失独家庭中的高龄、失能、失智老年群体，特殊贡献群体中的高龄、失能、失智老年群体等也纳入公办养老机构的服务对象中来。最后是要进行准确评估。要不断完善公办养老机构服务对象的筛查与评估标准，摸清基本养老服务对象的数量、年龄、健康状况、分布情况、服务需求等基本情况，将公办养老机构的有效供给总量与基本养老服务保障对象的实际需求总量进行匹配，从总体上把握实际的需求供给比，以更好地发挥公办养老机构的兜底保障作用。

三是要控制标准。公办养老机构发挥的是"保基本，兜底线"的基础性、保障性作用，即其向服务对象提供的是基本的养老服务，需要在现有养老服务的标准上，以实用适用为原则，提出适合公办养老机构定位的基本养老服务内容和标准要求，以满足公办养老机构服务对象在日常生活照料、基本医疗卫生、康复护理、健康管理、心理慰藉等方面的基本养老服务需求为目标，提供与这些基本养老服务相匹配的硬件与软件环境。公办养老机构新建和改扩建的建设规模和建设标准，要经济适度，确保其具有提供基本养老服务的设施条件与水平，确保养老服务资源的公平、均等分配。

四是要确定类别。对于新建公办养老机构，大部分地区是通过公建民营实施转制改革，对于存量公办养老机构，需要在摸清底数的基础上，对其转制基础与条件进行综合考量，明确其转制方向与类别，包括哪些机构可以直接转制，哪些机构需要改扩建之后进行转制，以什么样的方式进行转制；哪些机构不适合转制，可以以什么样的方式发挥公办养老机构的作用等。

五是要稳步推进。在确保满足现有入住老人养老服务需求的基础上，根据转制总体部署，因地制宜，分阶段稳步推进。

四　公办养老机构转制要分类实施

公办养老机构转制是一项重大民生工程，涉及部门多、牵涉利益广，转制改革不可能一蹴而就，更不能一刀切，需要结合实际，分类实施，逐步推进。总体来讲，根据公办养老机构的功能定位、转制基础可以将其划分为三种类型。

第一类是兜底保障型公办养老机构。根据公办养老机构的职能定位，适度保留部分兜底保障型养老机构，这部分公办养老机构的重点是为困难弱势老年群体提供基本性的养老服务需求，可以继续保持公办公营的运营管理体制。这类公办养老机构应规模适宜、设施适用，具备一定的养老服务条件和良好的运营管理基础，在资源整合、设施配套之后，可以承担集中供养城乡困难弱势老年群体的任务。在乡镇敬老院较为分散且规模不大的农村地区，可以实行院院合并，形成区域性的养老服务中心，通过资源整合，进一步拓宽服务领域，丰富服务内容，发挥公办养老机构更大的社会效益。

第二类是示范引导型公办养老机构。这类养老机构要充分体现公办养老机构的公益性与社会性，充分发挥公办养老机构的资源优势、业务优势、人才优势，为民营养老机构提供示范与引导，为社区、居家养老服务提供辐射与支持。各地可根据实际情况，将公办养老机构中服务基础较好、运转效率较高、社会效益优良的公办养老机构保留下来，继续发挥公办养老机构的品牌、示范与引导作用，但在运行机制和管理体制上，要逐渐放活，并要逐步减少政府的投入与支持。

第三类是现有运营状况不佳的公办养老机构。对于这一类政府管理运营效率较低、入住老人较少、经济和社会效益不高，但通过改扩建，具有一定上升空间和盈利空间，可以吸引社会主体投入、运营的公办养老机构，可以通过公办民营的方式，通过遴选社会主体来对公办养老机构进行运营管理。

第四类是新建的公办养老机构。对于新建的公办养老机构，一般都可以以公建民营的形式，通过遴选社会主体，交给民营资本进行运营和管理，以充分发挥社会力量的市场运作优势，提高养老服务资源的社会与经济效益，更好地满足老年人的养老服务需求。

第五类是经营性公办养老机构。对于部分已经实行市场化运作的公办养老机构，可以在保留现有人员的基础上，进一步开放搞活，灵活化管理体制与运营机制，适当的时候可以完全转企，使其更好地适应市场化的运作模式。

第六类是转制基础较差的公办养老机构。这一类公办养老机构大多分布在偏远的农村地区，由于存在位置偏僻、交通不便、周边配套较差、辐射人口有限等问题，适应市场的能力较弱，转制的基础条件不足。对于这类公办养老机构，可以通过功能重置、设施升级等方法，使其发展成为农村的综合养老服务中心，同时要鼓励其自我造血，通过大力发展"院办经济"、村民自治等方法，争取做到自给自足。

第二节　将公办养老机构转制纳入事业单位整体改革中统筹考虑

从性质来讲，公办养老机构属于公益性事业单位，其转制本身属于我国事业单位改革中公益服务事业单位改革的重要组成部分。2011年，国务院发布了《关于分类推进事业单位改革的指导意见》，对我国事业单位改革的指导思想、基本原则和总体目标进行了明确，在科学划分事业单位的类别基础上，对如何进一步推进承担行政职能事业单位、从事生产经营活动事业单位、从事公益服务事业单位的改革，提出了明确和具体的要求。其中对于推进公益服务事业单位，从改革目的、改革管理体制、建立健全法人治理结构、深化人事制度改革、深入分配制度改革、推进社会保险制度改革、加强监督、加强党的建设等方面，都有明确具体的要求。公办养老机构本质上是提供公益性养老服务的事业单位，其转制改革是一项系统工程，涉及部门多，牵涉内容广，包括体制机制改革、人事分配、收入分配、社会保险、老年人权益维护、价格制定、国有资产保护等一系列具体事务，这些相关事宜仅靠公办养老改制来解决是有一定难度的，需要放在事业单位整体改革的大盘子中去统筹考虑。

特别是公办养老机构编制内人员的分流安置问题，一部分可以继续保留在兜底保障型的公办养老机构，一部分可以通过分流到相关养老服务指导/监督中心，剩下大部分还是需要依靠加快事业单位养老保险制度改革来推进。要从根本上推进公办养老机构转制进程，必须加大养老保险制度的统筹力度，加快缩小制度间待遇差距。如果在短期不能实现的话，则要妥善寻找其他补偿性举措，缩小或消除转制前后养老保障待遇差距，以此实现人员的顺利流动，推动转制顺利进行。

第三节　积极探索多元化的公办养老机构转制方式

我国公办养老机构的形式多样，转制的基础和条件千差万别，在转制过程中，必须根据不同公办养老机构的特点来实施改革，从实际出发，进行多种形式的探索和实践，充分发挥政府、市场和社会的作用，实现多元主体的养老服务供给模式。从目前各地公办养老机构转制的经验来看，公办/建民营是目前主要的转制形式，特别是新建公办养老机构和原有区属、街道乡镇属公办养老机构，大多是采取这种形式。这种形式一方面可以有效提高公办养老机构的运营效率，特别是对于一些长期亏损、经营不善的公办养老机构来说，通过引入社会力量、发挥市场规律，可以有效激发机构活力，提高经济效益和社会效益。通过社会组织的专业力量，可以更好地为老年人提供专业的服务，培养和带动整个养老服务人才队伍的建设。还可以尽可能地减少民间资本前期建设养老机构的成本，使其将资金更多地投入养老机构的后期运营与管理中去，促进养老服务市场的发展。更重要的是，这种转制方式比较平稳，不会涉及太多人员分流与安置，是现阶段稳步推进公办养老机构转制的主要形式。但从长期来看，目前适合这种转制方式的公办养老机构：一是政府新建的公办养老机构，产权清晰、投入明确、对社会资本吸引力较大；二是位置优越、设施基础较好、产权相对明晰，改扩建后具有较强市场潜力的区属、街道乡镇属养老机构。前者仍需要政府大量投入土地成本与建设资金，后者整体数量有限，占据我国公办养老机构绝大部分的农村养老机构，大多位置偏远，设施简陋，对社会资本吸引力较弱。因此，这种转制方式目前仍具有一定的优势，但随着适合这种方式的存量公办养老机构的逐渐减少，如果全要依靠政府新建来实施公办/建民营，这对后期政府投入的要求仍然很高，长期来看不具有可持续发展性，因此，对于公办养老机构来讲，仍然要积极探索多种形式的转制方式，要扩大筹资渠道，大力发挥社会资本的力量投入养老机构的建设和公办养老机构的转制中来。

一是继续完善公办/建民营模式。如上所述，公办/建民营模式是现阶段稳步推进公办养老机构转制的有效方式，要继续在现有基础上，进一步完善相关的法律法规、政策体系与程序步骤，做好公办/建民营养老机构的资产监管、服务监督，在发挥好公办养老机构公益性服务的基础上，大力推进养老服务的市场化进程。

二是持续推进公办养老机构转企进程。对于一些规模较大、设施豪华，主要向社会提供经营性服务，远远超出基本养老服务水平与标准的公办养老机构，要大力推进其转企进程，按照事业单位转企改制的相关规定或国有企业国有资产监管的统一要求，转制为企业或国有企业，实行以市场为导向的价格形成机制，向社会老人提供市场化养老服务。

三是积极探索PPP模式、股份制等公私合营方式。积极发挥政府、市场在养老服务资源配置中的不同作用与优势，积极发挥社会资本的作用，积极探索公私合营的模式。如政府出地、社会资本建设、专业团队运营的PPP模式（Public-Private-Partnerships）。这种模式在我国部分省市的公办养老机构建设、运营中已积累一些经验，这种模式的优势明显：一是可以有效吸引和利用社会资金缓解政府财政压力；二是社会资金投入养老机构后增强资金投入方的管理运营积极性；三是社会主体可以在规划、设计、建设、运营全过程中尽早参与，可以充分发挥专业优势，提高养老机构整体建设的适老化水平和养老服务的供给效率及专业化水平。或者在确保国有资产不流失的前提下，发展民间资本参股或控股的混合所有制养老机构，或者公办养老机构将机构的设施、设备等入股，政府可以和社会力量共同建设、共同运营养老机构。

此外，对于一些本身就运营得较好的公办养老机构，或者暂不具备公办/建民营、转企条件的公办养老机构，可以允许其在一定时期内采取服务外包、"一院两制"的运营模式，并逐步减少财政补贴、严格控制人员编制，推动其积极探索、创新发展。

第四节　进一步完善公办养老机构公建
　　　　民营的配套政策体系

从目前各地的实践来看，公建民营是现阶段公办养老机构转制的主要形式。2016年9月，民政部办公厅、发展改革委办公厅又联合下发了《关于开展以公建民营为重点的第二批公办养老机构改革试点工作的通知》，未来一段时间内，以公办/公建民营形式推进公办养老机构改制的形式将是一个主要方向。但从实践来看，各地推进公办养老机构公建民营发展的时间也不长，在具体的实践过程中也还存在着许多突出问题，需要进一步完善相关政策体系，进一步规范和推动公办养老机构公建民营的健康发展。

一　完善公办养老机构的成本核算与价格形成机制

公办养老机构转制本质上就是将政府国有资产投入市场进行市场化运营，通过市场机制，来充分发挥政府财政投资的社会与经济效益，因此，公办养老机构转制过程中，如何科学合理地对国有资产进行评估，并在此基础上进行成本核算与定价，是影响转制效果的一个重要内容。从目前各地的做法来看，公办养老机构国有资产的评估大多是通过专业的会计师事务所，并联同审计局、财政局一起评估，成本核算与定价大多是运营方基于运营成本和市场价格比对来进行自主定价，其中运营方负责的基本养老服务保障对象则根据供养标准由政府定价。为了进一步加强与完善公办养老机构的成本核算与价格形成机制，做到既不流失国有资产，又能发挥政府投资的最大经济与社会效益，笔者认为：应根据公办养老机构转制后的不同形式，进行不同程度的成本核算与价格形成机制。

一是转制后仍然属于公办公营养机构，需要发挥政府兜底保障作用的，其价格不体现投入成本与市场作用，仍由政府根据基本养老服务保障对象的不同供养标准，进行购买服务。

二是通过公办/建民营实施转制的养老机构，需要在发挥政府福利性服务的基础上进行市场化运营，这部分养老机构要逐渐在运营成本定价的基础上，探索将国有资产投资逐步纳入成本核算中，既保证投资的社会效益，又不断提高机构运营的经济效益。

三是转制为企业的经营性公办养老机构,要在科学评估国有资产价值的基础上,根据市场需求,按照市场规律,将国有资产投资尽可能多地纳入成本核算与定价中,充分发挥市场在资源配置中的决定作用。

四是通过PPP等公私合营模式建设的养老机构,或是依靠民间资本参股或控股的混合所有制养老机构,则要进行全成本核算,根据投入产出比的要求,进行自主定价。

二 加强对国有资产评估和使用的科学性与合理性

国有资产的保值增值是推进公办养老机构改革转制过程中一个重要现实问题,特别是在通过公办/公建民营转制的过程中,要通过委托或租赁的方式将公办养老机构交给社会主体来使用、运营和管理,社会主体要以不同形式来缴纳一定的设施使用费/占用费。这对于政府来讲,是保证国有资产保值增值、不流失的一种手段;对于社会主体来讲,这在一定程度上减轻了其前期投入压力,降低了其进入养老服务行业的门槛,可以使其轻资产运营管理养老机构,更快地实现赢利。但就现阶段来讲,我国的养老服务行业还是一个利润低、周期长的行业,短时间内利润率比较低,因此,在国有资产的评估上,要做到科学规范、严谨清晰,但在国有资产的使用上,要结合实际,合理使用。

一是在国有资产使用费/占用费的测算上,可以从加快公办养老机构转制改革,扶持培育养老服务市场快速发展的角度出发,做到既要考虑国有资产的实际资产价值,又要考虑社会主体市场运营的规律,做到既不过高,从而增加社会主体的运营成本,也不过低,避免造成国有资产流失的风险。

二是在国有资产使用费/占用费的使用年限上,要切实考虑养老服务业本身投资回收周期较长的现实,在不断加强对公办/公建民营养老机构监督管理的基础上,尽可能地给民间资本较为宽松的发展时间、发展空间与发展环境。

三 形成专业、科学、规范的招投标机制

对运营方的选择是公办养老机构转制的一个重要环节,它不仅关系到转制是否顺利,更直接影响老年人服务质量的提高与生活权益的保障,会影响转制后公办养老机构的发展走向与服务水平,因此,建立公开、透

明、规范的招投标机制是选择优质运营方的一个重要方式。目前越来越多的地方在推进公办养老机构公办/建民营的转制过程中，采用公开招标的方式，但在招投标的程序当中，由于养老服务不同于其他产品类标的，需要在考虑投标价格的基础上，综合考虑投标方的资金规模、人员队伍、专业水平、服务经验、行业地位等，并且在招投标过程中还需要相关财务、审计、建筑、养老服务等相关领域专家的专业评估，因此，实际操作过程中，如何科学合理地对运营方进行考评，并从中选择出合适的运营方仍然是公办养老机构转制过程中的一个重要课题。笔者认为，为了进一步规范公办养老机构转制过程中的招投标程序，需要重点强调以下几个方面的内容。

一是科学设计考评指标。要根据养老机构养老服务的特点，合理设置考评评分指标及分值比例。在兼顾投标报价的基础上，重点考评其运营方案的科学合理、服务保障、可持续发展等内容，并适当加大投标人财务状况、养老服务从业年限、专业人才资质等指标的分值比例。

二是充实专业人才专家库。挑选财务、审计、建筑、养老服务、医疗卫生、运营管理等公办养老机构转制和养老机构服务、运营、管理等方面相关的专家、学者、部门工作人员等形成专家团队，不断充实专家库成员，对投标方进行全面深入的考核与评估。

三是建立招投标结果公示制度。通过政府网站、招投标网站、报纸等多种信息渠道，将招投标结果及时向社会公布，接受公众监督与意见反馈，使公办养老机构转制过程更加公开、透明与规范。

四是不断完善，形成规范的招投标机制。目前我国养老服务业发展还处于初期阶段，从政策到实践相关行业的发展都还不十分完善，相应的，招投标也还处于探索阶段，需要在实践中不断总结经验，交流做法，形成一套规范、完善的公办养老机构转制招投标机制，挑选出优质的运营团队，更好地发挥政府投资的经济与社会效益。

四 建立精细、严谨的合同制管理机制

公办养老机构转制后政府与运营方之间是一种契约关系，主要依靠合同来规定彼此的权利义务和责任，以往政府以权力为基础，通过行政约束来管理养老机构的垂直模式发生了变化，变成了政府与运营方基于平等、协商后签订合同来相互要求、互相约束的偏平化模式，

合同内容的精准、全面、合理以及合同签订后的执行、管理与改进将直接影响公办养老机构转制后的良性发展与老年人生活与服务权益的保障，但从实际情况来看，从公办/建民营养老机构的合同协议来看，合同内容还相对比较粗糙，大多仅限于合同期限、运营方前期资本投入、风险保障金缴纳比例、服务对象、收费管理、国有资产使用以及违约责任、合同的解除与终止等。所列条款精准、精细化程度不够。在合同签订完之后，也缺乏对合同执行的管理与改进，这都会直接影响公办养老机构转制后的管理与效益的发挥。因此，笔者认为应该本着充分的契约精神，在公办养老机构转制过程中建立起科学精细化的合同制管理机制，包括：

一是制定全面精准的合同内容。特别是其中对服务对象服务质量的约定、国有资产的管理与使用、对运营方违约及退出机制的具体要求等，都是合同中需要详细界定及规范的重要内容，将其中容易引起争议的内容、条款明确界定，并征求相关法律机构的专业意见，力求做到合同全面、具体、明确、无争议。

二是加大执行过程中的管理力度。要在合同文本中详细规定政府和社会主体双方的权利、义务，标明监管内容、监管机制、监管手段、监管评价标准、惩罚举措等详细内容，加强监督管理的具体化、操作化、规范化；合同签订之后，要严格按照合同内容进行执行，所有权方及运营方要就合同的执行程度随时沟通，可以委托第三方对合同的执行进行监督与管理，防止双方不按约定执行或执行力度有折扣等问题的发生。

三是及时补充和完善合同。在执行合同的过程中，要根据合同执行的进度及所发生的问题，及时沟通、协商，并在此基础上，双方就争议问题及时补充签订新的合同条款内容，使其更好地约定双方的权责义务，更好地履行好合同内容。

第五节　建立主体明确、内容清晰、运转高效的监督管理机制

公办养老机构转制后，政府要逐渐从原来直接参与运营管理的角色中退出，但这并不代表政府的责任和义务削弱了。公办养老机构转制后，政

府更需要在政策制定、扶持引导、监督管理上发挥更大的作用，特别是监督管理，在公办养老机构转制后，不仅涉及对老年人服务质量的监督管理，更涉及对养老机构国有资产的监督和管理，因此，必须建立起主体明确、内容清晰、运转高效的监督管理机制，包括：

一是要明确监管主体。政府是养老机构的直接监管主体，需要通过对养老机构进行有效监管，来不断提高养老机构的运转效率，不断提升养老机构的服务水平与服务质量，同时保证公办养老机构的国有资产不流失，更好地保障入住老年人的权益，实现公办养老机构社会效益的最大化。

二是要健全监管机制。要建立多部门联合监管机制。由于养老机构业务内容分属民政、老龄、发改、建设、公安、消费、物价、财政等多个部门，因此应建立以民政部门为首的联合监管委员会，并建立规范化、制度化的监管机制；要充分发挥各种社会力量，如社会公众、新闻媒体、行业协会对养老机构的监管作用，大力发展第三方评估组织，包括养老机构国有资产评估组织和养老服务质量评估组织，通过政府购买服务，利用第三方组织来对养老机构的设施、设备、服务内容、人员配置、服务质量、服务满意度、社会信誉等进行及时、专业、详细的评估管理，以达到对养老机构的有效监管。

三是要标准化监管内容。要明确提出养老机构服务监督和资产监督的具体内容、标准、细则、要求，要建立统一的监督管理指标与标准，包括硬环境与软服务，都要有相应的评估与检查标准，做到有据可依，监管有力。

四是要扩大监管渠道。要特别注意发挥老年人及其家属的监管作用，开通养老机构投诉热线，及时处理老年人及其家属的投诉建议，及时调查反馈。

五是要扩大监管结果的社会影响力。建立养老机构信息公示官方网站，及时更新养老机构基本信息，并建立顾客评价制度、投诉披露制度等。综合政府部门联合监管和第三方专业机构监督评估的主要结果，要及时向社会公布。要根据定期监督检查的结果对养老机构进行分数评定。对于监管中屡出问题的养老机构，要加大惩处力度，并做到公开透明。要有效提高监管评估的效力，督促社会主体改善管理、改进服务、提高效率、提升品质。

第六节　积极引导社会力量参与，加快发展养老服务市场

加快公办养老机构改革转制，一方面是要改变公办养老机构的体制机制，更好地提高效率，最大限度地发挥公共养老服务资源的社会与经济效益；另一方面，则是要激发社会活力，引导社会力量参与，发挥市场在养老服务资源配置中的决定性作用，更好更快地推进我国养老服务市场的繁荣、公平与健康发展。公办养老机构的转制改革与养老服务市场的健康发展互相影响，辩证统一。公办养老机构转制改革的顺利进行离不开一个繁荣规范有序的市场环境，同时养老服务市场的快速发展也能为公办养老机构转制的顺利进行提供更多市场资源与社会主体，因此，进一步完善政策体系，优化市场环境，积极引导与扶持社会力量进入养老服务产业，加快养老服务市场的健康发展，本就是公办养老机构转制的题中应有之义。

一　继续加大金融支持力度

现阶段来看，我国的养老服务产业还处于一个投入大、周期长、资金回收较慢的初期发展阶段，养老服务产业的金融支持体系还没有完全建立，对于大多数民营资本来讲，仅靠自有资金投入养老服务产业还存在一定的压力。同时由于我国的养老服务机构大多是民办非营利性养老机构，普遍存在房屋不能抵押，贷款难、融资难等问题，这已经成为制约民办养老机构发展的关键问题。因此，需要进一步加大金融支持力度，加快金融支持方式的创新。相关金融部门可以进一步优化养老机构贷款的审批流程、拓宽养老机构信贷抵押的担保物范围，同时进一步创新相关的金融信贷产品，更好地满足养老机构投资方的信贷需求。同时也可以在养老服务产业领域，开辟一些相关金融产品的试点，选取一定数量有条件的地区，鼓励有关企业和金融公司综合运用股票、债券、信托、保险、信贷等金融工具，来创新、开发新的金融产品，不断引导老年人的消费观念与消费意识，进一步拓宽养老服务市场的融资渠道与融资方式。

二　建立健全养老服务补贴制度

目前各地通过补贴制度扶持养老服务机构发展的方式主要有三种：一

是通过建设补贴、运营补贴直接补贴给机构运营方；二是通过高龄补贴、困难家庭老人服务补贴等形式补贴给老年人；三是通过政府购买服务的形式同时补贴给服务运营方和老年人。这几种形式都在很大程度上促进了我国养老服务机构的发展，但为更好地促进老年人购买养老服务，激发老年人的养老服务需求，还需要在目前"补床头"的服务补贴制度的基础上，逐渐过渡到"补人头"的服务补贴制度上。一是政府在现有老年人评估制度的基础上，进一步完善对老年人经济收入与自理能力的评估内容与评估标准；二是根据老年人不同的评估结果，来进行不同水平的服务补贴，对于失能、失智程度不同的老人、失独老人，实施分类施补；三是将服务补贴直接发放给老年人，或是按标准发放给老年人购买服务的养老服务机构。通过不断完善养老服务补贴制度，来逐步强化老年人的服务购买意识与能力，激发老年人的养老服务需求，更好地促进养老服务市场的繁荣与发展。

三 创新养老服务人才培养政策

一是借鉴"免费培养师范生"的经验，以高等教育改革为契机，将老年医学、护理、营养和心理等方面的养老服务专业人才培养纳入国家的职业教育重点目录，引导和鼓励相关高校开设养老服务的相关专业。可以参考国家推行的"免费培养师范生"模式，由中央、地方投入专项资金作为养老护理员的免费培养基金，减免养老护理员专业学生的学费、住宿费等，并给予一定的奖励和补贴。同时，在毕业之后的就业方面，也可以和用人单位尽早签订协议，接受免费养老护理员专业学习的学生，毕业之后要先在用人单位进行一定年限的工作，否则要退回已经享受的免费教育资金以及相关奖励与补贴，通过这种方式，来推进养老护理员的大规模培养与就业。二是进一步完善与建立养老服务人员的职称评定制度。参照医疗机构相关技术等级的评定与职业资格认证，建立养老服务工作人员的职业资格认证与职称评定制度。三是开展养老服务人才建设试点。可以在各地建立一定数量的试点，进行养老服务人才的培养、培训、使用、激励、提升、优化等试点。四是加快养老服务职业经理人的培养与培训市场开拓。五是加快推动养老服务志愿者人才队伍的建立与发展，推动专业化和志愿者团队相结合的人力资源组织方式常态化、制度化。

四 科学推进医养结合进程

首先要明确医养结合不是养老机构建医院，或者简单的医院增设护理院。养老机构的"医"与医院的"医"有很大区别，医院"医"的目标是治愈，养老机构中"医"的目标是确保老年人的健康管理和长期护理，即养老机构的"医"最主要的是健康管理，包括慢性病的管理，饮食与生活方式的引导，用药的指导等；康复护理，包括对失能、失智老年人的长期照护等；紧急救治，即对老年人突发急病或者意外状况时的救急救助与处理。因此养老机构的"医"更多需要依靠已有的医疗机构，而不是在养老机构内部重新建设全科、大型、综合医疗机构。需要更多利用现有社会医疗机构特别是社区医院、社区卫生服务中心的资源，向养老机构辐射和延伸。同时需要进一步简化医养结合的相关程序与门槛，根据养老机构"医养结合"中"医"的特点与需求，对养老机构内设医务室、卫生室、医疗点等，进一步简化手续，降低门槛，更好地鼓励、支持养老机构"医养结合"的科学合理推进。

五 加快建立长期护理保险制度

可以进一步结合各地实际情况，参照国内外长期护理保险制度的经验，通过先试点、再扩展、低起步、稳过渡的方式，以点带面，在部分省市、部分地区先行试点，再逐步扩大。同时，可以在推进长期护理保险制度的过程中，积极与保险公司和商业银行进行合作，一方面，鼓励经济条件较好、支付能力较强的老年人购买长期护理保险；另一方面，对那些经济困难、支付能力较差的老年人给予一定的补助，充分发挥中央政府、地方政府、单位和个人的共同作用，通过制度保障来提高老年人购买与支付养老服务的能力，进一步促进养老服务事业与产业的发展。

此外，针对目前民办非营利性养老机构不能抵押、不能分红等限制，可以在公办养老机构转制的过程中寻求制度的改革和突破，可参考发达国家社会企业的相关做法，发展社会企业型养老机构，在资产盘活、连锁经营、融资资格、营利分红等方面作出适度调整，放松限制，以此调动社会力量参与公办养老机构运营的积极性，也为营造养老机构公平竞争氛围打下基础，促进养老服务市场更快发展。

第七节 推广区域性养老服务中心模式，推进农村公办养老机构转制进程

我国公办养老机构超过一半分布在农村地区，多以乡镇敬老院形式存在。农村敬老院中一部分地理位置优越、基础设施较好、具有一定养老服务基础的机构，可以通过吸引民营资本实施公办/建民营的形式进行转制。但对于大部分农村公办养老机构来讲，还不完全具备委托/租赁给民营资本的条件。对于这部分公办养老机构来讲，需要从建立健全农村养老服务体系的整体来统筹考虑。一是自我造血，在保障兜底供养对象的基础上，广泛吸纳社会老人入住，同时通过发展"院办经济"，如养殖、种菜等，逐步实现自给自足、自负盈亏。二是实行资源整合、院院合并，将距离相近的2~3个乡镇敬老院合并在一个院，对保障兜底供养对象实施集中供养。三是在剩下的乡镇敬老院中选择基础条件较好、服务半径较大的进行设施升级与改造，形成集长期供养、短期托养、日间照料、老年人活动中心等多种养老服务功能于一体的综合性养老服务中心，提升服务内容，扩大服务半径，将服务半径辐射到更大范围。四是将分布零散、转制基础条件较差的农村公办养老机构，进行功能重置，可以增加其作为农村老年人活动中心、居家养老服务指导中心等的公共养老服务职能，将公办养老机构转制与农村养老服务体系完善结合在一起统筹规划。

第十一章　主要研究结论与未来研究方向

积极推动公办养老机构转制改革，充分发挥市场的决定作用，这是随着我国人口老龄化进程的加快、经济社会的发展、养老服务需求的不断提升，以及国家高度重视老龄服务事业和产业发展的背景而出现的。正确认识公办养老机构的机构职能与机构定位，明确政府在养老服务事业和产业中的角色、地位与作用，将养老服务市场让渡给社会资本，对于更好地推动我国养老服务事业和养老服务产业的科学、健康、繁荣发展，满足老年人日益增长的美好生活需求，切实保障老年人的晚年生活权益，提高老年人的生活质量具有重要意义。本书深入探讨了我国公办养老转制的有关概念、对比分析了我国公办养老机构目前的发展状况，并围绕公办养老机构转制这一主题，深入分析了目前国家及各地在推进公办养老机构转制改革过程中的政策现状、实践案例、主要经验以及存在的问题，并对进一步推进公办养老机构转制提出相关建议，主要的研究结论与分析如下。

第一节　主要研究结论

一　公办养老机构转制的主要概念

本书详细梳理了相关学者、政策文件中对于养老机构的界定，明确提出了养老机构的概念，并在此基础上，根据公办养老机构服务的属性以及供给主体的职能定位，提出了公办养老机构的概念、类型以及公办养老机构转制的概念、主要类型。主要的研究结论如下。

其一，养老机构是指主要为老年人提供集中居住、日常生活照料、基本医疗保健、康复护理、精神心理慰藉、休闲文化娱乐等综合服务的老年人服务组织，其主要服务对象应为生活不能自理和部分自理的失能、半失能老年人。

其二，通过分析养老机构的服务属性，我们可以将其划分为纯公共物品、准公共物品和私人物品三类，根据政府在公共服务供给中的职能，我们认为公办养老机构应主要为老年人提供纯公共物品和部分准公共物品，即其本质上还属于福利性和公益性的事业，这是公办养老机构设立之初的本质要求，也是未来公办养老机构发展的根本走向。基于此，本报告提出：公办养老机构是指各级地方政府和村集体投资建设的，为困难、弱势或其他政府供养老年人提供集中居住、日常生活照料、基本医疗保健、康复护理、精神心理慰藉、休闲文化娱乐等服务的老年人服务组织，其服务具有明显的公益性、福利性和救济性特点。

其三，目前，我国公办养老机构转制主要是指将原来属于国有资产的养老机构在保留国有资产产权不变或者部分产权合法转移的前提下，着重实现管理体制、运行机制和投资体制的转变，使之成为既可以保留公益性养老服务的职能，又能适应市场化发展的养老服务市场主体。其主要转制方式除了直接转制为企业，还可以通过承包、租赁、委托、股份制、公私合营式等多种方式与社会资本进行合作，来实现公办养老机构管理体制、运行机制与投资体制的转变。

二 我国养老机构的发展历程与现状

本书梳理了我国古代、民国时期、新中国建立后以及进入老龄社会之后，我国养老机构在不同历史阶段的发展状况，分析了我国养老机构在不同阶段的不同性质特点，由救济性向福利性、社会福利社会化不断演进的过程，并详细分析了自2000年我国进入老龄社会之后，特别是"十二五"期间养老机构的快速发展过程，在此期间：其一，养老机构发展的相关政策制度更加完善。专项规划、政策更加频繁出台，高龄补贴、长期照护保险试点、养老服务补贴等制度逐渐出台并进一步完善。其二，养老机构的投资主体更加多元。政府不再是单一的投资建设主体，更多的社会资本，包括国外资本开始进入中国的养老服务市场，成为养老机构发展的投资、建设与运营主体。其三，养老机构的发展规模不断扩大。2010~2015年间，我国的养老服务床位数增加了357.8万张，超过了1991~2011年20年间养老服务床位的总数。但养老机构的城乡差异、地域差异依然比较明显。其四，养老机构的服务项目更加综合，服务内容进一步丰富。养老机构的服务项目由单一、简单的日常生活照料开始逐渐向专业化、综合化的方向发展，包括医疗卫生、康复护理、心理慰藉、临终关怀、失智老人照料等服务内容都开始逐渐完善，养老机构的专业化程度开始有所提高。其五，养老机构的基础设施建设不断增强。大部分养老机构都有专门的医疗设施、文化娱乐设施、室外活动场地等，并且在基础设施的完善与适老性改造方面进一步加强，硬件条件进一步提高。其六，养老机构的从业人员队伍不断发展。包括医生、护士、养老护理员、社会工作者、营养师、心理咨询师等专业人员队伍不断充实，并且从业人员的专业学历和资质水平也在不断提高。其七，养老机构的标准化建设、管理体系更加完善。在养老机构的硬件设施建设、服务内容与标准、老年人健康与能力评估等方面，相关的标准、规范进一步丰富。其八，养老机构的监督管理不断加强。在设立许可、登记注册、健康评估、服务质量监督等方面，相关的监管力度与水平进一步提高。

三　我国公办养老机构的发展现状

通过对"十二个城市"不同类型养老机构的调查分析来看，目前我国公办养老机构仍然占据主体地位，在发展过程中，特别是与民办养老机构对比，公办养老机构的资源优势依然明显，但改革的呼声也越来越大。

——公办养老机构的发展速度不断降低。从目前整体的发展情况来看，民办养老机构的数量越来越多，随着国家不断加快养老服务业的发展、鼓励与引导民间资本投入养老服务市场，政府直接参与养老服务市场的力度会越来越弱，直接由政府投资、建设、运营的公办养老机构发展速度会明显放缓。

——公办养老机构硬件设施普遍优于其他养老机构。在建设规模、土地和房屋设施的资源获取、养老机构的设施设备配置来看，公办养老机构都要明显好于民非和民办营利性养老机构。

——公办养老机构供不应求的情况依然普遍。从调查中被访养老机构入住老年人排队及轮候的情况来看，公办养老机构床位供不应求的情况更加普遍。排队入住的比例远远高于民非和民办营利性养老机构的相应比例。

——公办养老机构的价格优势明显，但工资水平相对较低。被访公办养老机构无论是入住押金，还是床位费、护理费，都明显低于被访民非和民办营利性养老机构。但在从业人员的劳动价值上，公办养老机构的工资水平也明显较低。

——公办养老机构的运营状况并不乐观。从预期投资回收周期来看，近三分之二（64.2%）的公办养老机构自报的投资回收期长达10年以上，38.7%的被访公办养老机构自报盈利状况为亏损。

——公办养老机构改革转制的呼声越来越大。80.9%的被访养老机构认为公办养老机构与民办养老机构之间存在不公平竞争，87.2%的被访养老机构认为公办养老机构迫切需要进行转制改革。

四 我国公办养老机构转制的政策现状

2013年7月，国务院颁发了《关于加快发展养老服务业的若干意见》（国发〔2013〕35号），提出公办养老机构在履行好保障性功能的同时要积极探索改制试点。2013年12月，民政部发布了《关于开展公办养老机构改革试点工作的通知》（民函〔2013〕369号），随后，各地开始纷纷出台相关政策，推进各地公办养老机构转制工作进程。

——从目前的政策内容来看，主要包含以下几个方面。

一是对公办养老机构的机构职能与机构定位加以明确。明确公办养老机构的职能定位是兜底、保障性的服务机构，只能提供基本的公共养老服务资源，收住的对象是符合一定条件的弱势、困难老年群体。

二是进一步明确公办养老机构的服务对象。从目前各地的政策内容来看，公办养老机构的服务对象主要包括三类：传统的政府供养保障对象，即城市"三无"与农村"五保"老年人；困难家庭中的孤寡、失能、半失能、失独、高龄老年人；另外还有许多地方都明确提出的其他有特殊贡献的优抚保障对象等老年人。

三是加强完善公办养老机构的服务制度与管理制度。建立和完善老年人的身体评估制度、经济状况评估制度等，持续完善各项养老服务评估制度；以增强入住养老机构的公开透明性为重点的社会评议制度；建立健全公办养老机构收费管理制度和价格调控机制等。

四是强调公办养老机构公共服务职能的发挥。包括扶持、引导和加强建设护理型的公办养老机构；不断提高公办养老机构的人才队伍建设水平、养老服务水平、养老服务质量；以及公办养老机构要发挥社会引导、示范效应等。

五是重点推进公建民营的转制。政策文件中强调完善支持公建民营养老机构发展的补贴措施、公建民营养老机构的操作规范以及加强对公建民营养老机构的监督管理等。

六是支持以多种方式推进公办养老机构转制。包括公私合营的 PPP 模式，以及通过补助投资、贷款贴息、建设补贴、运营补贴、税费减免、购买服务等方式支持社会力量投资兴建和运营养老机构等。

——从目前公办养老机构转制的政策来看，政府在制定相关政策时主要还是以地方政府为主，政策的覆盖范围也在不断扩大，同时对公办养老机构职能定位、转制方式、转制前景等方面的政策理念还比较清晰，在政策实施方面坚持因地制宜，很好地推动了第一批公办养老机构转制试点的开展。但同时，在政策方面还存在着以下几个方面的不足。

一是政策结构不健全。包括缺少国家顶层设计、缺少配套政策的支持、缺少全国统一标准、关键政策内容缺失。

二是政策操作性不强。政策的原则性、指导性比较突出，但有针对性的实施操作指向还不具体。

三是政策扶持不到位。公办养老机构转制过程中的许多实际问题得不到政策回应。

四是政策融合度不高。部门之间政策的衔接度不高，容易造成政策之间的矛盾与不协调的情况，导致公办养老机构转制过程中的一些现实问题。

——从目前推进公办养老机构转制的政策现状与未来发展方向来看，需要进一步在完善公办养老机构的管理体系、规范公建民营养老机构的运行机制、健全公办养老机构的法制保障、引入公私合作制的改革模式等方面做进一步的工作。

五　我国公办养老机构转制的实践现状

根据公办养老机构转制的推进程度，以及管理体制和运行机制改革的深浅不同，各地公办养老机构的转制类型大致可以分为以下几种。

第一，公办养老机构引入市场机制进行转制改革。即公办养老机构仍由编制内人员进行管理，但不同程度地引入市场竞争机制，进行运行机制方面的改革。根据引入市场竞争机制程度的不同，又可以划分为：

一是政府组建团队、非完全市场化运营型的公办养老机构，如杭州市第三社会福利院。机构的建设、管理和运营都由编制内人员负责，但在定价机制、财务平衡等方面进行市场化改革。

二是政府派人管理、非完全市场化运营型公办养老机构,如宁波市老年疗养院。机构的建设、设备配备由政府投资,院长由政府委派编制内工作人员担任,一定程度上仍然延续行政化管理体制,但在机构的运营上实行市场化运营。

三是政府派人管理、完全市场化运营型公办养老机构,如宁波市海曙区广安养怡院。机构的建设、设备配备由政府投资,院长由政府委派,但在管理体制和运行机制方面完全市场化,机构自负盈亏、自主经营。

四是兼具计划与市场两种体制的"一院两制"公办养老机构,如武汉市江汉区社会福利院。即养老机构一套人马,两种管理体制与运行机制。针对机构内的民政供养对象,实施行政计划性的管理体制与运行机制,针对社会老年人,则实行市场竞争性的管理体制与运行机制。

第二,公办养老机构通过委托式公建民营进行转制改革。即改建、新建后的公办养老机构,完全委托给社会力量运营的全部委托式公建民营模式,这是目前各地采用最多的转制方式。

一是大型新建公办养老机构的整体委托,如杭州市滨江区绿康阳光家园。即由政府投资建设规模较大的公办养老机构,建成后通过公开招投标的方式选择社会主体运营。运营方投资一定数量的资金进行改造、购买设施设备,并按照合同约定向委托方缴纳一定的风险保证金、设施使用费等,履行一定的责任,自负盈亏,自主经营,委托方不干涉具体事务,主要履行监管责任。

二是中小型公办养老机构改扩建后进行整体委托,如北京市门头沟区老年社会福利中心等。政府投资扩建改造原有基础条件较好、地理位置比较优越、对社会力量较有吸引力的中小型公办养老机构,并通过招投标或直接委托的形式交给社会力量运营,政府作为委托方承担监管责任,社会力量作为受托方负责养老机构的运营与国有资产的维护。

第三,公办养老机构通过租赁式公建民营进行转制改革,如随州市社会福利中心。即政府在投资建设机构之后,采取租赁的形式与社会资本进行合作,政府将机构整体租赁给社会资本,并给予业务上的指导与监督,社会资本则根据要求自主经营、自负盈亏。

第四,公办养老机构通过混合经营进行转制改革,即在一个养老院中既有公办公营模式,也有公建民营模式,还有服务外包形式,多种模式混合的一种经营模式，比较典型的如武汉市汉阳区社会福利院等。

第五，公办养老机构通过公私合营PPP模式进行转制改革。这是目前出现的越来越多的一种转制改革模式，即在公办养老机构建设初期就引入社会资本，社会资本不仅负责机构的运营管理，还需要负责机构整体建筑的规划、设计和建设，典型案例如武汉市社会福利院。

第六，公办养老机构通过功能重置与转型进行转制改革。实践中有一些公办养老机构，特别是乡镇一级的敬老院，由于位置较远、基础较弱、推向市场的条件不足，在转制过程中通过资源整合、设施优化，转型成为整合多种养老服务载体的区域性养老服务中心或综合性养老服务机构，比较典型的如绵阳市安州区河清镇敬老院、遂宁市船山区中心敬老院等。

六 我国公办养老机构转制的主要经验

各地在推进公办养老机构转制的过程中，在公办养老机构职能定位、服务人群、筛选标准、价格管理、资产评估、人员分流、监管指导等方面，各地因地制宜，结合实际情况，逐渐形成属于本省本地的一些经验特点，总的来看，主要包括以下几个方面。

——明确了公办养老机构的职能定位。明确提出公办养老机构在整个养老服务体系中起基础性、保障性作用，承担的是政府的托底保障职能，并对公办养老机构的服务对象进行了明确界定。

——完善了公办养老机构的服务对象分类与评估机制。在服务对象上兼顾了经济、年龄、身体健康状况等主要划分因素，基本涵盖了"三无""五保"等政府供养保障对象，经济条件较差的失能、高龄老年群体，以及其他需要政府提供优待、福利服务的对象等。并在此基础上，进一步规范了公办养老机构老年人的入住评估与管理。

——以"公办/建民营"为主要形式实行多元、渐进式转制。从目前各地的具体实践来看，公办民营/公建民营是其中最主要的转制方式。包括租赁式的公建民营、委托式的公建民营，以及通过服务外包、分部/区委托的形式稳步推进公办养老机构的转制，并鼓励合作经营和公私合营PPP等模式。

——在转制过程中审慎选择社会经营主体。从各地的情况来看，主要有这几种形式：一是公开招投标，即通过公开招标的方式来遴选社会经营主体;二是小范围招选标,即在少数几家有实力的社会经营主体中选出合适的受托方;三是直接委托。政府在选择民营主体时比较注重以下几点:一是资金实力,二是从业经验,三是经营者的经营理念与能力。

——积极探索公办养老机构的价格机制改革。以浙江省为例,2014年浙江省在杭州市第三社会福利院进行了"半成本"定价的公办养老机构定价机制改革。

——妥善处理国有资产的保值增值与不流失。从目前各地的实践情况来看,对转制后公办养老机构国有资产的管理,大多是采取转制前评估,转制后登记、监督和管理的办法进行。

——多种渠道解决公办养老机构的人员分流问题。包括直接分流、系统内转变岗位、通过机构整合对人员进行统筹安置等。

——将转制纳入养老服务体系建设整体布局。统筹推进,协同发展,将公办养老机构转制纳入养老服务事业和产业发展的整体布局,将居家、社区、机构养老融合在一起统筹考虑,并兼顾区域发展资源的平衡与协作。

——在转制过程中突出养老机构的医养结合与护理功能。各地在推进公办养老机构转制的过程中,不仅改革公办养老机构的管理体制和运行机制,更从养老服务事业和产业的科学发展布局,从科学界定养老机构的职能定位着手,强调突出养老机构的医养结合与护理功能。

——积极培育和扶持社会力量参与养老服务市场发展。各地在推进公办养老机构转制的过程中,既重视从转制本身着手,也注重整个养老服务市场的发育与培养,积极培育和扶持社会力量参与养老服务市场的发展。

七 我国公办养老机构转制面临的主要问题

——对公办养老机构转制的认识仍未统一。包括对公办养老机构转制必要性的认识不统一,对公办养老机构如何转制认识不统一,对公办养老最终的转制方向认识不统一。

——现行政策体系难以满足公办养老机构的转制实践需求。包括政策的协调性不足,系统性不够;公办/建民营养老机构的民办非营利性规定有一定的制约影响;国有资产管理的相关规定与公建民营实践相冲突等。

——转制后政府与运营方之间的关系定位仍不清晰。一是政府有"甩包袱"思想,二是部分运营方"等靠要"的思想明显,三是政府仍然干预过度。

——公办养老机构公益性养老服务作用发挥仍不平衡。一是公办养老机构养老服务资源效益发挥仍不均衡，二是公办养老机构的服务职能与服务标准有偏差，三是部分转制后的公办养老机构公益属性体现不明显。

——转制过程中涉及的国有资产管理与人员分流问题突出。一是国有资产评估与保值难度较大，二是部分养老机构的人员安置与分流问题比较突出。

——公办养老机构转制的专家队伍与人才队伍建设滞后。一是公办养老机构转制的专家库建设滞后；二是养老服务的职业经理人和专业人才队伍缺乏。

——公办养老机构转制后的服务监管体系尚不完善。一是监管主体不足，二是监管内容不明确，三是监管的标准、规范缺乏。

——农村公办养老机构转制条件较差。

八 推进我国公办养老机构转制的建议

——要稳步推进、分类实施公办养老机构的改革转制。包括要明确公办养老机构的机构职能与机构定位，要对入住对象进行科学评估，要控制公办养老机构的基本养老服务内容和标准要求，要摸清底数、综合考量、明确公办养老机构的转制方向与类别，并在此基础上总体部署、因地制宜、分阶段稳步推进。

——要分类推进公办养老机构转制。包括以"兜底保障"功能为主的公办养老机构，以"示范引导"为主的公办养老机构，现有运营状况不佳的公办养老机构，新建公办养老机构，经营性公办养老机构，转制基础较差的公办养老机构等。

——将公办养老机构转制纳入事业单位整体改革中统筹考虑。包括人事分配、收入分配、社会保险、价格制定、国有资产保护等一系列具体事务，都要纳入事业单位整体改革中统筹考虑。

——积极探索多元化的公办养老机构转制方式。一是继续完善公办/建民营模式，二是持续推进公办养老机构转企进程，三是积极探索PPP模式、股份制等公私合营方式，还可以通过在一定时期内采取服务外包、"一院两制"的运营模式逐步转制。

——进一步完善公办养老机构公建民营的配套政策体系。包括完善公办养老机构的成本核算与价格形成机制，加强对国有资产评估和使用的科学性与合理性，形成专业、科学、规范的招投标机制，建立精细、严谨的合同制管理机制等。

——建立主体明确、内容清晰、运转高效的监督管理机制。一是要明确监管主体，二是要健全监管机制，三是要标准化监管内容，四是要扩大监管渠道，五是要扩大监管结果的社会影响力。

——积极引导社会力量参与，加快发展养老服务市场。包括继续加大金融支持力度，建立健全养老服务补贴制度，创新养老服务人才培养政策，科学推进医养结合进程，加快建立长期护理保障制度等。

——推广区域性养老服务中心模式，加快农村公办养老机构转制进程。

第二节　主要研究创新

第一，提出了公办养老机构转制的概念。本书详细梳理了相关学者、政策文件中对于养老机构的概念与界定，明确提出了养老机构的概念，并在此基础上，提出了公办养老机构的概念、类型以及公办养老机构转制的概念及主要类型。本书认为公办养老机构转制主要是指将原来属于国有资产的养老机构在保留国有资产产权不变或者部分产权合法转移的前提下，着重实现管理体制、运行机制和投资体制的转变，使之成为既可以保留公益性养老服务的职能，又能适应市场化发展的养老服务市场主体。其主要转制方式除了直接转制为企业，还可以通过承包、租赁、委托、股份制、公私合营式等多种方式与社会资本进行合作，来实现公办养老机构管理体制、运行机制与投资体制的转变。

第二，进行了公办养老机构发展现状的对比分析。详细分析了我国公办养老机构与民办非营利性养老机构、民办营利性养老机构在服务内容、发展现状、机构运营等方面的差异，丰富了我国养老机构的专项调查内容，在一定程度上弥补了我国养老机构专项调查的不足。同时，也进一步揭示出从目前被访养老机构的发展现状与存在问题来看，占据主体地位的仍然是公办养老机构，与民办养老机构对比，公办养老机构的资源优势依然明显，但运营劣势不断凸显，改革的呼声越来越大。

第三，系统分析了我国公办养老机构转制的政策现状、特点及不足。目前的公办养老机构转制政策内容主要体现在：初步明确了公办养老机构的机构职能与机构定位、机构的主要分类与服务对象，健全了公办养老机构的管理制度与服务制度，强调充分发挥公办养老机构的公共服务职能作用，初步提出了公办养老机构的转制方式。但在政策结构、操作性、配套扶持政策等方面还存在着明显不足。

第四，通过典型调查深入分析我国公办养老机构转制的实践现状、经验特点与突出问题。以第一批公办养老机构试点为基础，选择了东中西部代表性较强的4个省市进行了典型调查，深入分析各地在推进公办养老机构改革转制过程中的具体做法与实践现状。提炼总结出了现阶段各地公办养老机构转制的主要方式，包括公办养老机构直接引入市场机制、通过委托式公建民营、租赁式公建民营、混合经营、公私合营PPP模式或者通过功能重置与转型进行转制改革，并在确定公办养老机构的职能定位、服务对象、转制方式、价格机制改革、人员分流、国有资产保值等方面积累了一定的实践经验。

第五，提出了进一步加快与推进公办养老机构转制改革的政策建议。分析了我国推进公办养老机构转制改革的现实背景，总结与提炼了各地在推进公办养老机构转制改革过程中的主要做法与经验，系统分析了在各地实践过程中遇到的突出现实问题，并针对目前公办养老机构转制改革过程中在观念认识、实践操作、政策体系方面存在的突出问题，提出了进一步的政策建议，推开了研究公办养老机构转制的大门，是相关研究领域的一个新内容，为今后在理论、方法、实证等方面进一步推进公办养老机构转制研究提供了基础内容与数据。

第三节　研究不足之处

——研究的深度。公办养老机构转制在我国从2014年初开始推进，在实践中尚处于摸索阶段，针对此专题的研究还比较少，无论是在研究方法、理论借鉴，还是在具体的研究成果等方面，可供借鉴的内容都还比较少。本书深入分析了目前我国公办养老机构转制的背景、现状、主要的经验以及存在的问题，是对现阶段我国公办养老机构转制的基础实证研究，但囿于专业背景的限制，未能从更多的理论与专业知识方面多角度地对公办养老机构转制中的相关问题进行深入的剖析与研究，存在一定的不足。

——研究的广度。公办养老机构转制是一个涉及多个学科、多个研究领域的复杂课题,是一个内容广泛的研究课题。由于时间有限和目前的研究基础较弱,本书难以将所有影响公办养老机构转制的因素都纳入,未来会进一步拓宽研究的宽度和广度,从更多的角度进一步研究公办养老机构转制这一课题。

——研究数据和资料。一是在定量研究方面,缺少全国性的养老机构调查数据,在代表性和权威性方面还存在一定的差距。二是在定性研究方面,在公办养老机构转制试点最多的四个省进行深入的典型调查,剖析了不同的转制试点案例,在一定程度上能够管窥我国公办养老机构的转制现状,但由于各地公办养老机构转制实践千差万别,本书通过典型调查和深度访谈所得来的定性访谈资料,在代表性和权威性方面还存在一定的不足,需要在后续的研究中进一步创新研究方法、扩大研究范围,对本书所得出的相关研究结论与观点进一步深入论证与分析。

第四节 未来研究方向

——公办养老机构转制的理论基础研究。从理论研究方面进一步分析与总结公办养老机构转制的理论架构、科学规律,正确认识公办养老机构转制改革的未来发展方向。

——公办养老机构转制的专题研究。公办养老机构转制涉及内容众多,相关的研究空间还很大,本书仅仅是一个初步的尝试,未来还需要进一步深入的研究与具体的分析,特别是在部分专题如公办养老机构的转制方式、人员分流、国有资产保值增值、与事业单位整体改革的关系与协调推进等方面,都可以持续地深入研究。

——公办养老机构转制的政策研究。公办养老机构转制是一个实证、应用性研究色彩更浓的研究课题,其最终目的在于通过研究更好地指导公办养老机构转制的实践。目前各地在实践过程中,一个突出的问题就是缺乏一套科学指导公办养老机构转制的政策体系,需要进一步加强对公办养老机构转制研究的政策转化,将研究成果更好地应用于指导实践。

附录一 北京市公办养老机构转制发展现状

一 前言

北京市是我国人口老龄化和养老服务业发展较快的省市之一。根据相关统计数据显示，2015年底北京市户籍老年人口的规模共计315万，在总的户籍人口中的比例为23.4%，人口老龄化程度居全国第二位，全市常住老年人口340.5万，占常住人口总数的15.7%。全市平均每天净增500余名60岁以上老年人口，其中120余名是80岁以上高龄老年人口。预计到2030年，北京市的人口老龄化水平将进入重度老龄化阶段，户籍人口的老龄化水平将超过30%，2050年，北京市户籍老年人口将超过630万，每3个人当中就有一名老年人，老龄化水平发展快、程度深。

面对迅速发展的人口老龄化趋势，北京市高度重视老龄服务事业与老龄服务产业的发展，积极引导和发挥社会资本的作用，推动公办养老机构转制改革的进程。截至2015年，北京市共有223家公办养老机构，床位数2.8万张，从公办养老机构的分布来看，街道/乡镇级养老机构占比最大，达到91%，其余则为市级养老机构（5家）和区（县）级养老机构（13家）。2015年之后，北京市开始积极推动公办养老机构转制改革的进程，积极探索公办养老机构管理体制与运行机制的改革创新，出台了《关于深化公办养老机构管理体制改革的意见》（京政发〔2013〕32号）等一系列政策文件，规范与引导公办养老机构的改革转制工作。为了进一步了解目前北京市的公办养老机构转制实践，本文以北京市第一批公办养老机构转制试点：北京市门头沟区老年社会福利中心和顺义区赵全营镇敬老院为对象，通过集中座谈与个人深访等形式，围绕北京市公办养老机构转制的做法、经验、问题等进行了深入交流。

二 北京市公办养老机构转制政策情况

(一) 转制政策情况

为了进一步加快北京市的养老服务业发展，2016 年，北京市出台了《关于加快推进养老服务业发展的意见》(京政发〔2013〕32 号)，明确提出要"推进政府办养老机构改革"，明确政府举办的养老机构要主要发挥托底保障作用，重点服务对象为"三无""五保"老人以及经济困难的失能老年人、半失能老年人等，主要服务内容为"基本的供养、护理服务"。同时要求"制定社会资本运营公有产权养老服务设施管理办法"，"开展综合改革试点"。在此文件推动下，北京市开始加快制定公办养老机构转制的相关政策文件，于 2014 年率先发布了北京市地方标准《养老机构老年人健康评估规范》，并在此后先后出台了《关于深化公办养老机构管理体制改革的意见》(京政办发〔2015〕8 号)、《北京市公办养老机构入住及评估管理办法》(京民福发〔2015〕269 号)、《北京市公办养老机构收费管理暂行办法》、《北京市养老机构公建民营实施办法》 (京民福发〔2015〕268 号)、《特殊家庭老年人通过代理服务入住养老机构实施办法》(京民福发〔2015〕283 号) 等，对公办养老机构的分类、定位、服务对象、入住程序、定价机制、公建民营等关键改革内容提出了明确要求。

表 F1-1　北京市公办养老机构转制相关政策文件

时间	文件名称
2013.10	《关于加快推进养老服务业发展的意见》(京政发〔2013〕32 号)
2014.5	《养老机构老年人健康评估规范》
2015.3	《关于深化公办养老机构管理体制改革的意见》(京政办发〔2015〕8 号)
2015.7	《特殊家庭老年人通过代理服务入住养老机构实施办法》(京民福发〔2015〕283 号)
2015.8	《北京市公办养老机构入住及评估管理办法》(京民福发〔2015〕269 号)
2015.8	《北京市公办养老机构收费管理暂行办法》(京民福发〔2015〕270 号)
2015.8	《北京市养老机构公建民营实施办法》(京民福发〔2015〕268 号)

来源：北京市民政局网站。http://www.bjmzj.gov.cn/templet/mzj/index.shtml。

(二) 主要政策内容

1. 公办养老机构的机构定位与分类

公办养老机构的定位。北京市首先明确了公办养老机构的机构定位，即要发挥保障、基础性作用,要承担政府的托底保障职能,并根据行政级别确定了街道(乡镇)属、区县属、市属公办养老机构分层、分类保障服务对象养老服务需求的分层统筹保障体系和分类协作服务机制。

公办养老机构的分类。根据所有权与运营权的关系,北京市将公办养老机构分为三类:公办公营、公办民营和公建民营。其中,公办公营养老机构是指政府既拥有养老机构的所有权,又拥有养老机构的运营权;公办民营养老机构是政府拥有养老机构的所有权,并且养老机构已经投入运营,但其运营权可以通过委托、承包等方式交给企业或社会组织;公建民营则是指政府拥有养老机构的所有权,且养老机构尚未投入运营,其运营权可以通过委托、承包等方式交给企业或社会组织。

表 F1-2　北京市公办养老机构分类表

		所有权	运营权	转制方式
公办公营	—	政府	政府	—
公办民营	已建、已运营	政府	企业、社会组织或个人	承包、委托、联合经营
公建民营	新建、未运营	政府	企业、社会组织或个人	承包、委托、联合经营

2. 公办养老机构的服务对象

为了限定公办养老机构的服务对象,北京市发布的文件中明确规定了公办养老机构的三类服务对象,即:第一类为政府供养保障对象,包括农村"五保"老人和城市特困人员;第二类是困境家庭保障对象,即低收入家庭和低保家庭中高龄、失能和孤寡的老年人;第三类是优待服务保障对象,即市级以上劳模、见义勇为伤残、因公致残人员等有突出社会贡献的高龄老年人或失能老年人。这三类对象在公办养老机构传统服务对象(城市"三无"、农村"五保"老人)的基础上,兼顾考虑了年龄、身体状况、经济状况等方面的因素,即高龄、失能、低保或低收入家庭老年人的基本养老服务需求。同时,根据时代发展的现实需求,将兜底保障的对象扩大到特殊贡献人群和"失独"家庭中的失能、中高龄老年人,基本体现了公办养老机构针对重点人群(失能、高龄、低收入)和困难人群("失独")发挥基本养老服务的职能定位。

3. 服务对象的评估与收住

在明确了公办养老机构的职能、定位以及服务对象的基础上,北京市进一步明确和规定了对公办养老机构收住对象的评估条件、评估内容和评估标准，以及评估管理办法等。即根据北京市地方标准《养老机构老年人健康评估规范》，对老年人的自理能力进行评估，根据评估的内容和标准，将老年人分为完全自理老年人、部分自理老年人、无自理老年人三类，后两者统称为"失能"老年人。在此基础上，出台《北京市公办养老机构入住及评估管理办法》（京民福发〔2015〕269号），明确了公办养老机构老年人的入住程序、审核及评估内容、评估机构等具体操作事宜。通过政府购买服务、依托各区和市社会福利事务管理中心等方式，开展基本养老服务保障对象的评估与入住工作。

4. 公办养老机构转制方式

根据北京市的规定，以下两种公办养老机构可以引入社会力量：一种是政府拥有所有权并已经投入运营的养老机构，一种是政府拥有所有权、新建且尚未投入运营的养老机构，这两种养老机构都可以通过承包、委托、联合经营的方式交给企业、社会组织或个人运营，即分别形成公办民营和公建民营两种形式。其中，对于公办公营养老机构，政策鼓励和支持其通过服务外包、服务合作等方式，通过政府购买服务，分不同项目、分不同步骤、渐进式地与社会力量合作；公办（建）民营养老机构一方面可以通过向社会公开招投标，一方面也可以直接选择品牌机构以连锁经营的方式走向市场，实现公办养老机构管理体制的改革。

为了进一步规范与推进养老机构公建民营的进程，2015年，北京市相关部门又出台了《北京市养老机构公建民营实施办法》（京民福发〔2015〕268号），对公建民营的定义、实施公建民营的机构类型、组织实施公建民营的责任部门、社会招投标、机构责权、监督管理等内容均做了明确规定：（1）明确界定了公建民营的机构范围主要有四类：政府主要投资、新建或购置的养老设施；政府投资、社会资本建设，政府拥有所有权的养老设施；新建居民区里面配套建设的养老设施，并且已经移交给民政部门的；利用政府其他资源的公共设施，改建而成的养老设施。（2）明确了北京市公建民营养老机构的服务对象主要包括：北京市市内高龄、失能的社会老年人和部分基本养老服务对象。（3）明确了养老机构所有权方主管部门，即各级民政部门具体负责组织实施公办养老机构的公建民营，可以采取的方式包括通过向社会公开招投标，或者直接选择品牌机构，通过连锁经营的方式与市场接轨。（4）明确了招标文件的内容与包括招标方案、投标须知、投标人资格评审标准、投标文件、合同文件，并具体规定了各类文件的相关内容。(5)明确了品牌机构连锁运营必须以民办非企业法人形式承接公建养老机构。(6)明确了公建民营养老机构应预留一定的床位数来保障基本养老服务对象的养老需求,这一预留比例为不低于总床位的20%。(7)明确了风险保障金和机构管理发展资金的缴纳与留存比例,以及管理与使用要求。(8)明确了公建民营养老机构的监管内容,以及合同的变更与终止条件。

5. 收费管理和价格调控机制

2015年7月,北京市民政局等相关部门又出台了《北京市公办养老机构收费管理暂行办法》(京民福发〔2015〕270号),对公办养老机构,包括公办公营、公办(建)民营养老机构的收费项目、定价管理、收费行为规范等做了具体要求。(1)规定公办养老机构的收费项目主要包括膳食费、床位费、医疗护理费、生活照料费、康复服务费以及个性化服务等等。其中基本养老服务收费项目有生活照料费和床位费两项。(2)规定公办养老机构主要接收基本养老服务对象,并且按照政府定价来为其提供基本服务。实行公办(建)民营的公办养老机构,其预留床位中接收的基本养老服务对象,服务价格的收费可以由运营方和所有权方协商确定,其他社会老年人则根据市场供需关系来确定收费标准。(3)明确在基本养老服务项目收费相对稳定的基础上,要建立动态价格的调整机制。(4)规范了公办养老机构,包括公办公营、公办(建)民营养老机构的收费标准调整公示制度,并对公办养老机构新定或调整收费标准做了明确要求。

三 公办养老机构转制主要类型与做法

北京市作为首都,是养老服务社会化发展较快的省市之一。截至2015年,北京市共有公办养老机构223家,公办养老机构床位数2.8万张。根据中国公益研究院的调查数据:从北京市公办养老机构的整体分布情况来看,大部分公办养老机构床位分布在远郊区县,养老服务需求最大的首都功能核心区(东城区、西城区)公办养老机构床位数量最少,仅有1392张;公办养老机构中街道、乡镇级公办养老机构最多,比例高达91%;公办养老机构的规模大都在50~150张床位;中小型的乡镇敬老院构成北京市公办养老机构的主体。从公办养老机构的转制情况来看,北京市主要以占比较多的区县福利中心、敬老院为转制重点,转制方式以公办(建)民营为主。截至2015年,北京市223家公办养老机构,已有101家实现了公办（建）民营，接近一半（45.3%），另外还有 12 家机构正在履行公办（建）民营操作程序。

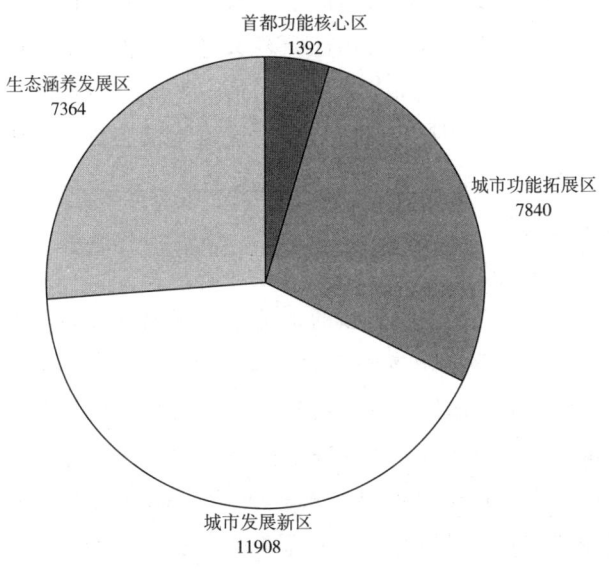

图 F1-1　北京市公办养老机构床位分布

为了进一步了解北京市公办养老机构转制的具体情况，本文以北京市第一批公办养老机构转制试点：门头沟区老年社会福利中心、顺义区赵全营镇敬老院为重点调查对象，进行了集中座谈与个人深度访谈，深入分析了试点机构在转制过程中的具体做法与存在问题。

（一）新建公办养老机构公建民营

1. 项目基本情况

门头沟区位于北京西部，是一个山区面积较多的区。全区总面积 1455 平方公里，山区占去了 98.5%。全区常住人口 29.7 万人，60 岁及以上老年人 6.2 万人，占 20.8%。全区共有养老机构 11 所，其中区级 1 所，镇级 8 所，社会力量兴办 2 所。目前全区共有养老床位 1832 张，镇办养老机构主要收养农村"五保"老人及部分社会老年人，入住率较低。社会力量兴办的养老机构主要分布在城区，主要招收社会老人，需求较大，入住率较高，可以达到 90% 以上。

门头沟区老年社会福利中心是门头沟区民政局投资 1.3 亿兴建的一家

非营利性专业养老机构，2014年建成后即公开向社会招投标。2014年8月，门头沟区民政局通过公开招标，与北京爱暮家养老机构管理有限公司正式签订合作协议，成立了门头沟区第一家通过公开招投标形式建立的公建民营养老机构——北京市门头沟区爱暮家老年养护中心。该中心建筑面积20000平方米，房间194间，床位404张，主要面向社会高龄、失能老年人，兼顾区级基本养老服务保障对象，提供生活照护、健康指导、医疗康复、照护护理、预防保健、文化娱乐等服务。

2. 转制主要做法

（1）确定转制对象

门头沟区是一个山区面积较多的市辖区，区内的公办养老机构大部分都分布在乡镇，这些镇办敬老院大都建设年代较早，地处偏远，设施简陋，在吸引社会资本方面优势并不突出。因此，在确定转制对象方面，门头沟区民政局实行了分级、分片的确定方法，对于区级养老机构进行投资新建改造，并通过公开招投标进行公建民营；对于镇办敬老院，则按照"分片集中供养""择优公建民营"的思路实行公办民营。即在区划较为接近的2~3个乡镇，选择一个镇办敬老院集中供养原有的"三无"老年人，其他敬老院则通过改造升级，招投标或者直接选择品牌机构连锁运营的方式进行公办（建）民营。

在确定转制对象方面，根据区民政局工作人员的介绍，他们的确定原则主要基于：①符合相关手续与条件。根据《养老机构设立许可办法》，养老机构的设立条件包括相应的资金规模、人员队伍、床位数量、管理制度，并且要有服务场所的自有场所证明或者房屋租赁合同，要符合卫生防疫、环境保护公安消防等部门的验收报告或者合格意见。②具有一定的设施改造空间。对于有设施改造空间的公办养老机构，区里会配套一定的资金投入改造升级，然后实行公建/办民营。③地理位置相对较好，对民间资本有一定吸引力。对于以山区为主的门头沟区来讲，许多镇办养老机构位于山区，对社会老人的吸引力有限，实施公建/办民营的难度较大。

"那个公建民营也得符合手续、符合条件……还要看将来的发展趋势测算，符不符合改造……镇办的，如果是三无五保（对象）托底（服务）的，可能将来有一个资金投入进行改造，然后升级"

"首先从场地上，它要就是说符合设施建设，就是具有可改造性、拓展性，……主要选的话，一个是作为它交通来说，能够辐射到周边，还有就是这个具有可改造的余地，提升的空间。""条件好的，有私人愿意承包，愿意招收的老人，再去公建民营。为什么我们公建民营不好推？因为山区，这些机构没有（人）愿意去（承包）。

(2) 明确职能定位

根据北京市和门头沟区的相关规定，实行公办民营、公建民营的公办养老机构也要承担一部分社会服务职能，一方面要预留一些床位，接收一部分基本养老服务对象，预留床位之外的空余床位，可以接收市内其他高龄老年人和失能老年人。门头沟区爱暮家老年养护中心作为区民政局投资兴建、并拥有所有权的养老机构，在机构性质上是属于公建民营的公办养老机构。在职能定位上，根据相关文件的规定，区属的公办养老机构可以以公建民营的形式运营，但要承担养老服务专业培训、养老服务品牌推广、养老服务示范引领以及功能试验等职能，同时，还要带动和辐射社区养老以及居家养老，提供社区养老和居家养老服务项目，承担社区老年人的日间托管、教育培训等职能。

因此，门头沟区爱暮家老年养护中心的404张床位中，有100张是要预留给政府基本养老服务保障对象的，剩余303张面向全市其他失能、高龄老年人，同时，在运营过程中还要发挥区级养老机构护理培训、品牌推广以及辐射社区居家养老服务等职能。

"（门头沟）养老机构公建民营以后，我们政府也给他（爱暮家）设置了条件，404张床位要留100张床位，进行我们政府的'三无''五保'（对象）托底（服务），还得按照我们政府收费的那个（标准），老人补多少钱给他（爱暮家）多少钱，他也承担着这一块，虽然民营出去了，但是我们也有现实性的条件。"

(3) 进行资产评估

在确定、选择好要实施公办/建民营的养老机构之后，门头沟区民政局委托专门的会计师事务所、律师事务所，联同区财政局、审计局，对门头沟区老年社会福利中心进行了国有资产评估，并出具了资产评估报告。在此基础上，根据《门头沟区公办养老机构公办民营、公建民营实施办法》中的要求，公开招标进行公办/建民营的养老机构，运营方要向区政府采购中心一次性缴纳不低于国有资产投资1%的"风险保障金"，用于防范运营方异常退出的风险化解、商业保险的投保等；同时，要向养老机构所有权方按年缴纳不低于国有固定资产投资2%的"养老服务发展资金"，用于机构内相关设施、设备的修缮，同时协调统筹建设全区的养老机构。据此，门头沟区民政局确定了门头沟区老年社会福利中心的"风险保障金"和"养老服务发展资金"，其中"养老服务发展资金"从签订协议的第二年开始缴纳，一年400万元，逐年递增到640万元。

（4）公开招投标

在制定好相关的方案、协议内容等，包括制定公办/建民营的实施方案、招标文件、公办/建民营的合作协议（合同）等相关具体文件内容。其中的合作协议要明确对双方投入资产的要求、合作的方式、合作的期限、双方权利的分配、双方义务的分配、违约的责任、监督和管理的要求等。门头沟区民政局在区政府的采购中心平台上，进行了全国公开招标。在社会主体的遴选上，区民政局重点考虑了专业运营经验方面的因素，包括具有丰富的养老服务经验，运营方有运营中的养老机构最好，这样人力资源、市场资源、社会资源都可以共享，同时在防范未来运营方异常退出方面也有一定的作用。

> "你引进他们（运营方）的时候，我们提出要求就是你正在运营的养老机构的单位，还能来投标，将来实现他中了标之后，他从人力资源、社会资源、一些技术上，他可以实现共享连锁，他进入角色也会很快，你要是没有干过（养老服务），他从人员的招收、培训各个方面，都是全新的领域，可能我这个政府的见效，社会效益的显现过程就会推迟了，缓慢了……他（爱慕家）香山那边运营着一个养老机构，200多张床位，这边不可能说你最后一看不挣钱，你卷包就跑了，这么多老人谁去管？风险太大，一下子400个老人，如果都住上，他收完费跑了，这个他那边跑不了，他那边还有养老院，所以这些政府的风险也会降低。"

（5）固定资产管理

门头沟区老年社会福利中心是由门头沟区民政局投入了1.3亿建设的，

机构所有权归民政局所有。在主体房屋建设之后，房屋的装修、房屋里的主要设施设备，包括电视、冰箱、家具、电视柜、厨具、医疗床等都是政府投入购置的，在北京爱暮家养老机构管理有限公司中标之后，他们又拿出了20余万元进行房屋的软装饰，包括房屋的颜色、窗帘等低值易耗品。机构内的固定资产属于国有，登记在民政局的固定资产台账上，本着"谁使用、谁管理、谁维护"的原则，由运营方进行维护，正常报废走民政局的固定资产报废程序，如果由于运营方的原因造成提前报废的，由运营方负责赔付。由于运营需要造成的设施改造、大修，要经过民政局的专业论证，资金由运营方负责，由于时间长久造成的大修，由政府专门的资金，包括运营方在承接项目时缴纳的"养老服务发展资金"来负责改造、修缮。

（6）人员安置

镇办敬老院的人员队伍主要分为两种，一类是管理人员，主要是院长，大都是由镇政府派过去的干部兼职管理，编制大多在镇政府或者民政科，兼职敬老院院长，管理敬老院的日常事务。这类人在敬老院公办/建民营之后，不再兼职院长即可，编制仍然属于政府公务员系列。另一类是具体的护理人员，大都是当地"4050"就业人员，或者是退休返聘人员，属于聘用人员，这类人在敬老院公办/建民营之后，和运营方双向选择，可以继续留在敬老院工作，也可以另外寻找其他的就业机会。因此，从公办养老机构转制本身来看，规模较小的乡镇敬老院、光荣院等在转制过程中，面临的人事压力较小，转制的难度较低。

"（镇里的敬老院）由镇政府派过去的干部管理……有民政科科长兼任院长的……（转制后）就撤回来了，原有的招聘人员中标单位运营自主，都是岁数比较大的，当地的'4050'人员就业的""山区或者这些镇上的人员编制不是一个特别大的问题……没有多少人，本身就没有多少人，但是你要像市里面（那种）越是大的机构，公建民营的时候，你就要考虑原有人员的分流安置这一块"。

（7）医养结合

门头沟区老年社会福利中心在实施公办/建民营之后，发现既定的"养老服务发展资金"额度对于运营方来讲，压力太大。为了减轻运营方的压力，也为了推动区里养老机构的医养结合进程，由区民政局、卫计委商定将门头沟的二甲区级医院的老年病门诊设立到了转制后的门头沟区爱暮家老年养护中心，中心拿出一层60个床位作为区医院老年病门诊的床位。作为医保定点医院，老年人在这里看病、拿药都可以报销，看病住院的老人也可以在出院后进入养护中心接受专业的照料护理服务，以此实现养老与医疗的衔接与结合。同时，为了弥补老年病门诊占用60张床位的损失，民政局每年减免120万的"养老服务发展资金"，以此来降低运营方的运营压力。

"因为他少了60张床位，那60张床位实际还存在，为老年病门诊服务了，所以我们就把这个测算一下，减收他120万，120万这个是减收了"。

(8) 监督管理

根据《门头沟区公办养老机构公办民营、公建民营实施办法》的规定，实施公办/建民营的养老机构，运营方要派出代表和政府代表联合组成监事会，代表政府对运营方的运营管理进行监督。同时，养老机构所有权方要对公办/建民营养老机构实施动态监督检查，各级民政部门每半年组织一次养老机构管理服务调查，包括入住老年人满意度测评等，如果入住老年人满意率调查连续四次低于80%，就要终止运营补贴，限期退出。

(二) 乡镇敬老院公建民营

1. 项目基本情况

顺义区位于北京东北部，全区总面积1019.89平方公里。顺义区2015年末常住人口102万人，65岁及以上老年人口8.06万人，占7.9%。全区共有18家养老机构，其中，公办养老机构14所，社会办养老机构4所。公办养老机构中除1所区级养老机构外，其他均为镇办养老机构。这些镇办养老机构大都分布在顺义区的河西部分的农村地区，建设时间早，规模小，床位数量大都在50~100张左右，收住对象以"三无""五保"老人为主，社会老人入住数量很少。

赵全营镇敬老院是顺义区第一家公办民营的养老机构，是由镇政府经过考察调研，委托西安一支养老服务运营管理团队进行公办/建民营的项目。2013年10月正式投入运营,共有床位250张,实际可收入床位150张,目前入住老人48位(包括8位基本养老服务保障对象),可以提供生活照护、照护护理、文化娱乐、临终关怀等服务。

2. 转制主要做法

(1) 确定转制对象

根据《顺义区养老机构"公建(办)民营"实施办法》中的要求,现有公办养老机构中床位数超过100张,入住率低于30%的养老机构都要进行公办/建民营,根据这一文件精神,顺义区民政局在选择转制试点时,结合文件要求又兼顾考虑了区内养老机构的分布、养老机构的代表性以及养老机构的运营发展空间。根据顺义区养老机构的分布主要集中在河东和河西两个区域的特点,顺义区民政局分别选取了河东经济欠发达的龙湾屯镇和河西经济发展中等水平的赵全营镇两家具有代表性的镇办敬老院,进行公办/建民营试点,并把其中赵全营镇作为第一批公办养老机构转制试点。

"河东地区(养老院)规模都是比较小的,有50张床位的,100张床位的。所谓说100张床位它也是承载不了100个人入住……由于它的一些服务,人员的素质,还有农村人养老的意愿(等原因),不能自理的老人不能承接,一般(接收)的都是农村五保人员,社会老人无法接收,根本无法运转(无法进行转制)。"

(2) 明确职能定位

根据《顺义区养老机构"公建(办)民营"实施办法》中对公办/建民营养老机构的职能要求,实施公办/建民营的养老机构依然要强调公共服务属性,需要优先接收基本养老服务保障对象,此外要重点接收社会上高龄、失能的社会养老服务对象。因此,赵全营镇敬老院在实施公办/建民营之后,在原有的250张床位中保留了25张床位,用来接收本区或外区的"五保""低保"困难老人,其余床位用来接收有养老服务需求的社会老人。同时,根据《顺义区养老机构"公建(办)民营"实施办法》中的要求,乡镇一级的公办/建民营养老机构还要承担辐射本辖区内的居家养老照料中心职能。

(3) 选择社会主体

不同于门头沟区的公开招标,赵全营镇敬老院在进行公办/建民营的过程中，对社会主体的选择是一种灵活的自主双向选择与协商形式。运营方是一家 2005 年已经涉足养老服务产业，在西安运营两个民营养老机构的团队，了解到赵全营镇敬老院公办/建民营的信息之后，与镇政府进行了接触、洽谈，在与镇政府一年多的实地考察、沟通、协商之后，成为了赵全营镇敬老院公办/建民营的运营方。与赵全营镇签订了十年协议，每年给镇政府交纳 5 万元租金。

在双方双向选择的过程中，所有权方更侧重于从运营方的从业时间、从业经验、人员团队来衡量，运营方则更侧重于敬老院的地理位置、交通环境、床位规模、当地老年人口情况、当地政府的支持情况等。其中，床位规模是运营方考虑的一个重要因素，只有适度的规模才能使运营方在一定时间内达到盈亏平衡，减小运营的压力。

"包括老年人人口，交通环境，还有实际院里面能容纳的床位数，这个都是很主要的，说白了如果我们承包这个敬老院只有 50 张床位，可能我们都不会要，因为除了收'五保'和'三无'（老人）没有发展空间，对我们来说是铁赔，连持平都很难，所以我们在承包的时候一定要权衡这个床位数。""因为咱们纯民营的，一般超过 200（张床位）的话管理上就有点吃力了，200 张以内的话，从管理到人员配备都是很紧凑，很完善的。"

(4) 人员安置

对于乡镇敬老院来讲，在转制过程中，人员分流与安置的压力相对较小，因为大部分乡镇敬老院的工作人员属于兼职或者聘用，管理层人员大都是镇政府或民政科的现职人员兼任，其他服务人员则大都聘用当地村民。因此在转制过程中，这部分人员的分流与安置相对简单，这是乡镇一级敬老院在转制过程中压力较小的一部分。赵全营镇敬老院属于事业法人单位，但院里并没有人员编制，服务人员主要是附近村民，属于敬老院的聘用工作人员。

"我们乡镇养老院的情况主要都是聘村里面的一些 40、50 岁的大姐、大嫂或者是聘一些 50、60 岁的老头，他们给看看门，充当一下保安，做做饭，洗洗衣服，就这些。……农村没有合同可言，不签合同，如果说我这个自然而然没有这个东西（养老院）了，没有老人入住了，那你就自个就不干了。"

（5）国有资产管理

对于赵全营镇敬老院这种规模较小、建立较早的养老机构，他们的设施设备相对简单，在实行公办/建民营之后，所有权方与运营方之间会对国有资产进行评估、核查、登记入册，以清单形式作为合同附件，运营期间由运营方负责设施设备的日常维护、低值易耗品的添置等，大的设施改造要提出申请，由镇政府给予解决。合作期满后，由政府购买的设施设备要如数归还，运营方添置的设施设备自行处理。

"所有的床、电视，包括房屋的粉刷，房子里面所有的东西，包括柜子、饮水机都是我们（运营方）自己配的，就相当于是空着我们进来的。……日常维护是我们管的，真的要说一些大的改造的话也是政府出面的，简单的日常维护都是我们做的，……他（政府）的东西我们将来走的时候会如数给人家，我们自己投的，我们可以自行处理。"

（6）价格机制

实施公办/建民营之后的养老机构，在价格机制上充分发挥市场的作用，对于养老院收住的基本养老服务保障对象，政府以其相应的供养标准价格，向养老院购买服务。对于除基本养老服务保障对象之外的社会老年人，养老院则从成本收益的角度，根据入住老年人不同的经济状况、不同的身体状况来最终确定服务收费价格，并报民政、物价以及工商部门备案。

（7）监督管理

服务质量与安全是养老机构监管的重点，特别是消防安全、饮食安全等。赵全营镇敬老院实施公办/建民营前，主要是由区民政局联合消防、卫生等部门进行定期检查，养老机构实施公办/建民营之后，民政局委托了一个第三方组织，并联合民政局成立的安全队，一年四次定期去养老机构进行安全与服务质量的检查；此外对于养老机构的财务监督与管理是由民政局聘请专业的会计师事务所，对养老机构进行专门的建账辅导，每年年底由会计师事务所出具审计报告，进行财务管理方面的监督和检查。

"政府会控制几个点，安全肯定是最重要的，不管是设备设施的安全、人员的安全，还是餐饮的安全，这几块他（政府）肯定要监管的，因为要把他的风险降到最低。"

四　北京市公办养老机构转制的主要经验

（一）明确界定了公办养老机构的职能定位

对公办养老机构进行准确的职能定位是推进公办养老机构转制的首要条件。根据公共产品理论，履行公共服务职能是政府投资建设并运营公办养老机构的初衷，公办养老机构最主要的目的是为政府托底保障对象提供基本的兜底公共养老服务，但从目前的发展来看，公办养老机构无论是在职能定位还是在服务对象上，都明显偏离了这一根本方向。在社会福利社会化的过程当中，公办养老机构由原来的救济性向福利经营性转变，由封闭型向开放型转变，服务对象由原来的"三无""五保"等弱势老年群体扩大到各类有需求的社会老年人，并在此过程中基于公办养老机构的设施、人员、价格等各种资源优势，逐渐成为社会"优势老年群体"的养老服务机构，这种服务对象、服务职能的偏离与错位，在一定阶段有其自身发展的合理性，但随着我们对养老机构与养老服务业发展客观规律的不断总结与认识，科学客观地界定公办养老机构在整个养老服务体系中的职能与定位，就成为推动公办养老机构转制和整个养老服务体系健康发展的一个重要内容。北京市在其公办养老机构转制工作开展伊始，就对公办养老机构的职能定位有了一个明确的界定，明确提出公办养老机构在整个养老服务体系中发挥基础性、保障性作用，承担的是政府的托底保障职能，并对公办养老机构的服务对象进行了明确界定。这就回答了公办养老机构的发展走向问题，是公办养老机构转制的一个重要认识基础。

（二）完善了服务对象的分类标准与评估机制

如上所述，我国公办养老机构在成立之初就是政府福利服务的一个重要载体，承担着为"三无""五保"等弱势老年群体提供养老服务的重要职能，是我国社会福利事业的一项重要内容。人口老龄化的急速发展所带来的日益增长的养老服务需求，促进了我国社会福利社会化的进程，原有的福利性的公办养老机构开始进入社会化阶段，但在接收社会老人时，公办养老机构并没有一个明确的分类与评估标准，以至于在较长时间内公办养老机构的服务对象以健康、自理老年人居多，这成为公办养老机构职能错位、服务对象错位的一个突出表现。因此，北京市在公办养老机构转制过程中，在明确界定公办养老机构职能定位的基础上，又将公办养老机构的服务对象明确划分为三类基本养老服务保障对象，兼顾了经济、年龄、身体健康状况等主要划分因素，基本涵盖了"三无""五保"等政府供养保障对象，经济条件较差的失能、高龄老年群体，以及其他需要政府提供优待、福利服务的对象等。这就进一步明确了公办养老机构的服务对象，解决了"服务谁"的问题。同时，北京市还进一步规范了这几类基本养老服务保障对象的入住评估与管理工作，根据《养老机构老年人健康评估规范》对老年人进行自理程度的评估分类，并出台《北京市公办养老机构入住及评估管理办法》（京民福发〔2015〕269号），规范公办养老机构老年人的入住程序及评估办法，保证基本养老服务保障对象的科学评估与鉴定，确保公办养老机构托底保障的职能定位不偏移。

（三）以"公办/建民营"为主要形式实行渐进式转制

根据民政部的相关文件要求，公办养老机构的转制形式可以大致分为两种，一种是公办养老机构，特别是新建公办养老机构的公建民营形式，一种是提供经营性服务的公办养老机构积极稳妥地转制为企业的形式。从目前我国公办养老机构的性质来看，大部分依然是兼具福利性并面向社会的事业单位性质，并不以赢利为主要目的，北京市的公办养老机构也是如此。因此，在推进公办养老机构转制的过程中，北京市采取了以"公办/建民营"为主要形式的渐进式转制，对不同地区、不同类型的公办养老机构进行分类推进，新建公办养老机构明确进行公建民营，存量公办养老机构则选择性进行公办民营，采取"老人老办法、新人新办法、新机构新办法、老机构老办法"，对公办养老机构在院老年人仍然保持稳定的政策，提供优质服务，实行渐进式的收费改革措施，不搞一刀切；对实施公建民营的新建公办养老机构则采取基于运营成本的市场定价，实行渐进式收费改革措施，以实现公办养老机构转制的稳步推进。从我国养老服务业的发展环境来看，目前这种形式最能有效吸引、培育社会上的运营团队，也是公办养老机构转制初期的一种有效过渡方式。

"如果转企我（运营方）就不干了，如果没有政府的这些补贴，还有这些运营的支持的话，一个养老院根本就支撑不下去。转企我们压力就比较大，这种方式（公办民营）比较合理，也轻松一些。"

（四）将转制纳入养老服务体系建设整体布局

公办养老机构转制是养老服务事业和产业发展中的重要组成部分，是嵌套在整个养老服务事业和产业发展中的一个重要内容。北京市在推行公办养老机构转制过程中，一个重要的经验就是统筹推进、协同发展。将公办养老机构转制纳入养老服务事业和产业发展的整体布局，将居家、社区、机构养老融合在一起统筹考虑，并兼顾区域发展资源的平衡与协作。与全国公办养老机构的分布情况类似，北京市的公办养老机构也主要分布在街道、乡镇一级，大多规模较小，设施较为简陋，特别是农村地区的公办养老机构，地理位置偏远，公共服务资源缺乏，在吸引民间资本进行公办/建民营方面优势不足。同时，随着社会的发展，"三无""五保"等政府供养对象逐渐减少，农村公办养老机构的集中供养对象数量逐渐下降，许多机构开始出现空置、闲置的现象。因此，在推进公办养老机构转制过程中，北京市将公办养老机构分区、分片统筹考虑，对农村地区区划较为接近的2~3个乡镇，选择其中一个镇办敬老院集中收住原有政府供养对象，其他敬老院则在改造升级之后，或者通过招投标/直接选择运营方来实行公办/建民营，或者与居家、社区服务融合在一起，转型成为养老服务照料中心或者养老服务驿站，为农村老年人提供集日间照料、文化娱乐、精神慰藉于一体的综合养老服务，弥补农村养老服务设施少、居家社区养老服务滞后的不足。

（五）用"一事一议"解决转制中的突出问题

公办养老机构大多建设得较早，在房屋设施、消防安全等方面与现在的要求相差较大，特别是在农村地区，许多公办养老机构年代久远，没有房屋产权证，无法获得养老机构设立许可证，对于这些基于历史原因形成的存量公办养老机构缺少用地规划、建设审批、环境评估、消防验收等现实问题，北京市出台了"一事一议"的改革措施，统筹解决证照不全存量公办养老机构的设立许可等问题，由养老机构委托社会专业机构出具房屋检测报告和建筑物建设归属证明，经区县初审后报送市级主管部门。根据民政部《养老机构设立许可办法》和《关于进一步推进本市养老机构和养老照料中心建设工作的通知》的相关规定，由市民政局组织专家评审会议，对机构项目进行"一事一议"评审。对不符合要求的项目，明确提出整改要求；对通过资质评审的，以北京市民政局名义出具养老机构用途认可证明，办理相应的设立许可手续等，在很大程度上解决了制约存量公办养老机构转制的现实难题。

五 北京市公办养老机构转制面临的突出问题

（一）对公办养老机构转制必要性的认识仍未统一

长期以来，我国公办养老机构以政府事业单位的性质存在，资金场地、设施设备、人员编制都由政府提供，不存在市场竞争与运营的压力。尽管随着社会福利社会化进程的推进和事业单位改革步伐的加快，公办养老机构开始呈现福利性与市场性并存的特点，但由于其长期以来浓重的福利色彩，公办养老机构仍然被视为各级民政部门的下属机构，享受着事业单位的待遇，并承担着各级政府与民政部门交办的工作职责。在公办养老机构转制的过程中，对于公办养老机构转制的必要性，许多基层政府与民政部门的认识仍未统一，或者将公办养老机构视为部门财产，把所属机构紧紧握在手里，当作本级政府的独立资源；或者改革意识与魄力不强，害怕承担转制带来的各种问题与风险；或者认为无法有效监督民营组织，害怕出现老年人权益遭受侵害的事件；或者对公办养老机构未来转为企业比较抵触，这都是部分基层政府或相关部门转制积极性不高的主要原因。

> "尤其是镇办养老机构这一块，我感觉积极性不是很高，镇办养老机构属于他（镇政府）的资产，可能镇领导有这种想法，我拿出去让民营组织，让社会组织运营，是不是安全各方面的责任我也担，还有一个，他拿出去以后，他感觉不可控制，不好管理。"

> "如果都转企像刚才咱们说的，因为毕竟现在都牵扯到人民的福祉，尤其是弱势群体的，他们的利益谁去保障，你都企业化了、市场化了，很多低保的对象，就是农村的这些弱势群体他们的养老就没有保障了。"

（二）公办养老服务资源效益发挥仍不平衡

北京市在推进公办养老机构转制过程中，首先明确了公办养老机构的职能定位与服务对象分类，并根据服务对象的不同，确定了市属/区属和街道乡镇属养老机构的服务对象范围，其中市属公办养老机构主要接收本市优待服务保障对象，区属和街道乡镇属养老机构主要接收政府供养对象和经济困难保障对象，并在此基础上，建立了统筹协作的模式，以此来满足基本养老服务保障对象的入住需求。但在实际工作中，由于市区公办养老机构在转制前已经面向社会老人开放，并且由于地处市区、交通便利、公共服务设施齐全，又是公办养老机构，收费价格较低，因此已经是供不应求，现有床位使用率高，床位机动空置量很少，为了平稳推进公办养老机构转制，北京市明确了"老人老办法，新人新办法"的原则，对于这部分已经入住的社会老人，不能激进"一刀切"地要求转院，只能逐渐消化吸收。因此，城区公办养老机构床位数相对于基本养老服务保障对象数量而言，承接能力明显不足。而农村公办养老机构大部分地处偏远，设施设备简陋，老年人入住意愿不高。因此，公办养老机构，特别是城区公办养老机构基本养老服务保障对象接收入住压力较大，养老服务资源效益发挥仍不均衡。

（三）现行政策体系难以满足转制需求

公办养老机构转制目前在我国还是一个新兴事物，还处于刚刚开始的阶段，无论是国家还是地方，对于公办养老机构转制的方向、路径、目标都还处在一个先行先试的摸索阶段，因此，相关的政策文件还相对滞后。地方大多是边转边摸索边出台，政策制度不仅满足不了目前的转制需求，许多实际情况还会与政策制度发生矛盾，制约着公办养老机构转制的步伐。比较突出的包括如下几个。

一是公办/建民营养老机构的民办非营利性规定。根据国家对公建民营改革试点的要求，公办养老机构应积极探索通过承包租赁、联合经营、PPP模式、企业化改制等方式实行转制改革，但是公办养老机构改革中如果让运营方注册为营利性机构，容易造成政府设施公共服务性质变化和国有资产流失的问题，因此北京市统一规定公办/建民营养老机构必须注册为民办非营利性机构，限于民办非营利性机构的特点，运营方投入资本只能作为公益性捐助,且后续运营收益不得分红,一定程度上影响了社会资本的投资积极性,同时也容易造成实际监管中对运营方"违规"营利难以把握的难题。另外,如果公办养老机构通过企业化改革来转制,也会存在企业逐利与公共服务设施公益性的矛盾问题。

二是多数公办养老机构设施产权规范界定模糊,不符合现行相关规定。多数乡镇公办养老机构建筑年代久远,由乡镇政府牵头利用农村建设用地筹资建设,定位为农村五保供养机构,缺少立项审批、土地规划、建筑设计、环境评估、消防验收等手续,在养老机构设立许可、国有固定资产投资改建、公办民营资产清算确权等方面,都存在一定制约。根据民政部《养老机构设立许可办法》的规定换发证照过程中,许多公办养老机构仍未取得设立许可证书,直接影响了公办养老机构的转制进程。

"其他的养老院也有四五家申报要公建民营,为什么它们没有转制,没有申请下来?我们都是五几年、六几年建的养老院,没有房产证,没有产权,没有消防设施审批,没有,所以现在我们再做这些,手续相当的复杂,也相当的烦琐,有的镇确实有这个积极性,但是最后没有实施,因为消防不达标,然后你结算没有结算,然后里面的房产各方面的手续都没有,尤其消防老过不了,怎么转制?"

"原来叫养老机构职业许可证,后来变成设立许可证,然后就要求新建的养老院必须有建筑、消防、环保、卫生四个部门的验收报告。""现在消防规定你都得有烟感和喷淋,还得消防联动,那改造费用相当大的,可能资金投入上,依靠属地这一块街镇承担不了,只能是通过申报市里面的一些项目,但是这个就得等时间了,就很慢。"

"你必须得按现行的消防规范走,现行的消防规范,你该有烟感喷淋、消防联动系统,然后这些东西没有,人家不给你出这个报告,没有出这个报告,咱们就不能按照行业规定设立许可,不能设立许可,你公建民营之后,你取得不了许可,就运营不了,所以制约着这个。"

(四)国有资产评估与保值难度较大

公办养老机构转制过程中一个重要的问题就是国有资产的保值增值、

不流失。公办养老机构转制后，政府投资建设的养老机构，包括地上建筑和房屋内部的设施设备全部交给民间组织来使用，一些大型、新建的养老机构，政府配备的设施设备都非常齐全，如门头沟区老年社会福利中心，是由门头沟区民政局投入了1.3亿元建设的，房屋的装修、房屋里的主要设施设备，包括电视、冰箱、家具、电视柜、厨具、医疗床等都是政府投入购置的，运营方后期软装修的投入仅有20余万元，国有资产的评估、保值问题很突出。一是国有资产的评估，根据北京市的规定，实施公办/建民营的养老机构，运营方要按照国有资产投资的一定比例缴纳"风险保障金"和"养老服务发展资金"，因此，科学合理地评估国有资产的价值，既做到科学准确反映国有资产的真实价值，又能兼顾运营方的运营压力，是非常关键的。以门头沟区老年社会福利中心为例，尽管在国有资产评估中邀请了专业的会计师事务所、律师事务所，连同区财政局、审计局共同评估，但在实际运营中，发现在评估基础上兼顾考虑政府投资所确定的逐年递增至640万元的"养老服务发展资金"对于运营方的压力是比较大的，以至于后期不得不从医养结合的角度给予扶持，帮助减轻运营方的压力。二是国有资产的保值增值、不流失。从北京市的实践来看，转制后公办养老机构的设施设备主要由运营方使用和维护，易耗品由运营方自行处理，设施设备的报废走政府固定资产报废程序，运营期结束后按照合同清单归还给所有权方。这期间，对国有资产，特别是主要设施设备的保值主要取决于运营方是否能够正确使用和爱护相关设备，但就目前的政策文件和合同文本来看，缺乏对设施设备管理的具体办法和细则，需要进一步加强和完善。

"我们区这一家当时在全市来说是大规模的，当时没有政策依据也没有政策指导，就是说应不应该收钱，收多少合适（不知道），因为这个设施逐年老化，将来还要进行设施的维修，大修、改造，所以按照这个设施折旧这么去计算的，计算的当中，就是我们当初民政，我们提出来的是200多万，可能测算完了200多万……后来财政这一块，可能（不同）角度的考虑，就是政府投入1个多亿，本身我们门头沟区棚改，银行贷款借钱建的这些设施，也考虑到还款的问题，所以应该适当地提高一点，最后定的是640（万），这个不是一年的，是逐年递增到640（万）。""但是说实话，目前来说可能定得有点高，为什么？因为这一块影响床位收费的价格，……我价格低了，我就是住满了我也是赔钱，我给政府的钱我交不上，……价格一高，可能老年群体的承受能力在那，他的入住率就会造成影响，它是一个连锁反应，可能就会有一些影响。"

"在评估这一块我们现在感觉存在问题，第一个测算上可能没有太大的经验，咱们那会儿的测算是平均他们是10年签这个协议，是平均下来一年500多万，后来咱们通过这个试运营以后，我们发现这个（问题），所以后来我们就报了一个方案到政府给他进行了一个减免。"

（五）服务质量监管体系尚不完善

服务质量和安全是监督管理养老机构的重要内容。目前，北京市主要通过是公办/建民营的形式推进公办养老机构的转制改革，即把原来政府直接负责的公办养老机构委托为民间组织来运营，借助民间组织专业队伍的专业服务来提高服务质量，提高运营效率。但从目前我国养老服务业的整体状况来看，由于发展时间较晚，发展水平参差不齐，能够提供专业、优质养老服务的品牌企业还不是很多，大部分是近年来发展起来的、从其他行业转型过来的养老服务团队，尽管在选择运营主体方面政府都是择优选择，但从实际情况来看，仍然存在服务质量的监管风险。一是对转制后运营方整体服务质量和安全的监管。目前北京市对公办/建民营养老机构运营方的监督管理主要是政府相关部门定期检查、第三方评估机构定期检查、所有权方和运营方组成安全队对养老机构进行定期检查等。但在评估细则、处罚机制、第三方评估质量等方面，仍然存在相应的问题，如缺乏针对性较强的评估内容和评估标准，不同类型的养老机构，其服务对象、服务内容不同，在服务评估内容与评估标准方面也有所差异；另外，目前第三方组织发展整体还不健全，评估质量难以保证；还没有建立完善的处罚机制，特别是涉及运营方退出机制的处罚措施，都还比较笼统。二是对公办养老机构原有入住老人的服务质量监管。公办养老机构转制前收住的"三无""五保"等弱势老年群体，转制后会有部分仍然留在原来的机构内，以原有供养标准向运营方购买服务，但相对于市场价格来讲，供养标准大多较低，运营方能否在考虑成本收益的基础上，为这部分老人提供优质的服务，也是转制后服务监管的重要内容。

"我觉得咱们社会组织的发展培育,没有达到一个国外的水平,它的管理和发展并不是特别成熟,……经过我们合作以后,这个质量我觉得真的不能说完全依靠它,最后我们是把钱给它花了,最后我们自己去干工作,会出现这种状态的。"

"在实际操作中肯定有很多的问题,您比如说我这一块就收不能自理的,谁去监管他,老人的一些权益谁去保障,我觉得你不可能完全去放开。因为如果政府托底的这些人,都是一些特殊困难的人,很多是智障的,有很多就是那种没有自己的思维方式,那他的人权呢?我觉得你如果完全交给企业,很难保障的"。"相对来说个人办的或者是企业办的这种情况下,我们觉得就相对来说没有咱们政府托底的好,因为政府托底的不是追求经济效益,你肯定是一个纯的投入。比如说个人办,非营利性的,但是真不挣钱有几个干的?"

(六) 农村养老机构转制条件较差

我国公办养老机构数量较多,但大多分布在农村地区,以街道、乡镇敬老院为主,这些敬老院大多规模较小,设施简陋,特别是农村地区的乡镇敬老院,部分位置偏远,周围居民密度小,社会老人入住意愿较弱,机构运营成本高,市场竞争力不大,在吸引民间资本实施公办/建民营方面优势不太明显。同时,由于这些养老机构大多建设时间较早,在资格认证方面面临着许多问题,很多与现行规定不符,改造难度较大,比如许多乡镇敬老院的建设用地都是集体用地,没有明确其土地性质,难以取得土地证和房产证;还有一些敬老院在长期发展过程当中,自发性地在原有建筑上增加了许多不符合规划的违章建筑,也不符合相关适老设施的建设规范和标准,并且难以达到消防部门的消防设施要求,这就很难满足《养老机构设立许可办法》中对养老机构设立资质的一些要求,无法取得养老机构设立许可证,难以实现公办/建民营,影响公办养老机构的转制进程。

"没有一些大的公司或者社会组织愿意去偏远的地区开展养老服务,还有一个原因就是它的设施相对来说都是农村集体建设用地,规模相对来说比较小,不能形成一定的规模,肯定是没法开展(运营)的,很多公司和个人没法去那里承办,所以也限制了它的发展。"

"现在查违建查得特别严,很多东西(机构)就那么几间或者十几间都是违规的,对于这样有违建和不违建在一起的时候我们就不能给你批了,因为你批的时候你肯定会整体批,一旦出现问题的时候,你政府肯定会有责任,你为什么对它违建都能批养老机构呢?""(这种情况)很普遍,现在农村的用房有多少有房产证的?不是小产权房,是违建,就是没有规划的,没有一些建设手续的,所以说我们觉得实施起来都特别困难。"

"这里面还有一个问题就是设施,完全没有土地,然后当时建的时候,就是以前还没有规划,国土局就建了,……然后土地上面也没有确权,就是这个土地都是集体所有,并没有规定说这是建设用地还是什么地,这一块土地不明确,他推公建民营,它整个产权到时候都有纠纷。"

六 下一步转制思路与建议

(一)进一步明确公办养老机构转制的思路与步骤

公办养老机构在我国发展时间较长,虽然近年来民办养老机构发展迅速,但从整体情况来看,我国公办养老机构仍然占据主体地位,在养老服务市场上发挥主要作用。因此,对于公办养老机构的转制不能采取一刀切的激进措施,必须理清思路、分步实施,在科学界定公办养老机构的职能定位后,摸清基本情况,稳步推进。北京市在推进公办养老机构转制过程中已经做了大量基础性工作,明确了公办养老机构"保基本,兜底线"的基础性、保障性作用,并且界定了三类基本养老服务保障对象,实施了严格的评估与筛选机制,同时还建立了统筹协作、分类保障的工作机制。但为了充分发挥公共养老服务资源的保障作用,积极推进公办养老机构转制进程,仍然需要进一步明确思路、分清步骤。

一是要摸清底数。包括现有公办养老机构的规模、数量、结构,基本养老服务对象的规模、构成、需求总量等信息。完善并建立公办养老机构的基本数据库,包括现有公办养老机构的数量、分布、规模、档次、现有床位总数量与空置数量、设施设备条件等。要继续完善对基本养老服务保障对象的筛查与评估,摸清基本养老服务对象的数量、年龄、健康状况、分布、服务需求等基本情况,将公办养老机构的有效供给总量与基本养老服务保障对象的实际需求总量进行匹配,从总体上把握实际的需求供给比,以更好地发挥公办养老机构的兜底保障作用。

二是要确定类别。北京市已明确规定新建公办养老机构必须进行公建民营,对于存量公办养老机构,就需要在摸清底数的基础上,对其转制基础与条件进行综合考量,明确其转制方向与类别,包括哪些机构可以直接转制,哪些机构需要改扩建之后进行转制,以什么样的方式进行转制;哪些机构不适合转制,可以以什么样的方式发挥公办养老机构的作用等。

三是要控制标准。公办养老机构发挥的是"保基本,兜底线"的基础性、保障性作用,即其向服务对象提供的是基本的养老服务,需要在现有养老服务的标准上,提出符合公办养老机构职能与定位的服务内容、服务项目及服务标准,要合理确定公办养老机构新建和改扩建的建设规模和建设标准,确保其具有提供基本养老服务的设施条件与水平。

四是要稳步推进。在确保满足现有入住老人养老服务需求的基础上,根据转制总体部署,因地制宜,分阶段稳步推进。

(二) 积极探索多种类型的转制方式

从北京市公办养老机构转制的经验来看,公办/建民营是目前主要的转制形式,特别是新建公办养老机构和原有区属、街道乡镇属公办养老机构,大多是采取的这种形式。这种形式一方面可以有效提高公办养老机构的运营效率,特别是对于一些长期亏损、经营不善的公办养老机构来说,通过引入社会力量,发挥市场规律,可以有效激发机构活力,提高经济效益和社会效益。通过社会组织的专业力量,可以更好地满足老年人不同类型的养老服务需求,同时带动建设与壮大养老服务的专业人才队伍。还可以很大程度地减轻社会资本投资养老机构的前期建设成本压力,使其将资金更好地投入养老机构的后期运营与管理中去,促进养老服务市场的发展。更重要的是,这种转制方式比较平稳,不会涉及太多人员分流与安置,是现阶段稳步推进公办养老机构转制的主要形式。但从长期来看,目前适合这种转制方式的公办养老机构主要有:一是政府新建的公办养老机构,产权清晰、投入明确、对社会资本吸引力较大;二是位置优越、设施基础较好、产权相对明晰,改扩建后具有较强市场潜力的区属、街道乡镇属养老机构。前者仍需要政府大量投入土地成本与建设资金,后者整体数量有限，占据我国公办养老机构绝大部分的农村养老机构，大多位置偏远、设施简陋，对社会资本吸引力较弱。因此，这种转制方式目前仍具有一定的优势，但随着适合这种方式的存量公办养老机构的逐渐减少，如果全要依靠政府新建来实施公办/建民营，这对政府后期投入的要求仍然很高，长期来看不具有可持续发展性，因此，对于公办养老机构来讲，仍然要积极探索多种形式的转制方式，要扩大筹资渠道，不应单独依赖政府的筹资与投入，要大力引导社会资本投入养老机构的建设和公办养老机构的转制中来。

一是继续完善公办/建民营模式。如上所述，公办/建民营模式是现阶段稳步推进公办养老机构转制的有效方式，要继续在现有基础上，进一步完善相关的法律法规、政策体系与程序步骤，做好公办/建民营养老机构的资产监管、服务监督，在提供好公办养老机构公益性服务的基础上，大力推进养老服务的市场化进程。

二是持续推进公办养老机构转企进程。对于一些规模较大、设施豪华，主要向社会提供经营性服务，远远超出基本养老服务水平与标准的公办养老机构，要大力推进其转企进程，按照事业单位转企改制的相关规定或国有企业国有资产监管的统一要求，转制为企业或国有企业，实行以市场为导向的价格形成机制，向社会老人提供市场化养老服务。

三是积极探索 PPP 模式、股份制等公私合营方式。积极发挥社会资本在养老服务市场中的作用，发挥政府与市场各自的优势，积极探索公私合营的模式。如政府出地、社会资本建设、专业团队运营的 PPP 模式，或者在确保国有资产不流失的前提下，发展民间资本参股或控股的混合所有制养老机构，或者将公办养老机构的设施设备入股，由政府和民间资本共同建设、共同运营管理养老机构等。

此外，对于一些本身就运营得较好的公办养老机构，或者暂不具备公办/建民营、转企条件的公办养老机构，可以允许其在一定时期内采取服务外包、"一院两制"的运营模式，并逐步减少财政补贴、严格控制人员编制，推动其积极探索、创新发展。

（三）强化公办养老机构的成本核算与价格形成机制

公办养老机构转制本质上就是将国有资产投入市场进行市场化运营，以利用市场在资源配置中的决定性作用，来发挥政府投资的经济效率与社会效益，因此，公办养老机构转制过程中，如何科学合理地对国有资产进行评估，并在此基础上进行成本核算与定价，是影响转制效果的一个重要内容。从目前北京市的做法来看，公办养老机构国有资产的评估大多是通过专业的会计师事务所联同审计局、财政局一起评估，成本核算与定价大多是运营方基于运营成本和市场价格比对来进行自主定价，其中运营方负责的基本养老服务保障对象则根据供养标准由政府定价。为了进一步完善公办养老机构的成本核算与价格形成机制，做到既不流失国有资产，又能发挥政府投资的最大经济与社会效益，笔者认为：应根据公办养老机构转制后的不同形式，采取不同的成本核算与价格形成机制。

一是转制后仍然属于公办公营养老机构、需要发挥政府兜底保障作用的，其价格不体现投入成本与市场作用，仍由政府根据基本养老服务保障对象的供养标准，并对其中非供养对象，但属于基本养老服务保障对象的入住老年人上浮一定比例，进行定价收费。

二是通过公办/建民营实施转制的养老机构，需要在提供政府福利性服务的基础上进行市场化运营，这部分养老机构要逐渐在运营成本定价的基础上，探索将国有资产投资逐步纳入成本核算中，既保证投资的社会效益，又不断提高机构运营的经济效益。

三是转制为企业的经营性公办养老机构，要在科学评估国有资产价值的基础上，根据市场需求，按照市场规律，将国有资产投资尽可能多地纳入成本核算与定价中，充分发挥市场在资源配置中的决定作用。

四是通过PPP等公私合营模式建设的养老机构，或是依靠民间资本参股或控股的混合所有制养老机构，则要进行全成本核算，根据投入产出比的要求，进行自主定价。

（四）进一步规范招投标程序

对运营方的选择是公办养老机构转制的一个重要环节，它不仅关系到转制是否顺利，更直接影响老年人服务质量的提高与生活权益的保障，会影响转制后公办养老机构的发展走向与服务水平，因此，建立公开、透明、规范的招投标机制是选择优质运营方的一个重要方式。结合北京市的做法与经验，目前对于区属公办养老机构必须走公开招投标的程序，街道乡镇属公办养老机构可以直接选择品牌连锁机构进行委托，但在招投标的程序当中，由于养老服务不同于其他产品类标的，需要在考虑投标价格的基础上，综合考虑投标方的资金规模、人员队伍、专业水平、服务经验、行业地位等，并且在招投标过程中还需要相关财务、审计、建筑、养老服务等相关领域专家的专业评估，因此，实际操作过程中，如何科学合理地对运营方进行考评，并从中选择出合适的运营方仍然是公办养老机构转制过程中的一个重要课题。笔者认为，为了进一步规范公办养老机构转制过程中的招投标程序，需要重点关注以下几个方面的内容。

一是科学设计考评指标。要根据养老机构养老服务的特点，合理设置考评评分指标及分值比例。在兼顾投标报价的基础上，重点考评其运营方案的科学合理、服务保障、可持续发展等内容，并适当加大其中投标人财务状况、养老服务从业年限、专业人才资质等指标的分值比例。

二是培育充实专业人才专家库。挑选财务、审计、建筑、养老服务、医疗卫生、运营管理等与公办养老机构转制和养老机构服务、运营、管理等相关的专家、学者、部门工作人员等形成专家团队，不断充实专家库，对投标方进行全面深入的考核与评估。

三是建立招投标结果公示制度。通过政府网站、招投标网站、报纸等多种信息渠道，将招投标结果及时向社会公布，接受公众监督与意见反馈，使公办养老机构转制过程更加公开、透明与规范。

四是不断完善，形成规范的招投标机制。目前我国养老服务业发展还处于初期阶段，从政策到实践相关行业的发展都还不十分完善，相应地招投标也还处于探索阶段，需要在实践中不断总结经验、交流做法，形成一套规范、完善的公办养老机构转制招投标机制，挑选出优质的运营团队，更好地发挥政府投资的经济与社会效益。

（五）建立精细的合同制管理机制

公办养老机构转制后政府与运营方之间是一种契约关系，主要依靠合同来规定彼此的权利义务和责任，以往政府以权力为基础，通过行政约束来管理养老机构的垂直模式发生了变化，变成了政府与运营方基于平等、协商后签订合同来相互要求、互相约束的扁平化模式，合同内容的精准、全面、合理以及合同签订后的执行、管理与改进将直接影响公办养老机构转制后的发展与老年人生活与服务权益的保障，但从实际情况来看，以公办/建民营养老机构的合同协议来看，合同内容还相对比较粗糙，大多仅限于合同期限、运营方前期资本投入、风险保障金缴纳比例、服务对象、收费管理、国有资产使用以及违约责任、合同的解除与终止等。所列条款精准、精细化程度不够。在合同签订完之后，也缺乏对合同执行的管理与改进，这都会直接影响公办养老机构转制后的管理与效益。因此，笔者认为应该本着充分的契约精神，在公办养老机构转制过程中建立起科学精细的合同制管理机制。

一是制定全面精准的合同内容。特别是其中对服务对象服务质量的约定、国有资产的管理与使用、对运营方违约及退出机制的具体要求等，都是合同中需要详细界定及规范的重要内容，将其中容易引起争议的内容、条款明确界定，并征求相关法律机构的专业意见，力求做到合同全面、具体、明确、无争议。

二是加大执行过程中的管理力度。合同签订之后，要严格按照合同内容进行执行，所有权方及运营方要就合同的执行程度随时沟通，可以委托第三方对合同的执行进行监督与管理，防止双方不按约定执行或执行力度有折扣等问题的发生。

三是及时补充和完善合同。在执行合同的过程中，要根据合同执行的进度及所发生的问题，及时沟通、协商，并在此基础上，双方就争议问题及时补充签订新的合同，更好地约定双方的权责义务，以便双方更好地履行合同。

（六）建立完善的监督管理机制

目前，北京市公办养老机构转制的主要形式是公办/建民营，政府从原来直接参与运营管理的角色中退出来，交由社会组织或个人去运营。政府的角色发生了变化，但并不代表政府的责任和义务削弱了。公办养老机构转制后，政府要在政策制定、扶持引导、监督管理上发挥更大的作用，特别是监督管理，公办养老机构转制后，对养老机构国有资产的监督、管理，对老年人服务质量的监督、管理需要更加严格，因此，必须建立起完善的监督管理机制。

一是要明确监管主体。政府作为养老机构的直接监管部门，需要加强对转制后养老机构的监督、管理与指导，提高运营效率，提高服务质量，确保养老机构的国有资产不流失，从而保障入住老年人的权益，最大化发挥公办养老机构的社会效益。

二是要加强监管力量。要充分发挥各种社会力量，包括社会公众、新闻媒体、行业协会对养老机构的监管作用，大力发展第三方评估组织，包括养老服务质量评估组织、国有资产评估组织等，通过购买服务，利用第三方组织来进行及时、专业、详细的评估管理，以达到对养老机构有效的监督。

三是要细化监管内容。要明确提出养老机构服务监督和资产监督的具体内容、标准、细则、要求，要建立统一的监督管理指标与标准，包括硬环境与软服务，都要有相应的评估与检查标准，做到有据可依、监管有力。

四是要扩大监管渠道。要特别注意发挥老年人及其家属的监管作用，开通养老机构投诉热线，及时处理老年人及其家属的投诉建议，及时调查反馈。

五是要健全监管机制。建立养老机构信息公示官方网站，及时更新养老机构基本信息，并建立顾客评价制度、投诉披露制度等，对于监管中屡出问题的养老机构，要加大惩处力度，并做到公开透明。

附录二　浙江省公办养老机构转制发展现状

一　前言

浙江省地处我国东南沿海长江三角洲南翼，土地面积10.55万平方公里，占全国的1.10%，是我国面积最小的省份之一。浙江省是我国经济最发达的省份之一，人均居民可支配收入连续多年居全国第一。和经济发展状况相对应，浙江省老龄化程度也居全国前列。自1990年进入老龄化社会以来，浙江省老年人口快速增加，截止到2015年末，浙江全省常住人口为5539万人，其中，60岁及以上老年人口935.3万人，占16.9%，高出2010年3.0个百分点，高出全国平均水平0.7个百分点；65岁及以上老年人口占比达到11.2%，高出全国平均水平0.7个百分点。户籍人口中，60岁及以上老年人口984.0万人，占20.2%。"十二五"期间，全省养老机构床位数由18.9万张增加至34.79万张，每千名老人拥有机构床位数达35张。预计"十三五"期间，浙江省老年人口年均增长速度为4%，到2020年，浙江省老年人口的数量将达到1197万人，约占全省户籍人口的23.39%。

面对日益严峻的人口老龄化形势，浙江省大力发展社会养老服务，在确保托底型养老的基础上，注重发挥社会力量的作用，推动养老服务多元发展，推进机构养老服务市场化，整体水平居于全国前列。截至2015年底，浙江省民办（民营）养老机构床位18.6万张，占床位总数的53%。2011年浙江省人民政府出台的《关于深化完善社会养老服务体系建设的意见》（浙政发〔2011〕101号）就明确提出鼓励实行养老服务机构公办民营模式。2014年，浙江省人民政府《关于发展民办养老产业的若干意见》（浙政发〔2014〕16号）明确只要不是法律禁入的养老服务领域，民间资本都可以进入，充分体现了吸引鼓励社会力量参与养老服务业发展的力度。2015年1月,浙江省出台了第一个地方性养老服务法规,继续强化对社会力量进入养老服务市场的激励与扶持政策,鼓励社会力量通过委托管理、承包、合资合作等方式运营政府投资设立的养老机构。针对公办养老机构转制形式多为公建民营的现实,2016年浙江省又专门出台了《浙江省民政厅关于推进养老机构公建民营规范化的指导意见》(浙民福〔2016〕26号),对公建民营养老机构的规范化运营作出了规定。为了解浙江省公办养老机构转制的现状、经验与问题,笔者于2017年1月12日至16日赴浙江省杭州市和宁波市进行了调研。这期间,对浙江省民政厅和宁波市民政局主管养老机构的领导进行了深入访谈,在杭州市举行了养老机构负责人座谈会,现场调研了杭州市第三社会福利院、滨江绿康阳光家园和宁波市老年疗养院、海曙区广安养怡院四家养老机构,取得了大量翔实的一手资料和信息。

表 F2-1 浙江省调研养老机构基本情况

机构名称	开始运营时间	规模(张)	转制形式	基本特征
杭州市第三社会福利院	2013.12	2000	政府组建团队、非完全市场化运营型公办公营	机构由政府投资兴建,并由政府组建带编制团队进行管理运营,大额度设备购置等费用仍然由政府保障。在定价机制上以运营成本和建设成本的50%为基数进行定价
杭州市滨江绿康阳光家园	2017.2	2000	整体委托、完全市场化运营型公建民营	机构由政府投资兴建,并由政府通过招标选择社会主体全权进行管理运营
宁波市老年疗养院	2014.11	1275	政府派人管理、非完全市场化运营型公办公营	机构由政府投资兴建,并由政府委派带编制人员进行管理运营、参与市场竞争,但在采购及重大经营决策上要经政府审批
宁波市海曙区广安养怡院	2014.6	500	政府派人管理、完全市场化运营型公办民营	机构由政府投资兴建,并由政府委派带编制人员进行管理运营、参与市场竞争,政府不进行任何干预

二 浙江省公办养老机构转制政策情况

浙江省作为沿海经济发达省份,其雄厚的财政实力为大力发展养老服务业提供了良好的经济保障。更为重要的是,浙江省作为改革开放的前沿阵地，在改革的理念、举措、力度等方面也走在全国前列。从全国来看，我国经济经过30多年高速增长，民生保障和社会发展相对滞后的短板日益凸显，国家从宏观发展战略上将社会建设置于更加突出的位置，不断加大各种要素投入。在这种大的社会背景下，浙江省社会事业的改革快速推进，养老服务业作为社会事业的重要组成部分近些年来发展迅速，其中公办养老机构转制在一系列政策文件的推动下也得到了较快的实施。

（一）转制政策情况

"十二五"以来，浙江省密集出台政策文件，大力推动养老服务业发展，公办养老机构转制成为重要的政策内容。2011年8月，浙江省人民政府发布了《浙江省老龄事业发展"十二五"规划》，提出政府要加大投入，加强国办养老机构建设，增加养老机构床位数量。同时，采取公建民营等政策措施，大力扶持民办养老机构发展。2011年12月，浙江省人民政府又出台了《关于深化完善社会养老服务体系建设的意见》（浙政发〔2011〕101号），提出了对养老机构进行分类管理、加强护理型公办养老服务机构建设、探索养老机构收费管理新机制、鼓励公办养老服务机构实施民营化运作等要求。2014年4月，浙江省人民政府发布了《关于加快发展养老服务业的实施意见》（浙政发〔2014〕13号），"充分发挥市场在资源配置中的决定性作用"成为首要原则，推进公办养老机构改制成为主要任务之一，要求"积极推进公办民营"，原则上新建养老机构都要公开招投标进行市场化运行，并且要开展公办养老机构转制为企业的试点工作。此后，《关于发展民办养老产业的若干意见》（浙政发〔2014〕16号）、《浙江省财政厅 浙江省发展和改革委员会 浙江省民政厅关于加快推进政府购买养老服务的意见》（浙财社〔2015〕193号）、《浙江省民政厅关于推进养老机构公建民营规范化的指导意见》（浙民福〔2016〕26号）、《浙江省民政事业发展"十三五"规划》、《浙江省社会福利事业发展"十三五"规划》等文件陆续出台，对公办养老机构的分类、定位、服务对象、定价机制、入住流程、硬件设施等作出了规定，尤其是针对公办养老机构转制多为实施公建民营模式这一现实，特别对养老机构公建民营作出了详细的规定。

表 F2-2 浙江省公办养老机构转制相关政策文件

时间	文件名称
2011.8	《浙江省老龄事业发展"十二五"规划》
2011.12	《关于深化完善社会养老服务体系建设的意见》(浙政发〔2011〕101号)
2014.4	《关于加快发展养老服务业的实施意见》(浙政发〔2014〕13号)
2014.4	《关于发展民办养老产业的若干意见》(浙政发〔2014〕16号)
2014.11	《浙江省养老服务收费管理暂行办法》(浙价费〔2014〕235号)
2015.1	《浙江省社会养老服务促进条例》
2015.12	《浙江省财政厅 浙江省发展和改革委员会 浙江省民政厅关于加快推进政府购买养老服务的意见》(浙财社〔2015〕193号)
2016.2	《浙江省民政厅关于推进养老机构公建民营规范化的指导意见》(浙民福〔2016〕26号)
2016.7	《省发展改革委省民政厅关于印发浙江省民政事业发展"十三五"规划的通知》(浙发改规划〔2016〕491号)
2016.12	《浙江省民政厅 浙江省发展和改革委员会关于印发浙江省社会福利事业发展"十三五"规划的通知》

(二) 主要政策内容

浙江省公办养老机构转制实践起步早,这为相关政策的探索出台打下了良好的基础。整体看,浙江省公办养老机构转制政策涉及全面,规定详细,操作性强,其政策内容主要体现在以下方面。

1. 公办养老机构的类型

浙江省从2012年开始对养老机构按照服务对象的身体状况和提供服务的类型分为三类:护理型、助养型、居养型养老机构。其中护理型养老机构主要服务失能、失智老人,向他们提供长期照护服务;助养型养老机构主要服务半自理老人、自理老人,向集中居住的这些老人提供适当照护服务;居养型养老机构主要服务自理老年人,通过设有配套护理和生活照护场所的家庭式居住方式提供服务。由此,公办养老机构也分为护理型、助养型、居养型三类,而且浙江省特别要求加强护理型公办养老机构建设。

杭州市将公办养老机构划分为两类,一类是公办公营养老机构,指的是政府拥有所有权,并且行使运营权的养老机构;另一类是公建民营养老机构,指的是政府拥有所有权,但将运营权通过承包、委托、联合经营等方式交给企业、社会组织或个人的养老机构。

宁波市将公办养老机构分为公办养老服务机构、公建民营养老服务机构。公办养老服务机构指利用财政性资金、非税收入及国有资产举办的养老服务机构；公建民营养老服务机构指政府通过整体承包、分部承包、委托运营、合资合作等方式将公办养老服务机构委托或联合社会组织、企业或社会个人运营的养老服务机构。

2. 公办养老机构的职能定位和服务对象

公办养老机构的职能定位直接决定硬件设施的建设水平、服务对象、服务层次等关键要素。对此，浙江省人民政府《关于加快发展养老服务业的实施意见》（浙政发〔2014〕13号）明确公办养老机构要充分发挥托底作用，在硬件建设上要实用适用，避免铺张豪华。在服务对象上，主要服务"三无""五保"老年人，另外还有经济困难、经济收入较低的失能、半失能的社会老年人。服务的提供凸显福利性，属于无偿或低偿提供基本的供养、护理服务。对于公建民营养老机构而言，因其产权属于政府，因此文件规定其首要的职能是履行公办养老机构保基本、兜底线的责任。在硬件设施的建设标准方面应做到适宜实用。要优先保证政府托底对象的入住需求，其他床位向社会老人开放。此外，浙江省还分层调整公办养老机构的服务功能。根据文件规定，市级、县级公办养老机构将逐步承担起难度较大、技术要求高的特殊性和专业性服务，乡镇一级的公办机构主要负责提供普通性的服务。

杭州市明确公办养老机构要充分发挥在养老服务中保基本、兜底线的职能，公办公营养老机构服务对象依次为基本养老服务保障对象、优先养老服务保障对象、普通保障对象。公建民营的养老机构也应承担辖区内老年人的托底保障功能，保持其公益性。其服务对象按照优先顺序依次为基本养老服务保障对象和优先养老服务保障对象，并规定一般接受上述服务的对象比例不低于10%。同时杭州市还建立了三级公办养老机构分层分类保障体系：街道（乡镇）级公办养老机构主要为辖区内基本养老服务对象提供服务；区（县、市）级公办养老机构接受街道（乡镇）级公办养老机构满员后转送的基本养老服务对象，以及辖区内优先养老服务保障对象；市级公办养老服务机构作为综合性养老服务机构，主要满足主城区护理难度较大的老年人的机构养老服务需求。

3. 加强护理型公办养老机构建设

浙江省充分考虑快速增长的护理服务需求和公办养老机构护理床位不足的矛盾，在把公办养老机构分为护理型、助养型、居养型三种类型的基础上，明确要求加强护理型公办养老服务机构建设。《浙江省社会养老服务促进条例》规定养老机构的建设以护理型为重点、以助养型为辅助、以居养型为补充。特别强调政府投资设立的养老机构应当以护理型养老机构为主。《关于深化完善社会养老服务体系建设的意见》（浙政发〔2011〕101号）规定：对现有存量公办养老机构要求加快发展成为护理型养老机构；在增量上要求尚未建设敬老院（五保供养服务中心）的乡镇（街道）原则上都要建设1所以上护理型公办养老服务机构。为推动护理型公办养老机构建设，浙江省出台配套规定，要求加快将养老机构纳入医保定点单位范围，实现医疗保险与养老服务的有效衔接。浙江省各地贯彻文件要求，重点加强护理型公办养老机构建设。杭州市提出要求，公办公营养老机构要增加护理型床位数量，提高护理型床位所占比例，到2020年该比例不低于70%。宁波市出台文件要求重点发展护理型公办养老机构，逐步提高公办养老机构护理型床位比例，并提出各县（市）区至少要有一家以服务失能、半失能老年人为主的综合性社会福利机构。

4. 公办养老机构转制方式

浙江省对公办养老机构转制方式进行了积极探索，在政策文件当中提到了委托管理（运营）、合资合作、承包（包括总体承包、部分承包）、服务外包、专项服务合作、公建民营、PPP等多种具体的转制方式。整体上看，浙江省政策文件对公办养老机构转制方式的规定可分为两个层次。第一个层次是笼统的、原则性的指导性意见，内在包含了各种具体灵活的转制方式。如浙江省人民政府《关于加快发展养老服务业的实施意见》（浙政发〔2014〕13号）要求推进公办养老机构改制工作，并专门提到积极推进养老机构公办民营，稳妥进行公办机构转制为企业的试点工作。《杭州市民政局等五部门关于深化我市公办养老机构改革的意见》（杭民发〔2016〕223号）规定，积极通过服务外包、服务合作、公建民营等方式引入社会力量参与到公办养老机构的运营管理中来。第二个层次是对公建民营、PPP、转制为企业等具体的转制方式进行具体规定。这方面以对公建民营的规定最为详细，如浙江省专门出台了推进养老机构公建民营规范化的指导意见。宁波市人民政府《关于深化完善社会养老服务体系建设的意见》（甬政发〔2012〕85号）提出要积极稳妥地通过总体承包、部分承包、委托运营、合资合作等方式，推进养老机构公建民营。

当然，通过梳理政策文件中对公建民营和委托管理（运营）、合资合作、承包等方式关系的处理，可以发现：有的文件将公建民营和承包、合资合作、委托管理（运营）等方式并列处理，表明二者是平行关系；有的文件将委托管理（运营）、合资合作、承包等方式置于公建民营的相关规定之下，表明二者是包含和被包含关系。这就说明，虽然浙江省在公办养老机构转制的实践探索方面起步较早，但在理论研究方面还存在不同观点和看法。

5. 养老机构公建民营实施规范

浙江省公办养老机构转制方式以公建民营为主，为规范养老机构公建民营操作，浙江省专门出台了《浙江省民政厅关于推进养老机构公建民营规范化的指导意见》（浙民福〔2016〕26号），从公建民营定义和范围、公建民营后机构定性、公建民营的原则、社会主体遴选条件、合同管理、运营管理、退出机制和违约责任追究、机构评估和准入退出联动、政策保障共九个方面对养老机构公建民营涉及的核心问题进行了较为详细的规定。在定义和范围上，文件规定公建民营是指养老机构由政府出资兴建并拥有所有权，然后交由社会力量整体运营和管理。特别指出，PPP项目，以及部分委托管理或服务项目不适用于本意见；在定性上，明确公建民营养老机构应保障公益性，履行保基本、兜底线职责；在原则上，应做到积极稳妥、公开公正、管办分离、持续发展；在社会主体的选择上，规定要制定科学的招标文件，原则上采取公开招标的方式，按照规范的程序，严格考察社会主体的运营理念、能力、资质、经济实力等因素后综合确定；在合同管理上，规定要明确双方（三方）的权利、义务、职责，明确公建民营养老机构保障基本、兜底线的职责，明晰国有资产和社会资本管理办法和产权归属，明确退出机制等；在运营管理上，对资产管理、机构资质及性质选择、监管主体、日常管理、定期考核等方面做了规定；在退出机制和违约责任上，对退出和移交涉及事项做了安排；在机构评估和准入退出联动上，对公建民营养老机构的评估范围和内容以及评估结果的利用做了部署；在政策保障上，对设施保障、扶持政策做了明确安排。

6. 公办养老机构收费管理和定价机制

为给民办养老机构发展创造相对公平的市场环境，同时在一定程度上补偿政府投资成本，浙江省逐步进行了公办养老机构收费和定价机制改革。改革的基本做法是在制定服务价格时考虑部分投入成本的补偿，同时结合老年人的承受能力，逐步建立由市场决定价格的机制。2011年12月出台的《关于深化完善社会养老服务体系建设的意见》（浙政发〔2011〕101号）提出要对养老服务机构收费管理机制进行积极探索；2014年4月，浙江省人民政府又出台了《关于加快发展养老服务业的实施意见》（浙政发〔2014〕13号），明确指出要完善养老机构收费和定价机制，建立科学合理的定价方式。以上两个文件从整体上提出了改革养老机构收费和定价机制的要求。2014年11月，《浙江省养老服务收费管理暂行办法》（浙价费〔2014〕235号）把养老机构的收费项目分为基本服务收费、特需服务收费和其他服务收费三类，并对公办养老机构三类收费的定价方式作出了规定。2015年1月发布的《浙江省社会养老服务促进条例》规定，应当完善养老机构的服务收费定价机制。由此，养老机构收费和定价机制的改革完善上升到了法律层面。2016年12月发布的《浙江省社会福利事业发展"十三五"规划》要求要逐步引入成本核算，同时考虑老年人的承受能力制定价格，逐步建立市场形成价格机制。需要指出的是，虽然上述法律文件大多数是针对所有类型的养老机构进行规范的，但由于现实中民办养老机构的收费和定价基本上自行决定，所以上述文件的规定实际上是针对公办养老机构所作出的。

杭州市和宁波市落实浙江省的相关要求，分别出台政策文件进行细化。杭州市相继出台《杭州市人民政府办公厅关于鼓励社会力量兴办养老服务机构的实施意见（试行）》（杭政办〔2014〕3号）、《杭州市养老服务机构定价机制改革意见》（杭价费〔2014〕35号）、《杭州市民政局等五部门关于深化我市公办养老机构改革的意见》（杭民发〔2016〕223号）等政策文件，规定公办养老机构的基本服务项目由政府定价，特需服务项目由机构自由定价。定价时要考虑固定资产折旧和老年人承受能力。公建民营养老机构收费和定价自行决定。同时要求公办养老机构和公建民营养老机构床位费、护理费标准应报同级价格、民政主管部门备案后执行。宁波市在《关于深化完善社会养老服务体系建设的意见》（甬政发〔2012〕85号）、《宁波市人民政府关于进一步鼓励民间资本投资养老服务业的实施意见》（甬政发〔2014〕68号）等文件中规定，在公办养老机构收费管理机制中纳入固定资产折旧，政府决定床位费的收费标准，同时指导护理费定价，其他收费由机构根据市场供需关系自行决定。实施公建民营的养老机构，护理费和其他费用标准由机构自主定价，床位费则由政府指导定价。

7. 公办养老机构准入评估和公开轮候制

浙江省为充分发挥公办养老机构保基本、兜底线职能，确保公益性、福利性，在满足政府保障入住对象需求的基础上，建立了公办养老机构准入评估和公开轮候制度，将富余床位向有需求的社会老人开放。浙江省人民政府《关于深化完善社会养老服务体系建设的意见》（浙政发〔2011〕101号）提出要全面建立公办养老服务机构服务对象入住评估制度。《浙江省社会养老服务促进条例》进一步提出具体要求，县级以上各级政府应当建立健全社会养老服务需求评估制度。将经评估确定的需求类型和等级，作为老年人是否能够入住公办养老机构和享受社会养老服务补贴的依据。

杭州市和宁波市根据浙江省相关文件精神，作出了相应安排。杭州市下发了《杭州市人民政府关于加快养老服务业改革与发展的意见》（杭政函〔2014〕174号），规定在满足托底保障对象需求的基础上，对其他入住对象，公办养老机构应开展准入评估，并且要建立健全公开轮候机制，做到公开、透明、规范，接受社会监督。《杭州市民政局等五部门关于深化我市公办养老机构改革的意见》（杭民发〔2016〕223号）规定，市民政局牵头建立"杭州公办养老机构网上公开轮候平台"，有入住公办公营养老机构意愿的老年人在网上申请后，按照申请时间先后顺序进行评估、轮候和入住。宁波市人民政府《关于深化完善社会养老服务体系建设的意见》（甬政发〔2012〕85号）规定，各县（市）区要对老年人的身体健康状况、家庭经济状况、养老服务需求等进行综合评估，在此基础上建立完善的养老服务需求信息数据库，实时更新，动态管理。同时，在此基础上进一步建立与完善公办养老机构收住对象的入住评估标准与评估制度。

8. 公办养老机构人员队伍建设

养老机构养老护理员、医护人员工作强度大、晋升空间有限、待遇偏低是造成流动率高的重要原因。为吸引优秀人员进入养老服务队伍，保持养老机构人员队伍的稳定性，浙江省发布了多个政策文件，出台了多项举措。在政策文件方面主要有：《浙江省民政厅、浙江省财政厅、浙江省教育厅关于印发〈浙江省老年服务与管理类专业毕业学生入职奖补办法〉的通知》（浙民福〔2013〕113号）、浙江省人民政府《关于加快发展养老服务业的实施意见》（浙政发〔2014〕13号）、浙江省人民政府《关于发展民办养老产业的若干意见》（浙政发〔2014〕16号）、《浙江省社会福利事业发展"十三五"规划》、《杭州市人民政府办公厅关于鼓励社会力量兴办养老服务机构的实施意见（试行）》（杭政办〔2014〕3号）、《宁波市人民政府关于深化完善社会养老服务体系建设的意见》（甬政发〔2012〕85号）、《宁波市人民政府关于进一步鼓励民间资本投资养老服务业的实施意见》（甬政发〔2014〕68号）。涉及的举措主要有：养老护理员的特殊岗位津贴制度、养老护理员的社保补贴制度、养老护理员的入职奖补制度，定期发布养老护理员工资指导价位及享受住房优惠、完善人才流动机制等。其中：入职奖补制度是指对进入养老机构（浙江规定福利性、非营利性养老服务机构，杭州规定非营利性养老服务机构，宁波规定民办养老服务机构）从事养老服务及相关工作的普通高校、职业院校毕业生，就业满5年后给予一次性奖补的制度；养老护理员的特殊岗位津贴制度是指对取得养老护理员职业资格证书，并从事养老护理工作的工作人员（杭州要求在主城区养老机构工作满两年并持续缴纳劳动保险的非事业编制），按照不同级别，给予补贴或者一次性奖励制度；社保补贴制度是指对养老机构缴纳的社会保险给予补贴的制度；定期发布养老护理员工资指导价位是指人力社保、民政部门在每年一定时期（浙江省和宁波市规定6月底前，杭州市规定8月底前），向社会大众公布养老护理员的职位工资指导价格；享受住房优惠是指按照《杭州市人民政府办公厅关于鼓励社会力量兴办养老服务机构的实施意见（试行）》（杭政办〔2014〕3号）的规定，获得初级及以上养老护理员证书的养老护理员（含外地户籍），在杭州从事养老服务满3年，可申请公租房；获得初级及以上养老护理员证书并服务满5年，可申请廉租房；完善人才流动机制是指公办养老机构正式在编在岗从业人员，如果到社会办养老机构中任职，人事关系及个人档案转入当地的人才服务中心，合同期满，上述人员如果重新到事业单位继续从事工作，经相关部门同意并审核后，可以重新聘用为公办养老机构正式在编人员，并且连续计算其工龄长短。

  通过对上述政策的梳理，发现浙江省有关公办养老机构转制的政策文件显示出以下特征。一是政策力度大，"法无禁止即可为"。浙江省为充分激发社会力量活力，在最大程度上开放养老服务市场，规定只要是法律法规没有明令禁入的养老服务领域，都要向社会开放。凡是适合由民间资本承接的公共服务项目，都可以通过承包、委托、采购等方式进行政府购买。二是政策创新程度高。浙江省在进行公办养老机构转制理论和实践探索过程中进行了多方面的创新，如对公办养老机构进行分类、鼓励公办养老机构从业人员到民办养老机构中任职、向社会公布当地护理人员职位工资指导价位、实施养老服务行业入职奖补制度、建立科学合理的定价机制等，这些创新不但符合实际，能有效推动公办养老机构的转制，而且为其他省市的公办养老机构转制提供了借鉴。三是政策前瞻性强。这点突出体现在医养结合方面。浙江省早在2011年出台的《浙江省老龄事业发展"十二五"规划》、《关于深化完善社会养老服务体系建设的意见》（浙政发〔2011〕101号）等文件中就提出了注重提高养老服务机构的医疗康复服务能力，加强护理型公办养老服务机构建设，实现医疗保险与养老服务对接的要求。而在国家层面，直到2015年卫计委等部门才出台了《关于推进医疗卫生与养老服务相结合的指导意见》。事实上，浙江的很多先行先试的做法具有很强的前瞻性。四是既统筹兼顾，又突出重点。公办养老机构转制类型多样，有依然保持公建公营但管理体制和运行机制发生变化的，有改制成企业的，还有公建民营等多种方式。在这些类型中以公建民营为主。因此，在政策规定上，浙江省不但从普遍意义上对公办养老机构改制进行了规定，而且特别对公建民营出台了规范化操作的文件。

三　公办养老机构转制主要类型与做法

浙江省人口老龄化水平高于全国平均水平，人口老龄化对经济社会发展带来的影响日益显著。当地政府积极应对人口老龄化，大力发展社会化养老服务，养老机构发展较快，无论在数量上，还是在改革方面都走在全国前列。早在21世纪初就有养老机构进行了经营管理体制的改革探索，2103年《国务院关于加快发展养老服务业的若干意见》（国发〔2013〕35号）下发，要求加快公办养老机构改革的步伐，发挥市场在资源配置中的决定性作用，这更加激发了浙江公办养老机构转制的动力和热情，越来越多的公办养老机构开始探索转制的途径和模式，在此过程当中，出现了一批转制较为成功的公办养老机构。基于此，笔者赴浙江省杭州市、宁波市进行了调研考察，深入了解两市在公办养老机构转制过程中的具体做法和存在的问题。通过调研，课题组认为基本上可以将杭州市和宁波市公办养老机构的转制情况分为四种。

（一）政府组建团队、非完全市场化运营型公办养老机构

这一类公办养老机构以杭州市第三社会福利院为代表。其基本特征

是：机构由政府投资兴建，后续大额度的设备购置等费用仍然由政府保障，管理和运营也是由政府委派人员进行，因此整体上是公办公营模式。但是在定价机制、财务平衡等方面进行了市场化改革。

1. 项目基本情况

杭州市第三社会福利院位于杭州市江干区北秀景区皋城村南麓，占地面积169亩，建设规模90688平方米，设计床位2000张，是目前杭州市规模最大的公办养老机构。项目投资6.5亿元人民币，2013年底开始试营业，2014年重阳节全面向社会开放，是民政部首批公办养老机构试点单位之一。

2. 相关做法

（1）政府投资、政府管理

杭州市第三社会福利院由杭州市政府投资6.5亿元人民币兴建，在运营过程中由政府通过福彩公益基金保障福利院的硬件设施等基本建设支出。杭州市编办批给福利院40个编制，目前在编的是25人。其中3名领导班子成员是杭州市民政局党委任命的，其余22个全部是招考进来的。财政承担工资整体支出的40%。

> "编制内编办批给我们是40个编制，我们实际上现在在编的是25名，25个正式员工。那么这25个正式员工除了我们领导班子是我们局党委任命的以外，还有22个全部是招考进来的。""这25个现在是财政给40%，工资整体支出的40%。"

（2）服务对象突出公办机构职责

杭州市第三社会福利院作为公办养老机构，预留出床位，优先保障失独、低保、经济困难的失能、失智老年人的养老服务需求。按照杭州市相关文件要求，从年龄和身体状况设定标准，接收75周岁以上的健康老人、60周岁以上的护理老人。同时，对于护理要求较高，其他养老机构没有能力护理的老年人，杭州市第三社会福利院充分发挥自身具有医院的职能，及时予以接收。对于申请入住的社会老年人，杭州市第三社会福利院委托第三方中介组织上门评估，根据评估结果按照需求程度优先保障最需要的老年人入住，也即施行"评估准入、公开轮候"制度。

> "真正生活有困难的，家里比如说空巢、独居的，住房各方面确

实不方便的有困难的，老人提出来，我们是委托第三方中介组织上门评估的，只要你来报名登记的老人，我们都挨家挨户走一个遍，对老人提供的情况进行核实，同时也到社区跟邻居那里了解情况，我们就评估给出一个分数，也是从低分到高分，越是情况艰苦的老人分数就会越低，我们从低分到高分，每个月我们就安排一部分，安排了以后我们都在我们自己三福院的网站上进行公示，这个月入住了多少老人，基本上是什么情况，我们大概地说一下。同时让排队等待的老人心里有个数，这个月住进来多少了，还有多少空余床位，下一步准备要入住的（有多少）。"

（3）定价采取半成本核算法

为了创造相对公平的市场竞争环境，杭州市第三社会福利院改革定价机制，采取半成本核算法定价，即不考虑土地成本，但将建设成本合到床位费里面，这样测算出来的价格比没有进行定价改革的公办养老机构价格要高，虽然比民办民营养老机构全成本核算的价格要低，但毕竟对公办养老机构来讲已经前进了一大步。

"在定价的时候我们采纳了半成本核算的建议，这也是我们人大代表、政协委员提出来的。把土地征用这块排除了，仅仅把大部分建设成本合在里面了，在定价的时候，合在我们的床位费里面这块。比较我们前几家养老机构来说，是跨了一大步。"

（4）管理运营进行市场化改革

杭州市第三社会福利院除了硬件设施由市福彩公益基金专项保障外，在水、电、气、物业等方面都是自身承担的，市财政仅仅保障人员工资的40%，其余60%由自身承担，因此，除了固定成本和部分人员工资由财政承担外，在其他方面是自负盈亏的，在入住人员不多的情况下，这就意味着面临亏损的局面。只有当入住老人达到一定数量时才能达到盈亏平衡，进而才能有盈利。这就给予管理者以现实的压力，迫使管理者必须提高管理水平，提高入住率。

"这25个（全院现有25名工作人员）现在是财政给40%，工资整体收入的40%，还有60%是靠我们自己（支付）。"

（二）整体委托、完全市场化运营型公建民营养老机构

这一类养老机构以杭州滨江绿康阳光家园为代表。其基本特征是：杭州市滨江区政府投资兴建养老机构，通过招标方式选择社会主体，中标社会主体浙江绿康医养集团投资一定数量资金改造、购买设施设备，并按照合同约定向委托方缴纳一定的风险保证金、设施使用费等，履行一定的责任，完全独立自主地管理运营该养老机构，委托方不干涉具体事务，仅仅履行监管责任。

1. 项目基本情况

绿康医养集团全称为浙江绿康医养投资管理有限公司，创立于2006年，是一家专业从事养老机构、残疾人养护机构、老年康复及康复护理医疗机构的投资建设、直营托管、连锁经营管理和养老护理人才培养、老年科学技术研究以及老年产品研发贸易的集团公司。历经十多年发展，绿康医养集团已成长为涵盖养老、医疗、康复、护理、教学、科研、文化、老年用品研发和贸易等八大领域健康养老产业链的集团化公司。旗下拥有14家康复护理医疗机构、8家养老助残服务机构、2所介护职业培训学校，并成立了老年科学技术研究所、老年服务评估中心和老年用品贸易有限公司。绿康医养集团可提供服务总床位10000多张，其中养护服务总床位6500张，开放医疗康复住院床位3600张，主要为"三无"、空巢、失独、失能失智老人、残障老人和慢病老人以及临终关怀老人提供生活照料、基本医疗、老化预防、老年康复、康复护理、心理慰藉、长期照护和临终关怀（舒缓疗护）等全方位服务。

滨江绿康阳光家园位于杭州市滨江区白马湖，占地约100亩，包括老人活动中心、自理老年人区、介助介护老年人区、食堂和医疗区等大楼10幢，床位数共计2000张，是目前国内最大的集"医疗、康复、护理、养老"于一体的公建民营医养融合项目。该项目由滨江区政府投资5亿元建设而成，绿康医养集团经过层层遴选最终中标，机构注册为企业，后续投入5000多万元进行装修改造和购置设备，滨江区民政局作为委托人整体委托绿康医养集团进行经营，双方于2016年1月15日正式签约，期限25年。

2. 主要做法

（1）确定建设项目

杭州滨江区设立于1996年12月，由萧山划出的3个乡镇新建而成，行政区划面积73平方公里。下辖3个街道、59个社区，常住人口33.08万人。高新区作为一个新区，在经济实力超强的情况下，也积极发展社会事业，关注民生工程，在杭州市各级政府高度重视养老的大背景下，滨江区政府决定斥资5亿元人民币建设一所大型养老机构。

> "在这种情况下（指杭州市各级党委把养老作为一号工程），我们也是呼吁了很多年，在2012年正式启动这个项目，投资5个亿。政府在这么一个好的地方，90亩土地10万平方米房子，2000个床位，这样的规模应该在全国来说在一个区是相当少见的。"

（2）选择公建民营运营模式

对于选择何种运营模式，滨江区民政局做了大量考察和探讨。整体上，有三种模式可供选择，一种是公建公营，第二种是公建民营，第三种是购买服务。经过比较，大家认为公建公营弊端较多，而且不符合国家改革要求；采取购买服务的模式容易产生政府和养老服务提供方合作不畅的情况。采取公建民营，可以选出有实力的、医养结合的社会主体，而且通过让社会主体带资经营，可以增强其责任。因此，在这种考虑下，滨江区民政局选择了公建民营运营模式。

> "所以这个事情后来我们就想还是公建民营、委托运营管理，政府让他有一定的钱投入，让他有一定的责任感。但这个里面第一考虑企业的实力，第二也带来一种责任来。"

（3）严格社会主体资格

滨江区政府非常重视社会主体的选择，专门组成了一个招标小组。经过充分的论证，最终确定了社会主体要满足三个条件。一是社会主体是浙江省内企业或社会组织，这样委托和受托双方相互了解，便于沟通。二是社会主体必须具有从事养老机构管理运营的经验，这一点至关重要。三是社会主体必须有一定的资金实力，这样才能顺利度过前几年亏损的难关。

基于以上考虑，经过多轮严格筛选，并加上面询环节后，最终选择了绿康医养集团。

"这个东西我们当初在选择的时候，一是要省内企业，第二要有一定的经验，第三更要有一定的资金实力。"

（4）明确资产管理

滨江区民政局和绿康医养集团就资产管理达成共识：政府投入的就是土地和地上建筑，其他的如办公家具、医疗康复设备等都由绿康医养集团购置。并且按照规定，绿康医养集团购置的除医疗康复设备外的其他用品都要归到国有资产中，要进行登记、造册。

"政府投的就是土地、地上建筑……，都是咱们政府投的。可移动的东西都是他们的，不可移动的都是我们的，都是政府投的。"

（5）自负盈亏，完全市场化运作

滨江绿康阳光家园自签订合同开始运营以来，完全走市场化运作模式。滨江区民政局给予滨江绿康阳光家园5年的过渡期，这期间不收滨江绿康阳光家园任何费用，从第6年开始，滨江绿康阳光家园要将床位费的25%上缴滨江区民政局。滨江绿康阳光家园是在工商部门注册的企业，在运营过程中，收费标准的制定、营销方式的选择等涉及商业运营方面的事项完全由滨江绿康阳光家园自行决定。因此，滨江绿康阳光家园的运作是完全市场化的。

"我觉得公建民营我们要推市场化的，以专业化的团队管理，而不是政府给我贴多少钱。"

（6）加强监督管理

通常，监管是公建民营养老机构的薄弱环节，滨江区民政局也不例外，目前还没有更好的举措。按照初步设想，主要加强三方面监管。一是财务监管，既要保证社会主体有一定的盈利空间，又要避免唯利是图而损害入住老人的权益；二是对接收对象、经营正当性的监管，要确保优先对象能够优先入住，社会主体没有违规经营；三是对服务质量的监管。

"首先我财务监管，财务上我有一个合理的利润空间，不能让他（赚）太多的钱，否则的话老百姓哇哇叫，因为它毕竟是公建民营项目。第二个方面，政府约定俗成的方面，像收费、接收对象这些方面。第三个就是服务质量的监管。"

（三）政府派人管理、非完全市场化运营型公办养老机构

这一类养老机构以宁波市老年疗养院为代表。其基本特征是：政府投资兴建养老机构并购置设施设备，委派编制内人员作为负责人管理运营该养老机构，其他工作人员由该负责人招聘、培训、考核，负责人的人事关系和考核权在所属民政部门，其工资待遇也由所属民政部门发放，和管理运营养老机构的盈亏状况没有直接联系。养老机构的运营整体上走市场化道路，除了硬件投入由政府承担外，其他方面自负盈亏。养老机构在收费标准方面一部分价格由政府指导核定，另一部分自由定价；在改造装修或设施的购买上要上报上级民政部门并走政府采购程序，效率较低。机构要给政府上缴一定的场地房产设施使用费，但政府通常会给几年的过渡期，即从开始运营到之后的几年（如4年、5年等）内免缴使用费，有的政府还会有一些额外的支持，目的是使养老机构能够顺利度过刚投入运营阶段由于入住老人较少导致的亏损期。待过渡期结束后，养老机构就要按照合同要求向政府上缴使用费。

1. 项目基本情况

宁波市老年疗养院是宁波市政府的一个养老重点实施工程，由中央财政和宁波市财政共同出资2.5亿元人民币兴建，是隶属于宁波市民政局的一家面向市场、面向社会老人的公建民营体制的养老机构。疗养院位于宁波市的江北区，在慈江以南，占地面积43244平方米，建筑面积56339.3平方米，2014年11月份开始营业。全院共有床位1275张，截至2017年1月，入住老人411名，实际利用床位460张。全院有办公室、护理部、医务室、后勤部四个部门，现在一共有员工162位。

2. 主要做法

（1）政府投资兴建，委派专人组团管理

宁波市老年疗养院所处位置风景秀丽，交通便利，院内建筑品质上乘，设施完备，政府承担了土地、建设、装修、设备等所有前期成本，给管理经营团队提供了一个非常好的硬件基础。同时，政府在将该项目确定为公建民营后，面临选择管理经营团队的问题，经过综合考虑，决定自己组建管理团队，把原宁波市儿童福利院的院长调到宁波市老年疗养院担任院长，负责整个机构的运营。

（2）扶上马，送一程，政府给予特别支持

在中央财政和宁波市财政共同投资建成宁波市老年疗养院后，宁波市政府又特别准备了一笔资金——开班经费，用于满足疗养院开业阶段面临的资金需求。同时，宁波市民政局设置了3年的过渡期，3年内宁波市老年疗养院无须向政府交纳任何费用，目的就是尽最大可能地免除管理团队的后顾之忧，使团队能够全身心投入疗养院的运作当中。

> "我们在刚刚开始建院的时候，我们有一笔资金，叫开班经费，也是属于我们国家支持的。所以说我觉得像我们这种公建民营的单位，确实在起点上面还是有一定的优越性在里面的。"

（3）半自主化定价，事业单位化的管理经营

宁波市老年疗养院的收费标准分为两种情况：床位费由政府物价局根据建设、运行、管理成本进行核定形成价格，护理费和餐费由宁波市老年疗养院自己根据成本和竞争情况自由定价。在管理运营方面，疗养院负责人是民政局委派下来的，其考核在民政局，因此在疗养院的经营上以稳妥为主，再加上之前在事业单位工作的经历，所以在管理上还是采取事业单位的思维和体制去管理。如果出现了疗养院内部的一些规划实施、大额设施的购买等，在实施之前负责人都会向上级主管部门汇报。

> "我们床位费是物价部分核过的，护理费和餐费是我们自己定价的。"

（4）自负盈亏，市场化运营

宁波市民政局委派团队管理运营老年疗养院后，给予该团队较为充分

的自由权、收住什么样的老年人、如何做好营销宣传、怎样做好文化建设、给员工什么样的待遇等一系列决策完全由团队自行决定。在养老服务市场上，宁波市老年疗养院同样面临和其他养老机构的竞争，由于在城乡结合部，距离市区有一定距离，且医疗条件有限，因此如何提高吸引力、尽快提高入住率是当务之急。在财务上，宁波市老年疗养院自负盈亏，3年的过渡期后要向宁波市民政局缴纳一定的费用，这对管理经营提出了较高的要求。

"到现在为止我们已经全部自负盈亏了，我们刚开始投入的是2.5亿，包括我们开班的时候有一些支持，到现在为止，两年过去以后基本上都已经自负盈亏了。"

(5) 公务人员管理，摸着石头过河

宁波市老年疗养院院长是由民政局委派到宁波市老年疗养院的。这种公务人员管理非完全市场化的养老机构的做法是一种尝试和探索，在很多方面需要摸着石头过河。比如在管理体制上，如何在政府的管理体制和市场运行要求之间找到平衡；在人员激励上，由于院长是公务人员，其待遇由民政局发放，和老年疗养院的经营状况没有直接关系，如何促进作为公务人员的院长等的动力和热情也需要探讨，如此等等。

"因为我们这个班子的成员是公家派的，所以最大的一个问题，我们所谓的公建民营，民营就是用市场化的经营体制，实际上我们从内部管理来讲，有时候我们真的很困惑，这个体制该怎么来定位，真的很难定位，可能这个也是一个探索时期，肯定要面临的。"

(四) 政府派人管理、完全市场化运营型公办养老机构

这一类养老机构以宁波市海曙区广安养怡院为代表，其基本特征是：政府出资建设养老机构并配备主要的设施设备，委派体制内的带编制人员担任院长管理运营，该院长的人事关系和考核都在所属民政部门。养老机构实行院长负责制，在收费方面，除了床位费由物价部门制定外，其他收费标准由养老机构自行决定，基本上是根据市场定价；在设施修缮购置方

面，养老机构具有完全决定权，无须向上级主管部门报告审批；在人事方面，养老机构自行决定工作人员的招聘、培训、考核、薪酬发放等事宜；在经营方面，养老机构完全自主经营、自负盈亏，和当地民政部门只存在业务上的指导和被指导关系。因此，从整体上看，政府对养老机构基本没有行政干预，养老机构具有完全的经营自主权，走的是市场化运作之路。同时，作为政府投资兴建的养老机构，它主动承担了如护理员培训、居家养老服务等一定的公共服务职能。

1. 项目基本情况

宁波市海曙区广安养怡院（以下简称"广怡"）位于宁波市悠云路969号，在广安路天胜花鸟市场东侧，与宁波市佛教老年休养院隔墙而居，位于核心城区。

广怡养怡院由海曙区政府投资于2013年12月建成，2014年6月投入使用，是海曙区重点惠民实事工程之一。广怡系海曙区民政局直属、民办非企业登记的自收自支的综合性养老机构。全院占地9.2亩，建筑面积16584平方米，总投资约1.16亿元，设有双人房、三人房、特护房、残疾人安托养房等不同规格的床位500张，为海曙区目前最大的养老院。广怡现有工作人员126位，其中包括主任医生、副主任医生、中医主治医生等26位医生。广怡根据老年人的实际需求，提供休养、病残护理、脑瘫与肢残病人康复治疗以及居家康复、居家护理和临终关爱、善后服务等各种服务。

2. 相关做法

（1）政府投资兴建，委派体制内人员管理运营

广怡是由海曙区政府投资1.16亿元兴建的一家养老机构，所有权属于海曙区政府，属于典型的公建养老机构。在运营管理上，海曙区政府没有通过公开招投标的方式向社会选择运营方，而是直接委派体制内人员管理运营。选择的运营负责人即广怡院长是一家养老机构的院长，他长期从事养老服务，具有丰富的经验，从政府的角度看，选择这样的人非常"稳妥"。院长属于事业单位编制，其考核权归宁波市民政局。从这个意义上说，广怡的做法可以称为委派体制内人员管理运营。

"相当于我们局里委派我来这儿管理，但是我的钱也拿的是广安，但是标准是事业单位的标准。"

(2) 入住对象以护理老人为主，优先保障政府兜底老人

广怡以康复治疗为特色，主要收住失能、半失能的，具有护理服务需求的老年人，是全国爱心护理工程建设基地。现有工作人员中，有主任医生、副主任医生、中医主治医生等26位医生，这在500张床位规模的养老机构中确实很少见。

与此同时，广怡履行公办养老机构托底保障职能，对老年人进行分类筛选，优先满足政府兜底老年人或经济困难老年人的入住需要。另外，由于广怡是"闻裕顺福利院"和"三市养怡院"因宁波铁路南站拆迁合并变更而来，必须妥善安置两个养老机构原有老年人。为此，海曙区民政局出台了《关于做好海曙区广安养怡院入住运营工作的指导意见》，广怡事先制定了搬迁入住工作方案，明确人员分工，搬迁入住采取"老人老办法、新人新办法"的方式，优先保障原有老年人的入住权利。在此基础上，对于多余的床位，广怡向社会上失能、半失能的老年人开放。

"我们一直做的都是护理为主的，我们也有医院、医务室，医务室有康复室、康复科，我们准备的医务力量比较强大，有26位医生，有西医还有中医，中医科也有，还有主任医生、副主任医生、中医主治医生也有两位，给他们开中医推拿这一块。"

"因为我们面对的是广大企业退休的，就是说兜底的，家里无法照顾的，包括海曙区的三无对象、五保户，家里无子女、无收入的这些我们政府兜底的，低保低收入的，还有生活不能自理的人我们是优先入住的。"

"我们收住的，刚才我带各位教授去看了，我们两人间、三人间一共30个房间75个人，收介助、半护理的，咱们通俗地说就是半护理、半自理的人，其实我们收的就是需要帮助的老人。"

(3) 自负盈亏，完全市场化运营

广怡实行院长负责制，政府充分放权，机构自主经营、自负盈亏，采取完全市场化运营的模式。在经济方面，广怡每年向政府上缴50万元营利，除此以外，政府和广怡没有其他任何经济往来。这种"断奶"的做法彻底消除了养老机构对于政府的依赖心理，迫使养老机构真正独立，通过改善管理、改善经营、提升服务水平、提高入住率，在财务上实现盈利，进而实现机构的良性循环。在管理经营方面，宁波市政府除了对养老机构院长进行考核，对养老机构服务进行监管、业务指导，以及确定床位费以外，其他如人事、财务、定价、设施采购、经营等事务均由院长或领导班子决定。这种政府不进行行政干预，由养老机构自行运作、自由参与市场竞争的做法很好地激发了养老机构的积极性、主动性和创造性。

"我们跟政府是什么关系，我们跟民政，应该说是业务上的指导管理，我们是完全自负盈亏的，院长负责制，包括责任权利也是院长负责制。"

"床位费是由我们物价核定的。护理费我们是放开的，我们自主定价护理费跟餐费其他的，洗衣费我们是自主定价的。"

"我们是这样的，因为我们是民办非企业，采购我们都是自己买的。不需要审批……我们现在买的东西都是我们自己采购，包括我们下面员工工资什么我们自己定，都是我们自己定的。"

"我们一直运营我觉得很顺畅。像我们这样我觉得也很顺畅，因为没有太多的行政干预，而且领导们都很信任我。"

在这种运作模式下，养老机构自然会根据市场规律科学安排经营活动，如在人员安排上向一线倾斜，在开支上量入为出，改善管理，提升服务质量等。

"我们目前的员工有126位，我们一线比较多，上层配的比较少，就一正两副，再有是工会主席，会计出纳两个副院长兼了。"

"像我们是有多少菜吃多少饭，菜没了饭就吃不下了，我看看我有多少钱，我能做多少事情。我还要留出一部分资金用于员工工资的提升，有些意外的我肯定要处理，预留资金，看看我有多少钱，这几个房间怎么装、怎么弄预算去做，没钱那就别做了。"

"我们是随时接受任何人的检查，包括家属，因为家属什么时候来是不知道的，因为我们都是全日制，全天开放。早上有的家属五点、六点就来了，晚上可能十点、九点还没走，随时的。所以说随时随地我们都是这样在接受检查一样的。"

4. 承担公共服务职能

广怡作为政府投资的、海曙区最大的、技术力量最雄厚的养老机构，承担了一定的公共服务职能。这突出表现在三个方面。一是发挥公建养老机构在养老服务中保基本、兜底线的职能，虽然广怡没有和政府签订预留一定数量床位接收特困老年人的协议，但在实际运营中优先接收三无、五保等特困老年人入住。对这部分老年人，广怡免收床位费、护理费、水电费费用，仅仅收餐费。二是对养老服务人员进行培训。作为宁波市护理员培训基地，承接宁波市组织的养老护理员的培训工作；还承担宁波市海曙区居家养老服务人员的培训工作。三是开展居家养老服务。广怡在海曙区甚至宁波市都是知名品牌，为发挥机构养老服务的辐射作用，在承担人员培训工作的基础上，广怡在海曙区开展了居家养老服务。一方面，成立了"广安居家养老服务中心"，为海曙区居家的老年人提供送餐、生活护理等上门服务。另一方面，成立了"广安智慧养老服务中心"，利用信息技术建立平台，整合海曙区养老服务供需双方的信息，并进行有效对接，为居家老年人提供无偿的、低偿的、有偿的养老服务。

"因为毕竟房子是公家建的，虽然现在是民营的，可政府这些兜底都还是要做到。"

"我们这里是宁波市的护理员培训基地，我们整个海曙区居家养老服务人员也在我们这儿培训。"

"我们有一个广安居家养老服务中心，区域性的，给我们整个海曙区，六个街道在送餐、生活护理，我们都上门服务的。"

"我们今年就成立一个广安智慧养老服务中心，把整个海曙区老人录入我们这个平台，他有什么需求打电话给我们，我们整合了市里的包括国内一些实用的比较先进的做养老产品的单位，也整合我们整个海曙区为老服务的团队。"

5. 政府注重监管考核

宁波市民政局对广怡实施比较专业的考核，而且考核结果还和养老机构负责人的收入挂钩。在考核内容方面，主要包括财务状况考核、经济效益考核、安全考核、满意度考核等方面。其中，财务状况考核每年由财务审计部门进行审计；安全考核包括食品安全、消费安全等，由民政局组织相关部门人员进行联合考核，同时还要结合有没有安全信访的情况等综合评定；服务满意度考核是政府委托第三方——社会工作服务中心进行考核，考核方式是广怡将老年人名单提供给社会工作服务中心，由后者通过随机打电话或当面询问的方式进行。

"包括财务、经济效益、安全什么来考核的，财务每年审计我们，还有满意度，满意度测评，它是通过第三方，他们也不是直接来，委托我们社会工作服务中心第三方来测评的。生活不能自理的老人打电话抽取，我们把名单给他，他抽打电话。两楼三楼的部分自理老人他们当场来问。"

四 主要经验与特点

浙江省属于我国东部沿海经济发达省份。与发达的经济相伴随的是，浙江省在社会和民生事业上也走在全国前列。伴随着人口老龄化的加速发展及其经济社会影响的日益显现，浙江省着力建设社会化养老服务体系，其养老服务的改革发展做法为全国其他地方提供了有益的借鉴。正是在这种背景下，浙江省较早就开始对公办养老机构转制进行探索，并积累了较好的经验做法，体现了浙江的特点。

（一）社会力量比较强大，参与老龄服务发展的积极性非常高

得益于发达的市场经济，浙江省社会力量比较强大，社会主体不但数量众多，而且拥有比较丰富的市场化运作经验，有敏锐的市场嗅觉，擅于发现和抢抓市场机遇。因此，当浙江省人口老龄化开始显现并逐渐加速时，一方面，社会力量从自身角度研判老龄服务业将具有广阔的发展前景，因而开始投入其中，进行产业布局；另一方面，政府开始出台政策文件支持鼓励社会力量参与老龄服务业发展。在这两方面因素的推动下，浙江省社会力量较早就介入了老龄服务业的探索发展。在机构养老服务方面，社会力量积极投资兴办养老机构，也有一些社会力量和政府合作，接手公办养老机构并进行管理运营。因此，从时间上看，尽管社会力量参与公办养老机构的管理运营一开始是自发的，没有具体的文件指导，也没有上升到转制的高度，但浙江省公办养老机构改制实际上从21世纪初就已经

开始了。随着时间的推移，越来越多的社会力量积极参与养老服务业发展，这些社会主体在为老年人提供档次不一、内容丰富的养老服务的同时，也积累了很多好的经验做法，为政府提供了较多的可供选择的公办养老机构运营主体，从而为公办养老机构转制的顺利推进打下了坚实基础。关于这一点，浙江省杭州市滨江区新建2000张床位的养老机构进行公建民营招投标的过程非常具有代表性。由于浙江省有多家非常有实力的企业、社会组织都有意接手该养老机构，因此滨江区民政局实际上是通过招选的方式，设置了相对比较高的条件，经过层层考核，最终从中选择了浙江绿康医养集团作为运营主体。

（二）选择社会主体更加看重经营经验、理念和能力

浙江省在选择公办养老机构经营主体的过程中，非常看重投标主体的经历、经营理念、经营能力，在评价体系中设置很高的权重，以此确保能选择到最适合的团队来管理运营公办养老机构。在公办养老机构改制的诸多环节中，选择有经验、理念新、善经营的社会主体是核心环节，决定整个转制的成败。在招投标过程中，有些社会主体只会做漂亮的标书，而没有实际运营经历，也没有创新理念，只是想进入养老服务行业赚钱，为此就想方设法把标书做得很好，有的甚至采取"挂靠投标"的方式。也有很多社会主体经济实力雄厚，但没有从事过养老机构管理运营，如果招标时商务标权重过高，就很容易把这些资金雄厚的社会主体选上。还有其他类似情况等。上述这些情况都是招投标过程中应该着力避免的，否则将会对养老机构后续的运营带来极大的隐患，甚至引发社会问题。针对上述问题，浙江省在实际操作中采取切实可行的举措，将不具备运营条件的社会主体排除掉，实现"专业的人做专业的事"。一是增加"面讯"环节，即社会主体要当面向专家组陈述经营的设想、理念、核心问题的处理方式等内容，同时回答专家的问题，通过这种方式把不懂经营的社会主体选掉。如杭州和睦老人公寓在投标的过程中就要求陈述团队的经营理念、相关经历、拿到项目后的经营设想、目标人群等内容；二是组织专家组到社会主体经营的养老机构进行现场考察，作出判断，进而作出选择。

上述做法一方面是浙江省多年进行公办养老机构转制经验教训的总结，另一方面也和浙江省具有大量的从事养老机构经营管理的社会组织、

企业，可选择面广有不可分割的关系。与此同时，浙江省注重将公办养老机构转制的成功做法上升到政策文件中进行普及。2016年发布的《浙江省民政厅关于推进养老机构公建民营规范化的指导意见》规定，在遴选社会主体方面，一方面要综合评估其资质信用；另一方面，还要重点考察其经营能力和经营思路，避免成为单纯的招商引资项目，而且特别规定不能挂靠投标。

（三）实施半成本定价改革

长期以来，我国公办养老机构由于由政府投资建设，建设成本自然由政府承担，由于政府没有收回建设成本的要求，因此，在确定服务价格时没有考虑建设成本，仅仅考虑运行成本，甚至有些机构为突出公益性，其收费还不及运行成本，需要财政每年继续投入。这就使得公办养老机构的服务价格远远低于成本，在养老服务市场上，公办养老机构"价廉"的优势非常突出，这也是多数老年人青睐公办养老机构，有些甚至不惜排队等候多年的重要原因。但从整个养老机构良性发展的角度看，公办养老机构不完全考虑成本的定价机制严重妨碍了养老机构之间的公平竞争。因为，相对于公办养老机构，民办养老机构既承担建设成本（租房成本），又必须考虑运行成本，因此必须采取全成本定价，这就导致民办养老机构服务价格无法做到像公办养老机构那样"廉价"，从而出现不公平竞争。公办养老机构这种定价机制一方面需政府财政持续不断地投入，另一方面造成机构养老服务市场非公平竞争。

针对上述情况，浙江省从2014年开始以杭州市第三社会福利院为例对公办养老机构的定价机制进行了改革，实施"半成本"定价。具体的做法是：在以往定价仅仅考虑运行成本的基础上，经过测算，把建设成本的50%做到养老服务价格里面，"半成本"定价法由此而来。进而，浙江省又将建设成本的50%进行了倾斜处理，即将养老机构的标准间和护理间这些实用型房间的价格定得稍低一些，将养老机构的套间和单间这些改善型房间的价格定得稍高一些，以此来表明政府对实用型房间的支持。经过这样的调整，杭州市第三社会福利院收费价格要比同样是公办养老机构但没有改革定价机制的杭州市社会福利中心的收费价格高出七八百元钱，但比提供同档次服务的民办养老机构的收费价格还是要低。尽管这次改革还不是全成本定价，但在一定程度上实现了对建设成本的考虑,是向全成本定价过渡的有益探索。同时也向创造公平竞争环境迈出了重要一步。

(四) 探索公办养老机构人员分流举措

公办养老机构改制需要解决的一个很重要的问题是原有工作人员,主要是带有编制人员的分流安置。出于历史原因,我国公办养老机构多是事业单位,其工作人员为事业编制,属于体制内人员。这些体制内工作人员在养老机构转制前负责机构的管理运营,转制后不再从事这项工作,改由社会主体进行管理经营。因此,公办养老机构原有的具有事业编制的工作人员的合理安置就成为一个必须要妥善解决的问题。实际上,笔者在一些省进行调研的过程中发现,有些地方对公办养老机构改制的热情不高,甚至存在抵触情绪,很重要的原因就是改制使得原有人员从体制内人员变为了体制外人员,原有的"铁饭碗"被剥夺了,又没有进行很好的安置,因此遭到了反对。

为解决上述公办养老机构人员的分流安置问题,浙江省充分利用养老服务中心具有事业编制的特点,将这些人员转到此处,依然保留其事业编制,工作内容从原来的直接管理运营公办养老机构变为了人员培训,老龄服务的统筹协调、指导、监督等工作。养老服务中心是根据《关于深化完善社会养老服务体系建设的意见》(浙政发〔2011〕101号)的要求——各市、县(市、区)都要建立养老服务中心,养老服务中心要有机构、编制、经费、人员、场地等,从2011年12月15日以后逐渐建立起来的。2015年出台的《浙江省社会养老服务条例》中又从法律层面对养老服务中心的功能作了界定。

(五) 注重医养结合并明确护理功能

从生理规律来讲,随着年龄的增大,生病、治疗、康复的发生频率也越来越高,因此养老机构仅仅提供生活照料是远远不能满足老年人的需求的,必须走医养结合的道路。实践中,养老机构如果没有相应的医疗康复方面的安排,如自建医疗机构或者依托其他医疗机构,那么其入住率就会受到很大影响,因此现在的养老机构都高度重视医疗服务。浙江省较早就认识到这个问题,并在政策文件中强调养老机构要发展医疗功能,更重要的是,浙江省充分认识到养老机构中的"医"并非普通医院中的"医",

医养结合也不是养老机构和医院的简单相加，而是要在养的基础上发展以"护理"为核心的特色功能。早在2011年发布的浙江省人民政府《关于深化完善社会养老服务体系建设的意见》（浙政发〔2011〕101号）中就提出，到2015年，全省基本建立以护理型为重点的机构养老服务模式，护理型床位占比不低于40%的发展目标。而同样是在2011年发布的《中国老龄事业发展"十二五"规划》仅仅是原则性地要求优先发展护理康复服务，并提出地（市）级以上城市至少要有一所专业性养老护理机构。在2013年发布的国务院《关于加快发展养老服务业的若干意见》（国发〔2013〕35号）中，也是比较原则地要求养老机构要增强护理功能，开展护理服务。一直到2015年《国务院办公厅转发卫生计生委等部门关于推进医疗卫生与养老服务相结合指导意见的通知》（国办发〔2015〕84号）下发，才比较具体地提出了医养结合的发展目标。因此，可以看出，浙江省对医养结合的探索实践是明显超前于全国的。另外，浙江省对于医养结合中"医"的认识和界定非常准确。如浙江省民政厅相关领导就把养老机构中医的职能界定为四个方面：一是紧急状况下的处理；二是慢性病管理；三是营养配餐；四是护理康复。他指出，养老机构中的"医"绝不是医院中的"医"，要突出自身的特殊定位。宁波市也认为养老机构必须具备医的功能，但养老机构不是医院，也不能办成医院，要办成护理院，这样才能充分发挥相应职能。

得益于对医养结合重要性的充分认识和对护理功能的强调，浙江省在对公办养老机构实施改制的过程中都非常重视养老机构护理功能的配套建设。从调研情况看，笔者调研的养老机构无一例外都具有良好的护理服务能力。如杭州市第三福利院随同福利院的建设建起了一个二级甲等医院，宁波市疗养院设有医务室，下一步要扩建为护理院，广安养怡院本身就是以护理为特色的养老机构，特别是浙江绿康医养集团，坚持"以老年人需求为导向的康复护理院"的发展方向，成功探索出了"养老院——医院——护理院"和社保体系一体化的模式，得到了迅猛的发展，这足以说明医养结合护理型养老机构是真正符合老年人需求的、潜力巨大一个发展方向。

（六）转制和其他改革举措共同推进

浙江省对公办养老机构实施了较为综合的改革，公办养老机构改制作为其中一项重要内容和其他改革举措一起得到推进，这些综合举措主要包括：一是对公办养老机构基本职能进行严格规定。浙江省要求公办养老机构严格履行保基本、兜底线的公共职能，如《浙江省社会养老服务促进条例》就规定，政府投资设立的养老机构应当保障三无老年人的养老服务需求，以及"低保"家庭和"低保"边缘家庭中失能、失智、高龄、独居、重度残疾的老年人和计划生育特殊家庭老年人的养老服务需求。二是明确各层级公办养老机构功能定位。根据投资主体层级的不同，公办养老机构可分为街道（乡镇）级、区（县）级和市级，浙江省对不同层级的养老机构在功能定位上进行区分，明确分层保障。以杭州市为例，其基本思路是低层级公办养老机构服务托底保障对象，高层级的公办养老机构接收低层级养老机构满溢转送人员，"低保"、低收入家庭中的高龄、失能、失智老年人，以及护理难度较大、对技术要求较高的老年人。三是大力发展护理型公办养老机构。浙江省将养老机构分为护理型、助养型、居养型，要求公办养老机构要大力发展护理床位，2020年护理床位要占70%以上。四是全面建立公办养老机构服务对象入住评估制度和轮候制度。浙江省在对政府托底保障对象实行无条件供养外，将富余床位面向社会老人开放，但要委托第三方评估机构对申请的社会老人进行经济状况、身体状况及需求状况的严格审查，将等候入住的老年人名单在网上予以公布，按照顺序等候入住。五是发放养老服务补贴，逐渐建立补人头制度。从2012年开始，浙江省建立养老服务补贴制度，对城乡"低保"家庭中的失能、失智老年人给予一定的养老服务补贴。如果老年人入住养老机构，则当地民政部门就会将养老服务补贴支付给相应的养老机构。

可以看出，浙江省对公办养老机构的改革涉及多个方面，转制是其中一方面内容。实际上，在浙江省关于公办养老机构改革的文件规定中，多处特别对转制后的公办养老机构（绝大多数是公建民营养老机构）提出针对性要求。在公办养老机构进行改革的同时，又涉及转制这一包含管理体制和运行机制等重大议题的改变，无疑增加了公办养老机构转制的复杂性，但同时也是公办养老机构转制必须面对的课题。

五 转制存在的主要问题

（一）转制的系统性设计不够

公办养老机构转制是一个综合性系统工程，涉及多个部门，多个事项，任何一个事项解决不好都会影响转制的整体推进。在当前情况下，由于历史、体制等多方面因素的影响，公办养老机构转制尚未做到从整体上进行系统设计，虽然浙江省民政厅针对公办养老机构转制的最主要形式公建民营，出台了关于推进养老机构公建民营规范化的指导意见，对公建民营所涉及的主要方面做了相对具体的规定，但这个文件是民政部门下发的，呈现单兵推进的特点，对其他部门约束力不够，因此公办养老机构转制不可避免地会受到各种影响。从调研情况看，这些影响主要体现在以下方面。一是公办养老机构作为事业单位，其转制没有被列入事业单位改革大盘子，没有从整体上作出安排，仅仅由公办养老机构的主管部门民政部门单独推进。二是事业单位和企业之间养老保险制度分属不同体系，养老金水平差异明显，虽然事业单位养老保险制度改革已启动，但短期内企业等部门养老金水平低于事业单位的状况不会改变。公办养老机构转制意味着部分原有的事业编制工作人员将失去事业单位编制，成为企业或其他类型机构人员，只要体制内外养老保险制度及养老金水平不统一，体制内人员就很难有动力参与改制工作。三是一些政府将废弃的厂房、医院等作为投资，吸引社会力量进行整合改造从事机构养老服务，其中涉及民政、国土、规划、建设等多个部门，虽然民政部等部门出台了《关于支持整合改造闲置社会资源发展养老服务的通知》（民发〔2016〕179号），但实际落地还比较难。四是社会力量接手原有的公办养老机构后，在进行消防、环评等方面的改造检查验收的过程中往往会遇到很多问题。五是公办养老机构是事业单位，在转制后其原有事业单位的名称、职能等如何处理？六是公办养老机构转制后，如何对其实施有效的监管？监管的主体、内容、方式等一系列问题也都有待解决。

（二）公益属性不足

公办养老机构的所有权属于国家，只要转制没有涉及所有权的转移，转制后依然属于公办养老机构的范畴，具有天然的公益属性。而这个天然属性至少体现在入住对象和收费标准两个方面，即公办养老机构首要的职责是保障政府托底对象的服务需求，在收费方面要比同类型和品质的养老机构要低。对此，浙江省相关政策文件有明确规定，如《浙江省社会养老服务条例》规定政府投资设立的养老机构应当保障"三无"老年人的养老服务需求，以及"低保"家庭中的失能、失智、高龄、独居、重度残疾的老年人和计划生育特殊家庭老年人的养老服务需求；浙江省人民政府《关于加快发展养老服务业的实施意见》（浙政发〔2014〕13号）规定，公办养老机构要充分发挥托底保障作用，在保障对象上重点为"三无""五保"老年人，以及低收入和经济困难的高龄老年人、失能老年人与半失能老年人，在费用收取上采取无偿或低收费。《浙江省民政厅关于推进养老机构公建民营规范化的指导意见》（浙民福〔2016〕26号）规定公建民营养老机构应该履行保基本、兜底线的职责，要保证面向普通老年人的公益性。

但调研中发现，为数不少的公办养老机构没有履行托底保障的职能，完全商业化运行，公益性和福利性明显缺失。在入住对象方面，很多机构没有预留床位来保障政府供养对象的入住需求，也没有对入住对象设置条件和门槛，整个床位全部向社会开放；在收费方面，许多机构完全根据市场情况自行决定，甚至一些运营方将公建民营养老机构定位为高端，收取较高的费用，普通老年人根本无法入住。委托方除了要求经营方每年上缴一定的费用并履行监管责任外，其他所有事项完全由经营方决定。这种做法事实上成为运营方利用政府资产进行营利的一种形式，显然没有履行公办养老机构应担的社会责任，存在严重的公益性缺失问题。当然，如果公办养老机构转制为企业，按照商业化模式运营无可厚非。但目前绝大多数公办养老机构转制（主要转制为公建民营）后注册为"民办非企业单位"，在这种情况下，这些机构公益性的缺失确实成为一个问题。

（三）公办养老机构建设水平和职能定位错位

公办养老机构的职能和定位决定硬件设施的建设水平。公办养老机构从成立之始就是作为解决农村"五保"、城镇"三无"等特困老年人的基本生活问题而存在的，其基本职责是为困难弱势老年群体提供基本、兜底的救助性和保障性养老服务，其保障的是入住老年人的基本生活质量，而不是提供享受型的高水平的生活服务。因此，公办养老机构的硬件设施应该和提供基本的、一般性的养老服务职能相一致，应实用，不应豪华。对此，《国务院关于加快发展养老服务业的若干意见》（国发〔2013〕35号）和浙江省人民政府《关于加快发展养老服务业的实施意见》（浙政发〔2014〕13号）均明确规定，"政府举办的养老机构要实用适用，避免铺张豪华"。

现实中，不少地方政府将公办养老机构作为政绩工程或面子工程，投入大量财政资金，硬件设施远超出满足基本需求的层次。笔者在浙江实地调研的四家养老机构，投资都在亿元以上，从1.16亿元到5亿元，无一不是大投入，单就硬件设施来看，均显得大气、豪华。以投资5亿元的机构为例，该机构设置了2000张床位，平均每张床位仅仅建设成本就达到了25万元，如果再加上巨额的土地成本，则每张床位的成本还要大幅攀升。公办养老机构建设水平和职能定位错位的做法使得托底保障对象享受了高于社会一般水平的硬件设施和环境，造成了新的社会不公。另外，在公办养老机构定价机制改革的过程中，如果考虑建设成本，很高的建设成本反映到服务收费上，就会很大程度拉高服务价格，这将不利于不属于托底保障对象但属于困难家庭如"低保"家庭、"低保"边缘家庭老年人入住公办养老机构，从而使公办养老机构的公益性大打折扣。

（四）转制专家库建设滞后

公办养老机构转制包括多项内容和环节，如设置社会主体的资格、制作招标文件、确定风险保证金和设施使用费、遴选社会主体等，每项内容都需要具备专业知识和实际经验的人员才能胜任，否则将直接影响转制的成败。如风险保证金和设施使用费如何确定就很关键、很专业，若设置低了，许多社会主体都来应标，增加评标的工作量；若设置高了，就可能把合适的社会主体拒之门外。这就需要综合考虑多方面因素：床位数量、接收政府保障对象情况、使用年限、机构登记性质、社会主体的初期投入等，需要科学测算，因此需要行业专家的智慧。又如转制的另一个重要环节是遴选社会主体。要经过科学合理的程序将最合适的社会主体选出来，需要有专业的人士担任裁判进行评判，也就是需要有高水平的评审专家。否则，将只会做漂亮的标书但没有实际管理经营经验且没有创新思维的社会主体选进来，会带来一系列后续问题。

公办养老机构转制涉及若干个领域，如组织管理、市场营销、老龄政策、康复护理、物品采购、建设装修等多个方面，相应地需要有这些方面的专家。现实中，由于我国进入老龄社会时间不足20年，应对人口老龄化的相关研究比较滞后，各方面的实践还不多，积累的经验还不够丰富，在人才培养和储备方面也相对欠缺，因此，我国整体上缺乏公办养老机构转制方面的专家，在老龄事业发展过程中，老龄服务的发展相对较快，因此在此领域产生了一定数量的专家。但在养老机构设计建设及装修领域，由于我国长期以来的建筑都是以年轻社会为基础建造的，没有考虑老年人的实际需求，及至近些年老龄化程度日益加深，"老年宜居环境"等术语和提法才逐渐被人们重视，也才有一小部分人开始研究老年人居住环境的建设、改造等议题，但总的来看，这方面的专家凤毛麟角。其他方面也大致如此，即人们往往关注的是年轻社会条件下组织管理、康复护理等实践领域，只是在老龄问题成为全社会普遍关注的问题时，才结合老年人的实际需求进行转型和研究，很多人是"半路出家"，这就导致我国老龄问题方面专家的数量总体不多。因此，需着眼长远，尽快培育、储备相关领域专家，推动公办养老机构转制的科学化、规范化。

（五）监管存在短板

公办养老机构转制实现了所有权、经营权的分离，机构的所有方对运营方进行监管自然就成为题中应有之义。第一，由于资本具有天然的逐利性，对中标承担公办养老机构管理运营的社会主体必须进行经济行为、财务管理等方面的监督，这样才能确保经营合规、财务合法。第二，确保国有资产不流失、用途不改变，这是各级文件的明确规定，也是对纳税人负责的具体体现，必须及时对社会主体进行监管。第三，对社会主体服务人群、服务的质量和品质等方面的监管也直接决定符合条件的老年人能否入住，以及入住老年人能否享受到相应服务，从而过上有尊严的晚年生活。第四，监管对于整个养老服务市场持续平稳的发展也起着举足轻重的作用。但作为一种新型运营模式，公建民营过程中谁来监管、监管什么、怎么监管等问题都处于探索中，目前还存在监管主体不明、监管人员不足、监管内容模糊、监管手段单一、监管机制缺失等一系列问题，整体上监管过于松散，监管效果不佳，甚至没有监管。

> "监管我觉得还是表面上的监管，可能老人有投诉了我来监管你一下，就是到底应该具体监管到什么样的程度，其实现在我觉得也不是特别明确。再加上还有一个关键是民政部门也没什么监管人员，民政部门最大的问题就是缺乏力量，我觉得越到基层事情越多，越没有人，这是一个非常普遍的现象。"

"完善的考评系统是没有的,我们只能是报个报表,入住多少人,哪些人,报给他。然后根据上面的政策,今天要查哪,明天要查哪个,报这个报表。没有说年底(像医疗那样)有一个千分制的考核。一个是养老发展比较快,这个东西(指监管标准)还没形成。第二个来说,行业没有国标的,比如说你的护理型老人跟我的护理型老人标准不一样,收费不一样,因为没有政府补贴,收费不一样,你怎么监控我,还是我那句话,政府不给我钱我想怎么做就怎么做,说句实在话,这是我跟老人两方的行为,只要不超出这个底线的行为,不超出法律的行为(就行)。"

(六)政府和机构的关系不清晰

调研发现,一些政府一方面认识到公办养老机构转制的必要性和重要性,采取措施实施公办养老机构的社会化运营,如鼓励公办养老机构采取公建民营、服务外包、专项服务合作等方式,努力使社会力量成为机构养老服务的提供者。但另一方面,对将公办养老机构交给社会力量管理运营有很多顾虑,如对社会力量如何监管、资产如何确保不流失、原有人员如何顺利安置等问题还没有找到很好的解决方案。在这种情况下,出于稳妥的考虑,担心委托社会力量运转万一出现问题将造成很麻烦的民生甚至政治问题,于是由政府自身选派公务人员组建团队以市场化方式管理运营公办养老机构,从而形成一种混合型或不彻底型的转制方式。在这种方式下,该选派公务人员的身份依然是政府编制内人员,考核和收入都由政府实施,但该养老机构实行自负盈亏的市场化运营模式。这种模式以宁波市老年疗养院为代表,这种由公务人员管理公建民营养老机构、实行市场化运营的模式是一种创新,但创新的同时也产生了许多困惑,出现了一些亟待解决的问题。比较典型的问题有怎样在现有体制内充分发挥市场机制的作用、提高效率、提升服务等。由于宁波市老年疗养院负责人是政府派来的体制内人员,必然要遵照公务人员的要求和程序行事,另外又要按照市场机制来管理运营养老机构,行政化的体制和市场化的机制如何有机结合成为一个很大的困惑。

"实际上我们作为一个公家的人派过来,到底是用企业化的思维方式、管理方式去管理这个单位，还是用我自己原来的事业单位的思维去管理，也是我们很困惑的。"

众所周知，市场机制的发挥需要尊重规律，拥有充分的决策权，进行灵活快速决策。但宁波市老年疗养院在一些方面没有充分的自主权，如物品购置需要走政府采购程序，采购过程较慢，另外性价比可能不高；重大事项需要上报审批，往往会导致贻误市场机会。

"我有一个设想，一个创意马上就能付诸实践，等你程序走下来，一步一步审批下来以后，可能已经过了这个最佳的、我推出这项举措的一个时机了。"

另外，作为体制内人员，宁波市老年疗养院负责人的绩效考核由民政部门执行，其工资收入也由财政发放，和机构经营状况并无直接关系，因此存在激励不足的问题。在这种情况下，"求稳"成为机构负责人的自然选择。

"反正我们现在保险起见也基本上走这个程序，除非确实一个是涉及的经费也不大，我们要跟主管部门前期沟通一下，我们能够走更便捷的就更好，一般大的项目我们都按规定程序在做。"

六　下一步推进转制的建议

（一）公办养老机构转制要分类进行，逐步推进

公办养老机构转制是一项重大民生工程，涉及部门多、牵涉利益广，因此改制不可能一蹴而就，更不能一刀切，而要分类进行，逐步推进。在分类方面，一是可以将新建的和正在运营的分别对待。原则上，新建的公办养老机构都要考虑选择由社会主体管理运营，以充分发挥社会力量的市场运作优势，提高效率，提升服务。对于正在运营的公办养老机构则要区分情况对待，对于运营状况良好、入住率高、社会声誉佳、主要承担托底保障职能，或入住对象专业性要求高的如主要收住失智老年人的公办养老

机构，则可考虑继续维持公办公营运作模式，以更好地发挥公办养老机构的福利性功能和专业技术优势；对于运营中的管理运营效率不高、入住率较低、政府每年投入较大但发展潜力较大的公办养老机构，可考虑通过招投标选择合适的社会主体接手运营。二是公办养老机构从整体上可分为适合转制的和不适合转制的两类。适合转制的通常是政府管理运营效率较低、入住老人少、经济和社会效益不高，但通过改善经营管理可以有较大上升空间、有盈利空间的公办养老机构，这些机构通常对社会主体具有较强的吸引力；不太适合转制的一般是位置偏僻、交通不便、周边配套较差、辐射人口有限等存在"硬伤"的公办养老机构，这类养老机构较难通过改进管理运营提升经济社会效益。

在改制的推进方面，要稳妥、逐步地进行，避免疾风暴雨式快速进行。可采取由局部到整体的做法，如参照杭州市第三社会福利院的做法，实施半成本定价的定价机制改革；也可将部分床位实行公建民营；或者参考宁波市的做法，政府委派体制内工作人员组建团队实施非完全市场化运营；或者可将部分业务采取购买服务的方式委托给其他社会主体，待时机成熟再进行更深一步的改制。另外也可采取先公建民营探索经验，后开展改企转制的方式，进一步发挥市场活力，提高效率。

（二）积极稳妥推进公办养老机构转制，避免三种倾向

公办养老机构转制既要积极推进，探索创新，又要慎重研究，稳妥开展，在实践中要避免三种倾向：卖项目、甩包袱、办医院。第一种倾向是政府在选择公办养老机构运营主体时，商务标的权重过大，即主要以社会主体开出的设施租赁费或承包费的高低为主要依据，最终选择承诺费用最高的社会主体。这种方式对政府而言好处是可以取得较高的收入，但很有可能造成不良的后果，就是运营主体为了收回成本而提高收费或降低服务质量，不管哪种方式都会对老年人的权益造成损害。如果老年人和运营方产生矛盾，如老年人不同意提价而抗议，或者运营方因提高收费导致入住率下降最终经营不下去，政府都要担负最终的责任，处理不好极易形成社会问题甚至政治问题。第二种倾向是政府将公办养老机构作为包袱甩给运营主体。现实中，有些公办公营的养老机构因各种原因设施差、入住老人少、服务质量低，社会效益很差，而且政府每年要投入大量资金维持运营。对这类机构，有些政府往往会有甩包袱的心理，即低价找一个

社会主体接手而不管后续结果如何。但这种做法在现实中隐患很大，如果这些运营状况不理想的公办公营养老机构是因为养老机构本身存在先天不足，如位置偏远、医疗服务跟不上等客观原因导致的，那么即便更换运营主体也很难扭转局面，这种情况下不论哪个社会主体接手，结果都是不理想的。因此，在公办养老机构存在转制基础，即社会主体通过改善经营可以提高经济社会效益的情况下，一定要对设施租赁费的设定进行科学的测算，既不能过高，使社会主体"无利可图"，也不能过低甚至为零，使政府面临舆论压力。在确定设施租赁费的过程中，要综合考虑床位数量、使用年限、社会主体前期投入、机构登记性质、承担政府保障对象情况等因素进行确定。第三种倾向是错误理解医养结合中的"医"，过度强调医疗功能，出现医养结合养老机构医院化倾向。实际上，养老机构中的医主要职能是护理康复，主要解决无需在医院继续治疗的老年人的护理康复问题，这些老年人在医院不可能长期"压床"，在家里又缺乏专业的护理康复人员提供服务，因此中间的"真空"需要由具备护理康复功能的养老机构提供。

（三）确保公办养老机构托底保障功能基础上，加快健全养老服务补贴制度，充分发挥市场作用

公办养老机构要充分发挥保基本、兜底线功能，这是由其性质决定的。目前，我国公办养老机构床位远远多于托底保障老年人数量，许多公办养老机构将富裕床位向社会老年人开放，因此，建议今后原则上不再新建公办养老机构。对于已建并运营的公办养老机构应进行改革：一是保留若干所公办养老机构接收政府托底保障对象，确保供养对象的基本权利得到有效维护。在此基础上接收对护理服务要求高的如失智老年人，除此之外其余公办养老机构要充分发挥效用，全部向社会开放；二是对向社会开放的公办养老机构实施定价机制改革，实施半成本定价，并逐步发展到全成本定价，这样既能够使价格真正反映成本，又能够消除公办养老机构的价格优势，有利于创造公平的竞争环境，利于民办养老机构的更好发展；三是对向社会开放的公办养老机构，按照经济状况、身体条件和入住意愿进行综合评估，经济越困难、身体状况越差、入住意愿越强烈的老年人优先入住，按照评估结果实行公开轮候；四是对公办养老机构原有入住老年人，实施老人老办法，自然消化，平稳过渡；五是健全养老服务补贴制

度。政府对老年人进行准确评估，在此基础上根据财力状况发放养老服务补贴。对老年人进行评估可结合政府自身评估和第三部门评估综合确定。政府自身评估可利用政府相关部门掌握的数据信息如人力资源社会保障部门的老年人退休信息、收入信息，卫生健康部门掌握的老年人健康信息等评估。同时政府可委托第三部门进行独立评估，并上门进行探访。在综合评估的基础上，政府公布评估结果并据此选择一定比例或数量发放养老服务补贴。完善养老服务补贴使用管理制度，不再严格限制使用地点和服务提供方，而由老年人自行选择，增加老年人的自由选择权。如果选择入住养老机构，则政府直接将养老服务补贴转发到相应机构，通过这种方式促进养老机构充分竞争，更好发挥市场机制作用。

（四）探索推进公办养老机构转制的PPP模式

PPP模式是Public-Private-Partnerships的缩写，通常指的是公共部门与私人部门就某项公共产品或服务所达成的合作关系。PPP模式在西方发达国家实施比较早，实践表明科学实施该模式能够充分发挥政府和社会力量各自的优势，实现双赢的局面。在我国，PPP模式整体上处于探索阶段，在养老机构的建设、运营等方面也有了一些尝试，并取得了不错的效果。例如在浙江省，由政府投资建设，社会力量装修改造、购置设备并管理运营的现象已经不在少数，而且这种模式优势明显，最主要的有以下几点：一是有效利用社会资金缓解政府财政压力；二是社会资金投入养老机构后增强资金投入方的管理运营积极性；三是充分发挥专业优势，提高机构养老服务的供给效率及专业化水平。浙江省经济发达，社会资金充裕，各种专业性机构数量繁多，社会力量参与养老服务业发展的积极性高，因此，浙江省在公办养老机构转制过程中进一步探索推进PPP模式不但非常必要，而且也有良好的基础。

在实际操作中，除了吸纳社会主体积极参与公办养老机构建成后的装修改造、设施购置、管理运营外，还应该继续将参与环节前移，即从设计环节就参与进来，实现设计、建设、运营三位一体，这样可以有效避免设计、建设和运营各个部门各自为政、衔接不畅的弊端，消除重新改造的投入，最大程度发挥社会主体的专业优势。

"现在我们浙江还有一个更前面的，就把设计、建设和运营三位一体,一体化招标,把他搞到最前面去了,因为建设的时候进来,后来发现还有问题……建的人他不管你,他就按照你的标准建,结果到运营的时候发现不对,要重新做,现在大家说干脆这样,既然让你运营你就前面参与设计建设,我就统一给你招标招了。"

"这种模式(指PPP)要定就早定,早确定单位,确定的越早越好,让他参与进来。对整个的质量问题也好,什么也好,都是有帮助的,我们改动还算少的,如果不懂行或者前提调查不充分的,甚至从来没有接触过养老的,他设计的东西肯定完全是两码东西,因为设计的好一个能够提高老年人的舒适度,第二也提高服务质量。我们后面还是定的有点晚,早定半年我们的质量还要高,我设计方面毕竟不是专业的,他是专业的,在人性化方面,老年人的设计需求方面他比我们知道得多,因为他做了十来年的医养护了。"

(五) 以统筹养老保险制度为核心、协同推进公办养老机构转制

公办养老机构转制是一项系统工程,涉及民政、老龄、发展改革委、人力资源社会保障、国土、建设、物价、环保等多个部门,牵涉人员安置、老年人权益维护、价格制定、国有资产保护、规划建设、环保评估等一系列具体事务,需要各个部门建立工作机制,加强沟通协调,大力协同推进,确保每个环节、每项内容都能够得到顺利实施。实践过程中,公办养老机构转制主要上是民政部门一家在推动实施,和其他部门的联动不够,这在很大程度上影响了转制的进程以及转制的程度。因此,在下一步的工作中,应着力建立、完善公办养老机构转制部门联动机制,推动各相关事项协调解决,其中核心和关键是要统筹养老保险制度,平衡不同部门、不同行业养老金待遇。长期以来,我国养老保险制度条块分割,待遇差异较大,尤其是机关事业单位养老金待遇远远高于企业职工,成为社会不公平的重要表现,广受诟病。鉴于此,国家对城镇职工养老金待遇连续十三年上提,职工的养老保险待遇得到了大幅提升,但和机关事业单位工作人员相比依然存在很大差距。2015年,为了使机关事业单位和企业实施相同的养老保险制度,国务院开始改革机关事业单位的养老保险制度。但由于制度惯性和政策设计的双重作用,机关事业单位工作人员与企业职工

的养老保险待遇差距短期内难以消除，这将成为阻碍不同行业之间、体制内外从业人员自由流动和交流的重要因素。公办养老机构是事业单位，其原有工作人员享受事业单位养老保险待遇，转制后，很多人员将不再具有事业单位编制，相应也就不再能够享受事业单位养老保险待遇，这成为转制不同程度"遇冷"的关键因素。因此，要从根本上推进公办养老机构转制进程，必须加大养老保险制度的统筹力度，加快缩小制度间待遇差距。如果在短期不能实现的话，则要妥善寻找其他补偿性举措，缩小或消除转制前后养老保障待遇差距，以此实现人员的顺利流动，推动转制顺利进行。

（六）积极探索监管方法，提高监管效果

加强转制公办养老机构的监管是一项涉及多个部门、包含多项工作的重要议题，需要综合施策，着力提高监管效果。对此，首先应明确政府的监督责任。作为项目的委托方，政府及其相关部门对社会主体的监管负有天然的、不可推卸的责任和义务，所以坚决避免"甩包袱"、疏于监管或流于形式等行为的发生；其次，政府的监管要合规、适度。政府要明确角色、准确定位，监管不越位，不插手社会主体具体的管理经营事务；第三，建立多部门联合监管机制。由于养老机构业务内容分属民政、老龄、发改、建设、消费、物价、财政等多个部门，因此应建立养老机构联合监管委员会，并建立规范化、制度化的监管机制；第四，建立健全社会养老服务标准体系。出台统一、具体的养老服务标准体系，为监管提供基本依据；第五，加强合同的科学性、规范性，在合同文本中应详细规定政府和社会主体双方的权利、义务，标明监管内容、监管机制、监管手段、监管评价标准、惩罚举措等详细内容，使监管行为具体化、操作化、规范化；第五，要重视发挥第三方社会组织的专业作用，养老机构的设施设备条件、服务质量、人员素质、服务满意度、社会评价与信誉度等，都可以委托第三方机构进行专业评估；第六，加强监管评估结果的影响力。综合政府部门联合监管结果和第三方专业机构评估结果，形成最终的监督检查评估结果，一方面可以对养老机构进行等级评定，另一方面也可以及时向社会公布相关信息，实行分类管理，以此有效提高监管评估的效力，督促社会主体改善管理、改进服务、提高效率、提升品质。

附录三 湖北省公办养老机构转制发展现状

一 前言

湖北省作为我国中部一个经济大省，2016年末全省常住人口为5885万，其中，60周岁及以上人口达到1072万，占总人口的18.22%，比全国人口老龄化水平高出1.52个百分点，处于中等老龄化水平。由于社会环境和自然环境不一样，全省各地的人口老龄化水平相差挺大。武汉市的老龄化水平最低，只有15.16%，神农架林区老龄化水平最高，达到23.84%。

面对人口老龄化的严峻形势，湖北省加快养老服务体系建设，尤其是"十二五"期间，养老机构取得了快速发展。截至2016年末，全省共有1919个养老机构，32.9万张养老服务床位，平均每千名老年人对应的养老服务床位为31张，高于全国水平。虽然养老机构的床位数快速增长，但由于公办养老机构在服务规模、机构效率等方面，都难以满足老年人日益增长的养老服务需求，湖北省开始在全省推进公办养老机构改制。2014年，湖北省在全省确定了27家公办养老机构进行改制试点，为全省整体改革积累经验。

为了充分了解湖北省目前改制试点养老机构的发展状况，笔者于2017年3月在湖北省武汉市、荆州市、随州市进行了深入调研，共走访了7家养老机构，召开了8场座谈会，和养老机构负责人和相关部门负责人进行了深入交流，取得了非常翔实的一手资料。在调研的基础上，本部分将全面总结湖北省养老机构改制实际做法、转制经验，分析存在的问题，最后有针对性地提出建议。

二 湖北省公办养老机构转制政策情况

为了更好地发挥公办养老机构的"托底"作用，积极培育养老服务市场,调动社会力量投资兴办养老机构,2013年底,民政部下发了《关于开展公办养老机构改革试点工作的通知》(民函〔2013〕369号),要求各地根据实际情况对公办养老机构进行改制。2014年3月,湖北省结合本省的实际情况,制定了《湖北省公办养老机构改革试点工作实施方案》,对公办养老机构的机构职能与机构定位、公办养老机构的改制方式以及服务供给方式等进行了明确,为全省的公办养老机构改革指出了方向。为了落实这个方案,2015年4月,湖北省出台了《关于规范养老机构服务收费管理促进养老服务业健康发展的指导意见》,对政府投资兴办的养老机构收费政策进行了明确。2016年6月,湖北省民政厅出台了《公办养老机构入住评估管理暂行办法》,进一步明确指出公办养老机构的服务对象标准,并对申请入住这类养老机构的老人进行评估,符合条件的老人才能入住这类养老机构。整体来看,湖北省公办养老机构转制的政策体系在不断完善。

(一) 明确公办养老机构的职能定位

自1949年以来,我国公办养老机构的职能不断在发生变化。新中国成立初期公办养老机构主要收住"三无"、"五保"老人,既有救济性质,也有福利性质。改革开放后,在社会福利社会化思潮下,公办养老机构虽然是福利性质,但向整个社会开放招收对象,虽然满足广大老年人的需求,但阻碍了公平市场环境的形成,影响了养老服务市场化的发展。为了促进整个养老服务业的发展,营造公平的市场环境,需要对公办养老机构的机构职能、机构定位进行重新明确。因此,方案里明确指出公办养老机构是为弱势困难老年群体提供基本养老服务资源的公共服务机构,其主要服务对象应是"三无""五保"老人,及经济收入较低的高龄、失能、半失能、失独、孤寡等特殊老年人群体。公办养老机构不得再接收不符合服务职能定位的社会老年人入住,如果确实需要收住社会老人的,要实行"一院两制",进行差异化管理与运营。方案明确了公办养老机构作为基本的公共资源只能承担兜底功能,收住符合条件的老年人,凡是不符合入住条件的老年人应该由市场来承担。

(二) 规范了公办养老机构的入住评估流程

在明确了公办养老机构的职能定位后,就需要对公办养老机构的入住对象进行评估。文件规定，公办养老机构的入住对象主要包括三类，即困难家庭保障服务对象、政府供养特困对象、优待服务保障对象等。此外，文件还规定，计划生育特殊困难家庭中的70周岁及以上老年人、失能老年人，可参照困难家庭保障对象的条件选择政府基本公共养老服务。这几类老人入住哪些公办养老机构需要评估呢？文件规定，一是政府投资、建设、运营的公办公营养老机构，二是部分承担基本养老服务职能的公建民营养老机构。评估内容包括身份特征、健康状况、经济状况、家庭成员状况、优待资格以及自理能力评估。评估程序包括申请、审核、评估、公示、复核等五个步骤，一个步骤也不能少。

（三）制定了公办养老机构的分类收费制度

文件规定，公办养老机构根据入住老人情况，进行分类收费。其中，"三无"老年人可以免费入住公办养老机构。经济收入较低的高龄、失独、失能半失能以及孤寡老年人等，护理费和床位费根据政府定价或政府指导价收费，伙食费可据实收取，其他社会老年人则根据市场供求由机构自主定价，但将服务收益纳入预算管理。对于公建民营养老机构，床位费主要根据所有权运营权双方的合作期限、机构设施水平、投资额度等因素综合确定，其他收费项目根据市场供需关系自主定价。政府向公建民营养老机构购买基本养老服务的，床位费免除，其他服务项目则按一般社会老年人标准收费；向民办养老机构购买服务的，政府根据保障水平与市场价格的差额，予以补贴。

（四）明确公建民营为公办养老机构的主要转制形式

由于兜底对象有限，大量剩余的养老机构就面临着改革，往哪里改是公办养老机构面临的最重要的问题。从理论上来说，公办养老机构公信力比较强，但效率比较低，而且需要大量的财政资金，随着老龄化的不断发展，国家没有足够的财力支撑公办养老机构的发展。民营养老机构效率比较高，但缺乏足够的资金购地建房，因此，由政府出资建设、民资经营是一个比较理想的形式。近年来，我国在公共服务领域也大量采取这种形式，如教育领域。基于此，养老机构的公建民营是一个比较好的改革思路。对此，文件也提出，今后公办养老机构，特别是新建公办养老机构，一般都要通过公建民营的模式进行运营。以公开招投标的方式遴选社会力量，依法依规收取一定费用，在"确保国有资产不流失、养老用途不改变、服务水平能提高"的前提下，由政府进行业务指导与监督管理，交给社会力量进行运营。同时，作为政府，应该通过各种形式支持公建民营养老机构的发展壮大，如购买服务、提供运营补贴等形式。此外，将养老机构改制成企业也是一个选择，对此，文件提出有条件的地方，可以把部分专门提供经营性服务的公办养老机构直接转制为企业。

（五）扩大了政府购买服务内容

从调研来看，大部分养老机构虽然提供基本的生活服务，但由于生活服务涉及的面广，要满足这些老年人的基本生活服务，需要方方面面的服务，如就餐、保洁、护理等等，导致养老院麻雀虽小，五脏俱全，由于没有规模效益，导致服务质量不高，成本也很高。基于此，文件提出，各地可以将医疗、护理、卫生保洁、配餐、送餐、洗衣消毒等服务项目，外包给相关的专业社会组织与企业，通过政府购买服务，来为入住老年人提供专业、优质的服务，提高服务水平与质量。

三 公办养老机构转制主要类型与做法

2014年，湖北省将27家公办养老机构列为改制的试点单位。从目前调研的武汉市武昌区、江汉区、荆州市监利县、公安县以及随州市改制养老机构来看，各个地方改制模式都不一样，各有各的思路。我们根据调研情况大体上将改制养老机构分为委托式公建民营模式、委托+租赁式公建民营模式、一院两制模式、混合模式以及公私合营PPP等模式。

（一）委托式公建民营模式

委托式公建民营模式根据养老机构改制之后的经营主体以及是否发挥托底作用又可以分为两种。

1. 经营主体是民营资本，需要承担兜底任务

即改制后的公建民营养老机构由民营资本来经营，同时承担政府委托的兜底对象任务。典型的案例如湖北省武汉市东湖技术开发区佛祖岭福利院。

（1）项目基本情况

佛祖岭福利院占地面积15亩，建筑面积1.5万平方米，床位480张，总投资达 6000 万元，是武汉市东湖新技术开发区新建的一个养老院。2012年 8 月，区政府就该养老院向全社会公开招标，阳光医疗养护集团中标，该养老院成为武汉市第一家公建民营的养老院。养老院主要分为三大部分，一部分是佛祖岭福利院，福利院收住 217 名政府兜底对象。签订合同之初，政府要求该养老院收住开发区下辖的六家福利院的老人，也就是说，中标单位要承接该养老院，必须承担政府的兜底功能，保证这些兜底对象的基本生活。政府对兜底对象的生活是通过包干形式补贴，最初是每人每月 850 元，目前涨到 1000 元，同时还要向管理方支付一定的运营补贴。第二部分是阳光老年病医院，老年病医院既对内营业，也对外营业。第三部分是招收社会代养的老年人，共计 100 余张床位，其中，高龄、失能、残障老年人高达 60% 以上，需要提供医疗服务的老年人高达 90% 以上。这部分老人可以充分利用阳光老年病医院的医疗条件，充分享受医养结合带来的好处。佛祖岭福利院和政府签订合同期限为 10 年，但是 5 年签一次合同。合同期内，前五年该养老院不给政府任何费用，后五年根据情况收取一定的费用。

（2）主要做法

（a）确定转制对象

武汉东湖新技术开发区共有 5 家乡镇福利院，这些乡镇福利院供养着200 余名城市"三无"老人和农村"五保"老人。乡镇福利院规模小、床位少、设施老化、配套不齐等问题逐年凸显，为方便管理、节约土地，2010 年，武汉东湖新技术开发区党工委、管委会决定合并乡镇福利院，新建一所养老院，集中供养这些"三无"和"五保"老人。新的养老院建成后，通过向社会公开招标的形式，选择运营主体。

（b）明确职能定位

佛祖岭福利院在建院初期就明确了养老院的职能，即承担政府兜底的任务，集中供养技术开发区下属乡镇的 217 名"三无"和"五保"老人，这是该院最基本的职能。在此基础上，该院由于有老年病医院，既服务于机构内部入住老人，也服务于社会老人，医疗条件比较好，因而拿出 100多个床位来招收社会老人。由于承担政府兜底任务、实行包干制度，盈利空间比较小，养老院主要通过医院的利润来补贴养老院的日常运营，再加上对外招收社会老人，也有利润空间，整体来看，虽然该养老院职能定位上以承担政府兜底任务为主要目标，但通过综合平衡也能实现盈利，让养老院得以可持续发展。

"有一栋楼拿出来,全部做五保工作,他当时跟我的协议,因为我跟他谈的协议是,我另外一栋楼,我要做老年病医院,我要对外养老,我自己要支撑,我整个经营这一块,必须是我来管理,那你政府既然交给我了,你就要信任我,你不能什么都来管,那我怎么对外。所以当时我们开发区还是敢为人先的做法,他当时就同意了我们这样管理上的要求。"

(c) 选择运营主体

选择运营主体是公建民营养老机构未来能否正常运营的关键环节。武汉市东湖开发区在选择运营主体时非常谨慎,先是通过公开招标的形式向社会筛选运营主体。根据养老院相关负责人的说法,在招标前,区政府已经通过民政系统对当地运营得比较好的机构进行了筛选,然后鼓励这些机构去投标。佛祖岭福利院中标的运营主体是武汉阳光医疗养护集团,它是一家以养老养生为基础服务平台、康复预防为技术延伸的大型医养融合服务综合机构,除了佛祖岭福利院外,武汉阳光医疗养护集团还拥有武昌区阳光福利院、武汉阳光护理院、武汉阳光佛祖岭护理院以及武汉阳光后勤服务中心等多个独立法人实体。阳光医疗集团有很强的实力,既有运营养老机构的经验,也有运营养老机构的人才,再加上医疗资源,导致阳光医疗集团在招标时脱颖而出,成为区政府的首选对象。阳光医疗养护集团中标后,区政府对该机构进行了多次考察,详细了解该机构的运营能力,进一步确认它能否成为满意的选择的对象。

"区里负责招投标,但是他们也是有目的性的,在民政局了解一下哪些机构做得比较好,因为我2006年就开始做医养结合,那么他们就推荐我,我当时就投标了,据我们领导说,当时,我们还是比较中规中矩的,……其他的机构,可能就是几张纸,当时可能看也没看中。……当时他们领导也通过了三次,来现场考察实力。"

(d) 国有资产管理

开发区政府在国有资产管理上思想还是比较超前的。佛祖岭福利院政府共投资了6000多万元，这些资金中既包括整个养老院大楼的投资，也包括房间中设施的投资。如此大的投资政府在交给阳光医疗集团运营时并没有体现在正式协议中，仅仅是在口头上约定前五年不需要运营方向政府缴纳资产使用费，后五年需要给政府交纳一定的资产占用费用，至于多少费用，也没有约定。政府之所以没有收取一定的资产使用费，一方面考虑到目前该院承担了政府的托底任务，为政府卸下了包袱，同时也考虑到养老院短期难以盈利。收住"三无"、"五保"本身并不盈利，甚至需要贴本；经营医院可以盈利，但需要时间。基于以上考虑，政府本着以改善老年人生活质量为前提，没有收取该机构的资产占用费用。也为运营主体的轻装上阵打好了基础，有利于公建民营模式的可持续发展。

"但是你国有资产放在这里，不增值的，而且是在减值，你放在我这里，我把它都利用起来，你无外乎看老人的精神状况，……我当时跟他提出了很多的一些要求。我说你就不能收我的钱，因为我对外的市场，你这个城乡结合的地方，我现在是对外很难经营，我的医疗也要有个半年到一年去设置，也不可能马上就办证，所以我说你这栋楼，你要给我几年的运转的一个空间。在这个上面，政府还是很有远见，近五年，我们还是轻装上阵，压力是有，因为市场的压力，……目前这五年没有给，五年之后肯定要给。因为五年它必须要扶持我。（问：那就是这个都写在协议里面，后五年呢？答：没有写，我们口头的协议，但是他不提出来，我也会提出来。）"

（e）人员安置

佛祖岭福利院由五个乡镇福利院合并而成。在合并时，下面五个乡镇福利院存在少量有编制的工作人员。政府为了给民营主体运营扫清障碍，将这些少量的有编制的工作人员安排到社区工作。

"当时我接的时候，提出来一个要求，因为他们（有编制的工作人员）管理上绝对跟我们的要求还是太远了。所以我跟他们（政府）说了，首先你自己消化，他愿意来我给他提供岗位，但是后来他们好像社区都接纳了，因为觉得这个上面还是很支持的，你第一需要给别人清理障碍。"

（f）监督管理

公建民营养老院一旦运营以后，监督管理就显得非常重要，一方面是因为作为养老机构就应该接受政府部门的监督，民政部门有责任进行业务指导和服务检查，确保养老机构的服务达到一定的标准。另外更重要的是公建民营本身也隐含了政府的责任，政府出资，政府就应该有一定的责任，尤其是像承担托底任务的养老机构，政府有责任去监管，以确保这些老人的生活质量。根据佛祖岭养老院负责人的说法，政府对兜底对象这一块老人的服务工作监管比较严，检查频率也比较高，对社会代养老人的管理相对少一些，尽可能少地干预民营主体的运营。

"平时每年他们也会对我们的工作有一个评估，……就是五保这块的执行这块，我要负责，清清楚楚，很清晰。但是我对外经营的地方你不能管我，你要管我的话，我觉得那又回到了公办的这块……所以当时我们开发区还是敢为人先的做法，他当时就同意了我们这样管理上的要求。那么可以说，在接近五年，他基本上没有来干预我们太多工作。"

2. 经营主体是民营资本，但不承担兜底任务

即改制后的养老院完全交由民营资本经营，养老院不承担任何政府的兜底对象，典型案例如湖北省荆州市公安县众信养老服务中心、武汉市武昌区胭脂路社区养老院、监利县社会福利中心。

（1）项目基本情况

公安县县级养老院共两家，一家是县福利院，由最初的县福利院和县光荣院合并而成，实行一套班子两块牌子的管理体制，属于公办性质的养老院。现有床位150张，入住老人包括政府托底供养对象40人，优抚对象10人，自费代养老人87人，总共137人。养老院有正式职工24人，县民政局招聘临时工5人，福利院自主招聘临时工6人。另外一家是众信养老服务中心，由政府出资建设，2013年8月招标，由私人资本承接，属于公建民营养老院。该养老院占地30多亩，投资4000多万元，总床位336张。到目前为止，养老院入住老人123位，约占总床位的1/3。根据约定，该养老院和民政局签订15年的协议，这期间不承担任何政府托底对象，除了前两年外，后13年每年向民政局缴纳40多万元的费用。此外，公安县众信养老服务中心已经将服务延伸到居家养老领域，承载了中心周围老年人的居家养老服务，服务项目涉及医疗、保洁、洗衣等各项服务。

胭脂路社区养老院原来是武昌区社会福利院的一个分院，由于经营不善，在民政局内部发包，民政局内部职工中标，实行公办民营。该院面积不大，只有76张床位，民营化以后，挂了两块牌子，一块是胭脂路社区福利院，一块是胭脂路居家养老服务中心，该院实现公建民营以后，不承担政府兜底任务，收住对象是社会上的各种老人，同时该养老院接受了以前养老院入住的老人。由于是民营养老机构，养老院对收费价格进行了调整，比原来收费高出不少。在工作人员方面，接收了以前养老院的工作人员。整个养老院实行扁平化管理，所有职工直接对院长负责，节省了很多人工成本，提高了效率，实现了盈利。由于有国有资产相关方面的约束，养老院与总院只签了三年合同，每年向总院交纳30多万元。该养老院现在虽然由民营资本经营，但总院仍有一定的业务监督任务，甚至在各方面都给予一定的支持。整体来看，该院虽然实现了民营，但在业务上仍然要受到总院的监督管理，只不过管理的方式变了，以前是直接管理，现在是间接的监督与指导。

监利县社会福利中心占地34亩，建筑面积12000平方米。由政府出资建设，面向全社会公开招标，湖南省康乐年华养老服务有限公司中标后负责运营。床位218张，目前入住率达到98%。社会福利中心目前收住的失能失智的老人大概占了一多半。在价格方面，整体来说不算高，每月每人1500～2700元。工作人员现在有51人，其中护理员有20多人。福利中心内设医院，目前正在原有建设的基础上改建医院。按照计划，准备建设一个二级医院，配备100多人。目前由于消防方面不合格，医院一直没有开张。

(2) 具体做法

(a) 确定转制对象

根据负责人介绍，公安县县福利院下一步把自费代养老人根据自愿原则分流到众信养老服务中心，将儿童福利院、社会救助站合并，即福利院集养老院、儿童福利院、救助站功能于一身，继续由政府经营。之所以这样，是由于当初建福利院时，占用了当地24个农民的耕地，作为补偿给了每个占地农民一个福利院编制，即24个农民可以在福利院工作，享受事业单位编制身份。目前虽然公办养老机构在改革，但由于历史遗留问题不好处理，只能继续保持福利院公办性质，保留事业单位编制。因此，公安县将新建的养老机构作为转制对象。胭脂路社区养老院并不是新建的养老院，它之所以能够被确定为公建民营对象，主要是因为该养老院一直经营不善，不但不盈利，反而亏损，因此武昌区社会福利院决定对这个分院进行公建民营试点。监理县社会福利中心属于新建养老机构，由于政策要求公建民营，该机构也成为转制对象。

"（胭脂路社区养老院）经营发现有几个问题，一个是这些地方比较小，而且它的停车不是很方便，周边的老人家属过来看不是很方便，然后接过来经营了大概一年，……只能简单维持，多数还是亏损的状况。……这个分院，我们当时就尝试搞公建民营。"

(b) 确定职能定位

这一类养老机构的职能定位非常明确，只招收社会代养老人，不承担政府的兜底任务，有些养老机构提供社区居家养老服务，但不是硬性规定。如公安县众信养老服务中心，职能定位就是承接县福利院分流的87名社会代养老人，同时自己招收社会老人，公安县的托底任务由县福利院来承担。在为老人提供机构服务的同时，众信养老服务中心成立了居家养老中心，为周围的老年人提供洗衣、医疗、保洁等各种服务。监利县社会福利中心的职能定位也非常明确。该中心和县民政局签订的协议中规定："监利县社会福利中心与甲方所属的监利县福利院在收住服务对象方面应进行明确定位，'老院'充分发挥民政'托底'职能，原则上收住城市'三无'人员，福利中心收住社会寄养老人，甲方应鼓励和引导'老院'社会寄养老人转住福利中心，乙方应对这批老人在收费上给予优惠和照顾，以确保两院功能定位调整的平稳过渡。"

"（众信养老服务中心）我们已经不断地扩大规模，我们已经延伸到居家养老。我们相当于众信是一个养老板块，不光有机构养老，还有居家养老，也延伸到社区。我们还有相应的医务室、洗衣团队、保洁团队，已经能为老人提供全方位的服务。"

（c）选择运营主体

无论是众信养老服务中心、胭脂路社区养老院还是监利县社会福利中心，在选择运营主体时都是通过招标进行，政府考虑最多的是运营主体是否可靠，是否可持续进行经营。如胭脂路社区养老院，在选择运营主体时，考虑到直接从社会上招聘运营主体，未必会踏踏实实地经营养老机构，再加上不能充分了解中标机构实际情况，不利于养老院的可持续发展，因此在选择运营主体时，在民政局内部招标，参加投标的人都是来自民政系统，大家都比较熟悉。胭脂路社区养老院中标的运营主体就是原区民政局内部职工，有一定的行业经验。监利县社会福利中心在选择运营主体时，对外公开招标，对中标人提出四个条件，从资金实力、运营经验进行了严格要求，包括从事养老行业两年以上；要有自己的养老机构，床位在100张以上；自己经营的养老机构要获得省或者是民政部表彰、质量认证等，在行业内要有一定的认可度；有经济实力，自有资金在500万元以上。这些都是保证未来养老机构可持续发展的必要条件。

"（胭脂路社区养老院）就是找到人，他也是另有目的的，而且他行业管理经验当时也缺乏。所以我们鼓励内部员工，拓展思路，一个是人员分流，第二个就是说，他长期在福利院受我们国办机构的熏陶，一般来说素质、业务能力各方面他比外面人（工作经验）强一些。"

（d）人员安置

工作人员安置对于新建的养老机构来说问题较小，对已经投入运营的公办养老机构进行转制，则面临着已有工作人员的安置问题。从调研的这三个养老机构来看，胭脂路社区养老院属于已经运营的公办养老机构，在转制过程中需要安置工作人员。由于没有编制，转制后民营主体接收了原有的工作人员。

（e）价格管理

根据湖北省的规定，公建民营养老机构的服务收费标准，由运营方根据双方签订的委托协议综合确定。其中，床位费要综合考虑所有权方和运营双方的合作期限、基础设施水平、投资额度等因素后确定，其他收费项目则根据市场供需情况来确定。公办养老机构在转制后接收其他公办养老机构分流过来的社会代养老人时，一般给予一定期限、一定程度的优惠，让老人能够在心理上接受分流。如众信养老服务中心，本身的服务价格比较高，老年人入院综合费用平均每人每月 1850 元以上。而公办福利院的老人综合费用平均为每人每月 815 元～995 元，两者相差 900 元左右。在接收公办福利院的老人，就需要给他们一定优惠，根据协议，众信养老服务中心下调了床位费，下调价格执行一年时间。

"（众信养老服务中心）我们以前在刚刚开始试运行的时候，政策要求在物价部门的指导下进行价格的制定。我们前期的床位费、护理费，都是通过物价部门给我们备案……去年 5 月份，物价局价格部的部长跟我联系过，他说你们以后不属于我们管。按照国家的规定，你们现在可以根据市场的需求，进行调整。"

(f) 国有资产管理

这一类公建民营养老机构由于没有承担政府托底任务，在国有资产管理上比较严格，一般是政府根据自己的投资情况进行评估，根据评估结果签订协议，约定民营主体在经营期间每年向政府缴纳多少费用。如众信养老服务中心，政府总共投资 3000 多万元。通过评估，政府每年需要收回一定的折旧费。因此，在和国有资产管理办公室以及民政局签订协议时，约定合同共签 15 年，考虑到前两年还在不断装修，没有收益，因此不缴纳费用。从第三年起，每年向政府缴纳 46 万元，交纳 13 年。合同同时约定，运营主体在运营初期投入的设备在运营结束后不能带走，全部归政府所有。胭脂路社区养老院，政府投资 100 多万元进行了装修，考虑到合同期里政府要收回投入资金，在协议内约定每年向政府交纳 32 万元。监利县社会福利中心由政府投资修建，运营方先后投资了 1200 多万元进行了内部装修和设备购置。双方签了 10 年，协议约定前五年运营方每年向政府交纳国有资产使用费 12 万元，后五年每年交纳 14 万元。同时在协议中规定，福利中心负责日常修缮，大的维修项目（如房屋顶漏水、墙体裂缝）以及后续建设发展由福利中心提出申请，由民政局审批实施。

"（监利县社会福利中心）康乐年华在其他的地方定的都是十年，所以当时也是定的十年……有国有资产使用费，前面五年是 12 万……

后五年 14 万,加了 2 万。我们签了十年,当时政府采购办和国资委也都参与了。"

"(众信养老服务中心)我们是跟国资办……每年有 40 多万的资金。……这个 46 万是签了 15 年,是每年都是 46 万吗?……每年,不递增。前两年在装修期间的话,没有收租金。15 年只收 13 年……怎么定的这个标准……我们测算一下成本,投资了这么多钱,15 年的话,我们把它测算好以后,开始定的是 45 万。"

"(胭脂路社区养老院)政府投了 100 多万的资金,我要把 100 多万的资金收回来。至少把政府投资的钱收回来,所以跟他定的方案,大概是 30 万到 35 万之间,最后他是以 32 万多一点中的标。"

(g)监督管理

由于没有承担政府的托底任务,这一类公建民营养老机构受到的政府监管相对比较宽松,民政局负责业务监管,国资办负责国有资产监管。如监利县社会福利中心在和民政局签订协议时规定,运营期内民政局负责监督、指导运营方的养老服务工作,每年适时对运营方进行考核。具体考核标准根据《老年人社会福利机构基本规范》(MZ008-2001)、省民政厅有关规定以及招标时所提交的运营管理方案制定,并适时根据各级政府、部门新出台的文件和规范进行完善。对于年度考核不合格的按通报批评、限期整改、整改后仍不合格的取消经营权来处理。从协议内容来看,政府监管仅仅是一个框架,没有具体细则,缺乏详细的监管条款。

"(监利县社会福利中心)在运营期间获得了省级以上或者获得国家级民政部的表彰的……给予资金奖励。如果才一年时间,没有按照我们的要求,出了责任事故、安全事故或者是国有资产受损,或者是改变了资产使用用途,比如说用于养老的,结果开了宾馆,改变了用途的,一个是改正,没有按照要求整改的,我们要强行退出……一个是国有资产要保证安全完整,如果说出现了国有资产严重损毁,要追究责任。"

"(众信养老服务中心)关于资产经管的问题,我们的合同已经拟定好了……现在他们那块所有的投入进去的,装饰装修,添置东西的话,全部是国有资产。我们合同上已经约定,属于国有资产……就是你装修的部分，我不搞了以后，把它撤掉或者拿走，不行。这是我们监管的，民政局的监管……另外，我们监管的房间要保持原状，不能随便乱改乱建，不能改变它的主体结构，这个由我们监管。另外，我们对他的业务进行指导。"

（二）委托+租赁公建民营模式

该模式最典型的案例是随州市福利中心。

1. 项目基本情况

随州市社会福利中心成立于2011年1月，是由政府投资建造的综合性福利事业机构，隶属于随州市民政局。中心占地面积50614平方米，建筑面积11000平方米。随州市福利中心包括随州市社会福利院、随州市光荣院、随州市儿童福利院，是一个"三院合一"的综合性社会福利机构，同时拥有一家康复医院。福利中心主要收住没有生活来源的弃婴和政府兜底的老人。公建民营之前有老人床位200张，入住了30名"三无"老人，50余名身体较好的社会老人，社会福利院的床位利用率达到40%。公建民营后，福利中心将康复医院整体租赁给浙江嵊州老年康复医院，成立了随州康复医院，期限是20年。老年康复医院按照二级医院的编制设置，开设有内外科、中医科、康复医学科等20余个科室，拥有床位530张，已开放床位230张。将新建的老年养护楼及失能、半失能老年托养中心整体租赁给嵊州康复医院，期限是5年，康复医院随即注册随州老年养护中心。老年养护中心承接了原来福利中心老年人服务这部分，即将原来福利中心收住的社会代养老人交给老年养护中心，原政府兜底对象通过服务购买的方式也交给养护照中心。目前，老年养护中心入住率已经达到95%。另外，儿童福利院继续由福利中心负责。

2. 主要做法

（1）选择运营主体

随州市社会福利中心在选择运营主体时，并不像其他公建民营养老院那样，通过对外招标或者对内招标来进行，而是通过考察来选择。2014年福利中心成为全省第一批公建民营试点单位，成立了公建民营改革领导小组，小组由分管民政局长、福利院工作人员、纪委相关人员组成，小组先后外出对多个省份进行考察，最后选择了浙江嵊州老年康复医院。该医院是集医疗、康复、护理于一体的非经营性医疗机构,以老年人为服务对象,以住院、无需家人陪伴为主要特色,有成功推行医养融合养老模式近十年的经验。该院的院长也是随州人,比较熟悉本地的情况。

"在2014年3月14号,我们福利中心被列为了全省第一批27家公建民营试点单位……迅速成立了以局长为组长的公建民营改革领导小组,……我们先后到武汉、江汉福利院,还有浙江嵊州老年康复护理医院等。考察学习回来后,我们中心一班人员感触很深,特别是对浙江嵊州老年康复护理医院的医养融合养老的模式和理念感触是最深刻……我们民政局的公建民营改革领导小组选择了浙江嵊州老年康复医院作为合作方……2014年11月,我们福利中心与嵊州市老年康复医院正式签订了合作协议。"

(2) 人员安置

福利中心在人员安置方面相对比较顺利。原来负责管理福利中心下属福利院的工作人员一部分有事业编制,这部人继续留在福利中心工作,目前主要负责规章制度的制定、养老服务标准化的制定、监督、管理、工作满意度调查、国有资产的定期清查等工作。另外一部分工作人员,因为没有事业编制,属于劳务派遣,根据实际情况可继续为老年人养护中心服务,也可以自行解聘。

"我们的社会福利院为什么转制很好转呢?……就是在2011年我们成立的时候,我们的人员进来,全部都是叫作劳务派遣,所以说我们人员整体转给他们的时候没有很大的矛盾。他的用工关系,就是用他的人,他的关系是在人力资源公司。没人用那个编制人员,用到的人全部是民聘人员,民聘人员就是没有任何在编人员或以钱养事。现在咱们编制主要就是负责儿童福利院这块。"

(3) 国有资产管理

随州市福利中心下属的福利院在整体租赁前,政府建设时投入了2000多万元,后来装修时又投入了200多万元。2014年公建民营时,福利中心将福利院整体租赁给浙江嵊州老年康复医院,要求康复医院前五年继续投入 2000 万元。考虑到养老服务业盈利周期长，如果按照国有资产的相关规定三年签一次合同，民营资本很难将投入收回，因此签了 20 年的合同。

"签合同还有投资的额度，头 5 年要规定投资多少钱，后 15 年要投资多少钱，然后才能签成 20 年……那现在头 5 年给他的规定是投多少？就是 2000 万嘛……所以说你前几年的话，这样的一个投入大、周期长，如果没有一个持续的这样的空间实现的话，没有人会做，根本就承担不了。"

（4）监督管理

随州市福利中心在实施整体租赁后，加强了对康复医院和老年养护中心的监管，定期深入老年康复医院以及养护中心指导工作，同时抽查工作，听取老年人的意见，抽查率达到 80% 左右，如果抽查不合格，责令进行整改。同时每半年清查一次国有资产，确保国有资产的保值增值。

"我们中心加强监督、监管，定期深入老年康复护理医院、社会福利院检查工作，参与老人对老年康复护理医院、社会福利医院的服务以及管理工作满意度的民意调查，每半年清查一次国有资产的使用情况。"

（三）"一院两制"模式

即改制后的养老院经营主体仍然是公办机构的负责人，或者是体制内的人，但运营方式按照民营机构进行运营，该种模式又称作"一院两制"模式。该模式最典型的案例是武汉市江汉区社会福利院。

1. 基本情况

武汉市江汉区社会福利院占地面积约 2.8 万平方米，养老床位数约 800 余张，其中失能、半失能老人入住率达到 75% 以上，员工总数 340 人，有编制的工作人员只有 21 人。该院由三部分组成，一部分是江汉区社会福利院，一部分是江汉区老年公寓，第三部分是武汉市福惠医院。江汉区社会福利院属于原有的公办养老机构，床位是 450 张，实行以前的事业单位管理办法，养老院的工作人员主要是在编的职工，收住对象以政府兜底对象为主。江汉区老年公寓是区政府后来新建的一座养老院，收住对象是社会上的老人，主要是满足社会上各层次老年人的需求。该养老院虽然没有实行民营，但经营模式参照民营养老院的经营模式，负责人仍由江汉区社会福利院的负责人兼任。

2. 运营模式

江汉区老年公寓由于实行民营养老院的经营模式，在定价方面向市场看齐，根据市场的变化对老年人进行收费。因此，该养老院的收费标准远高出公办养老院的收费标准。在人员聘用上，院内基本上没有有事业编制的人，都是通过合同聘用的工作人员，这些人员的待遇根据养老院的经营状况进行调整，不受事业单位人员待遇的条框束缚，但兼任的负责人的待遇按照事业单位的办法管理，不能参照民营模式。由于有公办养老院的经验和其他方面的支持，老年公寓的运营相对比较顺利，而且能够实现盈利，反过来用盈利可以改善公办院的条件。"一院两制"模式并不是真正意义上的公建民营模式，但是在公办养老机构改革上也走出了一小步，负责人可以由公办养老机构的负责人兼任，但经营可以走市场化道路。

3. 主要特点

"一院两制"模式最大的特点是将两类入住对象即政府托底对象和社会代养老人分开管理，有利于实现老年人之间的公平。20世纪80年代，在社会福利社会化思想的推动下，公办养老机构改变过去只收住"三无"、"五保"老人的状况，利用闲置资源收住社会代养老人，这一模式一直延续到现在。随着老龄化程度的不断加深，老年人规模的日益庞大，需要机构服务的老人日益增多，继续用财政资金补贴社会老人的入住费用，显然日益加重政府的财政负担，同时也造成老年人之间的不公平，"一院两制"模式比较好地解决了这个问题，但是"一院两制"仅仅在有利于促进公平方面起到了一定作用，并没有解决政府下场踢球的问题。因此，"一院两制"仅仅是一个过渡模式。

（四）混合模式

即在一个养老院中既有公办公营模式，也有公建民营模式，也有服务外包形式，属于多种模式混合的一种经营模式。典型案例如武汉市汉阳区社会福利院。

1. 项目基本情况

汉阳区社会福利院建成于1961年，是当时唯一一家公办养老院。经过

55年的发展，养老院已经不能适应当前的人口老龄化形势。2013年汉阳区政府在汉阳区重新选址、重新建设汉阳区社会福利院，2016年完工。新院占地33亩，总建筑面积7万平方米，老人用房604间，设养老床位895张、医疗床位476张。养老院采用"公建公营、公建民营、服务外包"等多种经营模式，满足老年人多元化养老需求。

2. 运营模式

整个养老院分为三大部分：一部分是公办性质的养老机构。这一部分养老机构主要收住政府托底对象，在编的工作人员并不多，只有10多人，其他180多人全部是外聘。由于面积比较大，养老院采取了物业外包形式，让专业的物业公司经营，每年给物业300万元。目前，养老院准备拿出150张床位做康复中心，依托医院的良好资源，为失能老人提供康复服务。第二部分是公建民营部分，民营资本承接了64张养老床位，同时承接的还有1.2万平方米的地下停车场以及3000平方米商业配套的设施，一起打包对外公开招标，每年向养老院交纳250万元。此外，养老院引进了武汉市第五医院。该医院属于三甲医院，每年向养老院交纳250万元。该养老院在改制过程中，采取的模式多样化，既有服务外包，也有公建民营，灵活的形式有利于养老机构的良好发展。

3. 主要特点

混合模式最大的特点在于养老院尽可能地压缩政府直接运营的规模，通过服务外包加大政府购买力度，通过公建民营提高运营的效率，改变以往由政府出资、政府出人，政府直接经营的局面，确保整个养老机构的高效运转。在政府逐渐退出直接经营的同时，有效增加养老服务供给，满足老年人的养老服务需求。

（五）公私合营PPP模式

这一模式的典型案例是武汉市社会福利院。

1. 项目基本情况

武汉市社会福利院综合大楼共投资5.5亿元进行建设，建筑面积9.94万平方米，共有床位数2000多张，共分A、B两座大楼。A座主要接收"三无""五保"老年人，由武汉市社会福利院直接经营，床位数量约900多张；B座通过公私合营PPP模式引入社会资本运营。2016年10月，B座已完成基础装修工程，总建筑面积4.5万平方米，总床位数1077张，其中，1层至7层为医疗区，床位200余张，8层至25层为养老服务区，共有床位800余张。

2. 主要做法

（1）确定转制对象

武汉市社会福利院最初设计时A楼主要收住政府兜底对象。B楼实施市场化经营，招收社会代养老人。当时准备通过租赁的方式交给民间资本，但根据国有资产相关规定，国有资产租赁期只能三年，而且每年的租赁费用大概2000多万元，没有民营资本愿意经营。2015年底，国家开始推行公私合营的方式，武汉市社会福利院抓住这个契机，对B栋实施公私合营模式。

（2）选择运营主体

在确定实施PPP模式后，民政局作为政府代表方，开始在全国招标运营主体。最后九州通医药集团股份有限公司和上海人寿堂国药有限公司联合体成为中标方。双方签订的合同内容涉及各方的权利和义务。在签订过程中发改委、财政局、法制办都进行了审阅，确保后面该项目的可持续发展。

"投标当时给八家投标，最后选了一个，是专家打分，里面有资格预审，资格预审完了专家打分，打分以后再谈判，有一套很规范的手续，一个完整的PPP是五个阶段，十九个步骤，一环套一环……，他不像一般的租赁，他有相关的法律合同都给你约束。我们这个项目订的合同由法制办审，发改委、财政局、法制办审完了以后，市政府这边再批，非常严格。一个合同七八十页，层层关系都被环环相扣，里面的职权利怎么划分，双方的风险怎么分摊，整个项目的风险在哪，哪些属于政府的风险，哪些属于社会资本方的风险，都有专业团队来分析，所以这个项目运营下来就非常可靠，非常牢靠，不可能说来了以后不赚钱就跑了。"

（3）资产管理

作为武汉市的首个公私合营项目，该项目是由运营方对原有项目进行装修改造，包括安装工程改造、智能化系统升级、医疗设备及办公家具购置，总投资约为1.23亿元。本项目的社会资本方占有90%的股权，武汉市社会福利院占有10%的股权，项目合作期为25年。根据合同约定，合同期结束后，政府收回所有投资。项目通过收取社会代养老人服务费、医疗费、体检费、居家养老服务费、超市收入、电商平台收入等获得合理回报，政府不承担运营补贴，项目初期经营权使用费为每年616万元，每三年增长3%，整个运营期内，项目使用费为1.7亿元。

"整个给他的运营期是25年，25年以后把所有的完好的设施设备移交给政府……，25年是财务测算的，财务测算投资了多少钱，每年收益率是多少，你的本金回笼可能是十三四年，然后再加上你赚的钱，赚多少比例，定了是25年，这都是财务专家测算的。"

（4）监督管理

PPP项目由于相对比较规范，对运营方的监管更为严格，监管的内容与监管方式一般都写进合同内。对运营方每年进行绩效考核，有没有老人投诉、有没有安全事故，有没有医疗事故等等，都是考核的内容。

"我要每年对他的绩效进行考核，有没有老人投诉，有没有出安全事故、医疗事故，因为你这一出事故，老百姓不知道，他代表武汉市，虽然他是公建民营，这一个院子里面，两栋楼又连在一起，外面打了一个武汉市社会福利院，所以对外老百姓认为是政府办的，所以我们对它要定期考核，要把好养老这一块，投诉率要控制……有退出机制，包括一些合同终止的前提，哪些特殊情况可以提前终止合同都有明确规定的，它所有的条款都是专业的律师一道一道把关的……。"

四　主要经验与特点

（一）公办养老机构的定位基本明确

无论目前公办养老机构改制的模式是什么，公办养老机构的定位基本是明确的，换言之，目前无论哪种改制模式，公办养老机构应该承担哪些群体服务都非常明确。根据湖北省的改制文件精神，公办养老机构主要承担保障"三无"老人，孤老优抚对象，经济困难的孤寡、失能、高龄、失独等特殊困难老年人养老服务的职责，发挥兜底作用。从具体模式来看，改制后的运营主体是民营资本，承担托底任务，这一类养老机构承担了公办养老机构的职能，属于政府购买服务的范畴，从这一点来看，政府的托底任务既可以通过公办养老机构来负责，也可以由民营养老机构通过政府购买服务来承担。改制后的运营主体是民营资本，不承担托底任务，这一类养老机构纯粹市场化，托底任务交给公办养老机构承担。"一院两制"类型养老机构分离了政府代养老人和社会代养老人，以公办的价格不能收养社会代养老人，公办养老机构只能收养政府托底对象。混合型养老机构其实是更为复杂的"一院两制"型养老机构，在一个养老机构中有多种模式并存，但公办属性的养老机构收住的对象仍然不变。

（二）公办养老机构改制模式呈现多样化

湖北省公办养老机构的改制模式相对多样化，公建民营模式是目前湖北省公办养老机构改制的最主要模式。为了回避国有资产的管理相关规定，在实践中，湖北省地方政府并没有公开称这种模式为公建民营模式，而是称之为合作经营模式，本质上就是公建民营模式。这种模式根据委托方和经营方之间的关系，又可以分为租赁式公建民营模式、委托式公建民营模式。此外，还有一院两制模式、混合模式和 PPP 模式。从目前来看，这些改制模式的运作都还处于初期，协议中签订的各项条款还在执行当中，执行过程中存在的问题还没有充分暴露。目前这些模式的可持续性还需要时间来验证，因此，基于目前初期的这种状况，任何模式的选择都是可行的，任何模式都可以尝试、探索。

事实上，公办养老机构的转制本身就是一个自上而下的行动。随着老龄化的不断发展，老年人规模日益扩大，我国养老服务供给逐渐成为短板，难以满足日益增加的需求。对此，民政部开始在全国进行公办养老机构改革试点，各省根据实际情况，制定本省的公办养老机构改革政策，省内各县市具体实施公办养老机构改制。由于市县实际情况不一样，各个公办养老院的具体情况也不一样，如经营状况、地理位置、自然环境等等，差异都很大，很难通过统一的模式进行改革。因此，公办养老机构改制的多样化模式有利于充分探索目前公办养老机构的改革思路，有利于更好地激发公办养老机构的活力、发挥公办养老机构的作用。

（三）公建民营模式是改制的主要形式

从调研的这些试点机构来看，虽然公办养老机构有很多改制的形式，但公建民营形式仍然是最主要的形式。也就是说，改制后的养老机构运营主体是民营资本。而且从改制前的养老机构状况来看，改制的机构以新建的养老机构为主，对于目前正在运营的养老机构进行改制的很少，也就是说改制主要以增量为主，存量很少。之所以改制以新建的养老机构为主体，主要考虑到以下几方面的原因，一是新建的养老机构不存在老人如何处理问题，相反，对正在运营的养老机构进行改制，老人是否继续住在由民营主体运营的养老院就是一个问题，老人或者家属有可能不认可民营养老院，或者难以接受民营养老院比较高的价格等等。因此，改制过程中如何处理已经入住的老人是一个突出的问题。二是工作人员问题，如果正在运营的养老院存在有编制的职工，如何在改制过程中处理这些职工，给这些职工以什么样的待遇，民营资本是否愿意接手这些职工，都需要大力去协调。基于以上原因，对新建的养老机构进行改制，既简单，也容易操作，从而也就形成了目前公办养老机构改制中以增量为主的局面。

（四）国有资产的保值增值灵活处理

在公办养老机构的转制中，采用公建民营或者公办民营模式的养老机构，如何实现国有资产的保值增值始终是转制的一个重要的关键点。过分强调资产的保值，过高地收取民营主体的资产使用费，可能导致民营主体不愿意投标，即使中标了，也难以可持续发展下去，这其实是违背了公办养老机构改制的初衷。因为公办养老机构的改制初衷就是激发市场的活力，补齐服务供给的短板，过高的资产使用费窒息了市场活力。反之，过多考虑民营主体的经营难度和可持续发展，降低资产使用费，又面临着追责的风险。因此，要比较好地处理国有资产保值问题，又能顺利地推动公办养老机构转制，需要采取灵活的措施。

从湖北省目前的几个改革试点来看，如果转制后的运营主体不承担政府托底任务，政府就根据修建养老院时的投资情况进行测算，公建民营期间收回已有的投资。一般来说，投资得多，收取的资产占用费也就越高，投资得越少，收取的资产占用费就较低。如武昌区社会福利院，公建民营期间收回政府投入的100多万元。如果转制后的运营主体承担政府"托底"任务,政府在招标时一般不收取资产占用费。如武汉市东湖新技术开发区佛祖岭福利院,福利院要承担政府的217名托底对象,政府通过包干形式给每位老人的费用肯定难以维持养老院的持续运行,因此,政府没有收取资产占用费。政府对国有资产处理的这种灵活措施有利于运营主体的可持续发展,有利于整个养老服务业的发展。

(五)政府对运营主体的选择非常谨慎

虽然从民政部到湖北省都下发了公办养老机构改制的相关文件,但具体到下面怎么操作,如何保证民营主体在承接公办养老机构过程中不投机,保证民营主体能够认真地去履行社会责任,而不是仅仅为了赚钱?对此,政府在选择民营主体时都非常谨慎,设置很多条件,提高准入门槛。整体上看,政府在选择民营主体时比较注重这么几点,一是有从业经验,这一点很重要,目前有资金实力的人很多,想从事养老行业的人也很多,但是既有资金实力又有行业从业经验的投资者很少。养老行业是一个微利行业,随着政府鼓励政策的增多,投资商越来越多地加入此行业中来。事实上,没有从业经验,初入此行业短时间内很难赚钱,更多是亏损或者持平。因此,有一定的行业经验,对于行业的稳定有一定好处。政府在选择民营主体时更多是在现有机构中选择,这样就能实地考察该机构的情况,确保民营主体的实际情况。二是有一定的资金实力。就公建民营的模式来看,很多养老机构虽然是政府建设,但房间的设施、设备更多由民营资本来投资,双方共同出资来完善硬件设施,因此,要顺利实现公建民营,民营资本没有资金实力难以实现。三是在这个领域中经营比较好的机构中选择,确保新的养老机构顺利运营。从这一点来说,未来公建民营模式的养老机构更多是这个行业某个机构的连锁机构。整体来看,政府在选择民营主体时抱着宁缺勿滥的心态,要做公办养老机构的改制,就一定要做好。分析背后的原因,一方面是因为目前的机构改制是摸着石头过河,谁也不知道怎么做,没有经验可以借鉴,因此,需要考虑方方面面的情况。另一方面,养老机构不像企业,一旦民营主体半路经营不下去,或者欺骗老人、卷钱逃跑,如何处置剩下的老人,就会给政府留下很大的问题,这也是政府需要考虑的。

"(武昌区社会福利院)我们和民政局沟通了之后商量,想把公建民营做好，可能大家得摸着石头过河，为了让这个事情不失败，所以我们当时没有对外进行发包。你要让往外面经营的话，他可能经营两年，要么经营不好，这个责任政府背，要么经营得好，他可能有别的想法，或者是把谋求利润的方面，想得更多。所以我们当时在民政系统内部就搞了一个这个发包。"

（六）农村养老院改制以重置资源功能为主

相对于城市而言，农村养老院缺乏足够的入住老人，因此，采取和城市一样的模式进行公办养老机构改制不现实。从湖北省的实践来看，农村公办养老机构的改制主要有两条路径，一是将原来几个乡镇的政府托底对象集中起来，由一个养老院进行收住管理。其他养老院另作他用，如改建成区域性的养老服务中心，交由民营资本进行经营。二是利用民政福彩公益金，新建一些多功能的服务中心，将养老院、卫生站、老人活动站等功能集合在一起，充分进行资源的整合，满足老年人的需求。此外，将一些闲置的资源如不用的学校逐渐改建成养老院，满足附近老年人的入住需求。农村的这种改制思路与农村所处的环境有关，整体看，是在重置资源功能的同时满足老年人的服务需求。

五 转制存在的主要问题

目前，公办养老机构改制还处于起步阶段，试点机构的运营整体来说还比较良好，改制过程中存在的问题很多还没有暴露，目前显现的问题仅仅是初步的一些问题。

（一）对公办养老机构转制的看法还不统一

从2013年民政部下文进行公办养老机构改制开始，目前已有三年多的时间，虽然各省都在根据本省的实际情况进行改制，模式多样化，但在思想认识上，还缺乏统一的认识，公办养老机构到底应该改到什么程度，还处于一个模糊的状态。公办养老机构改制的一个极端是不用改，另一个极端是全部民营化，其他的改制方式其实都是处于这两个极端当中。从目前的实践上来看，现有的模式都是处于这两端当中，到底改制应该靠近这两端的哪一端，目前缺乏统一的认识，有人认为公办养老机构必须存在，这是民政的职能所在，不能让民营资本全部经营。有人认为公办养老机构改制也不应一刀切让民间资本经营，公办养老机构的负责人也完全可以经营。不同的认识说明了目前公办养老机构的改革还处于摸着石头过河的阶段。

"（江区社会福利院）据我们了解，很多地方政府对公建民营有片面理解，我就给民营去做。公办院里面有很多院长和管理人员，福利人员他是很有经验的，从现在来看他基本上都是从公办院把他挖过去的，无论从医院还是从养老院挖过去……，这个时候公办院的院长退休以后，或者他今后继续社保他也可以辞职，他没有钱的话，那么你就以他的品牌和团队这个力量去承接他。……这是一种不同于纯粹公办民营的运营模式，我们提出这种模式，这个是可以做的。……现在在实际操作上，国家肯定都可以，但是国家的层面现在都是这样的，到了地方层面基本上我们院就感觉到，这个集团，那个财团，这个医院，那个个人就全部进来了。"

（二）部分养老机构存在人员分流问题

公办养老机构长期以来是事业单位，因此，很多公办养老机构存在事业编制，尤其是城市很多大型的公办养老机构，属于公益一类事业单位，事业编制相对比较多，而农村养老院事业编制相对少一些，一般是院长有事业编制，其他管理人员都是聘用人员。院长一般由民政部门委派，因此，即使这类公办养老机构转制，院长可以回到政府部门，不存在人员分流问题，但对于有很多事业编的公办养老机构来说，人员分流问题就比较突出，如公安县福利院，当初建设福利院时占用村民土地，作为补偿答应给每个村民一个事业单位编制，当时补偿问题解决了，但现在改制过程中人员分流问题又不好解决了。从湖北省的实践来看，对于公办养老机构内有编制的这类机构，一般进行资源整合，将儿童福利院、救助站的功能整合在一起，将原来代养的社会老人分流出去，剩下政府托底对象，管理人员不变，事业编制继续保留。长远来看，解决这类养老机构的事业单位编制最终是和整个事业单位的改革一起进行的。

(三) 民营资本承接养老机构时面临着消防难以合格问题

养老机构的入住对象是老年人，尤其是对于那些以失能、半失能老人为收住对象的养老机构来说，安全问题尤为重要。要确保安全不出问题，消防设施必须合格。从目前调研的情况来看，无论是新建的养老院还是以前的养老院，消防设施基本都不合格，尤其是新建的养老院，在最初建设时，虽然知道要做养老院，但由于是民政部门在负责建设，民营资本没有参与，消防部门没有参与验收，最后民营资本一旦接手开始运营，消防设施就难以过关，虽然民营资本开始运营，但由于存在消防问题，证件难以办齐，服务难以跟上。为了保证养老院的运营，民政部门和民营主体不得不再进行投资，既浪费了财政资金，也为整个养老院的运营带来困难，增加民营主体的资金压力。从问题源头来看，在最初建设养老机构时消防部门就应该参与，尽可能在养老机构建设初期就一步到位，确保在未来机构运行时消防合格，而不是建成后再来改造，浪费不必要的资源。

"（监利县社会福利中心）我跟省厅反映过这个问题，特别是消防，消防的投入过大，不实事求是，不结合当地的问题，不因地制宜，农村的老百姓弄个养老院，要三十万块钱，弄个消防设施也要三十万，都要重新改造，超出了承受的能力"。"消防是干什么呢？我做的时候要不然不允许开业，消防设置不符合规范，那我们做事也好说，又让我们开业了，开业的时候怎么不说呢？开业中途又说，我们按照他们的要求整改，投资了200多万，民政局投入180万，现在又不符合要求，你要我做事就一口气说怎么到位，我就一口气到位，不要今天说这里没到位，那里没到位，要我怎么做事呢？"

(四) 国有资产相关规定与公建民营实践相冲突

养老服务业是一个周期长、利润薄的行业，要想赢利，必须给经营者足够长的时间去经营。公建民营改制模式意在吸引民间资本进入养老服务行业，因此，需要给民间资本一个相对比较长的经营周期，民间资本才有可能有利润。但根据目前国有资产的相关规定，占用国有资产只能三年签一次合同。事实上，民营资本进入养老服务行业前三年还在不断投入，哪有利润可谈,因此,国有资产的相关规定和公建民营这一实践产生了矛盾。为了顺利实现公建民营,各地在实践过程中只能回避国有资产的这一规定,公建民营的这一模式也就变成了合作经营。从本质上来说,无论是公建民营,还是合作经营都是民营主体利用国有资产进行经营,同时为国有资产的使用付一定的费用,只不过时间长度不一致,合作经营可以更长时间地利用国有资产。因此,顺利推进公办养老机构的转制,需要完善相关规定,为转制铺路。

"第三个就是三年回收期的问题。我们国有资产,我们规定都是三年的回收期,目前国家政策是这么设计的,所以很多民营老板就说,那三年之后我还干不干?所以影响他投资的积极性和投资的额度。所以为了避免这个问题,我们就要么通过服务外包来解决,要么通过合作来解决。起码我不是公建民营的,像＊＊＊就是这样的,＊＊＊600张床位,是毛坯房和电梯,民营方来经营,民营方第一年投了400万元,包括床品、电视电器等。这个我们认为是合作了。起码不是公办民营的。"

(五) 职业经理人市场没有形成

公建民营模式意味着让民营资本来承接国有养老院。从目前调研来看,政府在公开招标的时候,一般会对民营资本提出很多条件,只有满足相关条件的民营资本,才能承接公办养老院。政府提出的条件中大部分包括,民营资本具有养老服务领域从业的经验,民营资本具有一定的实力,能够在运营后继续投入,以满足运营的要求。事实上,养老服务领域在我国刚刚起步,民营养老机构的发展还处于不断成长阶段,职业经理人市场还没有形成,公建民营养老模式需要的有实力的经理人在市场上还很稀缺,更多的是有资本实力没从业经验,有从业经验没资本,符合公建民营模式的只能是资本和有从业经验的人相结合。因此,要大规模地实现公建民营,人才还很稀缺。

"据我们了解,民营养老院很多院长和管理人员基本上都是从公办院把他挖过去的,是从医院或从养老院挖过去的"。

（六）公建民营养老院监管有待加强

监管对于整个养老服务市场持续平稳地发展起着举足轻重的作用。让民营资本承接公办养老院是一种新型运营模式，在这个过程中，谁来监管、监管什么、怎么监管等问题都处于探索中。

监管主体。理论上来说，政府是监管的主体，但从实际情况来看，政府的人员有限，仅靠有限的几个人很难对庞大的养老服务市场加以监管，更何况，公建民营养老机构需要监管的内容更多。从目前的调查点实践来看，监管大部分依靠民政部门，民政部门既负责业务的监管，也负责国有资产的保值增值。

> "民政局对养老中心，是一个业务的监督管理。国资局是一个资产的所有者，代表政府。这个养老中心实际是交给政府的，属于国资办统一管理……民政局只是一个业务部门，行业部门，代表政府的主管部门，对我们这些养老行业加以管理"。

监管的内容。养老院需要监管的内容很多，如服务的质量、服务的价格、国有资产的保值增值、运营状况、财务状况等等，对公建民营养老院到底进行哪些监管，目前还没有明确界定，从实践来看，更多的是安全监管、国有资产的监管，只要安全没问题，国有资产折旧能收回来，就达到了最基本的监管要求。

> "在资产的监管问题上，我们的合同已经拟定好了。我们民政局是跟他们这个国有资产相关的，为了保证资产不流失，现在他们那块所有的投入进去的，装饰装修、添置东西的话，全部是国有资产。我们合同上已经约定，属于国有资产。就是你装修的部分，我不搞了以后，把它撤掉或者拿走，不行。这是我们监管的。不搞的话，所有的东西不能带走。另外，我们监管的房间要保持原状，不能随便乱改乱建，不能改变它的主体结构，这个我们监管。另外，我们对他的业务进行指导"。

（七）农村养老院改制比较困难

相对于城市而言，农村养老院改制比较困难，主要是农村老年人需求有限，即使进行公建民营、公开招标，也没有哪个民营资本愿意接手，因此，农村养老院的改制就很难参照城市这种模式展开。目前实践中一般是附近几个乡镇的政府托底对象集中在一个养老院，其他养老院进行功能重置。

（八）医养结合变成依靠医保赚钱

医养结合的初衷是为了提高养老院的服务质量，保证入住老年人能够及时接受需要的医疗。对此，从国务院到地方政府都非常重视医养结合问题。但是，在实践中，医养的初衷变成了依靠医保赚钱。从湖北省实践来看，试点改制机构大部分都有医保资质，没有医保资质的机构也正在积极申请医保资质，为什么会这么积极，主要原因是养老院依靠养老难以盈利，依靠有医保资质的医院可以盈利，因此，凡是养老机构，没有不在积极地申请医保资质。长远来看，我国医保制度本身就持续性较弱，如果养老院绑架医保，或许会进一步增强医保制度的脆弱性。

六　下一步推进转制的建议

（一）公办养老机构转制切忌一刀切

随着我国老龄化水平的不断提高，老年人养老服务需求日益增加，公办养老机构的改革势在必行。也只有通过对公办养老机构的职能重新定位，对公办养老机构的资源进行整合，才能进一步激发公办养老机构的活力。但是，我们应该看到，公办养老机构的改革不能一个模式，切忌一刀切。毕竟每个养老机构所处的自然环境、地理位置都是不一样的。有的养老机构适合公建民营（如新建的养老机构），收住社会老人多于政府托底对象的养老机构，社区日间照料中心等，这类养老机构对外招标很容易实现。有些养老机构地理位置偏僻，老年人对养老机构的需求不足，这类养老机构民营资本很难介入，功能重置或许更好。有的养老院虽然已经属于公办，但已经开始市场化运营，运营效果也不错，这类养老机构可以保留，政府可以给它们灵活的政策，逐渐减少财政资金，放开收费价格，让这类养老机构通过退休等方式逐步减少编制、走向市场。因此，公办养老机构需要改革，但改革不可能一个模式，需要因地制宜，在保证国有资产不流失的情况下，逐步将国有养老机构推向市场，让市场在整个养老机构资源配置中起到决定性作用。

(二) 养老机构改制应该纳入事业单位改革当中

公办养老机构属于公益一类事业单位,因此,公办养老机构的转制应该是整个事业单位改革的重要组成部分。尤其是公办养老机构编制人员分流问题,必须通过整个事业单位的改革来解决。随着机关事业单位养老保险制度的实施,未来事业单位的人员编制会逐步向合同制转变,但是对于原来是事业编制的这些人员,加强公办养老机构的改制时需要妥善安置,可以通过不同渠道进行解决,如分流到承担政府兜底任务的公办养老机构当中,分流到监管部门等。通过这些方式,逐步消除公办养老机构的编制,为转制铺好路。

(三) 国有资产评估更加科学

国有资产的保值增值是公办养老机构转制过程中一个不能回避的问题。从政府角度看,民营资本既然使用国有资产,就需要交纳国有资产占用费,否则就意味着国有资产的流失。从民营资本的角度看,交纳国有资产使用费就会增加成本,养老服务行业作为一个利润低、周期长的行业,短时间内利润率比较低,既要承担大量的成本,又要盈利,显然很难,作为民营资本,更希望降低国有资产占用费,甚至免费使用。因此,在使用国有资产上,政府和民营如何恰当地处理非常重要。养老服务业当前还处于起步阶段,公办养老机构的改制本意就是让养老机构提高服务质量,满足更多老年人的需求。因此,从公办养老机构改制的本意出发,国有资产的保值增值应该服从于养老服务业的发展,而不是养老服务业的发展服从于国有资产的保值增值。否则,养老服务业发展不起来,意味着国有资产也在不断流失。因此,在处理国有资产问题上,需要科学评估国有资产,使国有资产的使用费既不过高、不过分增加民营资本的成本,也不过低,导致国有资产流失。

(四) 消防验收尽可能地前置

消防设施健全是养老机构安全的重要保证。从湖北省调研点公建民营养老机构来看,基本上都存在消防设施不合格问题。由于重新改造消防设施费用比较高,而政府的财政能力又有限,一旦消防设施不合格,只能政府出一部分资金,承接人出一部分资金,共同改造消防设施。甚至有的机构负责人反映,消防设施改造一级和另一级的意见都不统一,改造方案符合了这一级管理部门的要求，达不到更上一级管理部门的要求，导致消防不能通过，机构难以正常运营。事实上，这种养老机构建设完成后再进行消防改造的模式既耗费了财政资金，也不利于养老机构的正常运营，对整个养老服务业的发展都是一种制约。因此，在建设养老机构的同时就完善消防设施，做好消防验收显得尤为重要。

（五）根据公建民营发展实践完善相关制度

公建民营养老机构的健康发展必须有相对完善的法规制度作为保障。目前，相关制度的不完善约束了公建民营养老机构的发展。比如国有资产的占用时间以三年为界。又比如按照规定民非不能连锁、贷款，营利不能分红，原有的投入不能收回，事实上，很多公办民营养老机构都注册为民非，这一规定事实上违背了市场规律。因此，公办养老机构实施公建民营应该寻求制度的改革和突破，可参考发达国家社会企业的相关做法，发展社会企业型养老机构，在资产盘活、连锁经营、融资资格、营利分红等方面作出适度调整，放松限制，以此调动社会力量参与公办养老机构运营的积极性，也为营造养老机构公平竞争打下基础。只有这样，才能从宏观制度环境上为养老机构实施公建民营解套，才能促进其更快地发展。

（六）合理确定公办养老机构的规模

公办养老机构的功能很明确，就是为政府兜底对象服务，换言之，公办养老机构就是为那些需要服务但又没有能力购买社会服务的老年人提供服务，确切地说，就是提供基本服务，保证他们基本的生活，而不是高档的生活。因此，在建设公办养老机构时应该从这一原则出发，为托底人群服务。从湖北省的实际情况来看，很多公办养老机构由于建设时缺乏标准，为了面子工程，导致机构建设规模很大，内部装修很豪华，提供的服务远超过托底老年人需要的基本服务，甚至超过很多民营养老机构提供的服务。兜底对象享受的这种免费服务让不同老年人之间产生不公平感，不利于社会和谐。因此，建设公办养老机构时应该从提供基本服务这一原则出发，切忌豪华奢侈，浪费财政资源。

（七）加强农村公办养老机构改制

据统计，农村公办养老机构占了整个公办养老机构的大部分。由此，公办养老机构改制的主战场应该在农村而不是城市。事实上，由于农村的地理环境、居民的观念、实际的消费能力导致民营资本不愿介入农村养老院，很难用公建民营这种模式去推动改制，农村养老院改制举步维艰。实践中，很多地方将周围几个乡镇的民政对象进行集中，剩余养老院中条件好的改作区域性的养老服务中心，为广大居家老年人服务。从本质来说，这属于农村公办养老机构的功能重置，并不是公办养老机构的改制。从长远来看，农村公办养老机构的改制应该结合城镇化的发展因地制宜地制定方案，而不是单纯就养老机构改制谈养老机构改制。

附录四　四川省公办养老机构转制发展现状

一　前言

四川省是继上海之后第二个步入老龄社会的人口大省。数据显示，截止2015年底，四川省60岁及以上老年人口有1672万人，占全省总人口的20.38%。预计在"十三五"期间，四川省老年人口总量和比重将呈持续增长态势。其中，60岁及以上老年人口总数将从2015年的1672万人增加到2020年的1866.72万人，所占比重将从20.38%增加到22.66%；80岁及以上高龄老年人口总数将从2015年的211.58万人增加到2020年的287.39万人，所占比重将从2015年的2.61%上升到2020年的3.49%。人口老龄化呈现基数大、增速快、高龄多、空巢多的特点。

为应对迅速发展的人口老龄化带来的挑战，四川省近年来出台了一系列政策措施加快推进养老服务业的发展，并在全省范围内开展了公办养老机构改革试点工作。截至2016年底，四川省全省有养老机构2547个，床位49.03万张。2014年，四川省开展探索公办养老机构改革，先后出台了《关于开展公办养老机构改革试点工作的通知》（川民发〔2014〕1号）、《关于加快发展养老服务业的实施意见》（川府发〔2014〕8号）、《关于印发四川省五大新兴先导型服务业发展工作推进方案的通知》（川办发〔2014〕90号）等文件，并下发了《关于全面放开养老服务市场提升养老服务质量的实施意见（征求意见稿）》等一系列政策文件，引导和规范公办养老机构的改革试点工作。为深入了解和剖析四川省公办养老机构改革试点工作的现状、取得的经验以及存在的问题，笔者前往四川省第一批公办养老机构改革试点市区的重点单位进行了实地调研，通过召开座谈会和个人深度访谈的形式，围绕公办养老机构改革试点工作的实施情况、经验做法、存在的问题等进行了交流探讨。

二　四川省公办养老机构转制政策情况

（一）转制政策情况

为了加快推进公办养老机构改革转制的进程，2014年，四川省民政厅出台了《关于开展公办养老机构改革试点工作的通知》（川民发〔2014〕1号）（简称《通知》）。《通知》围绕公办养老机构改革试点工作的指导思想、基本原则、试点任务、试点要求和组织领导提出了明确要求；同时，还对公办养老机构的分类、职能定位、服务对象、服务评估制度、标准化建设、公建民营、转企改制等关键问题做了明确规定。

在此之后，四川省相继出台了《关于加快发展养老服务业的实施意见》（川府发〔2014〕8号）、《关于印发五大新兴先导型服务业发展工作推进方案的通知》（川办发〔2014〕90号）、《关于推进城镇养老服务设施建设工作的通知》（川办发〔2014〕145号）等文件，并下发了《关于全面放开养老服务市场提升养老服务质量的实施意见（征求意见稿）》、《"十三五"社会养老服务体系建设规划（征求意见稿）》等政策文件。这些文件在政策内容上围绕公办养老机构及其改革与发展议题，均做出了明确规定。

表 F4-1　四川省公办养老机构转制相关政策文件

时间	文件名称
2014.1	《四川省民政厅关于开展公办养老机构改革试点工作的通知》（川民发〔2014〕1号）
2014.2	《四川省人民政府关于加快发展养老服务业的实施意见》（川府发〔2014〕8号）
2015.1	《四川省人民政府办公厅关于印发四川省五大新兴先导型服务业发展工作推进方案的通知》（川办发〔2014〕90号）
2015.1	《四川省民政厅关于推进城镇养老服务设施建设工作的通知》（川办发〔2014〕145号）
2016.6	《四川省人民政府办公厅关于全面放开养老服务市场提升养老服务质量的实施意见（征求意见稿）》
2016.11	《四川省"十三五"社会养老服务体系建设规划（征求意见稿）》

来源：四川省民政厅网站，http://www.scmz.gov.cn/。

（二）主要政策内容

1. 公办养老机构的定位与职能

四川省将政府举办的养老服务机构，诸如社会福利院、社会救助福利中心、农村五保供养机构、优抚医院、光荣院、民政精神卫生福利机构等统一纳入公办养老机构范畴，并将公办养老机构的职能定位明确为两类：一是托底功能，四川省明确提出公办养老机构是承担政府基本养老服务职能的保障性养老机构，发挥"保基本、兜底线"的托底作用；二是示范功能，四川省明确要求公办养老机构要发挥面向社会示范培训、调控养老服务市场、化解民办养老机构服务风险等作用；与此同时，还要求公办养老机构要进一步延伸服务，为民办养老机构和周边社区、农村提供养老服务人才和项目支持。同时，还要求公办养老机构在提供基本养老服务的基础上，进一步拓展服务功能，拓宽服务范围，可以通过改扩建，增加医疗康复、临终关怀等服务，提高护理性床位的数量和比重，逐步向以护理型为主的业态转型。

2. 公办养老机构的服务对象与评估

四川省还进一步界定了公办养老机构的服务对象主要有三类：一是政府兜底保障对象，包括城镇"三无"老人和农村"五保"对象；二是特殊困难保障对象，包括低保或低收入老年人，经济困难的孤寡、失能、半失能、失独、高龄老年人；三是有特殊贡献的优抚保障对象。同时，四川省提出要建立健全养老服务评估制度，特别是要探索建立公办养老机构入住评估制度，主要根据老年人的经济收入，以及老年人的失能程度来建立科学的评估机制。同时，要探索建立社会评议和公示制度，通过公平、公正、公开的制度设计，增强入住公办养老机构的透明性。

3. 公办养老机构的改革方式

从四川省政策文件的规定来看，公办养老机构的改革方式主要有五种：①公办民营，即政府投资建设、改扩建、购置并已经投入运营的养老机构和养老服务设施逐步通过委托管理、服务外包等方式，交由社会力量运营。②公建民营，即政府投资新建、改扩建、购置的养老机构和养老服务设施逐步通过委托管理、承包租赁、合作、联营、参股等方式，交由社会力量运营。公办民营和公建民营养老机构的发展，政府均可以通过运营补贴、购买服务等方式予以支持。③直接转企，即把部分直接向社会提供经营性养老服务的公办养老机构，直接转制为企业。④政府与社会资本联建民营。四川省政策规定，对在养老服务领域通过公私合营PPP形式来实现政府与民间资本合作的项目，除了可以按政府划拨方式供应土地外，还可以支持和鼓励市、县政府将国有建设用地使用权以入股或者作价出资的形式提供，来实现政府与社会资本共同投资建设。政府通过给予民营企业长期特许经营权和收益权来引导和促进民间资本投资新建或改扩建公办养老机构，通过建设补贴、运营补贴、贷款贴息、税费减免、补助投资、购买服务等方式支持社会力量投资兴建和运营养老机构。⑤公办养老机构转型为区域性养老服务中心。为了提高农村公办养老机构的服务水平和服务质量，有效发挥农村公办养老机构的公共服务职能和集中养老效用，四川省在农村地区积极推进区域性养老服务中心的建设，既提高农村公办养老机构的资源利用效率，又积极推进农村地区公办养老机构转制改革的实践创新。

其中，对于公建民营养老机构的服务对象，四川省明确规定，转制后实行公建（办）民营的养老机构，需要优先接收政府兜底保障对象，即有入住需求的养老服务保障对象。在此基础上富余的养老床位才能全部面向社会失能、失智、高龄等老年人开放。

4. 服务收费与价格机制

在全面放开养老服务市场、提升养老服务质量的背景下，四川省积极推进公办养老机构的收费管理机制，逐渐形成以市场为导向的价格机制，并针对不同类型的养老机构，实行不同的收费与价格管理。具体而言，对不同类型养老机构的服务收费与价格管理，四川省出台的政策文件做了不同规定。与公办养老机构及转制后的公办养老机构相关的主要有两种机制：①对于政府运营的养老机构，即公办公营的养老机构，服务收费实行省、市、县三级管理，即由民政部门和同级价格主管部门共同制定和管理基本的养老服务收费标准，实行政府定价或政府指导价；②对于通过公建民营等形式运营的公办养老机构，由运营方依据委托协议等合理确定具体服务收费标准。

三　公办养老机构转制主要类型与做法

为了解四川省公办养老机构改革试点工作的开展情况以及公办养老机构在转制过程中面临的问题，笔者前往绵阳和遂宁两市进行了实地典型调研，共实地调研了绵阳市安州区界牌镇敬老院、桑枣镇敬老院、河清镇敬老院以及遂宁市射洪县广兴镇社会福利服务中心、沱牌镇社会福利服务中心、船山区中心敬老院六家公办养老机构转制改革试点，深入了解了这六家试点机构转制过程中的实践做法。根据转制方式的不同，可以将这六家养老机构划分为以下三种类型。

（一）政府与社会资本联建民营

这一类养老机构以绵阳市安州区界牌镇敬老院、桑枣镇敬老院以及遂宁市射洪县广兴镇社会福利服务中心为代表。主要特点为：①政府投资建设，但由社会资本投资装修、采购设施设备，完成水电气安装以及实施道路绿化等附属工程；②政府面向社会公开招标，引入社会资本投资改造公办养老机构，实施公建民营运营管理；③社会主体按照国家相关标准和规定对养老机构进行运营管理，实行独立核算、自负盈亏、自主经营、自主用工，独立承担运营过程中的债权债务、经济、安全、法律责任，负责对固定资产进行日常管理和维护；④地方民政局代表区政府行使权利、履行义务和监督责任，确保"养老用途不改变，国有资产不流失"；⑤运营管理期间，社会主体按照国家、省、市、区有关规定，享受相关优惠政策。

1. 绵阳市安州区界牌镇敬老院

（1）项目基本情况

绵阳市地处四川盆地西北部，数据显示，截至2015年底，绵阳市60岁及以上老年人口有116.17万人，占总人口的比例为21.28%。预计到2020年，绵阳市60岁及以上老年人口将达134万人，占全市常住总人口的比例将上升到23.5%。在城乡社会养老服务体系建设方面，截至2015年底，绵阳市共有各类养老机构255个，养老床位3.5万张，每千名老人拥有床位31张。受5·12地震影响，安州区全县灾后共重建20所公办养老机构，其中，福利院2所，敬老院18所，重建资金来源于中央财政专项基金和部分对口援建省份的财政资金。

绵阳市安州区界牌镇敬老院位于界牌镇石岭村四组，占地13.25亩，建筑面积3500平方米，设计床位120张，政府总投资839万元（含新征土地费）。项目于2010年1月动工，同年6月竣工。由于政府规划资金不足，无力采购设施设备、完成附属工程建设，项目竣工后并未投入使用和运营。2015年7月，安州区民政局通过公开招投标，与重庆恒仕投资管理有限公司签署合作协议，由该公司投资改扩建，运营管理20年。目前，该项目已完成一期投资1000万元，并于2016年5月正式投入试运行，已协议入住 60 余位老年人。目前，运营单位正筹备二期工程，拟规划投资 3000 万元，新增养老床位 100 张。

（2）转制主要做法

（a）确定转制对象

安州区在转制对象的选择上优先考虑三项条件：一是具有区位优势，交通便利。地理位置相对靠近城区，不是偏远山区的公办养老机制转制后，对于社会老人有更大的吸引力。二是具备一定投资潜力。安州区现有公办养老机构全部是 5·12 地震灾后重建项目，由于政府规划资金和对口援建资金不足，部分项目初步建成之后并不能正式投入使用。需要民间资本在已有基础上继续投入资金，改扩建空间越大的机构对于民间资本的吸引力越强。三是具备一定规模，比如，床位数要达到一定规模，以便后期运营收回投资成本。

"我们有基本条件，比如它要有区域优势，交通比较方便。另外有投资潜力，能够推出去的，我们尽量推。原来这个条件比如说土地好宽，床位有多少，一般大的都能够推出去，太小的，太边缘的，没法推出去。"

"别人看得起才能转，对民间资本有一定吸引力，别人看不起你这个地方，没有把这个产值放大的潜力，肯定就没有办法推出去。"

（b）选择社会主体

在社会主体的遴选上，安州区民政局重点考察三项条件：一是投资实力。社会主体是否具备雄厚的资本和投资实力，是当地政府最看重的条件。养老机构建设和运营在性质上属于重资产，本身就需要高额资本投入。安州区地方政府在界牌镇敬老院建设项目上，虽然已经投入 800 余万，但仍然囿于规划资金不足，无法完成相关配套工程建设，而无法正式投入运营。因此，需要引入民间资本在政府投资基础上继续投资建设。二是现有基础。政府要确保转制后"养老用途不改变"，就势必优先选择具备养老行业发展经验的社会主体。安州区政府通过公开招投标选定的合作主体——重庆恒仕投资管理有限公司，在医疗方面有多年从业经验。目前，随着该项目一期工程的完工，与医养结合的相关手续也即将全部办理完毕，医疗与养老相结合成为该项目的亮点。三是发展潜力。社会主体除了在养老和医疗即医养结合方面具备发展基础和优势以外，还可以通过养老+多种经营，发展相关配套产业，做大做强，以纳税形式为地方经济发展贡献力量。

"不缴纳租金，无偿使用。但是我们（政府）有一个要求，就是投资要求。我们（政府）制定了一个标点，市场投资要达到多少。比如说道路、环境，包括设施还要投钱。政府向银行贷款的钱已经用完了，运行还需要投钱。"

"他（社会资本方）投资那么多，这套资产应该算我们（政府）的GDP，算我们（政府）的固定资产投入。以后规模做（大）起来，三年以后，比如说，按国家规定，（政府）可以收税。"

"招标也只有一两家，又不是一个工程，报名的人很少。有时候开标都要流标，愿意投资的不多。我们（政府）后边就不招标了，就直接委托管理，这也符合现在的政策。现在为什么招标呢？因为是第一批，用新建的把原来的代替掉，所以要招标。后面的不招标，因为公办的性质还保持，土地的性质属于国有不变。委托出去管理，可以把整套资产用起来，发展壮大。"

(c) 资产评估

地方政府选定社会主体后，以账单的形式明确国有资产，明确了政府投资支付的新征土地、设计的120张床位和清水房属于国有资产。为了吸引有实力的社会主体参与，安州区政府以合同期限内免缴国有固定资产使用费的优惠条件支持民间资本的发展。

"原来就是房子和土地，土地是国家的，给他（社会资本方）提供的优惠条件就是不收使用费，（社会资本方）无偿使用，支持他（社会资本方）发展。……当时区里移交时有一个国有资产的账单，土地经营证、房产证都是政府的。……20年都不收费，本来就是闲置的，不收费都没多少人，还怎么收费？"

(d) 人员安置

界牌镇敬老院转制过程中的人员安置涉及三类：①原有政府兜底对象

的转移安置。由于转制后，在服务对象上，全部面向社会代养老人，因此，转制前就入住在机构里面的政府兜底保障对象，以行政指令的方式，全部转移安置到其他没有纳入公办养老机构改革试点的机构。②原有管理人员的安置。转制前机构的管理人员属于民政系统体制内的公务人员，在机构中承担管理工作，属于兼职，转职后回归原职即可。③原有护理人员的安置。不同于机构管理人员，有体制内的正式编制，护理人员全部是以聘用制的形式招收而来，转制之后，机构人事安排移交社会主体方承接，公司采取双向选择的形式聘用护理人员。因此，转制工作中，对这三类人员的安置是妥善的。

"因为我们是地震之后新建的敬老院，体制内的编制人员就配备了几个作为院长这样级别的管理人员，他们本身就是地方政府的工作人员，党员干部身份，管理敬老院只是兼职，因此不存在人员分流问题。"

(e) 资产管理

政府与社会主体签订的合作协议对资产管理做了明确规定。社会主体即运营方因为占有了国有资产的使用权，因此，在国有资产的保值方面负有责任。除此以外，对于自有的新增资产，包括新征的土地，配置的设施设备，新建的房屋、水电气、道路、绿化等，由社会主体负责其保值增值。

(f) 医养结合

转制后的界牌镇敬老院在服务对象上全部面向失能、半失能老人和普通社会老人。为减轻机构运营压力，社会主体方有意识地发挥自身优势，通过与地方民政和卫生部门沟通，获得了办医执业许可证，实现了医疗与养老的融合发展。

"投资比较大的建议建医院，规模小的可以考虑跟医院的分支机构、诊所合作。""医疗资源只要附近有就可以，没有的话可以办一个医院。不提倡全部养老机构都建医院。办医需要执业资格，床位、场地、房间、医疗人员、护理人员这些都要达到标准，办医的执业许可证很难办下来。"

（g）服务对象评估

为有效落实医养结合，给入院老人提供更有效的医疗康养服务，界牌镇敬老院转制后的社会运营方，发挥自身在医养方面的优势，对每一位入住老年人进行专业的身体建设，通过评估确定护理等级。

（h）监督管理

转制后，政府部门主要发挥监管职能。安州区民政局对社会运营主体的监管目标在于保证养老用途不改变，国有资产不流失，服务质量有所提升。本着这个目标，监管工作聚焦安全管理，保证社会主体在经营期间不出现重要安全事故。如果出现，或者社会资本方中途毁约退出，则由当地政府主管部门成立临时管委会，承接养老机构的经营和管理事务。

"政府部门重点监管安全，经营期间一旦出现重大人员安全事故，合同上写的是一人以上就可以监督，三人以上的重大安全事故，我们（政府）就可以强行他（社会资本方）终止合同，比如说非正常死亡的，经营性安全事故。"

"中途终止协议后，由当地政府成立临时管委会，把这个养老机构接过来。合同上是约定清楚的。一旦出现重大安全事故，主要是安全。养老服务性质一旦改变，我们也有权利终止协议。"

（i）资本退出

在安州区民政局和重庆恒仕投资管理有限公司签署的合作协议里面，对社会主体方的退出做了明确规定。从时间顺序来看，社会主体方的退出有两种，一种是中途退出，另一种是经营期满后退出。第一种退出出现在政府监管部门发现社会运营方改变机构养老性质，责令其整改但强制后不执行的情况下。第二种退出属于正常的合同到期后退出。退出时需要严格区分国有资产和社会主体方的自有资产，要妥善安置好国有资产以及由社会主体投资配置的转为国有资产的处置。

"中途如果我们（政府）发现养老性质改变，会责令整改，如果不整改，终止协议，强行他（社会资本方）退出。"

"合同到期后，他（社会资本方）继续经营，我们就招标。如果不经营，有些设施设备能搬走的就搬走。所有的装修，比如说装修这些形成的资产转为国有。可以移动的，比如说桌椅板凳、空调、医疗设备，可以转走，但不能损坏国有资产的正常使用功能。其他比如说水电气、道路绿化，包括墙面的装修，一些隐形的装修，这些也属于国有资产。"

2. 绵阳市安州区桑枣镇敬老院概况

（1）项目基本情况

绵阳市安州区桑枣镇敬老院地处桑枣镇松林村，占地23.6亩，建筑面积2600平方米，设计床位80张，政府总投资646万元。该项目于2010年10月动工，2011年底主体竣工。同样，由于政府规划资金不足，无资金采购设施设备、完成附属工程建设，项目主体竣工后并未投入运营。2015年12月，安州区民政局面向社会公开招投标，与中科万德海外建设发展有限公司签订合作协议，该公司承诺四年（2015～2019）总投资5093.6万元进行改扩建，运营管理25年。2016年6月，该公司报安州区发改委备案，拟定五年（2016～2020）总投资8.6亿元，新建养老床位2000张，其中80张为医疗床位。届时，项目总用地将扩大到400亩，总建筑面积将达到10万平方米，主要建筑物将包括老年公寓、老年活动中心、老年康复中心、老年食堂、专家级疗养楼、服务中心、管网、绿化、围墙、停车场等，相关配套基础设施的购置等也由该公司负责。目前，该项目已投资1000万元，已完成道路修建、管网安装、景观打造以及老年活动中心的装饰装修等工程。

（2）转制主要做法

（a）确定转制对象

与界牌镇敬老院一样，桑枣镇敬老院也是绵阳市安州区确定的第一批公办养老机构改革试点单位。安州区民政局在确定转制对象时，重点考察了机构地理位置、气候环境优势以及项目已有基础这三个主要因素。

（b）明确职能定位

转制后的桑枣镇敬老院在职能定位上集中三方面：①承接政府兜底对象的保障功能。中科万德海外建设发展有限公司在政府已经建好的主体框架的基础上，通过进一步投资改造提升、完善相关配套设施设备和附属工程建设后，预留一定床位以保证一定数量的政府兜底对象的供养。②落实医养结合。社会运营方除了要保证一定数量的政府兜底对象的基本养老服务需求外，剩余床位还要面向社会老人开放，通过落实医养结合，能够增强对社会失能、半失能老年人的吸引力。落实医养结合，也是社会资本方履行合同约定的义务。从安州区民政局与中科万德有限公司签署的公建民营合同文本来看，后者需要在运营期间，将桑枣镇敬老院打造成设施齐全、功能齐备、医养结合的综合性养老机构。③发展壮大养老产业。中科万德有限公司除了与安州区民政局签署了针对桑枣镇敬老院实施公建民营的合同以外，还计划与安州区招商局和区委区政府签署发展养老+健康+旅游的产业发展协定，当地政府旨在与中科万德有限公司就桑枣镇公建民营项目展开合作的基础上，进一步加强深度合作，推动地方健康养老产业的发展。

（c）选择社会主体

安州区民政局在社会主体的选择上，重点考察两项条件：①投资实力。桑枣镇敬老院属于地震灾后辽宁省援建项目，由于政府规划资金不足，项目工程在转制前还没有完成，无法投入运营。因此需要社会资本方在主体框架基础上，继续增加投资，改扩建提升。要达到政府预期的投资规模，需要考察社会主体方的资金是否雄厚，实力是否强大。②从业经验。社会主体是否具备养老服务相关从业经验也是地方民政部门在招投标过程对社会主体的重点考察内容。要确保养老用途不改变，社会主体方仅有投资实力还不够，还需要具备养老服务相关从业经验，否则在经营中途变相改变养老服务用途在根本上是不符合改革初衷的。

> "必须保证的一条就是，前期要达到多少投资，这是一个限定条件。政府公开招标，这个项目我们（政府）给他（社会资本方）25年经营权，公司方承诺最低投资5000万，这是前提条件。"

（d）国有资产管理

安州区民政局与中科万德有限公司签署了合同，合同文本对双方权利义务关系、违约责任、合同终止与变更等事项做了明确规定。在国有资产管理方面，在项目经营管理权正式移交中科万德有限公司前，安州区民政局会以清单的形式列明桑枣镇敬老院中属于国有资产的设施设备，合作双方签字确认后，清单被作为正式合同的附件。中科万德有限公司在经营期间，免费享有国有资产的使用权，不得擅自以抵押、出租、出借、出让、转让的方式处置国有资产，且需要及时对受损的国有资产进行维护和修复，并接受地方民政局的监督和检查，以确保国有资产不流失。此外，双方还在合同中约定，社会运营方要向当地民政部门一次性缴纳保证金40万元，以此作为承担国有资产保值、经营风险责任及安全生产风险责任的保证金，社会主体方所交保证金分两次无息退还。

(e) 价格机制

转制后，对政府兜底保障对象的供养，以政府购买服务的形式进行，由地方民政部门统一根据国家和地方标准向社会运营主体付费购买。本着经营主体在经营管理期间，独立核算、自负盈亏、自主经营、自主用工的精神，转制后的机构面向社会老人的服务收费由运营主体按照市场机制自主定价。同时，运营主体需要将收费项目、收费标准、服务内容等向社会和服务对象公示，以接受公开监督。

(f) 监督管理

安州区民政局通过建立评估制度履行对社会主体的监管责任。所谓评估制度，就是定期对运营主体经营管理中的机构人员、设施、服务、管理、信誉等情况进行综合评价，并面向社会公开发布。除了常态的评估机制外，社会主体如果在经营中产生违约或出现因经营不善而引发的社会不稳定情况，地方民政局将视情节严重程度成立临时管委会予以接管，以确保机构的正常经营和服务。如果社会主体在营运期间发生虐待、遗弃老人的现象以及因运营主体的责任一次性发生1人（含1人）以上非正常死亡事件，地方民政局将提前解除合同，相应责任由运营主体承担。

"民政部门监管养老性质不变。桑枣项目，保证原有床位，比如拿出来80张床位，这是国有资产。国有资产里搞的产业，性质不能变，只能搞养老。另外还要新增大概400亩地，搞康养，搞旅游，搞温泉疗养，这是搞配套产业。这一部分不属于我们（政府）监管范围。"

3. 遂宁市射洪县广兴镇社会福利服务中心概况

（1）项目基本情况

遂宁市地处四川盆地中部腹心，《遂宁市养老健康服务业发展规划（2016~2020年）》数据显示，截至2015年底，遂宁市60岁及以上老年人口已超过74万人，老龄化率19.6%，比全省、全国平均水平分别高1.4和3.5个百分点。预计到2020年，遂宁市60岁及以上老年人口将超过80万人，占人口总数的比例将达到21.2%。截至2017年3月，遂宁市已建成公办养老机构120个，床位19321张，集中供养城市"三无"老人、农村"五保"老人12842人。射洪县有公办养老机构30个，民办养老机构8个，公建民营养老机构3个。

遂宁市射洪县广兴镇社会福利服务中心位于广兴镇新场村，项目规划用地44.584亩，总建筑面积16919.47平方米，是一所集生活照料、康复护理、精神慰藉、文体娱乐于一体的经济适用型养老机构，机构为入驻老年人提供生活照顾、健康管理、心理和社会支持、文体康乐、教育与学习、社区关怀等服务。2015年6月，射洪县民政局通过公开招投标，与李万成投资有限公司签署租赁合同，确定由该公司承接对广兴镇社会福利服务中心的运营管理。

(2) 转制主要做法

(a) 确定转制对象

射洪县民政局在确定转制对象时，优先考虑2008年地震灾后新建的公办养老机构，地震之前乡镇一级的敬老院基础条件普遍较差。灾后，当地政府利用援建资金重新规划建设的公办养老机构，无论在选址、地理位置、环境、总体规模，还是设施条件等方面，都要优于之前的机构，因此成为政府优先考虑的转制对象。从射洪县的总体情况来看，目前已经有三个公办养老机构进行了改制，广兴镇社会福利服务中心是其中之一。

> "公办养老机构有30个，民办养老机构8个，公建民营3个。后来又新建的、扩建的，规模比较大的，设施条件、环境比较好，地理位置还可以，能够吸引民间资本来的，就给它委托出去。"

(b) 公开招投标

射洪县民政局在推进公办养老机构改革工作前，做了很多基础性的工作，包括，请第三方机构对养老产业发展的总体状况进行评估，出具评估报告。在此基础上，借鉴上级同行部门的规范化招投标标书，同时结合自身要求，比如，投标单位必须依法取得医疗机构执业许可证，落实医养结合。标书拟定之后，在政府采购中心平台上，正式面向社会发布。

"最早我们是请第三方机构对整个养老产业进行评估，评估后入住率要达到70%才有利润。成都市第一福利院院长给我们出标书，然后在政府采购中心发布公告，向社会招商，招商期限定15年。包括我们的一些要求，比如必须医养结合。"

(c) 选择社会主体

射洪县民政局要求投标的社会主体应该达到的条件包括：①具备投资实力。因为机构内部设施设备在转制前尚不完善，需要具备投资实力的社会主体继续投资，完善场馆装修、设施设备投建等工程后正式运营。从《射洪县广兴社会福利服务中心社会化经营管理运营与服务合同》文本来看，社会主体在正式运营之前，至少要完成800万元的投资，分两部分，第一部分是装修投入经费不得低于500万元，第二部分设施设备投建经费不得低于300万元，分三年投入。②具备医养结合的条件。射洪县民政局对广兴社会福利服务中心转制后的定位是将其建设成为具备医养结合功能的公建民营养老机构，因此，在选择社会主体时，明确提出要求投标单位应在机构内设立医疗机构或采取与周边医疗机构合作的方式，落实医养结合。③具备从事养老服务的意愿。投标的社会主体应该具备从事养老服务的意愿，考虑到养老服务业属于新兴产业，兼具福利事业和产业的双重性质，因此，一定程度上需要社会主体具备爱心、热情、奉献精神，具备明确的发展思路。

除了上述三项基本条件外，在对社会主体的选拔机制上，射洪县民政局建立了专家评审制度，通过实地调研、深入考察、系统评估、给每一个投标单位综合评分的方式确定最终中标单位。

"民政部门有一套评分体系，它报名了，我们就考察，包括它的纳税情况，财务报表都调出来，分析过后我们再研究制定评分标准，给专家提供信息。我们想招一个什么样的企业，一个是医养结合，二要有实力，三是确实想做这一块，要投入的。规定这几年要投入多少。……我们自己组织人员，包括邀请了一些业内专家，对投标企业进行考察。与业主法人谈话，听他的思路、发展的想法。包括外面考察，有一个汇报。企业从事公益事业算作加分项。……考察资质，包括医院人员结构、护理员比例。必须有一个公立医疗机构，这是必备条件。需要医养结合，为失能、失智老人服务。"

（d）国有资产评估

广兴社会福利服务中心的资产评估由射洪县民政局、国有资产监督管理局登记造册，经与社会主体方核实后，签字确认，移交运营主体经营管理使用。在国有资产的使用费上，射洪县民政局与运营主体达成协议，前三年培育期，免缴使用费，从2017年1月份开始，按年缴纳租金15万元，并逐年递增8%。

（e）入住对象评估

从正式的合同文本来看，虽然射洪县民政规定社会运营主体要优先为政府兜底保障对象预留至少10%的床位数，但从笔者调研获取的一手资料来看，转制后的广兴镇社会福利服务中心自运营以来，还没有收住过三无和五保老人，招收的全部是社会老人。目前，机构入住率已经接近60%，入住人数150人左右，入住老人的平均年龄达到80岁。

转制后的机构建立了入院评估制度，给每一位入住老人建立健康档案，进行健康评估，并根据服务协议和老人的生活自理能力评级，实施分级分类收费和服务。

（f）人员配置

公办养老机构转制的人员配置问题涉及两方面，一是转制前人员的安置问题，二是转制后人员的配备问题。笔者实地调研获悉，射洪县县一级及辖区内的乡镇级公办养老机构因为没有编制内的工作人员，因此转制过程中不存在人员分流问题。在转制后的人员配置上，中标单位李万成投资有限公司通过与射洪县当地的一家社区卫生服务中心合作，成立了民办非企业单位，作为广兴镇社会福利服务中心转制后的正式运营单位。为落实医养结合，该社区卫生服务中心派驻了一个科室的医护人员及设施设备进入该机构。具体到护理人员和入住老人的配比上，护理员与自理老人的比例不低于1:13；护理员与半护理（介助）老人比例不低于1:6；护理员与全护理（介护）老人的比例不低于1:3。除此以外，该运营单位还聘用了社工、厨师、后勤保障人员等。

"不存在人员分流问题。县一级没有编制内的。只有遂宁市的市社会福利院有编制。开业过后工作人员有32个人。厨房，后勤保障，医护团队，护工团队，医疗那边配了 10 个过来，52 个。合同要求一次到位。"

"医疗这块是编制内的。医疗之外养老这一块，比如护工、社工、后勤保障是过来后招聘的。"

(g) 价格机制

根据公建民营、管办分离的原则，转制后的机构实行独立核算，运营主体自负盈亏、自主经营。运营主体的收费价格在当地县发改委物价部门指导下按有关政策定价。具体到对入住老人的收费，根据服务协议、自理能力和介护服务等级，实行分级分类收费。具体到工作人员的工资上，根据地方经济发展水平和行业标准确定。

"射洪是一个县级市，我们这边的收费是 1600 多元，完全自理的。我们分了介助等级、介护等级。在自理的基础上，其他费用不变，护理费用增加几百块钱。介助 2 又在介助 1 的基础上多几百块钱。"

(h) 医养结合

中标单位李万成投资有限公司与射洪县当地的一家社区卫生服务中心合作，成立了新的民办非企业单位，作为转制后的机构的正式运营主体。社区卫生服务中心属于基层公立医疗机构，具备合法的医疗机构执业许可证，具备人员、医疗设施设备等软硬件条件，加上地方民政部门和卫生部门的支持推动，落实了医保定点，正是这些因素的集合，才最终促成了医养结合的顺利落地。

"民政局有这个方向，必须医养结合才能应标。"

(i) 监督管理

射洪县民政局对转制后机构的监管包括：①国有资产的监管。通过建立台账的方式，保证运营单位在经营管理过程中对国有资产的维护。②安全监管。射洪县民政局对公建民营机构的安全事故持"零容忍"态度。如果出现因管理疏漏等人为因素导致人员死亡或财产损失 20 万元以上的消防、饮食卫生等重大事故，政府监管部门可以终止项目协议。

在具体的监管方式上，地方政府通过委托第三方评估机构，开展监督考核，评估运营主体的服务质量、服务指标完成情况、服务对象及家属满意度、员工满意度、社会反响等，并对评估发现的问题提出改进建议，并要求运营方限期整改。

"每年10月我们请第三方机构，对它的财务、服务进行评估。比如服务满意度、家人满意度。通过社会调查，做一个综合评估，出一个报告。评估过后向社会公告，经济效益和社会效益这一方面都对它进行一个评价。"

"现在公家管理有一个最大的好处，消防设施必须到位，必须安全，安全有保障。如果出现安全问题，肯定是管理不到位。"

（二）公建民营——政府投资兴建社会主体租赁运营

这一类养老机构以遂宁市射洪县沱牌镇社会福利服务中心为代表。主要特点为：①政府投资兴建养老机构，提供土地和清水房；②通过公开招标，以整体租赁的形式将机构使用权交给社会主体；③政府部门根据租赁合同收取租金，监督公有财产不受损失。

1. 遂宁市射洪县沱牌镇社会福利服务中心

（1）项目基本情况

2015年1月，沱牌镇政府经过公开招投标，与四川科硕达养老服务有限公司签署合作协议，由该公司对原沱牌镇社会福利服务中心进行公建民营改制，成立沱牌养生休闲公寓。该公司以整体租赁的方式将原社会福利服务中心的300张床位承租下来，经过近一年时间的改造、改建、翻新、装饰、装修，将原来的清水房提升为适合老年人居住的中高端公寓。目前，该项目已完成水电气一体化改造，节能设施设备的安装，环保家具及用品的购置。该公司还开发了含有硒等二十多种微量元素的山泉饮用水。公寓总占地30余亩，建筑面积10700平方米，已收住60余位健康自理的老人。

（2）转制主要做法

（a）确定转制对象

射洪县民政局在确定公办养老机构转制对象时，综合考虑机构的地理位置、依托资源等要素。沱牌镇社会福利服务中心，在地理位置上距离镇中心不远，距离遂宁市也只有20多公里的路程，具有明显的区位优势。除此以外，该机构所属区域还有比较丰富的旅游资源。

"离镇中心不远，门口就是沱牌镇、沱牌舍得酒业。位置还算可以，离遂宁市也只有20多公里路。""这个地方很不错，有旅游优势，不像三亚、海南、广西、贵州那些地方的旅游资源丰富，但有一定的依托资源。"

(b) 选择社会主体

射洪县民政局通过公开招投标选择社会主体时，重点考察投标方是否具备以下条件：①养老服务从业资质和经验。与没有从业经验和资质的投标主体相比，具备养老服务从业资质和经验的主体在竞标中有明显竞争优势。②投资实力。沱牌镇社会福利服务中心的主体框架由政府投资2000万元建设完成，但房屋装修、设施设备、道路、绿化等附属工程建设还需要社会主体继续投资。因此，在地方政府选择社会主体时，投标方是否具备丰厚的资金实力是重点考量的要素。③爱心、奉献精神及抗风险能力。养老服务业具有投资大、回报周期长的特点，公办养老机构转制在实践中还处于探索阶段，因此需要社会投资主体具备奉献精神和抗风险能力。

"要有资质，养老营业执照资质，干过养老，愿意来做养老，有实力的。……要有爱心，想赚钱，否则绝对没有人想干养老。……在民政部门注册，跟沱牌镇签的合同。合同要求运营方最少投资200万元，进行二次装修以及附属工程施工还有设备的添置。政府过去修的是一个框架，我们自个投了1500万元，室内外装修包括适应老年人的改建，家具、设备、厨房、道路、绿化全都弄好了。"

(c) 明确职能定位

四川科硕达养老服务有限公司与沱牌镇签署租赁合同后，明确了对原社会福利服务中兴的三项定位：①改造提升。在政府建设的主体框架上，运营主体对房屋建筑的装饰装修、水电气一体化、设施设备做了全面改造，提升了整体硬件条件。②旅居养老。改造提升工程完成后，机构正式投入运营，走面向健康自理老人的旅居养老的路子。③医养结合。在服务对象上，旅居养老面向的健康老人在数量上相对有限，且会随着季节变化发生浮动。要想实现收支平衡和盈利，从 2017 年开始，运营方调整发展方向，下一步考虑全力推动落实医养结合，收住半自理、不能自理的老人，以降低机构床位空置率。

> "半年运营后，我们今年就调整了，跟政府打广告说一定要改为医养结合，医养结合人员相对固定的多，但还要解决医养结合的问题。"

(d) 国有资产评估

转制前，沱牌镇社会福利服务中心的主体框架由政府出资 2000 万元新建，因此，土地、运营方投资改造前的清水房这些都属于国有资产的范畴。四川科硕达养老服务有限公司接手运营后，从第五年开始，每年需要向政府方缴纳 10 万元的国有资产使用费，该费用以每年 5% 的比例递增。

(e) 服务对象

根据运营方的发展定位，转制后的沱牌养生休闲公寓在服务对象上，全部面向社会老人，不再接收政府兜底保障对象。当然，如果政府方需要运营方承接政府兜底保障对象的服务功能，运营方也有相应的预留床位。转制后的沱牌养生休闲公寓，目前主要服务于健康自理的老人，重点发展旅居养老。下一步落实医养结合后，还会接收失能、半失能老年人，推动医养融合发展。

> "不含三无五保对象，不由我们负责，民政负责。最开始的定位是自理型的，床位空置率比较高。……来报名的人特别多，但是大部分都是 80 岁以上要长期入住的，都是半自理，或需要全护理的。我们不懂医疗，没搞过医院也没当过医生。把不能自理的收进来，肯定很好，把医院引进来，才能做起来，起码要做到百八十个人。"

(f) 运营成本

总体来看，转制后机构的运营成本较高，具体表现在：①人工成本。机构要维持运转，需要各类工作人员，用工成本较高。下一步医养结合落实以后，还涉及医疗护理人员的薪酬待遇问题。②服务成本。运营方在机构的发展定位上，聚焦健康自理老人的旅居养老，不同于失能、半失能老人，健康活力老人的服务需求种类多样，需求层次较高，相应的服务成本也会增高。③安全成本。安全保障是高线，也是底线。调查发现，很多地方政府对养老机构的安全事故持零容忍态度，运营方要守牢安全底线，势必增加投入从而拉高运营成本。

"消防设施必须配齐，报警系统、烟感系统是必须设置的，去年花了25万买了烟感器、报警器。当时设计敬老院的时候没有设计消防。消防上花钱花得特别厉害，因为地方管不了，容易把成本拉高了。"

(g) 价格机制

转制后，运营主体根据与地方政府签署的合同细则，实行独立核算、自主经营、自负盈亏。在服务价格上，运营主体综合考虑地方经济社会发展水平，根据不同户型、床位数、入住成员及其社会关系，实施不同的定价。

(h) 医养结合

转制后，运营主体在机构的发展定位上，重点面向健康自理老人，提供旅居养老服务。运营半年后发现，如果不收住失能、半失能老人，机构在规模上无法实现盈亏平衡，于是做出发展医养结合的战略调整。但是目前推动医养结合还面临一系列瓶颈，比如，地方政府相关部门并不能在医养结合的问题上打破部门利益、形成政策合力、推动医保定点的落实。

"把老年人招进来之后搞单一的养老，肯定亏损，不行的。过去只是聘请医生、中医专家，没有驻扎的医生护士。这是很大失误。医疗没有做上，医疗做了还有一个好处，医疗报销现在有点利润。但没有专门的老年医院。现在有一家愿意合作，但没有落实医保定点。"

(三) 公办公营——公办养老机构向区域养老服务中心转型

这一类养老机构以遂宁市船山区中心敬老院和绵阳市安州区河清镇敬老院为代表。主要特点为：①政府投资兴建养老机构，通过自上而下行政动员的方式，整合多方资源，培育壮大养老服务队伍，实行网格化管理；②政府委派民政系统工作人员组成改革试点工作领导小组，领导小组的负责人由区、乡镇两级分管民政工作的领导担任，其人事关系和薪酬待遇在所属民政部门；③区域性养老服务中心的工作人员由试点工作领导小组负责招聘、培训和考核；④区域性养老服务中心的运营管理在整体上属于公办公营，服务产品、生活用品的采购配送以及定价，各个养老服务站点的物资管理和使用，环境卫生的检查以及服务质量的督查等事务，均由试点工作领导小组统筹安排和负责。

1. 遂宁市船山区中心敬老院

（1）项目基本情况

遂宁市船山区中心敬老院由政府投资1450余万元，总建筑面积8700多平方米，床位178张。2015年8月，经四川省民政厅部署，该敬老院启动农村区域性养老服务中心建设试点工作。目前，该中心以敬老院为依托，已建成集敬老院、儿童福利院、救助站、老年大学、仁里镇卫生院旗山分院于一体的综合性服务部门。在院五保集中供养人员43人，社会代养人员54人，儿童5人。机构专聘工作人员21人，其中专职护理人员9人。在养老服务板块，已建成1个中心、3个分中心、63个服务点、辐射永兴镇、仁里镇、沙河镇等辖区内的57个行政村，整合闲置床位100张，接受社会老人72名，并成为为试点区域15961名老年人提供养老服务的农村区域性养老服务中心。

（2）转制主要做法

（a）确定转制对象

目前遂宁市船山区乡镇一级的敬老院经营状况普遍不好，很多距离中心城区较远，交通不便，政府投入也不足，社会老人入住率不高，部分敬老院甚至出现克扣五保老人伙食费，引起群体性上访事件。考虑到这些不利因素，当地民政部门在确定改革对象时，优先选定了位于船山区市中心的敬老院。该敬老院是全区第一个省级三星级敬老院，距离遂宁市主城区不远，辐射范围广，基础较好。通过资源整合，可以发挥较好的改革示范效用。

"在这些乡镇敬老院中，选一些地理位置比较好，能利用周边公共卫生服务设施和其他环境资源，另外它原来的工作环境也比较有利,这样成立一个综合性的区域中心。还是由政府人员来管理,有几个编制内的,大部分工作人员通过聘用来运营。"

(b) 功能定位

农村区域养老服务中心是在原敬老院基础上,由政府投资改扩建而成的集"敬老院、儿童福利院、救助站、老年大学、仁里镇卫生院旗山分院"于一体的综合性服务中心。由于改革前,各级政府部门各自为阵,按行政级别开展了各类配套设施和服务站点建设,导致各类民政福利机构布点过多、布局分散,机构建成之后,大多面临运营维护成本过高的问题。农村区域养老服务中心改革试点工作,旨在打破部门利益,从多部门协助出发,基于资源整合的视角,更好地为基层弱势老年群体服务,最大限度地维护社会稳定与和谐。

"区域养老中心,就是依赖于我们原来的敬老院,对床位进行改造,主要是政府投入。实际上名字应该改了,不叫敬老院,叫农村区域养老中心。……区域性养老不单单是养老问题,囊括了日间照料室、老年大学,把全部资源、民生救助、其他各部门的东西全部装到里面,来给老百姓解决问题。"

(c) 明确服务对象

受统筹城乡一体化发展的影响,遂宁市当地农村劳动力大量外出,空巢老人、留守老人、贫困老人数量很多。很多老人生活困难,缺乏基本的医疗卫生服务,精神文化娱乐资源匮乏。但这部分老人不属于政府兜底对象,没有资格入住敬老院,在经济上又无力承担私营企业或其他社会主体开办的社会代养机构。因此,成为农村区域养老服务中心建设中关注的重点人群。

船山区农村区域养老服务中心领导小组对辖区内的散居五保对象、留守老人、高龄老人、失能失智老人及其他社会老人的基本情况、服务需求状况进行了摸底调查,建立了服务对象台账,为明确养老服务对象奠定了基础。

"一共 200 多张床位,五保老人,社会托养老人,儿童福利院,救助站，一共入住100多人。五保、三无人员全兜底。农村里面儿女一年四季在外打工，几年都不回来的，空巢老人，这类人最可怜。在这里面，我们对社会最底层的、贫困的、有钱的都一视同仁。"

(d) 组织架构

船山区农村区域养老服务中心设立了领导小组，负责试点工作的组织协调和任务推进。该领导小组的主任由区民政局领导担任，副主任由试点区域所在乡镇分管民政工作的领导担任。领导小组下设办公室、生活照料部、医疗服务部、文化娱乐部等7个部门。由各部门制定工作目标和流程，保证项目的规范化运作。领导小组还会不定期对各养老服务点的物资管理、使用、居住环境卫生、服务质量开展督查，以确保服务质量。

在组织架构上，该项目组还建立了网络化服务管理体制。以中心敬老院为核心，由乡镇民政办（养老分中心）牵头，在辐范围内的社区、村委会、村民小组、老年协会设点布员，实行自上而下的网格化管理。这些人员既包括民政机关干部、乡镇民政员，中心养老院、各分中心养老服务点的服务人员，乡镇驻村干部，也包括村"四职人员"、村民小组长、基层老年协会的会员等。

"所有部门的工作人员办公都在这。我们一共设立了几个照（顾）（护）理部，每个部设一个部长，通过他们拟定区域养老院的工作方案，根据老人的需求下派到各个点。各个点的村长、村支部书记、党员积极分子就是里面的工作人员或志愿者。"

(e) 安全管理

转制后的区域养老服务中心在机构设置上从原来单一的敬老院变成了多个民政福利机构的大集合。由于不同机构的服务对象不同，安全管理是重中之重。在具体的风险控制上，该中心实行区域管制和门禁制度，各类服务对象只在相对空间中拥有绝对自由。

"都是管制起来的，楼层必须刷门禁，没有门禁进不到那个屋。也就是说儿童福利院就是这一层楼，你在这层楼可以随意活动，将来建立娱乐设施、图书房，只能在你的空间相对自由，如果你想跑到救助站，必须刷门禁。这是要保障安全。"

(f) 人员配置

目前，船山区区域养老服务中心的核心工作人员主要有三类：①管理人员。该中心领导小组的两名最高领导是民政部门体制内的编制成员，其薪酬待遇仍然按体制内的标准发放，在服务中心的工作属于兼任。②医务人员。由于该区域养老服务中心是与公立医院合作，该公立医院在该服务中心设立了一个分院。因此，派驻的医务人员，按轮班制，统一调配，医务人员的薪资待遇还是由原公立医院统一负责。③护理人员。服务中心的全部护理人员都属于聘用，其工资在底薪的基础上根据服务对象数量的多少按比例提成。

(g) 医养结合

2015年3月，船山区民政局联合区卫计局，依托仁里镇卫生院在中心敬老院设立了仁里镇卫生院旗山分院，率先实现了医养结合试点。目前，该区域服务中心的医养中心内设诊疗室、住院室、护理室，负责为集中供养的散居五保老人、周边社会老人以及其他民政供养对象提供医疗救治、护理、咨询等服务。

(h) 运营成本

船山区区域性养老服务中心开展全托养老和餐饮服务。全托养老是指由老人本人提出申请，区域养老服务中心进行审核，就近安排入住中心或分中心，中心没有空余床位的调剂到其他养老服务点。餐饮服务经老人申请由各养老服务点提供。老年人日常生活用品的补给，由中心办公室统一采购配送。服务价格由中心领导小组根据成本统一定价，对贫困老人实行生活费补差或只收取成本价。除此以外，该中心负责人表示，希望随着失能、半失能老年人数量的增加，政府会相应地增加兜底保障对象的护理服务经费。

"实际上我们现在亟须政府专门划出资金。根据五保老人人口多少，派出一定经费用于护理，因为随着五保老人年龄增加，将来瘫痪的痴呆的会越来越多，需要大量护理人员。我们院里探索过把全区2700多个五保老人即没子女的老人全都接到这来，由护理医院统一管理，测算了一下成本太高，一个护理人员一年加上保险可能6万多。"

2. 绵阳市安州区河清镇敬老院

（1）项目基本情况

绵阳市安州区河清养老服务中心依托安州区河清镇敬老院改扩建而成，位于河清镇富乐社区，占地7.38亩，建筑面积4500平方米，总床位186张，总投资762万元，由五保供养区、社会代养区和日间照料区三部分组成。其中，五保供养区是2008年汶川大地震灾后重建、改扩建项目，该项目于2009年3月动工，2010年10月投入使用，项目总投资417万元，建筑面积3000平方米，床位110张，目前已入住农村五保和城市三无老人90余人。社会代养区属于新增公办养老机构床位项目，该项目于2014年12月动工，2015年12月正式投入试运行，项目总投资295万元，建筑面积1500平方米，床位66张。日间照料区属于新建社区日间照料中心项目，项目于2013年3月动工，同年10月投入使用，总投资50万元，建筑面积400平方米，床位10张。

（2）转制主要做法

（a）确定转制对象

与地理位置比较偏远、交通不便、入住率比较低的山区敬老院相比，河清敬老院距离市中心较近，交通便利，原有三无和五保老人的入住率也比较高。因此，被确立为安州区首批农村区域养老服务中心改革试点单位。

"原来里面住了人，修的位置也不一样。有些觉得比较偏了，交通不便，比如说我们一些山区。农村的偏远的，不太适合拿出去委托的，就建区域养老中心守住农村的五保、失独老人。""这里离街比较近。像其他，有些乡镇的敬老院离街比较远，入住率就比我们要低一点。"

（b）功能定位

与过去专门集中供养三无和五保老人的敬老院不同，改扩建后的河清养老服务中心在政府主导下，整合多方资源，实现了五保供养区、社会代养区和日间照料中心三位一体的共建共管和资源共享，在保证公办养老机构承担政府兜底责任的同时，也最大限度地发挥了公办养老机构的社会效益。

（c）人员配置

改革后的河清养老服务中心在内部人员上，主要包括管理人员和护理人员两类。其中，作为最高管理者的院长，属于民政系统内部工作人员，兼任服务中心的日常管理工作。其他机构内的分管代养区和五保区的两位副院长和10余位护理人员都是通过公开招聘选拔的。

"我属于民政办公室，兼管这边，点对点，点到这个院上。我们绵阳很多镇上的民政干部，同时兼镇上敬老院的院长。编制内的人就我一个，其他都聘用的。招聘了两个副院长，一个管代养这边，一个管五保。我们这边配了10个工作人员，连两个副院长一起。"

（d）医养结合

为落实医养结合，解决入住老人在医疗卫生、健康维护方面的刚性需求，河清养老服务中心正在推动医养融合的建设过程。在各项医疗设施设备正式进驻中心以前，现在每天都有一名专职医生提供常规医疗服务，对于危重病患也有相应的处理办法。

（e）院办经济

改革后的河清养老服务中心，在管理体制上，虽然仍属于典型的公办公营，但该中心通过号召院内健康老人积极参与，开展以养猪、种植瓜果蔬菜、粮食为主要形式的生产劳动，大力发展院办经济，在一定程度上实现了自给自足、自我管理。该中心每年会从院办经济获得的创收中，提取半数的资金用于中心内部的改扩建项目，基本实现了"以院养院"。

"院办经济的收入比较大。养猪、种菜、种粮食。五保、代养老人都种。五保老人每个人每个月必须参加5~10天劳动，每参加一次劳动我们给10元钱，主要是调动他们的积极性。我们的肉不在市场上卖，凡是五保老人吃的肉，全部是自己的。粮食，我们每年收的就是猪饲料。我们一年基本上100头猪，相当于创收6万~7万。租了8亩地，种菜种粮食。……在创收这里头，首先要留50%的备用金，万一有什么事情，比如说需要改善一下猪圈子，或者添置设备，就用这里头的钱。……新增这套都是利用院办经济收入的钱，基本实现了自我管理，不能什么都靠政府。"

(f) 管理体制

改革后的河清养老服务中心在管理体制上仍然实行政府主导下的统一管理模式。虽然目前，该服务中心已经通过发展院办经济，在一定程度上实现了机构发展的良性循环和自我管理，但无论是在机构的硬件环境建设上，还是医养融合的推进和落实等很多方面，都离不开地方政府部门的推动和支持。

"这里头的设施基本全部是政府，都是民政局给的钱。现在咱们这个医院里面所有的这些人员的经费，还有场地设施，设备购买维修，全都是公办的。……这里头固定资产投入这么多，经营也还是经营得挺好，是一种改革，改革成本投资都是政府。另外，靠我们的院办经济可以来补贴一下。"

四 四川省公办养老机构转制的主要经验

（一）公办养老机构改革方式灵活多样

四川省公办养老机构的改革方式灵活多样。笔者调研的两市结合地方实际，采取了公建民营、拓展社会老人代养功能和农村区域性养老服务中心建设等方式对原有的公办养老机构进行了改革。所谓公建民营就是采用政府与社会资本合作的方式，通过公开招投标，引进民间资本投资改造公办养老机构，由社会主体负责机构的运营管理，政府有关部门负责监管；以绵阳市安州区界牌镇、桑枣镇敬老院以及遂宁市沱牌镇原社会福利服务中心这三个机构的改革为代表。所谓拓展社会代养区是指对原有公办敬老院进行改扩建，在五保供养区之外，新增公办养老机构床位作为社会代养区，以满足多样化的养老服务需求，在更大范围内扩大公办养老机构的社会效益；以绵阳市安州区河清养老服务中心为代表。所谓农村区域性养老服务中心是指在原公办敬老院的基础上，集合敬老院、儿童福利院、救助站、老年大学、卫生院等多个民政和卫生部门的下属单位，形成多位一体的区域性的综合性的服务中心；以遂宁市船山区农村区域养老服务中心为代表。

（二）多部门合作，协同推进

四川省公办养老改革试点机构所属地区对试点工作高度重视，由政府牵头，民政部门具体负责，财政、住建、环保、安监、食药、消防、水务、残联、电力、天然气等部门多方参与，共同解决试点过程中出现的问题，协同推进试点工作。

（三）严格实施条件，规范改革程序

四川省公办养老机构改革的试点范围广，改革工作覆盖市级、区县、乡镇的公办养老机构。在改革试点工作实施前，政府文件明确要求申报单位的三无、五保对象集中供养率达到55%后才具备申报改革试点的条件。对公办养老机构的资格审定之后，严格按照程序采取公开招投标方式确定企业或社会组织对公办养老机构的经营管理。

（四）实施医养结合

此次调研到的部分公办养老机构在转制过程中，采取与地方卫生部门、医院联建的方式，开展医养结合试点，成功解决了养老机构内部和辐射范围内老年人看病远、看病难的问题。比如，遂宁市船山区中心敬老院，在区民政局和区卫计局的通力合作下，联合仁里镇卫生院旗山分院建立了医养中心。目前，该中心已经成为集医疗、康复、养生、养老于一体的养老机构。

五 四川省公办养老机构转制存在的问题

（一）政府扶持政策落实不到位

不管经营管理体制如何转变，公办养老机构的服务都是带有公益性质的社会事业。因为前期投资大、回报周期长、经营成本高，需要政策引导和扶持。调研发现，部分地区的公办养老机构改革试点工作还存在政策措施落实不到位、扶持力度偏弱的问题，表现为地方财政资金匹配不到位，运营补贴政策未落实等。比如，2015年12月完成全面改造提升的射洪县沱牌镇沱牌养生休闲公寓，2016年1月正式接收入住老人。但当地政府主管部门的相关补贴尚未发放到位，比如，改扩建床位的一次性补贴（每张床位 0.5 万元）、运营补贴（每月每张床位 100 元），还有其他财政和民政补贴。

"在优惠政策的落实上面，四川省有对养老机构的建设补贴和运营补贴，目前全省范围内也只有成都落实了，其他县市据我们听说是还没有的。公建民营这一块，因为是全省搞试点探索，具体补贴标准、给多少钱也没听说过。"

（二）医养结合落地困难

射洪县沱牌镇沱牌养生休闲公寓迫切希望政府职能部门能够协调医疗卫生、社保、医院与该机构建立适合老年人的医疗机构，推进医养结合。医养结合尚未落实已经成为该机构想要通过招收失能、半失能老人提升总体入住率，实现盈亏平衡的最大掣肘。

"因为医养结合或者医保，一时半会可能不一定在镇上能攻下来。……现在觉得把失能半失能的招进来再结合医养，采用这种模式对机构运营来说压力会比较小一点。但是现在的问题是，医养可能不能一步到位，不是一年半年就能解决得了的……把医养结合这条路走下来，把医院引进来，你才能做起来。要做到长期要有七八十个人、六十七人，肯定很好，但必须要医养，把不能自理的老人也收进来。"

（三）转制后对政府公共资源的依赖较大

调研发现，公办养老机构在改革过程中存在对政府公共资源依赖较大的问题。转制前，公办养老机构的基础设施建设、机构的运营管理、人员配备与经费、入住老年人的基本生活保障费用，由政府财政统一负担。转制后，特别是仍然由政府部门主导运营的公办公营机构，依然面临对公共资源依赖较大的问题。比如，遂宁市船山区中心敬老院在向农村区域性养老服务中心转型后，无论是前期的项目建设、房屋改造，还是人员工资，都离不开政府投资或以差额补贴的形式予以支持。

（四）养老机构的监管有待加强

公办养老机构转制后，需要相关政府主管部门强化监督管理职能，确保养老用途不改变，国有资产不流失。基于老年人特殊的生理、心理状况，转制之后的公办养老机构在运营过程中，仍然存在一定的运营风险，规避风险的防范机制亟待建立健全。

六 下一步推进转制的建议

（一）积极引导社会力量参与

公办养老机构改革，说到底就是要激发社会活力，引导社会力量参与，发挥市场在养老资源配置中的决定性作用。从区域比较的视野来看，与东部沿海发达省份相比，典型的如浙江省，四川省在公办养老改革试点工作的整体推进上，无论是步伐还是速度，都较小较慢。比如，笔者调研的绵阳市安州区界牌镇和桑枣镇敬老院的公建民营项目还只处于项目工程的第一、第二期改扩建阶段，距离真正的投入运营还有较长时日。因此，目前还无法观察到是否由社会主体运营管理，公办养老机构的服务质量和服务效率就一定能够得到提升。另外，笔者调研到的乡镇以下的农村敬老院，比如，遂宁市船山区的中心敬老院，在向农村区域性养老服务中心整改的过程中，还存在对行政力量和政府公共资源过度依赖的问题。如何发挥政府资源的杠杆作用，在更大范围内整合社会资源，惠及更多老年群体是未来农村区域性养老服务中心建设需要考虑的问题。

有鉴于此，在接下来的第二批公办养老机构转制试点工作中，四川省应该进一步发挥社会主体和市场的参与活力，鼓励、引导、支持更多社会力量投入公办养老机构改革发展的工作中来，逐步推动社会力量成为机构养老服务业的主角。

（二）落实各项优惠政策

针对目前相关扶持政策落实不够、不到位的问题，下一步，要全面清理政府相关部门、企事业单位扶持公办养老机构改革试点工作各项优惠政策的落实情况。要加大督查和协调工作力度，落实好水电气以及税费减免等各项优惠政策措施，为社会主体运营管理公办养老机构创造良好环境。

另外，在政策优惠的力度上，可以考虑适度增加财政投入。比如，可以根据经济社会发展水平适时调整、提高市区级财政对社会主体改扩建、经营管理公办养老机构的补助标准。进一步加强对区县落实匹配资金情况的检查监督。尽快出台并落实社会主体运营公办养老机构的运营补贴政策，引导和扶持民间资本更好地进入机构养老服务中来。

（三）加快推进医养结合

医养结合是化解老年人养老和医疗两大刚需的必然要求。本次调研中，调研组获得了一正一反的两个案例。第一个是正面案例，遂宁市船山区中心敬老院在转制为农村区域性养老服务中心的过程中，因为创新了医养结合试点工作，扩大了服务内容，从而有效解决了入住老年人看病远、看病难的问题，赢得了良好声誉。与此相对，沱牌镇原社会福利服务中心在由社会资本方以公建民营的方式实现改造提升并正式投入运营后，由于一直没有落实医疗条件，在招收入住对象上，只能局限于身体健康、能够自理的老人，大大限制了机构业务的拓展。在课题组调查过程中，该机构负责人向我们表露，迫切希望政府有关部门帮助协调当地医疗卫生、社保和医院与机构建立医养结合的运作机制。这两个案例给正在改扩建、未来将按公建民营方式运营的绵阳市安州区界牌镇和桑枣镇敬老院提供了借鉴。

第二轮公办养老机构改革试点工作要加快推进医养结合，需要进一步加强对养老服务机构在医保定点、卫生准入等方面的政策扶持，特别是卫生部门和民政部门，要在医疗资质、养老机构准入许可等方面加强政策融合与部门合作，细化具体的政策措施，特别是要不断完善相关的医疗与养老服务规范，提高医养结合的服务质量，保障老年人的养老服务需求得到更好的满足。

（四）推动专业化和志愿者团队相结合的人力资源组织方式常态化、制度化

提升公办养老机构转制后服务质量的关键就是要有一个专业化的人才队伍。目前，绵阳市安州区界牌镇和桑枣镇两所敬老院的公建民营因为还处于投资改扩建阶段，没有正式投入运营，还没有面临这个问题，但一定是未来进入运营阶段后会面临和需要解决的问题。遂宁市船山区中心敬老

院向农村区域性养老服务中心转制的过程中,通过自上而下行政动员的方式,整合壮大服务团队,形成了专业化队伍和志愿者团队相结合的人力资源组织模式;未来可以考虑将这种行之有效的低成本、高效率的人力资源组织方式常态化、制度化。

(五)推广农村区域性养老服务中心建设

受人口流动和迁移的影响,四川省在我国西部省份,属于常住人口老龄化程度比较高的省份之一。从人口老龄化的城乡差异来看,农村人口老龄化程度、规模和速度超过城市。因此,亟须因地制宜、因势利导、因地施策,积极应对农村人口老龄化。调研发现,遂宁和绵阳两市在应对农村人口老龄化上,已经探索出颇具特色且行之有效的农村区域性养老服务中心的模式。比如,绵阳市安州区河清养老服务中心通过改扩建,整合原有的五保供养区、由新增公办养老机构床位组成的社会代养区和社区日间照料中心,将服务半径辐射到更大范围,并且通过倡导院民参与生产劳动的方式,发展自给自足的院办经济,实现了以院养院。这一模式的实践经验值得继续推广。

城市编码：＿＿＿＿＿＿
问卷编号：＿＿＿＿＿＿

附录五 "十二城市养老机构调查"问卷

访问地点：
省（自治区、直辖市）＿＿＿＿＿＿＿＿＿ 市＿＿＿＿＿＿＿＿＿
区＿＿＿＿＿＿＿＿＿＿＿＿＿＿ 街道＿＿＿＿＿＿＿＿＿
机构名称：＿＿＿＿＿＿＿＿＿＿＿＿＿＿＿＿＿＿＿＿＿＿＿
机构地址：＿＿＿＿＿＿＿＿＿＿＿＿＿＿＿＿＿＿＿＿＿＿＿
联系电话：＿＿＿＿＿＿＿＿＿＿＿＿＿＿＿＿＿＿＿＿＿＿＿

访问员签名：＿＿＿＿＿＿＿＿＿＿ 日期：2013年＿＿＿月＿＿＿日
督导员签名：＿＿＿＿＿＿＿＿＿＿ 日期：2013年＿＿＿月＿＿＿日
录入员签名：＿＿＿＿＿＿＿＿＿＿ 日期：2013年＿＿＿月＿＿＿日

****************【卷 首 语】******************

遵照全国老龄工作委员会办公室的部署，我们正在进行养老服务机构状况调查，希望通过对贵机构的访问，增强对当前我国养老服务机构状况的了解，以便为政府制定政策提供科学依据。请您根据实际情况填写该问卷，感谢您的支持与合作！

A 机构基本状况

A1 贵机构成立于哪一年？ ＿＿＿＿＿年
A2 贵机构属于：
 1 公建公营 2 公建（办）民营 3 民办非企业 4 民营企业 5 其他 □

A3　贵机构占地面积共：　　　　　　　　　　　　_____平方米

A4　贵机构的建筑面积（含地下面积）共：　　　_____平方米

其中：

　　A4-1　房屋建筑面积共：　　　　　　　　　_____平方米

　　A4-2　室外活动场地面积共：　　　　　　　_____平方米

A5　贵机构所处的地理位置为　　　　　　　　　　　　　　□

　　1 城市（续问 A5-1）　　2 农村

　　A5-1　若处在城市，则具体地理位置为：

　　1 市区　　2 城乡结合区　　3 郊区

A6　贵机构提供的主要服务是：　　　　　　　　　　　　　□

　　1 日常生活照料　2 康复护理　3 临终关怀　4 综合服务

　　5 其他_____

A7　目前，贵机构共有床位数：　　　　　　　　　_____张

其中：

　　A7-1　自理老年人床位数共有：　　　　　　_____张

　　A7-2　半失能老年人床位数共有：　　　　　_____张

　　A7-3　失能老年人床位数共有：　　　　　　_____张

A8　今年以来，贵机构的床位入住率大约为　　　　_____%

A9　目前，贵机构是否有排队等候入住的老人？

　　1 是（续问 A9-1）　　2 否　　　　　　　　　　　　□

　　A9-1　排队等候入住的老人大约有：　　　　_____人

　　A9-2　其中，排队等候的失能老人大约有：　_____人

B　入住老年人状况

B1　截至上个月，贵机构入住老年人的总数为：　_____人

其中：

　　B1-1　男性：　　　　　　　　　　　　　　_____人

　　B1-2　女性：　　　　　　　　　　　　　　_____人

B2　截至上个月，贵机构入住老年人的年龄结构是怎样的？

其中：

　　B2-1　60 岁以下的：　　　　　　　　　　　_____人

　　B2-2　60~69 岁的：　　　　　　　　　　　_____人

　　　　B2-3　70~79岁的：_____人
　　　　B2-4　80岁及以上的：_____人
　B3　截至上个月，贵机构入住老年人的家庭、婚姻状况是怎样的？
　　　其中：
　　　　B3-1　有配偶的：_____人
　　　　B3-2　有配偶且一同居住在贵机构的：_____人
　　　　B3-3　丧偶的：_____人
　　　　B3-4　离婚、未婚的：_____人
　　　　B3-5　失独老年人：_____人
　B4　截至上个月，贵机构入住老年人的教育状况是怎样的？
　　　其中：
　　　　B4-1　未上过学的：_____人
　　　　B4-2　小学的：_____人
　　　　B4-3　初中的：_____人
　　　　B4-4　中专/高中的：_____人
　　　　B4-5　大学及以上的：_____人
　B5　截至上个月，贵机构入住老年人的健康状况是怎样的？
　　　其中：
　　　　B5-1　自理老年人：_____人
　　　　B5-2　半失能老年人：_____人
　　　　B5-3　失能老年人：_____人
　B6　截至上个月，贵机构入住老年人的认知、精神状况是怎样的？
　　　其中：
　　　　B6-1　失智老年人：_____人
　　　　B6-2　抑郁症老年人：_____人
　B7　截至上个月，贵机构入住老年人当中：
　　　　B7-1　政府供养的三无、五保等老年人：_____人
　　　　B7-2　自费入住的社会老年人：_____人

C 服务及收费情况

C1　目前，贵机构的主要服务项目包括：（多选题）
　　　□生活照料　□膳食服务　□医疗保健　□康复护理　□陪同就医

□休闲娱乐　　□老年教育　　□心理慰藉　　□临终关怀　　□咨询服务
　　　□志愿者服务　　□其他_____

C2　目前,贵机构老年人缴费方式主要有哪些?(多选题)

　　　□缴纳会员费　　□按年结算　　□按月结算　　□其他_____

　　　其中:

　　　C2-1　缴纳会员费的老年人所占比例约为:　　_____%

　　　C2-2　按年结算的老年人所占比例约为:　　_____%

　　　C2-3　按月结算的老年人所占比例约为:　　_____%

C3　目前,贵机构入住押金平均为:　　_____元/人

C4　目前,贵机构的床位费平均每月为:　　_____元/人

　　　其中:

　　　C4-1　最低每月为:　　_____元/人

　　　C4-2　最高每月为:　　_____元/人

C5　目前,贵机构的护理费平均每月为:　　_____元/人

　　　其中:

　　　C5-1　最低每月为:　　_____元/人

　　　C5-2　最高每月为:　　_____元/人

C6　目前,贵机构老年人的餐费平均每月为:　　_____元/人

C7　自理老年人的平均收费每月为:　　_____元/人

C8　半失能老年人的平均收费每月为:　　_____元/人

C9　失能老年人的平均收费每月为:　　_____元/人

C10　贵机构老年人入住费用的主要来源及比例情况为:

　　　C10-1 自己支付的比例约为:　　_____%

　　　C10-2 子女支付的比例约为:　　_____%

　　　C10-3 亲戚支付的比例约为:　　_____%

　　　C10-4 政府支付的比例约为:　　_____%

　　　C10-5 其他支付的比例约为:　　_____%

D 基础设施及设备情况

D1　贵机构目前的土地是以何种方式获得的?　　□

　　　1 政府划拨(跳问 D2)　　2 租赁(跳问 D1-1)

　　　3 有偿购买(跳问 D1-2)　　4 其它_____

D1-1 如为租赁，则每年租金为：＿＿＿＿＿＿＿万元/亩

D1-2 如为购买，则每亩价格为：＿＿＿＿＿＿＿万元/亩

D2 贵机构目前的房屋设施是以下哪种情况？ □

　1 自建　　2 租用　　3 购置　　4 其它

D3 贵机构目前是否有以下设施或场地？（多选题）

　□医疗设施　　□康复设施　　□体育健身设施

　□文化娱乐设施　□室外活动场地

D4 贵机构目前是否内设有医疗机构？ □

　1 是　　2 否

　D4-1　如果有，该医疗机构属于下列哪种类型？ □

　1 医务室　2 门诊部　3 和社区/其他医院合作　4 自建医院

　5 其他＿＿＿＿＿＿

　D4-2　该医疗机构是否有医疗资质？ □

　1 是　　2 否

　D4-3　该医疗机构是否可以解决入住老年人的定点医保问题？ □

　1 是　　2 否

　D4-4 目前，贵机构的医保额度是否能满足入住老年人的就医需求？

　1 是　　2 否 □

D5 贵机构是否与医疗急救单位建立了"绿色通道"，并享有费用优惠？

□

　1 有"绿色通道"且享有费用优惠

　2 没有"绿色通道"，但享有费用优惠

　3 有"绿色通道"，但不享有费用优惠

　4 没有"绿色通道"也不享有费用优惠

D6 贵机构目前有哪些医疗设备？（多选题）

　□B 超机　□心电图机　□急救车　□X 光机　□吸氧机

　□呼吸机　□吸痰器　□消毒设备　□其他

D7 贵机构目前有哪些康复设备？（多选题）

　□肌力训练设备　□关节活动训练设备　□耐力训练设备　□牵引设备

　□平衡/站立/移行训练设备　□电疗设备　□光疗设备　□磁疗设备

　□上肢训练设备　□日常生活活动训练设备　□认知训练设备

　□文体治疗设备　□针灸、拔罐等传统理疗设备　□其他＿＿＿＿＿

D8　贵机构目前是否有无障碍坡道及设施？　　　　　　　　　　□
　　1 有　2 无
D9　贵机构老年人的居住设施为几层？　　　　　　　　　　　　□
　　1 1~3层　2 4~6层　3 7~10层　4 10层及以上
D10　贵机构老年人的居住设施是否有电梯？　　　　　　　　　□
　　1 有（续问D10-1）　2 无
　　D10-1 电梯是否为医用电梯？　　　　　　　　　　　　　　□
　　1 是　2 否
D11　贵机构目前共有老年人住房：　　　　　　　　　　_____间
　　其中：
　　D11-1 单人间（包括套间）：　　　　　　　　　　　_____间
　　D11-2 双人间：　　　　　　　　　　　　　　　　_____间
　　D11-3 三人及多人间：　　　　　　　　　　　　　_____间
D12　贵机构老人住房中是否拥有以下生活设施？（多选题）
　　□电扇　□电视机　□空调　□热水器　□座便器　□电话
　　□煤气灶/电磁炉　□网络　□紧急呼叫器　□其他_____

E 工作人员情况
E1　截至上个月，贵机构的工作人员总人数为：　　　　_____人
　　其中：
　　E1-1 管理人员：　　　　　　　　　　　　　　　_____人
　　E1-2 医生：　　　　　　　　　　　　　　　　　_____人
　　E1-3 护士：　　　　　　　　　　　　　　　　　_____人
　　E1-4 养老护理员：　　　　　　　　　　　　　　_____人
　　E1-5 社工：　　　　　　　　　　　　　　　　　_____人
　　E1-6 营养师：　　　　　　　　　　　　　　　　_____人
　　E1-7 心理辅导师：　　　　　　　　　　　　　　_____人
　　E1-8 其他人员：　　　　　　　　　　　　　　　_____人
E2　截至上个月，贵机构工作人员中获得执业资质的人有：_____人
　　其中：
　　E2-1 医生中获得执业资质的人有：　　　　　　　_____人
　　E2-2 护士中获得执业资质的人有：　　　　　　　_____人

	E2 - 3 养老护理员中获得执业资质的人有：	_____人
	E2 - 4 社工中获得执业资质的人有：	_____人
E3	贵机构工作人员中是否有"4050"人员？	□
	1 有　2 无	
	E3 - 1 如有，共：	_____人
E4	截至上个月，贵机构养老护理员的性别结构是怎样的？	
	E4 - 1 男性：	_____人
	E4 - 2 女性：	_____人
E5	截至上个月，贵机构养老护理员的年龄结构是怎样的？	
	E5 - 1 30 岁以下的：	_____人
	E5 - 2 30~39 岁的：	_____人
	E5 - 3 40~49 岁的：	_____人
	E5 - 4 50 岁及以上的：	_____人
E6	截至上个月，贵机构养老护理员的教育程度是怎样的？	
	E6 - 1 小学及以下学历的：	_____人
	E6 - 2 初中学历的：	_____人
	E6 - 3 高中/中专学历的：	_____人
	E6 - 4 大专及以上学历的：	_____人
E7	截至上个月，贵机构养老护理员中，	
	E7 - 1 来自本市的：	_____人
	E7 - 2 来自外市/省的：	_____人
E8	贵机构的养老护理员是否接受过专业的培训？	□
	1 是　2 否（跳问 E9）	
	E8 - 1 其中，来贵机构工作之前就接受过专业培训的比例约为？	
		_____%
	E8 - 2 目前，贵机构是否定期为养老护理员进行专业培训？	□
	1 是（续问 E8 - 3）　2 否	
	E8 - 3 该培训是由谁组织的？	□
	1 政府　2 企业　3 社会组织　4 其他_____	
	E8 - 4 该培训是否可以满足贵机构的需求？	□
	1 是　2 否（续问 E8 - 5）	

E8-5 如果不能满足需求，是因为哪些原因？（多选题）
□培训主体单一　　□培训时间不灵活　　□培训实效不高
□培训费用比较高　□其他_____

E9　2013年，贵机构工作人员的平均收入水平是怎样的？
　　E9-1 管理人员的平均收入为：_____元/月
　　E9-2 医护人员的平均收入为：_____元/月
　　E9-3 养老护理员的平均收入为：_____元/月

E10　贵机构是否为工作人员购买了以下保险？（多选题）
　　□职业责任保险　□养老保险　□医疗保险　□生育保险
　　□失业保险　□工伤保险　□公积金　□其他

E11　养老护理员在贵机构的平均工作年限大致为：
　　E11-1 1年以下的约占：_____%
　　E11-2 1~2年的约占：_____%
　　E11-3 2~3年的约占：_____%
　　E11 4~3年以上的约占：_____%

E12　您认为贵机构养老护理员离职的主要原因是什么？（多选题）
　　□工资低　□地位低　□劳动强度大　□工作环境差
　　□没有上升空间　□季节性离职　□其他_____

E13　贵机构目前最急缺的人员是？（多选题）
　　□专业管理人员　□医护人员　□养老护理员　□市场推广人员
　　□营养师　□社会工作人员　□心理辅导人员　□其他

E14　您认为，国家应怎样加强养老机构从业人员队伍建设？（多选题）
　　□在院校设立相关专业　　□建立专业培训体系
　　□加强执业资格认定　　　□政府购买培训服务
　　□出台养老护理院补贴标准　□拓宽职称上升空间

F 机构经营情况

F1　贵机构建立时的总投资额为：_____万元
　　其中：
　　F1-1 土地费用为：_____万元
　　F1-2 房屋建筑费用为：_____万元
　　F1-3 设备购置费用为：_____万元

F1-4 装修费用为：　　　　　　　　　　　　　　_____万元
F1-5 其他投资费用为：　　　　　　　　　　　　_____万元
F2　2013 年，贵机构的运营成本总计约为：
　　其中：
　　F2-1 土地平均成本为：　　　　　　　　　　　_____万元
　　F2-2 房屋建筑/租用成本为：　　　　　　　　　_____万元
　　F2-3 设备购置维护费用为：　　　　　　　　　　_____万元
　　F2-4 房屋装修费用为：　　　　　　　　　　　　_____万元
　　F2-5 人员工资成本为：　　　　　　　　　　　　_____万元
　　F2-6 伙食支出成本为：　　　　　　　　　　　　_____万元
　　F2-7 物业水电燃气支出成本为：　　　　　　　　_____万元
　　F2-8 税费支出成本为：　　　　　　　　　　　　_____万元
　　F2-9 信贷利息支出成本为：　　　　　　　　　　_____万元
　　F2-10 营销支出成本为：　　　　　　　　　　　 _____万元
　　F2-11 其他费用支出成本为：　　　　　　　　　 _____万元
F3　贵机构是否享受政府补贴？　　　　　　　　　　　　□
　　1 是（续问 F3-1）　　2 否
　　F3-1 贵机构能够享受的补贴项目有哪些？（多选题）
　　□建设补贴　□运营补贴　□房租补贴　□人员补贴
　　□其他_____
　　F3-2 2013 年，贵机构能够享受的补贴总额为：_____万元
F4　目前，贵机构是否能够享受相关优惠政策？　　　　　□
　　1 是（续问 F4-1）　　2 否（跳问 F5）
　　F4-1 贵机构能够享受的优惠项目有哪些？（多选题）
　　□营业税　□房产税　□土地使用税　□企业所得税
　　□行政事业性收费　□水电气热费　□土地优惠　□信贷优惠
　　□通信费优惠　□保险优惠　□房租优惠　□无优惠
　　□其他_____
　　F4-2 2013 年，贵机构能够享受的税费优惠总额为：_____万元
F5　目前，贵机构能够享受到的补贴标准是怎样的？
　　F5-1 建设补贴标准为：　　　　　　　　　　　　_____元/床
　　F5-2 运营补贴标准为：　　　　　　　　　　　　_____元/床

F5-3 房租补贴标准为：＿＿＿＿＿＿＿＿元/月
F5-4 人员补贴标准为：＿＿＿＿＿＿＿＿元/月
F5-5 其他补贴标准为：＿＿＿＿＿＿＿＿元/月

F6 贵机构运营资金的主要来源是： □
1 政府财政拨款　2 收取入住费用　3 社会捐赠　4 其他＿＿＿＿＿

F7 贵机构是否有其他业务来支持本机构运营？
1 是　2 否

F8 贵机构每年接受社会捐赠的资金、物资的实际价值约为：
＿＿＿＿＿＿＿＿万元

F9 贵机构已发生的总投资预期回收周期为： □
1 1~3年　2 4~6年　3 7~10年　4 10年以上

F10 贵机构成立至今的经营情况如何？
1 盈余（续问F10-1）　2 基本持平　3 亏损
F10-1 大致的年净利润率如何？
1 3%以下　2 3%~5%　3 5%~10%　4 10%以上

F11 贵机构目前的资金周转情况如何？
1 很好　2 较好　3 一般　4 比较困难　5 很困难

G 社会支持情况

G1 逢年过节，贵机构老人回家过节的比例约为： □
1 20%以下　2 20%~50%　3 50%~80%　4 80%以上

G2 逢年过节，子女来贵机构探望老人的比例约为： □
1 20%以下　2 20%~50%　3 50%~80%　4 80%以上

G3 平时，子女每月来贵机构探望老人的次数约为： □
1 一次及以下　2 两次　3 三次　4 四次及以上

G4 贵机构每周接受志愿者服务的人次为：＿＿＿＿＿＿＿＿人次/周

G5 周边居民对贵机构建在该处的态度怎样？ □
1 支持　2 反对　3 无所谓

G6 贵机构和哪些部门打交道比较难？（多选题）
□消防　□食品安全　□卫生　□工商　□税务　□国土　□民政
□其他＿＿＿＿＿＿＿＿

H 其他情况

H1 贵机构与入住老人及其家属是否发生过法律纠纷？ □
1 是（续问 H1-1） 2 否
H1-1 纠纷的主要类型有哪些？
_____
H1-2 发生纠纷时，贵机构首先想到的解决方式是： □
1 通过法律手段 2 双方协商解决 3 第三方调解
4 其他_____
H1-3 最终，贵机构采取的解决方式是： □
1 通过法律手段 2 双方协商解决 3 第三方调解
4 其他_____

H2 贵机构老年人（及子女）反映较多的问题有：（多选题）
□饮食 □服务质量 □服务态度 □收费价格 □医疗卫生
□居住环境 □活动场地 □养老护理员变动 □个性化服务
□其他_____

H3 您认为是否需要国家出台养老机构纠纷处理办法？ □
1 是 2 否 3 无所谓

H4 您认为是否需要国家出台养老机构责任保险？ □
1 是 2 否 3 无所谓
H4-1 贵机构是否参加了养老机构责任保险？
1 是 2 否

H5 您认为是否需要国家出台长期护理保险制度？ □
1 是 2 否 3 无所谓

H6 您认为公办养老机构和民办养老机构是否存在不公平竞争？ □
1 是（续问 H6-1） 2 否
H6-1 您认为不公平竞争的表现有哪些？（多选题）
□土地使用 □财政补贴 □人员培训 □定价机制 □设备条件
□税费优惠 □信贷优惠 □社会认可 □其他_____

H7 您认为公办养老机构的改革是必须的吗？ □
1 是 2 否

H8 您知道国家目前正在进行的公办养老机构改革试点吗？ □
1 知道 2 不知道

H9 您认为公办养老机构改革目前需要解决的主要问题是哪些？（多选题）
☐国有资产保值增值　☐原有工作人员安排　☐原有老年人安排
☐适应市场环境　☐市场定价　☐运行机制问题　☐其他_____

H10 您认为是否应该放宽对民非养老机构的限制？　　　　　　　　☐
1 是（续问 H10-1）　2 否　3 无所谓

H10-1 您认为应该在哪些方面放宽对民非养老机构的限制？（多选题）
☐分红　☐贷款　☐连锁化经营　☐定价自主权
☐其他_____

H11 您认为贵机构面临的主要问题有哪些？（多选题）
☐服务人员不稳定　☐设施条件差　☐服务内容不丰富
☐缺乏政策支持　☐资金困难　☐缺乏良好的社会环境
☐有效需求不足　☐其他_____

H12 对进一步加快养老机构的发展，您有什么建议？
_____
_____

H13 请随问卷附上贵机构的以下材料：
1. 贵机构服务内容及收费标准
2. 贵机构老年人护理等级及分类标准
3. 贵机构服务流程、规范、标准等材料

问卷调查到此结束，谢谢您的支持与合作！

附录六 《公办养老机构转制研究》调研提纲

一 民政/老龄相关部门领导、工作人员调研提纲

1. 贵省/市关于养老服务、养老机构、公办养老机构转制/改革、公建民营养老机构、民办养老机构、老年人护理服务标准、评估办法、养老机构分类标准等相关规划、通知、办法等。

2. 目前贵省/市养老机构运行的总体情况，主要有哪些类型的养老机构？它们的数量、规模、运行情况等。

3. 目前贵省/市对于推进公办养老机构改革出台了哪些文件、措施？有哪些试点？具体的做法有哪些？包括服务对象的分类、原有养老机构老人安置、招标过程及要求、委托合同内容、退出机制、价格、国有资产保值增值等。

4. 在推进这些试点的过程中，有哪些经验？还存在哪些问题，您有什么想法和建议？

5. 关于PPP在养老机构中的应用，有什么具体做法、问题和建议？

6. 对于公办养老机构改革的走向，您有什么看法？

二 公办养老机构调研提纲

1. 贵机构有关基本情况的纸质材料，有关入住协议、服务内容、价格、服务流程、要求等相关方面的纸质材料等。

2. 贵机构的基本情况，包括规模、床位数、服务对象、服务内容、价格、工作人员、护理人员、机构运营等情况。

3. 贵机构在运营过程中好的经验做法有哪些？目前存在的主要问题有哪些？您认为应该如何解决？

4. 目前在推进公办养老机构改革中贵机构有哪些具体的做法？存在的

问题是什么？您认为应该如何解决？包括服务对象的分类、原有养老机构老人安置、招标过程及要求、委托合同内容、退出机制、价格、国有资产保值增值等。

5. 您认为公办养老机构改革是否有必要？如有，应如何改？改革步骤、路径等。

6. 您是否了解 PPP 模式？贵机构在实践中是否应用？

三 公建民营养老机构调研提纲

1. 贵机构有关基本情况的纸质材料；有关入住协议、服务内容、价格、服务流程、要求等相关方面的纸质材料等。

2. 贵机构的基本情况，包括规模、床位数、服务对象、服务内容、价格、工作人员、护理人员、机构运营等情况。

3. 目前贵省/市公建民营、公办民营有哪些类型？请您谈一谈具体的情况。

4. 贵机构在运营过程中好的经验做法有哪些？目前存在的主要问题有哪些？您认为应该如何解决？

5. 您了解目前贵省/市在推行的公办养老机构转制试点吗？如了解，请您谈谈了解的情况，您认为存在哪些问题，应该如何解决？包括服务对象的分类、原有养老机构老人安置、招标过程及要求、委托合同内容、退出机制、价格、国有资产保值增值等。

6. 您认为公办养老机构改革是否有必要？如有，应如何改？改革步骤、路径等。

7. 您是否了解 PPP 模式？贵机构在实践中是否应用？

四 民办养老机构调研提纲

1. 贵机构有关基本情况的纸质材料；有关入住协议、服务内容、价格、服务流程、要求等相关方面的纸质材料等。

2. 贵机构的基本情况，包括规模、床位数、服务对象、服务内容、价格、工作人员、护理人员、机构运营等情况。

3. 贵机构在运营过程中好的经验做法有哪些？目前存在的主要问题有哪些？您认为应该如何解决？

4. 您了解目前贵省/市在推行的公办养老机构转制试点吗？如了解，

请您谈谈了解的情况，您认为存在哪些问题，应该如何解决？包括服务对象的分类、原有养老机构老人安置、招标过程及要求、委托合同内容、退出机制、价格、国有资产保值增值等。

5. 您认为公办养老机构改革是否有必要？如有，应如何改？改革步骤、路径等。

6. 您是否了解 PPP 模式？贵机构在实践中是否应用？

五　公办养老机构公建民营的具体问题

1. 入住对象的筛选甄别。是否需要对公建民营养老机构的入住对象进行限定？依据是什么？如需限定，根据什么标准，限定入住对象的目的是什么？

2. 老年人权益维护。既包括公建民营养老机构正常运转过程中入住老年人的权益维护，也包括受托方出于运作不力等原因无法继续运作情况下老年人的权益保障等问题。

3. 受托方的资格。制定详细的受托方所应满足的条件与要求，作为招标和评审的依据。

4. 受托方介入硬件设施的设计、规划和建设。受托方是否应介入硬件设施的设计、规划和建设？如有必要，应介入到什么程度？

5. 政府和受托方的权利、义务。双方在入住人员、服务内容、服务价格、业务指导、检查监督、运营补贴、收益分配、固定资产保值增值等多个方面达成的权利义务协议。

6. 原有公办养老机构工作人员的安置。

7. 定价要求。对政府定价、政府指导价、市场价的选择与依据。

8. 监管与被监管。监管的主体、内容、机制，对相应问题的处置措施等。

9. 国有资产保值增值。国有资产的保障增值、国有资产设施维护、更新、购买等费用的承担等。

10. 受托方退出机制。包括退出的条件、退出时老年人的安置、资产的处理等。

参考文献

[1] Fries J. F. 1980. Aging, Natural Death and the Compression of Morbidity. *The New England Journal of Medicine*, Vol. 303.

[2] Fries J. F., 1989. Green L. W., Levine S. Health Promotion and the Compression of Morbidity. Lancet.

[3] Fries J. F. 2003. Measuring and Monitoring Success in Compressing Morbidity. *Annals of Internal Medicine*, Vol. 139.

[4] Gruenberg E. M. 1977. The Failure of Success. Milbank Q, 55.

[5] Kramer M. 1980. The Rising Pandemic of Mental Disorders and Associated Chronic Diseases and Disabilities. *Acts Psychiatrica Scandinavica*. S285. Vol. 62.

[6] Kolderie. What do We Mean by Privatization? [J]. *Society*, 1987, 24 (3).

[7] Manuel Eskildsen. *Nursing Home Care in the USA* [J]. Geriatr Gerontol Int, 2009, 9 (1).

[8] Zimmer Z., Martin L. G., Chang M. C. 2002. Changes in Functional Limitation and Survival among Older Taiwanese, 1993 and 1996. Pop Stud, 56.

[9] 安徽省民政厅：《安徽省养老机构设立许可办法》，2013-08-22，http://smzj.hefei.gov.cn/9121/9127/201504/t20150417_1198829.html。

[10] 成建兰：《公办民营护理型养老机构发展困境与展望》[D]，南京理工大学硕士学位论文，2014。

[11] 陈无风：《民办养老机构行政补助研究》[J]，《兰州学刊》2014年第6期。

[12] 陈丽：《公办民营"机构养老服务模式研究——以北京市月坛街道敬老院为例》[D]，首都经济贸易大学硕士学位论文，2015。

［13］长春市民政局:《长春市养老服务机构管理办法》,2007-06-07,http://www.yanglao.com.cn/article/5427.html。

［14］重庆市人民政府:《重庆市城乡养老机构服务管理办法》,2008-01-07。

［15］陈敏:《江西省民办养老机构发展研究》[D],南昌大学硕士学位论文,2013。

［16］程启智、罗飞:《中国公办养老机构改革改制路径选择》[J],《河北经贸大学学报》2016年第3期。

［17］程浩、管磊:《对公共产品理论的认识》[J],《河北经贸大学学报》2002年第6期。

［18］党俊武:《老龄社会的革命》[M],北京:人民出版社,2015。

［19］杜鹏、张文娟:《中国老年人健康预期寿命变化的地区差异:扩张还是压缩?》[J],《人口研究》2009年第5期。

［20］杜鹏、李强:《1994~2004年中国老年人的生活自理预期寿命及其变化》[J],《人口研究》2006年第5期。

［21］董红亚:《非营利组织视角下养老机构管理研究》[J],《海南大学学报》(人文社会科学版)2011年第1期。

［22］董红亚:《基于主体弱势化的民办养老机构发展研究——以浙江省为例》[J],《中州学刊》2013年第5期。

［23］董红亚:《养老机构公建民营:发展、问题及规制》[J],《中州学刊》2016年第5期。

［24］董红亚:《养老机构公建民营机制研究》[J],《社会福利》(理论版)2016年第2期。

［25］丁筱净:《公办养老改革大幕下的隐忧》[J],《决策探索》(上半月)2014年第2期。

［26］冯辰、宋子豪等:《对公办养老机构转制问题的思考与建议》[J],《社会福利》2014年第9期。

［27］冯占联、詹和英、关信平等:《中国城市养老机构的兴起:发展与公平问题》[J],《人口与发展》2012年第6期。

［28］范西莹:《政策性支持对于我国民办养老机构发展的推助作用分析》[J],《甘肃理论学刊》2013年第6期。

［29］福建省民政厅、福建师范大学联合课题组:《公办公营与公建民营养

老机构模式研究——永安市老年公寓和社会福利中心运营状况调查》[J],《社会福利》(理论版) 2012 年第 1 期。

[30] 伏威:《政府与公益性社会组织合作供给城市养老服务研究》[D],吉林大学博士学位论文,2014。

[31] 福建省民政厅、财政厅:《关于加强公建民营养老机构管理的意见》(闽民福(2014)400 号),2014 - 09 - 09,http://www.fujian.gov.cn/zc/zxwj/bmwj/201411/t20141113_ 893198. htm。

[32] 方伶俐、杨娥:《我国养老机构发展现状与对策研究》[J],《学理论》2014 年第 13 期。

[33] 冯禹:《沈阳市民办养老机构运营困境与对策研究》[D],沈阳师范大学硕士学位论文,2014。

[34] 郭可敬:《关于推进养老机构"公办民营"的建议》[J],《中国民政》2014 年第 3 期。

[35] 关鑫:《PPP 模式在养老机构建设中的应用研究》[D],东北财经大学硕士学位论文,2013。

[36] 关信平、赵婷婷:《当前城市民办养老服务机构发展中的问题及相关政策分析》[J],《西北大学学报》(哲学社会科学版) 2012 年第 5 期。

[37] 国务院办公厅:《国务院办公厅转发全国老龄委办公室和发展改革委等部门关于加快发展养老服务业意见的通知》,2006 - 02 - 09,https://wenku.baidu.com/view/eb6cec1d10a6f524ccbf8589.html。

[38] 国务院办公厅:《社会养老服务体系建设规划(2011~2015 年)》,2011 - 12 - 16,http://www.gov.cn/zwgk/2011 - 12/27/content_ 2030503. htm。

[39] 国务院办公厅:《国务院关于加快发展养老服务业的若干意见》,2013 - 09 - 06,http://www.gov.cn/zwgk/2013 - 09/13/content_ 2487704. htm。

[40] 国务院办公厅:《关于全面放开养老服务市场提升养老服务质量的若干意见》,2016 - 12 - 07,http://www.gov.cn/zhengce/content/2016 - 12/23/content_ 5151747. htm。

[41] 关鑫:《PPP 模式在养老机构建设中的应用研究》[D],东北财经大学硕士学位论文,2013。

[42] 邰波：《促进养老机构健康全面发展之对策》[J]，《中国民政》2014年第5期。

[43] 仝利民编著《老年社会工作》[M]，上海：华东理工大学出版社，2006。

[44] 胡彬：《基于PEST的民办养老机构发展环境研究》[J]，《湖南省社会主义学院学报》2014年第2期。

[45] 胡薇：《国家角色的转变与新中国养老保障政策变迁》[J]，《中国行政管理》2012年第6期。

[46] 何妮娜：《我国养老机构运行机制市场化趋势与展望》[J]，《西安电子科技大学学报》（社会科学版）2006年第4期。

[47] 胡桂祥、王倩：《PPP模式应用于养老机构建设的必要性与应用条件分析》[J]，《建筑经济》2012年第2期。

[48] 黄佳豪：《福利多元视域下民办养老福利机构的发展思考——以安徽为例》[J]，《天府新论》2011年第1期。

[49] 贾康、孙洁：《公私伙伴关系（PPP）的概念、起源、特征与功能》[J]，《财政研究》2009年第10期。

[50] 贾康、孙洁：《公私伙伴关系模式的特征与职能》[J]，《经济纵横》2009年第8期。

[51] 江燕娟、李放：《我国养老机构服务的有效供给研究》[J]，《广西社会科学》2014年第11期。

[52] 焦亚波：《社会福利社会化背景下的上海养老机构发展研究》[D]，华东师范大学博士学位论文，2009。

[53] 金燕娇、张永理：《民办养老机构的产权困境——以爱地颐养中心为例》[J]，《郑州航空工业管理学院学报》2005年第4期。

[54] 蒋浩君：《我国公办养老机构改革探究》[J]，《长沙民政职业技术学院学报》2014年第4期。

[55] 济南市民政局：《济南市养老服务机构管理规定》，2011-05-05，http：//www.jinan.gov.cn/art/2016/11/23/art_159_559984.html。

[56] 贾清显：《中国长期护理保险制度构建研究》[D]，南开大学博士学位论文，2010。

[57] 姜夏烨：《家庭养老服务网VS机构养老——一种选择机制上的融合》[J]，《西北人口》2006年第4期。

[58] 姜向群、丁志宏、秦艳艳：《影响我国养老机构发展的多因素分析》[J]，《人口与经济》2011年第4期。

[59] 林闽钢：《论我国社会养老服务的公益性及实现途径》[J]，《人口与社会》2014年第1期。

[60] 林顺利：《民国时期社会养老发端与机构养老转型》[J]，《中国社会工作》2013年第168期。

[61] 李云凤：《公办民营式养老机构运营模式研究——以北京市H老年公寓为例》[D]，中国青年政治学院硕士学位论文，2013。

[62] 李乐：《养老服务社会化中的地方政府职能优化研究——以上海市为例》[D]，复旦大学博士学位论文，2013。

[63] 李璐：《养老服务机构的道路选择——公办、民办养老服务机构生存状况对比分析》[J]，《中国机构改革与管理》2014年第S期。

[64] 李绍纯、余翰林：《大民政 小政府 大社会——论适度普惠制度下政府与民办养老机构之间的关系》[J]，《社会福利》2010年第10期。

[65] 李学举：《跨世纪的中国民政事业（1994~2002总卷）》[M]，北京：中国社会出版社，2002。

[66] 李本公：《中国人口老龄化发展趋势百年预测》[M]，北京：华龄出版社，2007。

[67] 刘慧：《北京某公办养老机构人员绩效管理现状分析及对策研究》[J]，《价值工程》2011年第10期。

[68] 刘博、肖日葵：《市场选择与体制依存——社会化养老机构经营现状个案研究》[J]，《人口与经济》2012年第1期。

[69] 刘峰、邹鹰等：《试论我国民办养老机构发展过程中的政府作用》[J]，《社会工作》2004年第12期。

[70] 刘佩璐：《公办养老机构民营化改革的必要性研究》[J]，《科技视界》2014年第23期。

[71] 刘继同：《公有福利机构改革基本思路与模式比较》[J]，《社会福利》2004年第3期。

[72] 刘峰、孔新峰：《多中心治理理论的启迪与警示——埃莉诺·奥斯特罗姆获诺贝尔经济学奖的政治学思考》[J]，《行政管理改革》2010年第1期。

［73］刘晓颖：《民营养老机构发展研究》［D］，西南交通大学硕士学位论文，2014。

［74］刘轶宏：《连锁养老机构发展的前景及可行性分析》［J］，《现代商业》2014 年第 14 期。

［75］刘峰、孔新峰：《多中心治理理论的启迪与警示》［J］，《行政管理改革》2010 年第 1 期。

［76］刘红：《中国机构养老需求与供给分析》［J］，《人口与经济》2009 年第 4 期。

［77］刘有贵、蒋年云：《委托代理理论述评》［J］，《学术界》2006 年第 116 期。

［78］鲁庆成：《公私合伙（PPP）模式与我国城市公用事业的发展研究》［D］，华中科技大学博士学位论文，2008。

［79］黎剑锋：《民办养老机构服务供给现状及对策研究》［D］，厦门大学硕士学位论文，2014。

［80］《老年人社会福利机构基本规范》，民政部人教科字〔2000〕第 24 号文，http：//fss.mca.gov.cn/article/ywbz。

［81］民政部、发展改革委：《民政部办公厅、发展改革委办公厅关于开展以公建民营为重点的第二批公办养老机构改革试点工作的通知（民办发（2016）15 号）》，2016 - 08 - 19，http：//xxgk.mca.gov.cn：8081/newgips/contentSearch？id = 81653。

［82］民政部：《关于鼓励民间资本参与养老服务业发展的实施意见（民发（2015）33 号）》，2015 - 02 - 03，http：//xxgk.mca.gov.cn：8081/newgips/contentSearch？id = 53060。

［83］民政部：《关于开展公办养老机构改革试点工作的通知（民函（2013）369 号》，2013 - 12 - 13，http：//www.anping.gov.cn/ch3940/ch3956/ch3976/ch4011/2014/01/29/content_285280.shtml。

［84］民政部：《养老机构设立许可办法》，2013 - 06 - 28，http：//www.mca.gov.cn/article/gk/fg/shflhcssy/201507/20150700848516.shtml。

［85］民政部：《老年人社会福利机构基本规范》，http：//shfl.mca.gov.cn/article/zcfg/zcfga/200807/20080700018535.shtml。

［86］穆光宗：《我国机构养老发展的困境与对策》［J］，华中师范大学学报》（人文社会科学版）2012 年第 2 期。

[87] 穆光宗：《防止"市场失灵"和"政府失灵"两个倾向——公办养老机构"乱象"治理》[J]，《人民论坛》2012 年第 31 期。

[88] 马庆堃、魏彦彦：《浙江省民办养老机构的发展困境与对策》[J]，《中国老年学杂志》2014 年第 34 期。

[89] 马秋爽：《养老机构市场化之路，何去何从？》，2014-09-09，中国产经新闻报，http：//finance.sina.com.cn/roll/20140909。

[90] 潘屹：《当代中国社会福利改革的指导思想与实践》[J]，《学习与实践》2007 年第 2 期。

[91] 潘屹：《论中国国家福利的重构》[J]，《经济社会体制比较》2007 年第 2 期。

[92] 彭鲁莎：《中国养老服务产业融资模式研究》，湖南科技大学硕士学位论文[D]，2014。

[93] 潘宇：《协同治理视角下公建民营养老机构发展研究——以 B 市社会福利中心为例》[D]，安徽师范大学硕士学位论文，2014。

[94] 孙静晓：《民办养老机构发展困境的经济学分析》[J]，《现代商贸工业》2011 年第 1 期。

[95] 上海市民政厅：《上海市养老机构条例》，2014 年 2 月 25 日，http：//shzw.eastday.com/shzw/G/20140226/u1ai124709.html。

[96] 四川省民政厅：《四川省养老机构设立许可实施办法》，2014 年 7 月 4 日，http：//www.qbj.gov.cn/qmzj/648807/1202023/1647907/index.html。

[97] 山东省民政厅：《山东省养老机构设立许可办法》，2013 年 9 月 12 日，http：//www.shandong.gov.cn/art/2013/10/21/art_286_216.html。

[98] 苏州市民政局：《苏州市民办养老机构管理办法》，2012 年 2 月 9 日，https：//wenku.baidu.com/view/cca93a83d1d233d4b14e852458fb770bf78a3b18.html。

[99] 帅玥：《成都市民营养老机构主要类型研究》[D]，西南交通大学硕士学位论文，2012。

[100] 孙文华、陈建国：《"低龄老龄化"形势下"以老养老"的机构养老发展模式——针对上海市的实证研究》[J]，《城市发展研究》2013 年第 11 期。

[101] 田明：《我国养老服务"公办民营"模式研究——以北京汇晨老年公寓为例》[D]，华北电力大学硕士学位论文，2013。

[102] 天津市民政局：《天津市养老机构管理办法》，2007-01-08，http://www.cnki.com.cn/Article/CJFDTotal-TJZB200704003.htm。

[103] 吴玉韶、王莉莉：《中国养老机构发展研究报告》[M]，北京：华龄出版社，2015。

[104] 吴玉韶：《中国老龄事业发展报告（2013）》[M]，北京：社会科学文献出版社，2013。

[105] 吴玉韶、党俊武：《中国老龄产业发展报告（2014）》[M]，北京：社会科学文献出版社，2014。

[106] 王莉莉、杨晓奇、董彭滔：《城市社区养老服务业发展现状分析》[J]，《老龄科学研究》2013年第3期。

[107] 王莉莉：《中国城市地区机构养老服务业发展分析》[J]，《人口学刊》2014年第7期。

[108] 王莉莉、吴子攀：《英国社会养老服务建设与管理的经验与借鉴》[J]，《老龄科学研究》2014年第7期。

[109] 王细芳、王振州：《城市社区养老服务体系构建研究》[J]，《老龄科学研究》2014年第8期。

[110] 王廷惠：《公共物品边界的变化与公共物品的私人供给》[J]，《华中师范大学学报》（人文社会科学版）2007年第4期。

[111] 王海霞：《PPP模式应用于我国养老机构建设的研究》[D]，财政部财政科学研究所硕士学位论文，2014。

[112] 吴楠：《公建民营养老机构委托经营管理模式研究——以沈阳市养老服务中心为例》[D]，沈阳师范大学硕士学位论文，2014。

[113] 王浩鹏：《大连市社会养老PPP模式合作伙伴选择研究》[D]，大连工业大学硕士学位论文，2014。

[114] 王晖：《PPP模式在云南省养老机构建设中的应用探索》[J]，《科技视界》2014年第36期。

[115] 王守清、柯永建：《中国的BOT/PPP实践和经验》[J]，《投资北京》2008年第10期。

[116] 卫生部：《护理院基本标准（2011版）》，2011-03-21，http://www.gov.cn/gzdt/2011-03/21/content_1828316.htm。

[117] 王守清、柯永建：《中国的BOT/PPP实践和经验》[J]，《投资北京》2008年第10期。

[118] 吴谅谅、钟李卿:《老了,去哪里养老——关于现存两种养老方式的调查》[J],《国社会保障》2001年第11期。

[119] 王旭晨:《国办养老机构多元化问题研究》[D],东财经大学硕士学位论文,2014。

[120] 王宏火:《试析我国民办养老机构发展中的政府角度定位》[J],《商场现代化》2012年第26期。

[121] 王魁元:《民办养老机构的发展困境与破解之道》[J],《中国社会报》2014年5月16日。

[122] 席恒:《公共物品供给机制研究》[D],西北大学博士学位论文,2003。

[123] 席恒:《公共物品多元供给机制:一个公共管理的视角》[J],《人文杂志》2005年第3期。

[124] 薛青:《上海市机构养老与居家养老受养者比较研究》[D],上海工程技术大学硕士学位论文,2014。

[125] 徐祖荣:《民办养老机构发展的问题表达与策略选择》[J],《武汉科技大学学报》(社会科学版)2014年第3期。

[126] 徐海鸣:《公共服务供给多元化中的民办非企业单位参与养老服务研究》[D],华东理工大学硕士学位论文,2011。

[127] 闫青春:《养老机构的"公办民营"与"公建民营"》[J],《社会福利》2011年第1期。

[128] 杨团:《公办民营与民办公助——加速老年人服务机构建设的政策分析》[J],《人文杂志》2011年第6期。

[129] 余晖、秦弘:《公私合作制在我国公用事业领域的实践》[J],《中国经济时报》2005年9月20日。

[130] 袁维勤:《政府购买养老服务问题研究》[D],西南政法大学博士学位论文,2012。

[131] 姚定贵:《"公办民营"下的"一院两制"——枝江市社会福利院的改革探索》[J],《社会福利》2004年第12期。

[132]《养老机构设立许可办法》,中华人民共和国民政部令第48号,http://www.mca.gov.cn/article/zwgk/fvfg/shflhshsw/201306/20130600480075.shtml。

[133] 杨晓奇:《中国老龄服务业发展的现状及问题分析》[J],《社会福

利》2014 年第 7 期。

[134] 易松国：《社会福利社会化的理论与实践》[M]，北京：中国社会科学出版社，2006。

[135] 杨团：《公办民营与民办公助——加速老年人服务机构建设的政策分析》[J]，《人文杂志》2011 年第 6 期。

[136] 杨淑婷、王琴：《政府购买社会组织公共服务研究综述》[J]，《经营管理者》2014 年第 2 期。

[137] 叶澜：《深化中国高等学校内部管理体制与运行机制改革的研究报告》[J]，《教育发展研究》2000 年第 5 期。

[138] 曾毅、顾大男、凯·兰德：《健康期望寿命估算方法的拓展及其在中国高龄老人研究中的应用》[J]，《中国人口科学》2007 年第 6 期。

[139] 周云、陈明灼：《我国养老机构的现状研究》[J]，《人口学刊》2007 年第 4 期。

[140] 赵婷婷：《我国养老机构的地位、性质及运行方式研究》[J]，《社会工作》2012 年第 5 期。

[141] 张艳华：《基于通用评估框架的我国养老机构绩效评估体系的构建》[J]，《市场周刊》（理论研究）2012 年第 10 期。

[142] 张翔、林腾：《补"砖头"、补"床头"还是补"人头"——基于浙江省某县养老机构的个案调查》[J]，《社会保障研究》2012 年第 4 期。

[143] 张丹、李欣林：《以搜寻匹配理论解决养老机构与老年人的匹配效率低的问题》[J]，《经营管理者》2011 年第 19 期。

[144] 祝明真：《养老地产与 PPP 模式初探》，http://www.docin.com/p-1216059183.html。

[145] 赵婷婷：《我国城镇养老服务机构的问题研究——福利混合经济的三维分析框架》[D]，南开大学博士学位论文，2013。

[146] 张燕江、李芳尚：《浅析政府养老机构建设与养老服务提供》，《牡丹江大学学报》2009 年第 3 期。

[147] 钟德杨、刘晶晶：《老年化与中国养老机构发展问题研究》[J]，《特区经济》2014 年第 4 期。

[148] 赵青航：《民办非企业单位的困境与发展——从民办养老机构的发

展现状谈起》[J],《社团管理研究》2012 年第 11 期。

[149] 赵青航:《现状与规制:民办非企业单位的非营利性研究——以民办养老机构为考察对象》[J],《社团管理研究》2011 年第 4 期。

[150] 张璇、陆颖琰:《政府扶持民办养老机构政策执行效果评价——基于江苏省 S 市的审计调查实证研究》[J],《审计与理财》2014 年第 10 期。

[151] 周清:《促进民办养老机构发展的财税政策研究》[J],《税务与经济》2011 年第 3 期。

[152] 翟德华:《当前我国民营养老机构人力资源短缺的经济学分析》[J],《老龄科学研究》2014 年第 1 期。

[153] 甄志宏:《从网络嵌入性到制度嵌入性——新经济社会学制度研究前沿》[J],《江苏社会科学》2006 年第 3 期。

[154] 赵婷婷:《我国养老机构的地位、性质及运行方式研究》[J],《社会工作》2012 年第 5 期。

[155] 张术松:《我国养老机构护工培训模式的类型》[J],《社会工作下半月》(理论)2010 年第 1 期。

[156] 张浩田:《民办养老机构的困境及其发展的支持因素探析》[D],华东理工大学硕士学位论文,2013。

[157] 周留建:《民办养老机构经营策略研究》[J],天津大学硕士学位论文,2008。

[158] 周云、陈明灼:《我国养老机构的现状研究》[J],《人口学刊》2007 年第 4 期。

[159] 朱卫国:《关于公办学校"转制"问题的思考》[J],《教育发展研究》2005 年第 4 期。

[160] 张波:《我国居家养老模式研究综述与展望》[J],《四川理工学院学报》(社会科学版)第 28 卷第 4 期。

后　记

　　伴随着经济社会的快速发展与城镇化的不断推进，我们迎来了快速发展的老龄社会。如何迎接和度过老年期的生活，是我们每个人都会间或思考的问题。其中，由谁来提供照料是最常被考虑的议题。与西方国家相比，中国是一个有着明显家族取向的社会。在传统的中国家庭，家庭关系中是以亲子关系为主线的，它强调双向的抚养模式，特别强调"孝"的观念，老年人不仅可以在家庭中获得相应的经济支持和生活照料，而且能够获得强大的心理安全和精神满足，可以说，在传统的中国社会，家庭是满足老年人需求的主要来源。

　　但随着工业化社会的发展，家庭结构开始发生变迁，家庭规模不断缩小，代际关系也在发生改变，依靠家庭来满足老年人的需求开始面临越来越多的困难，社会化的养老服务开始逐渐发展起来。在社会化养老的发展过程中，政府、企业、社会、家庭、个人如何发挥各自的主体作用，是各个国家共同面对的议题。中国的社会养老服务发展还明显滞后于人口老龄化的发展速度，还不能满足规模庞大的老年群体的需求，其中关键的问题就是政府的作用发挥与职能定位问题。如何在发展老龄服务事业与产业的过程中，既能充分发挥政府在政策制定、制度安排、保障基本、监督评估等方面的作用，又能充分发挥市场在老龄服务资源方面的配置作用，成为进一步推动中国老龄服务事业和产业发展的关键问题。

　　积极推动公办养老机构转制改革，充分发挥市场在老龄服务资源配置中的决定作用，这是伴随着我国经济社会的发展、人口老龄化进程的加快、老龄服务需求的不断提升，以及国家高度重视老龄事业和产业发展的背景而出现的。正确认识公办养老机构的职能定位，明确政府在老龄事业和产业中的角色作用，将老龄服务市场让渡于社会资本，对于推动老龄服务事业和产业的健康繁荣发展，满足老年人日益增长的老龄服务需求，保障老年人的老龄服务权益，提高老年人的生命生活质量具有重要意义。但在现阶段，中国的公办养老机构转制还处于起步阶段，尽管各地已经在纷纷推进公办养老机构转制，但如何做到既能充分发挥公办养老机构的公共服务职能，又能顺利实现管理方式和运行机制的转变，本身就是一个崭新而复杂的研究课题，需要大量基础的理论研究和更多的实证研究。

为此，笔者带领相关研究人员，包括中国老龄科学研究中心的董彭滔副研究员、杨晓奇副研究员、中国人民大学社会与人口学院的史薇博士、姬飞霞博士等于2014年开始启动相关研究，这期间设计了"十二城市养老机构调查"问卷，在天津、哈尔滨、武汉、长沙、昆明、兰州、福州等12个城市进行了养老机构的专题问卷调查与座谈；并于2016年至2017年，分别在东、中、西部，选择公办养老机构转制试点集中的北京、浙江、湖北、四川进行了集中调研。在北京、杭州、宁波、武汉等地召开了11次专题座谈会，选择了20家公办养老机构试点单位进行典型调查，与30余名民政管理工作人员和试点机构院长进行了个人深度访谈，全面了解了目前各地公办养老机构转制的具体情况与问题，搜集了大量的研究素材，为本书的撰写提供了丰富的研究资料。

本书明确提出了公办养老机构转制的概念及主要类型，认为现阶段公办养老机构转制主要是指将原来属于国有资产的养老机构在保留国有资产产权不变或者部分产权合法转移的前提下，着重实现管理体制、运行机制和投资体制的转变，使之成为既可以保留公益性养老服务的职能，又能适应市场化发展的养老服务市场主体；通过对比分析公办与民办养老机构的发展现状，指出了目前公办养老机构的资源优势依然明显，但运营劣势不断凸显，改革的呼声越来越大；同时，全面分析了目前各地公办养老机构转制政策的主要内容、特点与不足，并通过典型调查深入分析了公办养老机构转制的实践现状、经验特点与面临的突出问题，提出了进一步推进公办养老机构转制改革的政策建议与基本路径。希望对进一步推进以市场化为导向的转制改革，提高老龄服务资源的配置效率，更好地满足老年人的老龄服务需求等具有一定的研究与实证意义。

在本书的撰写、调查数据的搜集和典型调研过程中，全国老龄办副主任吴玉韶，中国老龄科学研究中心主任王深远，副主任党俊武、刘芳都给予了大力的支持、鼓励与帮助，特别是党俊武副主任对本书的结构与框架更是给予了亲自指导。民政部社会福利和慈善事业促进司、北京市民政局、浙江省民政厅、湖北省民政厅、四川省民政厅的相关领导不仅对本书在撰写过程中的调研给予了大力支持，更提供了许多思路与建议。各调研点的相关领导与机构院长们基于对公办养老机构转制的实践经验，为本书在撰写过程中提供了大量宝贵的思想精华。在此，对他们的支持与帮助表示最诚挚的感谢。

本书各章作者如下：第一章，王莉莉；第二章，王莉莉、史薇；第三章，王莉莉；第四章，王莉莉、罗晓晖；第五章，王莉莉、柴宇阳；第六章，王莉莉；第七章：王莉莉、姬飞霞、董彭滔、杨晓奇；第八章，王莉莉、董彭滔、杨晓奇、史薇；第九章，王莉莉、杨晓奇、董彭滔；第十章，王莉莉；第十一章，王莉莉；附录一，王莉莉；附录二，董彭滔；附录三，杨晓奇；附录四，史薇。在本书提交至社会科学文献出版社之后，编辑桂芳老师进行了认真的审阅，并提出了诸多宝贵意见，在此一并表示衷心的感谢。

图书在版编目（CIP）数据

公办养老机构转制研究／王莉莉等著.－－北京：社会科学文献出版社，2019.3
ISBN 978－7－5097－8241－5

Ⅰ.①公… Ⅱ.①王… Ⅲ.①养老院-体制改革-研究-中国 Ⅳ.①D669.6

中国版本图书馆 CIP 数据核字（2018）第 289133 号

公办养老机构转制研究

著　　者／王莉莉　等

出 版 人／谢寿光
项目统筹／邓泳红　桂　芳
责任编辑／桂　芳

出　　版／社会科学文献出版社·皮书出版分社（010）59367127
　　　　　地址：北京市北三环中路甲29号院华龙大厦　邮编：100029
　　　　　网址：www.ssap.com.cn
发　　行／市场营销中心（010）59367081　59367083
印　　装／三河市尚艺印装有限公司

规　　格／开　本：787mm×1092mm　1/16
　　　　　印　张：25.5　字　数：430千字
版　　次／2019年3月第1版　2019年3月第1次印刷
书　　号／ISBN 978－7－5097－8241－5
定　　价／128.00元

本书如有印装质量问题，请与读者服务中心（010－59367028）联系

▲ 版权所有 翻印必究